# 開元寺興造記

開元寺興造記
奉直□大夫□□郎□□□□□工□□
國承□□□□□□□□□□□□□
定□朝上人住持京城□□□□二十年
存命上篇旁寺亦已其□□□既主畫
日召上像備前□□□□嚴飾佛
省以久孔緒輪其資□□道場若
令年夏寺之諸寺子成發弘願謂上入
手盡上人之俗光也時方奉
命省遭運子徐州之呂梁洪遂命工述其
寺為開元寺世傳以為玄宗皆無勝光
矣叙雖有所載而歡迎無傳不可考徵
有今焉況當院宇傾圮之餘將底空虛
之人述用成功存教基於將頹振宗風
植之原勞壞也若夫如來拔苦梵教觀
有非世亦文字所能記而亦不敢因宗
所重故由慶壽寺都寺僧為來主此法
大明正統十年十月吉日比丘恒安

◎ 前頁圖片爲明正統十年（1445）開元寺碑，見本卷三排四段“慈壽寺”條。

TEMPLES ET STÈLES DE PÉKIN

# 北京内城寺廟碑刻志

第三卷

〔法〕呂敏 (MARIANNE BUJARD) 主編

國家圖書館出版社

**圖書在版編目(CIP)數據**

北京内城寺廟碑刻志. 第3卷 /（法）吕敏主編. —北京 :國家圖書館出版社, 2013.10
ISBN 978－7－5013－5144－2

Ⅰ. ①北… Ⅱ. ①吕… Ⅲ. ①寺廟—碑刻—研究—北京市 Ⅳ. ①K877.424

中國版本圖書館 CIP 數據核字(2013)第158919號

**書　名**　北京内城寺廟碑刻志・第三卷
**著　者**　（法）吕敏(Marianne Bujard)　主編
**責任編輯**　王燕來　孫　彦
**裝幀設計**　九雅工作室

---

**出版**　國家圖書館出版社　(100034　北京市西城區文津街7號)
（原書目文獻出版社，北京圖書館出版社）
**發行**　010－66114536　66126153　66151313　66175620
66121706(傳真)　66126156(門市部)
**E-mail**　btsfxb@nlc.gov.cn(郵購)
**Website**　www.nlcpress.com → 投稿中心
**經銷**　新華書店
**印裝**　北京聯興盛業印刷有限公司
**版次**　2013年10月第1版　2013年10月第1次印刷

---

**開本**　889×1194 毫米　1/16
**印張**　31
**字數**　700千字

---

**書號**　ISBN 978－7－5013－5144－2
**定價**　350.00圓

École française d'Extrême-Orient

# TEMPLES ET STÈLES DE PÉKIN

*sous la direction de*

**MARIANNE BUJARD**

Volume III

Rédaction des notices : Ju Xi et Zhao Na
Épigraphie : Zhao Chao
Enquêtes de terrain : Victoire Surio
Archives : Zhang Hengyan et Luca Gabbiani

Participants :
Liu Wenshan, Guan Xiaojing, Zhao Yu, Gui Xiao, Zu Jingqiang, Du Rui, Wang An'an, Wang He, Bi Chuanlong, Jiang Xue, Zhou Jinzhang, Xing Xinxin, Patrice Fava, Gil Gonzalez-Foerster.

Pékin 2013

本卷執筆：鞠　熙　趙　娜

碑文點校：趙　超

田野調查：阮如意（Victoire Surio）

檔案查閱：張恒艷　陸　康（Luca Gabbiani）

參與人員：劉文珊　關笑晶　趙　昱　桂　梟　祖京強　杜　蕊　王安安
王　賀　畢傳龍　蔣　雪　周錦章　邢新欣　范　華　曉　松

本書出版得到中國佛學院協助，謹致謝忱

# 出版説明

本書爲《北京内城寺廟碑刻志》第三卷，與 2011 年出版的前兩卷一樣，它亦致力於北京寺廟的清查與研究。《北京内城寺廟碑刻志》的研究限定於京城北部，即“内城”範圍之内。這一區域在舊時原由城牆所環繞，清代曾是八旗子弟的專屬居住區。與近二十年來已幾乎完全拆毀並重建的外城相比，内城的古老建築相對保存較好，它們仍然是老北京人的居住之所，有些甚至是他們的世代祖業。以這些老北京人爲主要訪談對象，我們也得以搜集到與寺廟及其歷史有關的各類資料。

本項研究的第一步，是清點並定位乾隆《京城全圖》上的寺廟。這份巨大的北京地圖繪製於公元 1745 至 1750 年間，在我們關心的内城部分共標注了約 830 座寺廟。加上製圖者遺漏的或成圖之後新建的廟宇，我們共獲得約 1500 座内城寺廟的資料。乾隆《京城全圖》將整座北京城自北向南分成平行的十七排，其中内城部分共有十一排，每排再分爲十一段，我們的研究成果也以此爲區劃框架，每卷即對應《京城全圖》的某一排。

第三卷中共關涉寺廟 157 座，其中爲 143 座寺廟編寫了廟志，著錄碑刻 43 通。根據所獲資料的不同，這些廟志或長或短，儘量使用諸如碑銘、文獻、明清或民國檔案以及田野調查資料等，描述寺廟建築的存廢情況，追溯寺廟活動，重構寺廟的歷史。自 2004 年 7 月“北京内城寺廟碑刻與社會史”項目立項起，法國遠東學院與北京師範大學合作，共同開展了田野調查、碑文和檔案整理工作。2010 年 6 月雙方續簽的合作合同於 2011 年年底截止後，法國遠東學院在諸家中國與法國研究機構的支持和幫助下，繼續進行此項目的研究。

本卷廟志由法國遠東學院呂敏（Marianne Bujard）任主編。趙娜（時爲北京師範大學文學院博士生）撰寫初稿。張恒艷（時爲北京師範大學文學院博士後）承擔了抄寫並整理相關民國寺廟檔案的主要工作。之後，在中國社會科學院考古所趙超研究員的指導下，劉文珊（北京大學哲學與宗教系碩士研究生）、趙昱、桂梟（均爲北京大學中國語言文學系博士研究生）和祖京強（中國藝術研究院碩士研究生）重新抄寫了本卷中的所有碑文。范華

(Patrice Fava)和曉松(Gil Gonzalez-Foerster)拍攝了書中部分照片。關笑晶(北京社會科學院滿學所博士後)協助鞠熙(北京師範大學講師)修改了廟志。在本卷成書的過程中,每一步都有法國遠東學院北京中心秘書杜蕊的參與,而國家圖書館出版社編輯孫彥女士與王燕來先生為本書的編輯與出版付出了巨大努力。中華書局的柴劍虹先生,以他的耐心與才能審讀全稿,自始至終支持了我們的工作。蔣經國國際學術交流基金會爲本項目提供了資金支持。在此,謹向他們致以衷心的謝意!

編者

2013 年 5 月

# Avertissement

Le présent volume est le troisième d'une série de onze. Comme les deux premiers parus en 2011, il est consacré à l'inventaire et à l'étude des temples de Pékin. Les recherches conduites en vue de cette publication ont été volontairement limitées à la partie nord de la capitale, appelée la « ville intérieure ». Cet espace défini par l'ancien tracé des murs de la ville est compris aujourd'hui entre les tronçons nord, est et ouest du deuxième périphérique ; il est délimité au sud par l'avenue reliant les portes Xibianmen 西便門 à Dongbianmen 東便門, en passant par Qianmen 前門, au sud de la place Tian'anmen 天安門. Dans ce périmètre autrefois réservé à la seule population des bannières mandchoue, mongole et chinoise, le bâti ancien a été relativement mieux préservé que dans la ville sud, presque entièrement rasée et reconstruite au cours des vingt dernières années. La ville intérieure abrite en outre des Pékinois de vieille souche, qui y résident parfois depuis plusieurs générations. C'est vers eux que nous avons dirigé en priorité nos enquêtes afin de rassembler tous les éléments utiles à l'histoire des lieux de cultes.

Le point de départ de nos recherches a été le repérage des temples sur la gigantesque carte de Pékin dessinée entre 1745 et 1750, « Carte complète de la capitale » (Jingcheng quantu 京城全圖). Dans la partie qui nous intéresse, nous en avons compté 830 ; à ceux-ci se sont ajoutés quelques-uns oubliés par les cartographes, et plusieurs centaines d'autres construits par la suite, soit un total d'environ 1500 temples dans la seule ville intérieure. La « Carte complète de la capitale » représente la ville sur dix-sept bandes horizontales, se succédant du nord au sud, la ville intérieure occupant onze bandes. C'est en partant de ce module que nous publions nos résultats, chaque volume correspondant à une bande horizontale, elle-même découpée en onze sections ou îlots.

Ce troisième volume inventorie 157 temples et reproduit 43 inscriptions commémoratives. Cent quarante-trois temples font l'objet d'une notice plus ou moins longue en fonction des données disponibles. Cette notice décrit l'état actuel de l'édifice, et, lorsque les matériaux existent, retrace l'histoire du temple telle que l'épigraphie, la littérature, les archives impériales et républicaines et l'enquête sur place permettent de la restituer. Une partie de ce travail a été conduite de 2003 à 2011 dans le cadre d'une coopération entre l'École française d'Extrême-

Orient et l'Université normale de Pékin au titre d'un programme intitulé *Épigraphie et mémoire orale des temples de Pékin, histoire sociale d'une capitale d'empire*. Il se poursuit depuis 2012 sous la seule responsabilité de l'École française d'Extrême-Orient mais bénéficie de nombreuses collaborations avec des institutions de recherches et d'enseignement françaises et chinoises. Ce programme a reçu le soutien généreux de la Chiang Ching-kuo Foundation for International Scholarly Exchange.

Un premier état des notices publiées dans ce volume a été rédigé par Mlle Zhao Na 趙娜, alors doctorante à l'Institut de Littérature de l'Université normale de Pékin, tandis que Mme Zhang Hengyan 張恒艷, post-doctorante dans le même département, a assumé l'essentiel du travail de copie et de synthèse des archives républicaines utiles à notre corpus. Sous la direction de M. Zhao Chao 趙超, chercheur à l'Institut d'archéologie de l'Académie des Sciences Sociales de Chine, Mlle Liu Wenshan 劉文珊, étudiante en master du Département de philosophie et d'études religieuses de l'Université de Pékin, a retranscrit toutes les inscriptions présentées ici, aidée par les doctorants du Département de langue chinoise et de littérature de cette université, MM. Zhao Yu 趙昱 et Gui Xiao 桂梟 et par M. Zu Jingqiang 祖京強 de l'Institut des Beaux-Arts de Chine. Une partie des photographies a été prise par MM. Patrice Fava 范華 et Gil Gonzalez-Foerster 曉松. Mme Guan Xiaojing 關笑晶, docteur en histoire et post-doctorate au Centre d'études mandchoue de l'Académie des sciences sociales de Pékin, a secondé Mme Ju Xi, maître de conférences à l'Université normale de Pékin, dans la rédaction du volume. Mme Du Rui 杜蕊 du Centre EFEO de Pékin a suivi toutes les étapes de la réalisation de ce volume tandis que Mme Sun Yan 孫彥 et M. Wang Yanlai 王燕來 des Éditions de la Bibliothèque nationale de Chine en ont assuré la fabrication et l'édition. Avec ténacité et compétence, M. Chai Jianhong 柴劍虹 de la Zhonghua shuju a soutenu l'entreprise de bout en bout. Que tous soient chaleureusement remerciés.

Marianne Bujard
Mai 2013

# 目　錄


出版説明 …… 1

三排一段 …… 1
- 三聖庵 …… 5
- 彌陀庵 …… 6
- 關帝廟 …… 7
- 土地廟 …… 9

三排二段 …… 11
- 藥王廟 …… 15
  - 藥王廟碑 …… 19
- 華嚴庵 …… 21
- 關帝廟（北新倉）…… 22
- 關帝廟（瓦岔胡同口外）…… 24
- 土地廟（北溝沿）…… 25
- 福安寺 …… 26
- 伏魔庵 …… 27
- 淨蓮寺 …… 28
- 安養精舍 …… 30
- 土地廟（手帕胡同）…… 31
- 火神廟 …… 32

三排三段 …… 33
- 寶公寺 …… 37
  - 寶公寺刹竿碑 …… 40
- 精忠廟 …… 49
- 福德庵 …… 51
- 三聖庵 …… 52
- 永寧寺 …… 53
- 廣音寺 …… 55
- 寶泉庵 …… 57
- 五神庵 …… 58
- 金太監寺 …… 59
- 妙意精舍 …… 60
- 龍王廟 …… 61
  - 龍王廟碑 …… 62
- 土地祠 …… 64

三排四段 …… 65
- 伏魔庵 …… 69
- 慈壽寺 …… 70
  - 開元寺碑 …… 73
  - 惠明寺碑 …… 79
- 真武廟 …… 86
- 土地廟（土兒胡同）…… 87
- 財神廟 …… 88
- 三元庵 …… 90
- 華藏庵 …… 91
- 地藏庵（土兒胡同）…… 93
- 寶壽寺 …… 94
- 圓恩寺 …… 96
  - 圓恩寺碑 …… 99
- 萬善庵 …… 105
- 三聖祠 …… 107

地藏庵（交道口東大街） …… 108
土地廟（交道口南大街） …… 110
土地廟碑 …… 112
三聖神祠 …… 118
土地祠 …… 119
科神廟 …… 120
城隍廟 …… 121
城隍廟碑 …… 124
城隍廟捐資題名碑 …… 126

三排五段 …… 133
五聖祠 …… 137
包公祠 …… 138
真武廟 …… 139
財神廟 …… 140
雲祥寺 …… 143
二聖庵 …… 144
金漆庵 …… 145
圓通寺 …… 147
弘通庵 …… 149
廣慈寺 …… 151
廣慈庵十方院碑 …… 154
三教庵 …… 159
雞足寶剎 …… 160
洪承疇家廟 …… 161

三排六段 …… 163
萬福寺 …… 167
福德庵 …… 169
北極庵 …… 171
慈善寺 …… 173
慈善寺碑 …… 175
慈善寺頒藏經敕諭碑 …… 178
廣福觀 …… 181
孫道玉誥封碑 …… 184
孚佑宮山門碑 …… 187
觀音庵 …… 190
三元庵 …… 192
通明廟 …… 194
天仙庵 …… 197
海潮庵 …… 198
龍王廟（鼓樓東大街） …… 200
小廟 …… 201
過街廟 …… 202
龍王廟（煙袋斜街） …… 203
敕修延壽院 …… 204

三排七段 …… 207
廣化寺 …… 211
諸路頭陀教門都提點誠公塔銘 …… 217
廣化寺碑 …… 218
廣化寺職名碑 …… 222
彌陀會記 …… 227
板橋畫蘭 …… 233
廣化寺敦請自如和尚住持疏 …… 236
廣化寺碑 …… 239
廣化寺戒壇碑 …… 242
重修廣化寺碑記 …… 245
興善寺 …… 248
海會庵 …… 249
三元庵 …… 250
永壽庵 …… 252
槐寶探海寺 …… 253
豐泰庵 …… 255

三排八段 …… 257
靈官廟 …… 261
地藏庵 …… 263
觀音庵（菠蘿倉） …… 264
弘善寺 …… 266
慧果寺 …… 269
通明寺 …… 271
真武廟碑 …… 273
真武廟碑 …… 278
興隆寺 …… 284
白米寺 …… 285
昭應寺 …… 286
觀音庵（德勝門內大街） …… 287
關帝廟（花枝胡同） …… 289
漢壽亭侯廟碑 …… 291
關帝廟（前羅圈胡同） …… 297
馬神廟 …… 298

賜福禪林 …… 300
三聖祠 …… 302
五聖祠 …… 303
吉祥庵 …… 304

三排九段 …… 307
廣濟寺 …… 311
廣濟寺碑 …… 315
土地廟（葦坑胡同）…… 321
正覺寺 …… 322
正覺寺碑 …… 325
華嚴勝會碑 …… 329
歲數碑 …… 335
祝壽寺 …… 338
真武廟 …… 341
土地廟（棉花胡同）…… 342
都城庵 …… 343
啞嘛廟 …… 344
天仙庵 …… 345
文殊院 …… 347
文殊院碑 …… 349
威靈廟 …… 352
龍王廟（新街口南大街一百一十八號）…… 353
安吉陞紀念塔 …… 355
龍王廟（新街口南大街一百五十五號）…… 367
彌陀寺 …… 368
毗盧寺 …… 371
五道廟（百花深處一號）…… 373
五道廟（百花深處三號）…… 374

三排十段 …… 375
三官廟 …… 379
崇壽庵 …… 381
地藏庵 …… 384
關帝廟（北溝沿）…… 385
關帝廟碑 …… 387
朝陽庵 …… 390
觀音寺 …… 392
關帝廟（後廣平庫）…… 394
龍王廟（西直門內大街）…… 395
龍王廟（高井胡同）…… 396
龍王廟（北草廠胡同）…… 397
崇興寺 …… 399
崇興寺題名碑 …… 401
崇興寺二井記 …… 405
崇興寺天王殿碑 …… 409
崇興寺天王殿碑 …… 412
土地廟 …… 418
靜修寺 …… 419
龍泉禪林 …… 420

三排十一段 …… 423
三寶庵 …… 427
觀音庵（北大安北）…… 428
清水觀 …… 429
妙清觀碑 …… 431
翠峰庵 …… 437
翠峰庵碑 …… 440
觀音庵（北大安南）…… 443
三聖庵 …… 444
興福庵 …… 445
關帝廟 …… 447
老虎廟 …… 451
土地廟（西直門南小街）…… 452
龍王廟 …… 453

附錄一 本書未撰寫廟志的寺廟名單 …… 455
附錄二 廟名索引 …… 457
附錄三 碑名索引 …… 463
附錄四 碑文撰書人索引 …… 466
附錄五 香會索引 …… 468
附錄六 胡同索引 …… 469
胡同索引使用說明 …… 469
胡同名拼音檢索表 …… 470
新舊胡同名與寺廟對照表 …… 472

本卷主要參考文獻 …… 477

# 三排一段

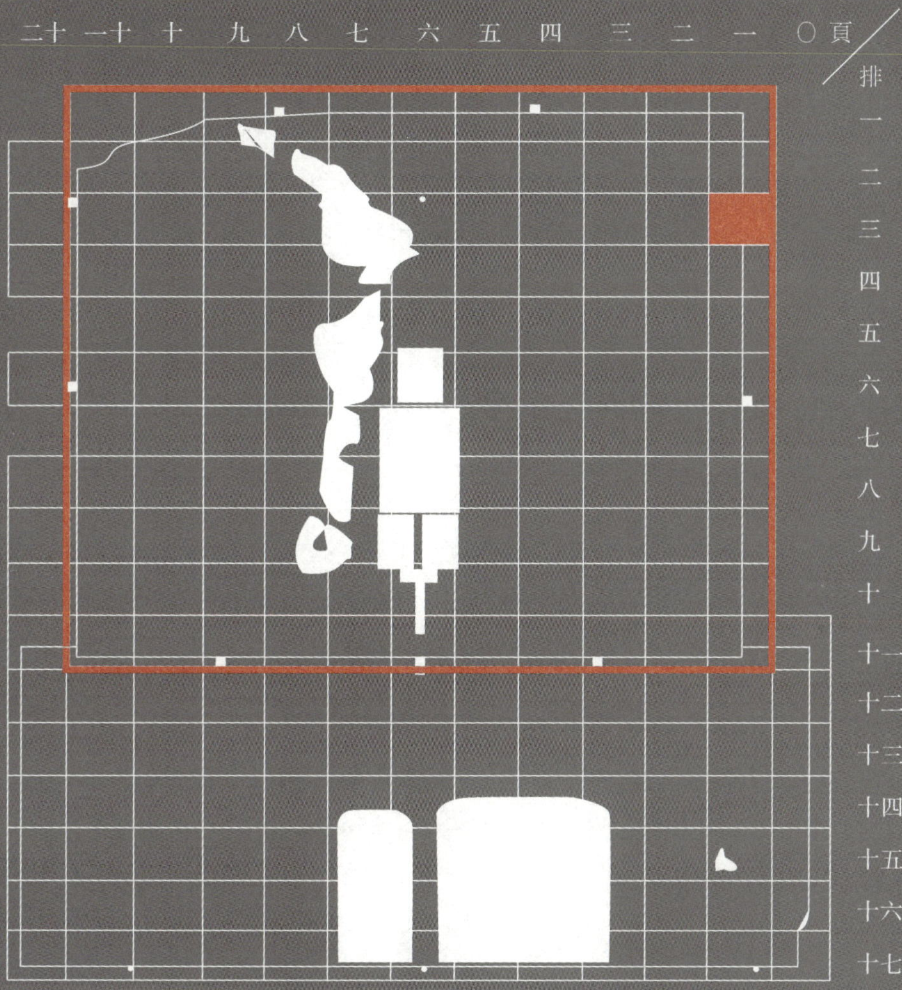

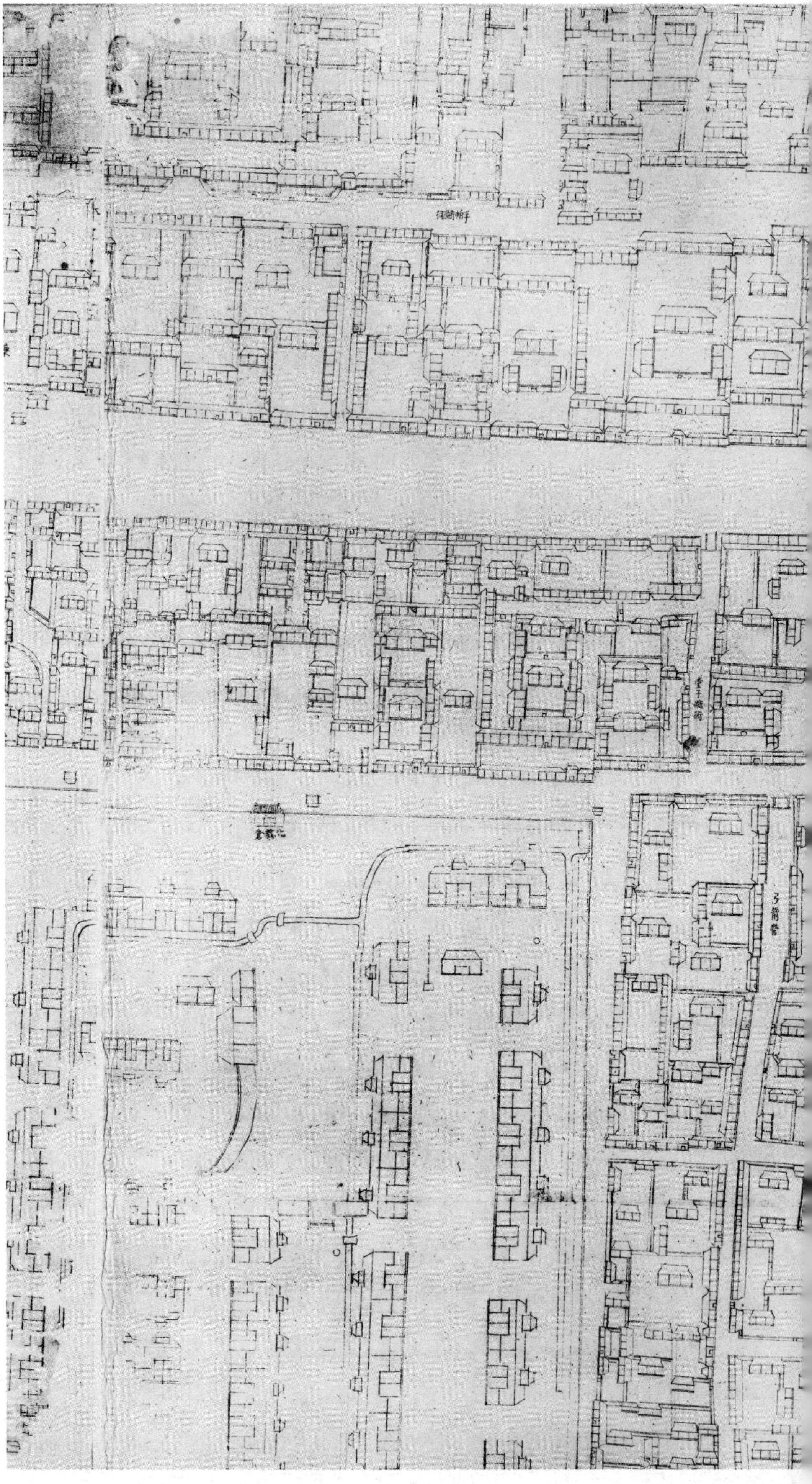

手帕衚衕
堂子衚衕
弓箭營

土地廟
北水關
關帝廟
東直門
南水關
三聖庵
彌陀庵

# 三聖庵

三聖庵，原址在今東城區東直門南大街，寺廟建築現已不存。

此庵始建年代不詳，據清乾隆《京城全圖》所繪，三聖庵緊鄰城牆，坐東朝西，爲兩進院落，無山門，僅在院牆上開一小門，院内有前殿三間、正殿三間。

除《京城全圖》外，再無此廟記載，本書編者調查時附近的老街坊説，民國年間東直門城牆下曾有一廟，離出水涵洞（即南水關水口）不遠，坐北朝南，廟内正殿爲兩層，上層三間供佛，下層帶東西配房，均爲吹鼓手居住，以承接紅白喜事爲生，其頭領姓董，爲東城一帶吹鼓手之首。從其描述位置來看，與此三聖庵相當接近，惜其朝向格局與《京城全圖》所繪相去甚遠，且此小廟在"文革"拆城牆時也已被拆除。它是否爲三聖庵之演變，今已不可考。

2008 年調查時，三聖庵原址位於二環路上。

# 彌陀庵

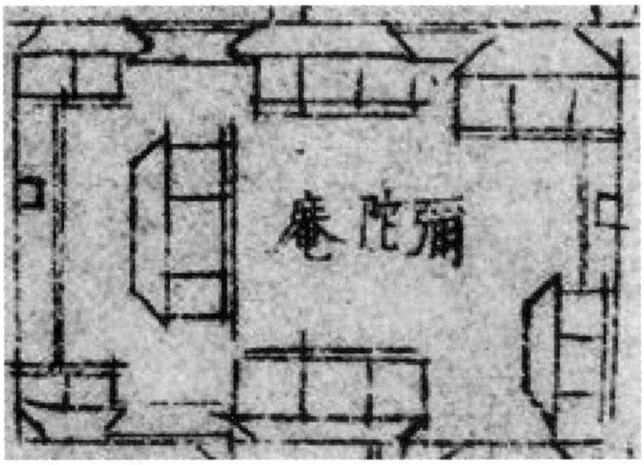


彌陀庵，民國時改爲關帝廟，原址爲内三區庫司胡同四號（今東城區東直門立交橋西南角），寺廟建築現已不存。

此庵始建年代不詳，清《乾隆廟冊》中稱“彌陀庵，在南水關”，爲大僧廟，由傳祥住持。依清乾隆《京城全圖》所繪，彌陀庵坐西朝東，無山門，東墻開垣門一座，正殿三間、南北配殿三間，東門北側有南向房三間、南側有東向房三間，正殿後有北房、南房各兩間，分别位於院落西北角和西南角，後墻亦開有小門，通往褲子胡同（即庫司胡同）。但除此之外，其餘清代文獻中再無此廟記載。

及至民國末期，庫司胡同有關帝廟在北平市社會局申請登記，根據其位置判斷，似即此彌陀庵之演變。1947 年時，關帝廟僅有殿一間，中無僧尼，由民人鄭佔元管理[1]，直至 1952 年鄭仍爲此廟負責人[2]。究竟關帝廟是彌陀庵廢而重興，抑或曲折傳承、規模日減，由於缺乏資料，今已無法得知。但據老街坊回憶，民國時期此廟佔地面積約三十平米，坐北朝南，有殿一間，中供關帝，兩側各有配祀，雖爲民人管理，初一、十五亦有人來廟燒香祈祝。約在 20 世紀 50 年代鋪設自來水管道時，廟被拆除，原址改建爲公共水站。

2006 年調查時，彌陀庵原址爲來福士大廈。

---

〔1〕參見北京市檔案館藏《北平市民政局·北平市各區寺廟總登記考察簿》，1947—1948 年，檔案號 J3-1-237，頁七十一。另參見《北京寺廟歷史資料》，北京市檔案館《北京寺廟歷史資料》，北京：中國檔案出版社，1997 年，頁七百零七。

〔2〕參見北京市檔案館藏《北平市民政局·北平市寺廟總登記冊》，1950 年，檔案號 J3-1-203，頁二十二。

# 關帝廟

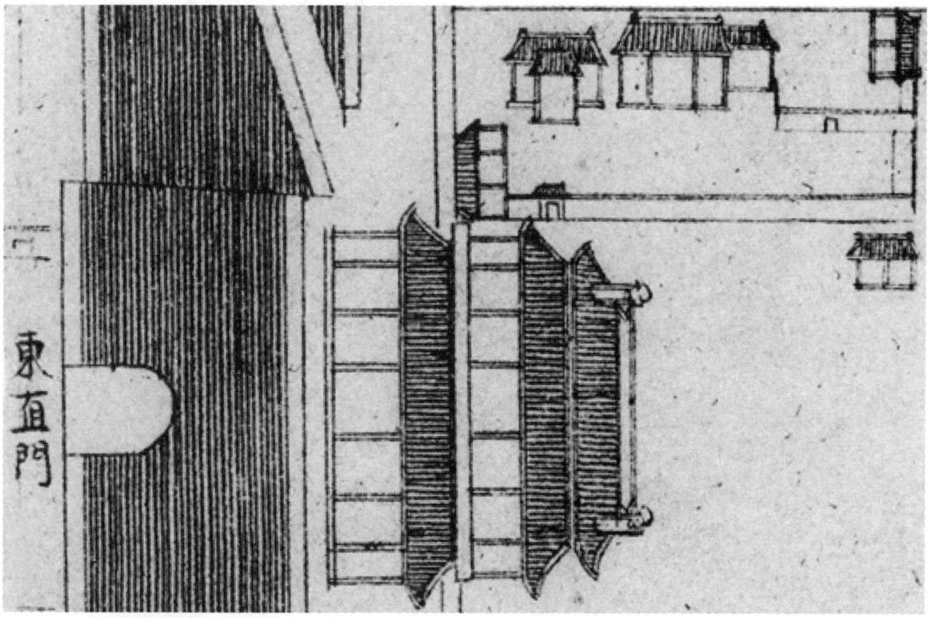


關帝廟，原址爲十三區東直門甕城五號（今東直門立交橋），寺廟建築現已不存。

京師内城九門，均有廟宇鎮守，東直門甕城内即此關帝廟。其確切始建時間不詳，但東直門原爲元大都城東垣中門，時名崇仁門，明永樂十七年（1419）改稱東直門，明正統四年（1439）建城門樓，可能此關帝廟也創修於當時。東直門甕城平面呈方形，南垣辟門，上設閘樓，東垣正中設箭樓。四面高墻圍出甕城，關帝廟即居於其中[1]。

從清乾隆《京城全圖》上看，關帝廟居甕城西北角，坐北朝南，南墻坤方設小門一座，入之正對有前殿三間，前出抱廈一間。前殿東爲正殿三間，帶一東小耳房。緊鄰山門西側有坐西朝東房三間，正殿以東有跨院一處，内有坐東

〔1〕參見國家文物局主編《中國文物地圖集·北京分冊（下）》，北京：科學出版社，2008年，頁五。

朝西房兩間。據《乾隆廟冊》登記，東直門甕城關帝廟係官修，時爲大僧廟，住持法號照德。但清乾隆三十五年（1770）内務府呈報的七十二處官管寺廟中，各城門廟宇皆在其中，獨缺東直門甕城關帝廟，其中緣故令人費解[1]。

東直門甕城及閘樓於1915年建環城鐵路時拆除。1927年拆除箭樓時關帝廟仍存。直至1947年北平市民政局寺廟調查時，還將它登記在冊[2]。1958年箭樓城臺被拆，1964年整座城樓拆除，關帝廟最終毀於此時[3]。

2006年調查時，關帝廟原址爲車水馬龍的東直門立交橋。

東直門城樓東側[4]（20世紀50年代攝）

〔1〕參見中國第一歷史檔案館藏《呈報官管寺廟殿宇房間數目清單》，乾隆三十五年五月二十二日，檔案號05-0277-032。

〔2〕參見北京市檔案館藏《北平市民政局·北平市各區寺廟總登記考察簿》，自1947—1948年，檔案號J3-1-237，頁三十一。

〔3〕參見《中國文物地圖集·北京分冊（下）》，頁五。

〔4〕楊茵、旅舜《尋找老北京城》，北京：中國民族攝影藝術出版社，2005年，頁二十二。

# 土地廟

土地廟,不見於清乾隆《京城全圖》,原址爲内三區東直門北水關北口二號(今東城區東直門北大街九號),寺廟建築現已不存。

土地廟始建年代不詳,1929年在北平特別市政府登記時,廟主稱其創建於清光緒十五年(1889),屬私建,無僧尼,時僅有房屋一間[1]。文獻記載雖少,但附近居民對此廟的印象卻頗深。據他們回憶,民國時期,土地廟坐東朝西,有小院一進,繞以紅墻,院内殿房一座,由民人姊妹倆看管。附近居民若有小病,於廟内祝禱甚爲靈驗,因此香火旺盛,即便雍和宫一帶住戶亦常來此。所謂"神藥"大抵有二,一爲香灰,又稱"爐藥",即由信衆自行焚香向土地爺祈祝祛病,再由看廟人用黄紙接裹香灰,令病人回家沖服;二爲畫符,即由看廟人用黄紙畫符,點燃成灰後置於碗中沖水,令病人飲用。據説,當時往來求藥的居民絡繹不絶,看廟的兩姊妹被恭稱爲"大師傅",付香資稱爲"撂香錢",兩姐妹即靠香資維生度日。

2011年調查時,土地廟原址爲中國石油大廈。

〔1〕參見《北京寺廟歷史資料》,頁三百二十五。

# 三排二段

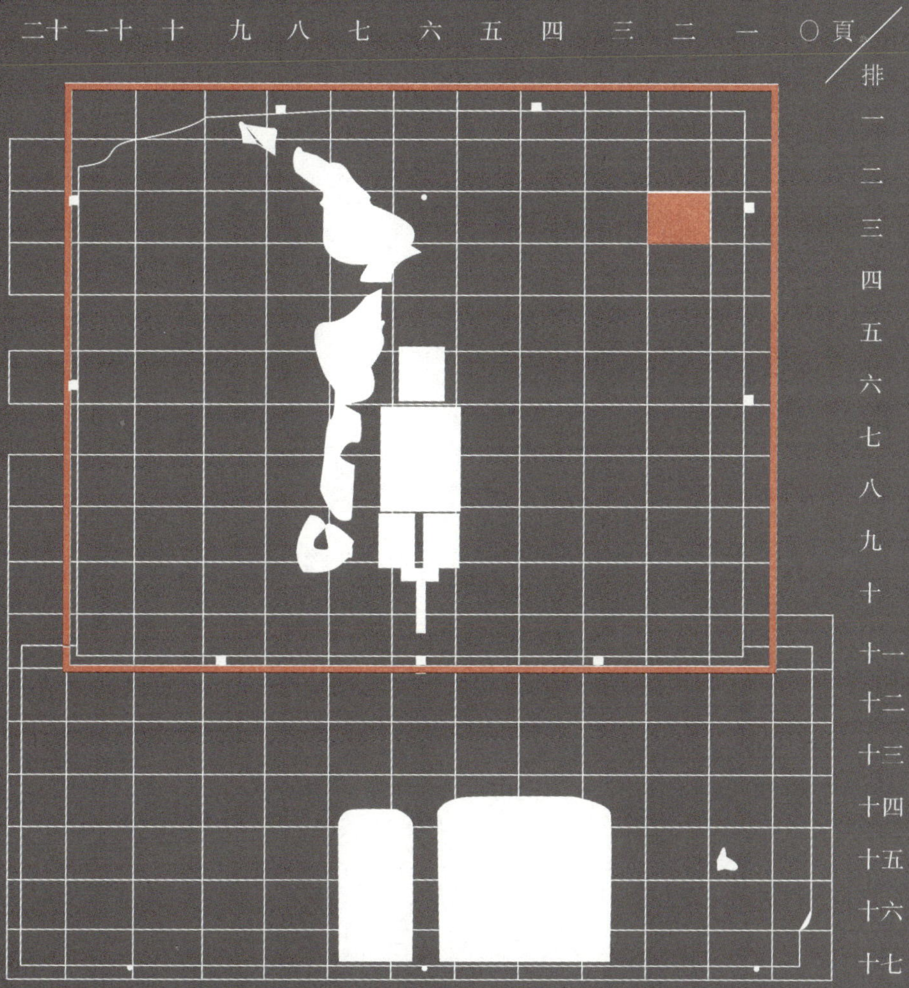

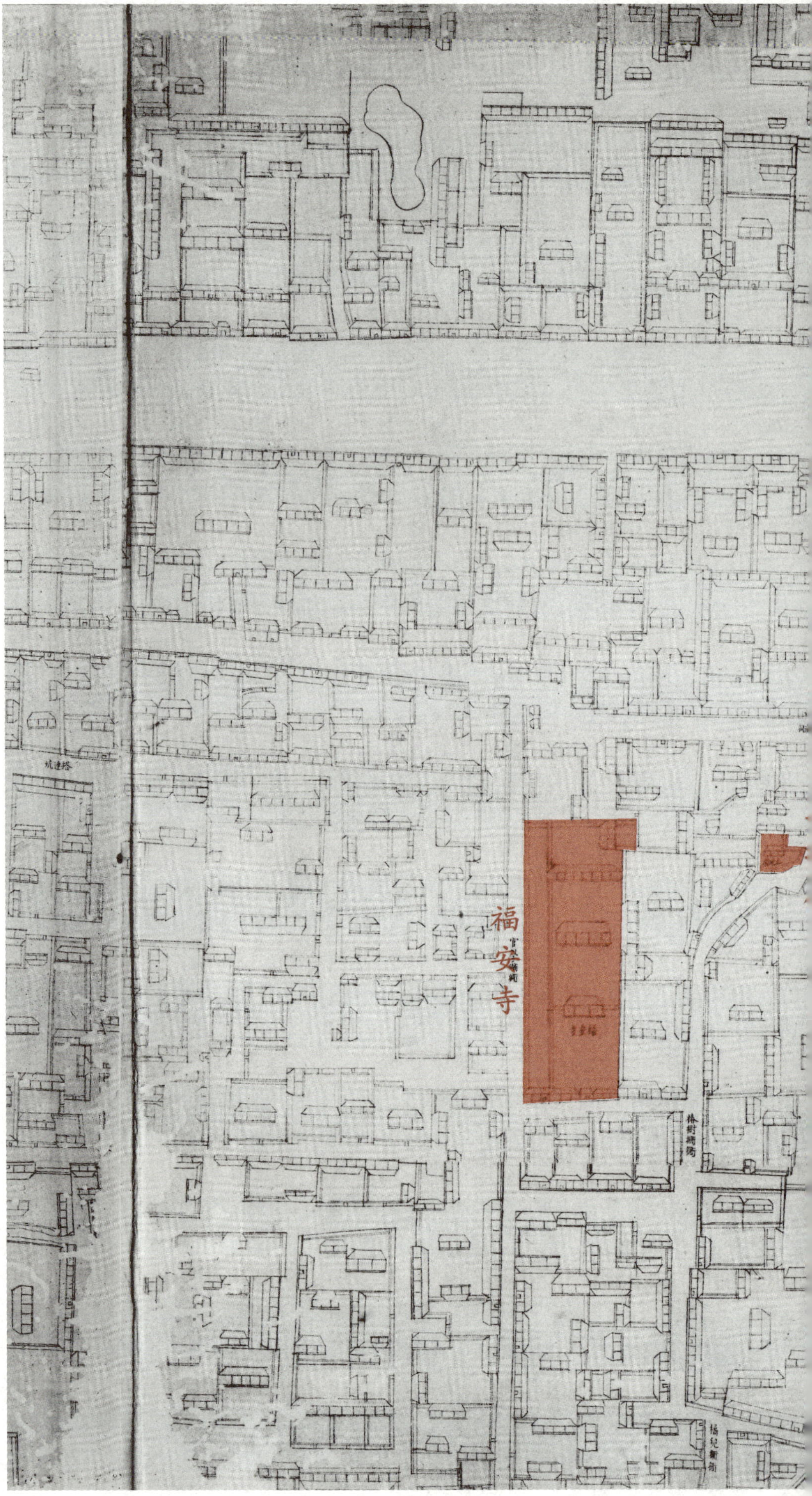
福安寺

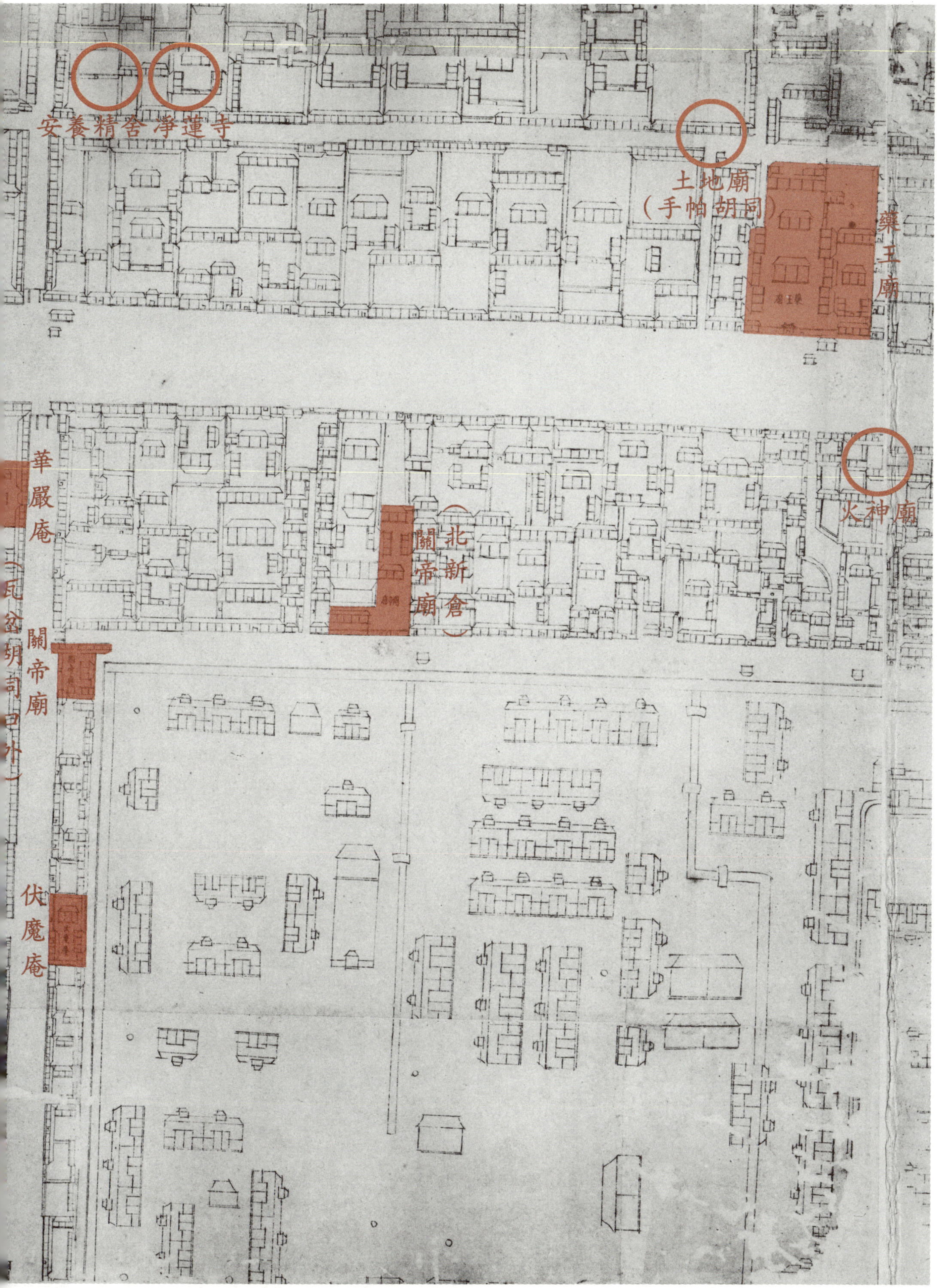

安養精舍
淨蓮寺
土地廟
（手帕胡同）
藥王廟
華嚴庵
（瓦盆胡同口外）
火神廟
北新倉
關帝廟
關帝廟
伏魔庵

# 藥王廟

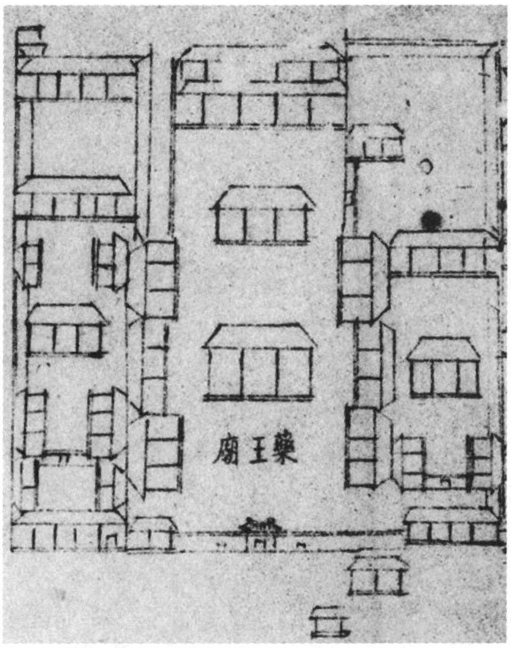


藥王廟，也稱東藥王廟[1]、福世普濟藥王廟[2]或福世藥王廟[3]。原址爲東直門内大街路北四十六號（曾爲東直門内大街八十五號，今東城區東直門内大街路北5—19西側，東直門北中街路東），寺廟建築僅餘山門。廟内有碑刻一通，爲明萬曆四十五年（1617）《藥王廟碑》，碑刻殘石現仍立於藥王廟原址山門旁。

據《藥王廟碑》記載，此廟於萬曆四十三年（1615）五月由明神宗出資敕建，萬曆四十五年立碑，故歷代地方志均記此廟建於明萬曆四十五年，蓋因《藥王廟碑》之故。廟内原有大銅鐘上銘文曰"大明萬曆歲在丙辰仲秋吉日，正一闡教大真人林永誠發心虔造，敕建福世普濟藥王廟，皇帝萬歲萬萬歲"，可見萬曆四十四年（1616），正一道士林永誠就已爲廟内添建廟産。林永誠同時也是東直門外九天宫的第一任住持，或在當時，藥王廟已屬九天宫下院[4]。這一附屬關係一直延續到20世紀50年代。《藥王廟碑》稱廟内供奉靈應藥王保運福世普濟真君，旁祀藥王孫思邈、藥聖韋真人，配以十代明醫及壽福禄三星。

[1]（清）于敏中等編《日下舊聞考》卷五十四城市·内城北城，北京：北京古籍出版社，1981年，頁八百六十三。

[2]如山門石額及廟内石碑首題。

[3]（清）吴長元輯《宸垣識略》卷六·内城二，北京：北京古籍出版社，1983年，頁一百二十一。

[4]據明萬曆四十五年（1617）三月明神宗撰《御製真武本傳經序》中記載：是年，明神宗朱翊鈞捐内資，命正一闡教大真人林永誠虔書重梓，將《真武本傳妙經》共傳於天下，由此可見林永誠乃是萬曆年間一代名道。

是年鑄造的前殿設鐵五供二份、中殿設鐵五供一份,一直保存到民國年間。明代太監也是藥王廟的重要捐贈人,廟内原有大寶鼎一口,年月均泐,但記爲總理工程司設監太監林潮供奉。

入清以後,藥王廟屢有添建,香火興旺。廟後原有玉皇閣,其内鐵磬一口、五供三份,均爲康熙十八年(1679)所鑄;中殿内鐵五供一份,爲清康熙二十年(1681)添造。從乾隆《京城全圖》上看,藥王廟似有兩路院落,正院在西,首有歇山獸脊山門一座,左右均開便門,西南角上小房兩間;入山門後有前殿三間、東西配殿各三間,其北各有配房三間;正殿三間,前也爲東西配殿各三間;最後一層爲後殿,似兩層,每層均五間。院東南角有過道,通向東院,過道南有小房四間,似不與院内相通,需從東直門大街出入;過道北爲墻垣一道,上開便門,入内後首有東西房各三間,次則殿宇三間,北有殿房五間,後院甚寬,西墻下小北房三間,水井一眼,其南側西墻上開門,可與正院相通。乾隆年間,廟外東西均爲鑲黄旗漢軍統領佐領下二等侍衛常麟開設之香廠,依藥王廟爲業,足見其香火之盛。乾隆四十六年(1781),常麟之子富存因手頭困乏,將此香廠(計房二十二間)賣與藥王廟西香蠟鋪,時價銀兩千,在大興縣布政司交稅完訖,領有契約。直到民國十五年(1926)藥王廟因地產權與人爭訟時,住持道士還向公安局出示了這份買房契約[1]。清道光十九年(1839),印務護軍校巴顏額、景寬等,筆帖式英太等,向廟内敬獻木額一方,題曰“亘古一人”,兩側對聯皆山西平邑吳福源手書。有史可查,至晚自同治年間起,藥王廟和九天宫的另一下院——火神廟[2],便爲白姓道人所住持。清同治十三年(1874),道士白仙露在道錄司登記入冊,領取手本二件。光緒二十二年(1896),白仙露又重展廟貌,中殿方鐵爐二座、前殿鐵磬一口、後殿方鐵爐一座,均爲是年所鑄。此次重修,《北京市志稿》中曾有記載[3]。

20世紀上半葉,白景春和白賢珍師徒二人曾先後管理過藥王廟。此時該廟山門南向,石額“敕建福世普濟藥王廟”,左右院牆上各有小門。院内格局井然,前殿、中殿、後閣及東西配殿均保持乾隆時原様,甚爲齊整。前殿三間,曰“保和昌運之殿”,對聯文曰“丹藥法君臣務要龍降而虎伏,經方明佐使俾令國福以民安”,題爲“崿山弟子邁拉遜熏沐敬書”。内正供藥王一尊,左藥聖、右藥祖,像均泥塑,兩旁有鐵鉞鐵斧等兵器十件,分列架上;東配殿三間,木額“明醫康明之殿”,内供明醫五尊、小童四位;西配殿三間,木額“明醫濟世之殿”,供像與東配殿相仿。前殿之後的院内,除明季司設監太監林潮捐贈寶鼎一口外,還有爐鼎一座、旗杆二根、槐樹四株,萬曆四十五年的《藥王廟碑》當時立於正殿之左,林永誠所鑄銅鐘在碑側。中殿三楹,爲“三皇福世之殿”,内供泥塑三皇三尊、關帝一尊,周倉、關平侍立,木質菩薩、泥塑土地夫婦各一尊;三皇殿也有東西配殿:東配殿三間,額曰“上古神醫之殿”,内供神醫五尊;西配殿三間,額曰“上古聖醫之殿”,内供泥塑聖醫五尊。中殿之後乃北閣五間,爲玉皇閣,左右聯曰:“南極輝煌位於九霄之上,福天洞鑒總乎大地之中”,下供福禄壽三星、娘娘六尊、小童十二,像均泥塑。康熙十八年所造鐵五供上,還供有泥塑玉皇一尊[4]。民國二十年(1931),白景春病故,年方二十四歲的白賢珍接替住持,時廟内另有道士馬賢明一人,

---

〔1〕民國十五年(1926),内四區署員徐灝、巡官馬文翰,以及徐灝妻弟劉潤堂等,冒名開設榮昶木廠,侵佔了藥王廟迤東空地。當時藥王廟的住持白景春向公安局出示了乾隆四十六年的買房紅契,奪回了土地所有權。見《北平市社會局寺廟類·内三區藥王廟道士登記廟産和白賢珍接充住持的呈文及社會局的批示》,檔案號J2-8-119,頁二十六至三十四。

〔2〕參見本排段“火神廟”條。

〔3〕文内稱“藥王廟在東直門大街四十六號,廟建於明萬曆四十五年。山門石額曰‘敕建福世普濟藥王廟’。清光緒年重修。”《北京市志稿·宗教志》卷七·道教二,北京:北京燕山出版社,1998年,頁二百七十八。

〔4〕參見國立北平研究院《藥王廟》,東四11。

也僅十九歲[1]。

民國時期，由於九天宫破敗，住持白景春、白賢珍常年住在藥王廟中。廟内房舍衆多，除敬神外尚有餘房出租，每月兩次的廟會市集，也是道衆經濟收入的重要來源之一。故藥王廟每年補助道教會興辦學校與診所經費大洋六元，生活尚屬寬裕。民國二十九年（1940），白賢珍還在藥王廟附屬房產——手帕胡同三十二號院内大興土木，新建東灰房三間、北灰房三間、南灰房一間，并在東房南向辟門一所[2]。與其建築日增、廟會興隆相比，道衆日頌之經文卻稍顯單薄寒磣，北平市社會局調查時，廟内有抄本《老君經》一部、抄本《心印經》一部[3]。到 1949 年，藥王廟内僅剩白賢珍一人，連本廟帶附屬房産在内共有九處，合計房間九十二間半，月收入房租二千一百四十元又二百斤煤，另年收入玉米七百五十斤[4]。

據老住戶們回憶，藥王廟廟會乃是東直門一帶的盛事之一，每年四月廿八藥王生日時，廟内會舉辦施藥法會，遠近信衆紛至遝來，還有文場、獅子、高蹺等會前來助興。住在東直門内一帶的老街坊們，至今對藥王廟山門内凶神惡煞的四大金剛記憶猶新。他們説，那時的小孩子都不讓進廟，因爲怕被神像嚇到，然而也有膽大頑童，故意進廟、偷摸神像。廟内道士卻是極好相處的，胖且常笑，左鄰右舍都樂意與他下棋或聊天。

1985 年調查時，藥王廟的正殿、後樓已無存[5]。2006 年調查時，藥王廟僅存山門，坐北朝南，彩髹一新，石額煥然。萬曆殘碑，半皆磨滅，轉立山門旁邊，掩映於古槐樹之下。

藥王廟山門與殘碑（2011 年 5 月毛勇攝）

〔1〕參見北京市檔案館藏《北平市社會局寺廟類·内三區藥王廟道士登記廟産和白賢珍接充住持的呈文及社會局的批示》，1930—1936 年，檔案號 J2-8-119，頁七十四至一百二十。

〔2〕同上，頁十八至十九、頁七十二。

〔3〕同上，頁七十。

〔4〕參見北京市檔案館藏《北平市民政局民族事務科·本市寺廟情況查詢記録》，1949 年，檔案號 196-1-3，頁四。

〔5〕參見譚伊孝編《北京文物勝跡大全·東城區卷》，北京：北京燕山出版社，1991 年，頁三百三十三至三百三十四。

藥王廟山門橫額“敕建福世普濟藥王廟”（2012 年 10 月范華攝）

明萬曆四十五年（1617）《藥王廟碑》碑額（2012 年 10 月范華攝）

明萬曆四十五年（1617）《藥王廟碑》碑刻殘石（2012 年 10 月范華攝）

御製敕建福世普濟東藥王廟碑銘

　朕惟隆古帝王罔不祈天永命者自御極以（下殘）
天地宗廟百靈庇佑號稱綦隆盛際實源
慈聖皇太后教育貽謀凡齋居祇事
天地宗廟百靈神祇以至嶽瀆祀典咸徼寵（下殘）
慈躬迪吉
聖壽綿延輒禱輒應徽禎疊見多福云仍每（下殘）
慈躬違和虔禱
藥王即獲康泰欣悅感報昭彰益見藥王之（下殘）
上帝好生之德廣三皇拯厄之慈濟困扶危（下殘）
　朕歲命臣齎香持節以祀程行遙隔無能朝（下殘）
　朕要四隅無恙且震東令爲春氣主生德主（下殘）
　朕任事乃出大府金錢若干於東直關內孔（下殘）
　萬曆四十三年五月初十日因民之欲百役不督而力越萬（下殘）
敕建福世普濟東藥王廟前曰保和昌運之殿以祀（下殘）
敕封靈應藥王保運福世普濟真君及藥王藥聖孫韋二大真（下殘）
九穹彌壽寶閣閣下祀以壽福祿三星而閟宮穹閣巋闕修廊（下殘）
上帝藥王既擁庥明降祥（下殘）
聖母茲復遐昇朕踐霜露縈心追慕殷切崇廟祀以答垂（下殘）
慈顏無德不報至意朕誦詩稱永言配命自求多福是求福者（下殘）
穹蒼感通玄默猶夙宵惴慄罔敢懈寧冀壽國與壽躬降福祚並（下殘）
　朕垂念人瘼凜凜憂灾祲日聞至意夫競業不敢怠荒祇嚴祈（下殘）
　朕之憂勤也盡使祇直禁闈晨宵間隔羈束戒陣城壘嚴阻（下殘）
藥王醫聖之景貺也豈惟禋祀綿衍即朕之一誠並垂之永久（下殘）
　　於鑠旋運曷平不陂康屯傾否哲者斯揮於維否（下殘）
　　嗚禽去闈尚□仁德祈生養肥且天且地若王若（下殘）
　慰我慈聖好生之機眷予一人燕及帝（下殘）
大明萬曆歲在丁巳孟秋吉旦立

# 藥王廟碑

首題：御製敕建福世普濟東藥王廟碑銘
年代：明萬曆四十五年（1617）
今址：東城區東直門内大街藥王廟原址山門之旁
拓片尺寸：碑陽高 191、寬 77 釐米
書體：正書
撰人：（明神宗）朱翊鈞
《目録》：頁 255
拓片編號：京 5344
碑文録自：實地

【碑陽】

額題：敕建東藥王廟碑銘

碑文：

御製敕建福世普濟東藥王廟碑銘 1

朕惟隆古帝王罔不祈天永命者，自御極以（下殘）2 天地宗廟百靈庇佑，號稱綦隆盛際，實源 3 慈聖皇太后教育貽謀，凡齋居祗事 4 天地宗廟百靈神祇以至嶽瀆祀典，咸徼寵（下殘）5 慈躬迪吉。6 聖壽綿延，輒禱輒應，徽禎疊見，多福云仍，每（下殘）7 慈躬違和，虔禱 8 藥王，即獲康泰。欣悦感報昭彰，益見藥王之（下殘）9 上帝好生之德，廣三皇拯厄之慈，濟困扶危（下殘），10 朕歲命臣齎香持節以祀，程行遙隔，無能朝（下殘），11 朕要四隅無恙，且震東令爲春氣主生德主（下殘），12 朕任事，乃出大府金錢若干，於東直關内孔（下殘）。13 萬曆四十三年五月初十日，因民之欲，百役不督而力。越萬（下殘），14 敕建福世普濟東藥王廟，前曰保和昌運之殿，以祀（下殘）15 敕封靈應藥王保運福世普濟真君及藥王藥聖孫、韋二大真（下殘）16 九穹彌壽寶閣，閣下祀以壽福禄三星。而閟宫穹閣、峩闕修廊（下殘）17 上帝，藥王既擁庥明，降祥（下殘）18 聖母，兹復遐昇。朕踐霜露縈心，追慕殷切，崇廟祀以答垂（下殘）19 慈顔無德不報至意。朕誦詩稱永言配命，自求多福，是求福者（下殘）20 穹蒼感通玄默。猶夙宵惴慄，罔敢懈寧，冀壽國與壽躬降福祚，並（下殘）21 朕垂念人瘼凜凜，憂灾祲日聞，至意夫兢業，不敢怠荒，祗嚴祈（下殘），22 朕之憂勤也。盡使祗直禁闈，晨宵間隔，羈束戒陣，城壘嚴阻（下殘）23 藥王醫聖之景貺也。豈惟禋祀綿衍，即朕之一誠並垂之永久（下殘）24 於鑠旋運，曷平不陂，康屯傾否，哲者斯揮，於維否（下殘）25 嗚禽去闈，尚□仁德，祈生養肥，且天且地，若王若（下殘）26 慰我慈聖，好生之機，眷予一人，燕及帝（下殘）。

大明萬曆歲在丁巳孟秋吉旦立

# 華嚴庵

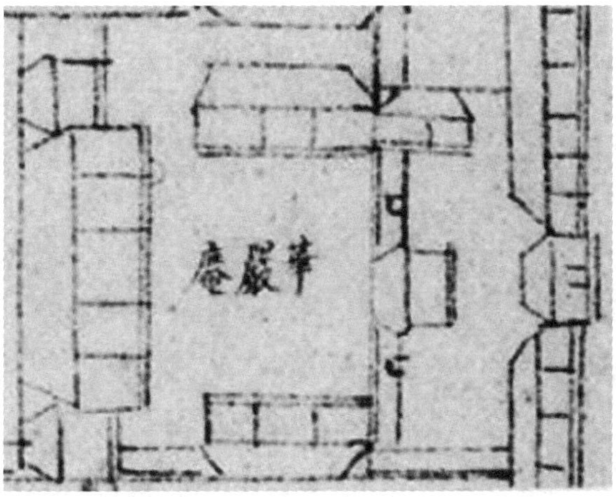


華嚴庵，原址在今東城區東直門南小街以西，瓦岔胡同東段路北，寺廟建築現已不存。

此廟未知始建何時，按清乾隆《京城全圖》所繪，華嚴庵坐西朝東，似有兩進院落。外院有山門一座，兩側均沿街連山房，難以判斷是否屬於廟產，院內西北角有北房兩小間。前後院以兩道門及院牆相隔，二門仍東向，左右圍垣開院門兩座。後院正殿五間，左右耳房各一，南北配殿各三間。

此外，華嚴庵再不見諸記載，2006 年調查時，也無人知其所在，應是久已傾圮，故而無考。

# 關帝廟（北新倉）

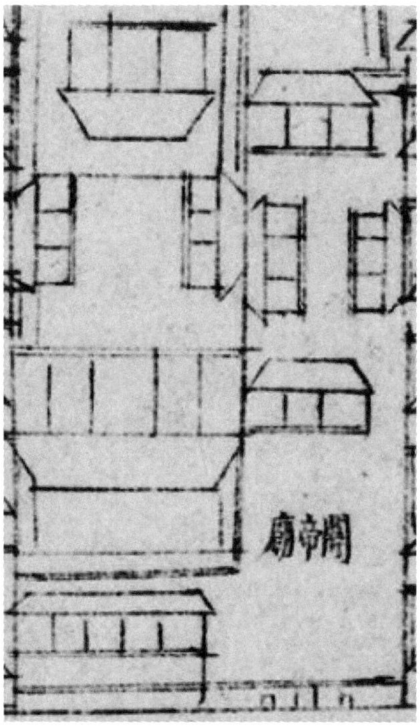


關帝廟，原址爲内三區北新倉胡同五十三號（約在今東城區北新倉胡同三號樓和五號樓之間），寺廟建築今已不存。

曾有民國年間廟主呈報此廟建於明成化年間，但無旁證相佐，此說存疑[1]。清《乾隆廟冊》中已確有記載，時其爲大僧廟，住持連如。按乾隆《京城全圖》所繪，關帝廟坐北朝南，首無山門，南院牆上開門三道：中門寬敞，左右均小。前院有正殿三間，後爲北殿三間，中有東西配殿各三間。南墻内坤方還有南房五間，未知是否屬於廟產。

清道光年間，此廟可能曾經重修，蓋因正殿前額寫於道光壬辰年（1832）。清光緒二十四年（1898），木廠商人齊成瑞典買獲廟後，用作家廟，歷代相傳。齊家在内三區新太倉路十九號開設雙盛木廠，齊成瑞故去後，其二子齊長壽、齊長福先後擔任過關帝廟的廟主。民國二十三年（1934）左右，廟又被傳給長福之子齊續斌[2]。此時，寺内有北殿三間，額曰“乾坤正氣”，爲道光壬辰年間駱丙燾所書。内正供關帝泥像一尊，小童侍立，火神、藥王、財神等神像約十餘尊，但多有損毁。殿内鐵磬一口，爲他廟移來，銘文言稱“道光二十四年

〔1〕參見《北京寺廟歷史資料》，頁三百七十七、六百一十九。

〔2〕參見北京市檔案館藏《北平市社會局寺廟類·内三區關帝廟齊長福登記廟產的呈文及社會局的批示》，1932—1942年，檔案號J2-8-697，頁二十七至九十七。

三月初一日，東華門奶子府關帝廟永遠供奉”。院中多植槐、椿、棗樹[1]。

20世紀50年代，寺中仍有山門、正殿及東西配殿。山門一間，正殿五間。1985年，寺廟建築已完全拆除，東城區金屬加工廠在此興建了樓房[2]。

2006年調查時，寺廟原址處已爲居民小區。北新倉胡同三號樓與五號樓之間有古槐一株，可能即爲寺中幸存古樹。

〔1〕參見國立北平研究院《關帝廟》，東四24。另參見首都圖書館藏《北平寺廟調查一覽表》，民國三十四年(1945)，手抄本，頁三十七。

〔2〕參見《北京文物勝跡大全·東城區卷》，頁二百七十五。

# 關帝廟（瓦岔胡同口外）

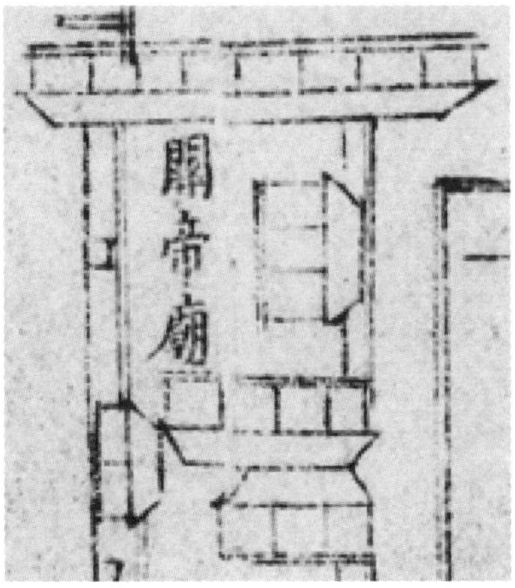


關帝廟，原址在今東城區東直門南小街十六號西北角院牆内，寺廟建築現已不存。

除清乾隆《京城全圖》外，此廟未見諸任何記載，故難知其始建年代。按《京城全圖》所繪，該廟坐東朝西，無山門，僅有西院門與東直門南小街通行。廟院中有大殿三間、南房四間，北房八間北向，南房西有坐東朝西小房兩間，未知是否也屬廟内。

2006 年，該廟原址已建中國中醫研究院，廟房踪影全無，應早已不存。

# 土地廟（北溝沿）

土地廟，似曾名“五顯廟”，原址在内三區北溝沿三十一號（約爲今東城區小菊胡同五號院内）。寺廟建築現已不存。

廟不知始建何時，按清乾隆《京城全圖》繪，此廟位於椿樹胡同北段路西，坐北朝南，有不規則院牆，廟門南開，院中僅廟房三間。清《乾隆廟冊》中在同一地址登記有“五顯廟”一座，住持僧人法號悟深，可能是此廟異名。

20世紀30年代國立北平研究院的研究人員調查時，此廟三間北房已經坍塌，僅存基址，東小房一間、西小房二間，中間院落甚爲寬廣，時爲恒盛興祥記養蜂廠，歸宋某所管[1]。

2006年調查時，廟址附近均爲住宅小區，附近居民對該廟已全無印象。

〔1〕參見國立北平研究院《土地廟》，東四63。

# 福安寺

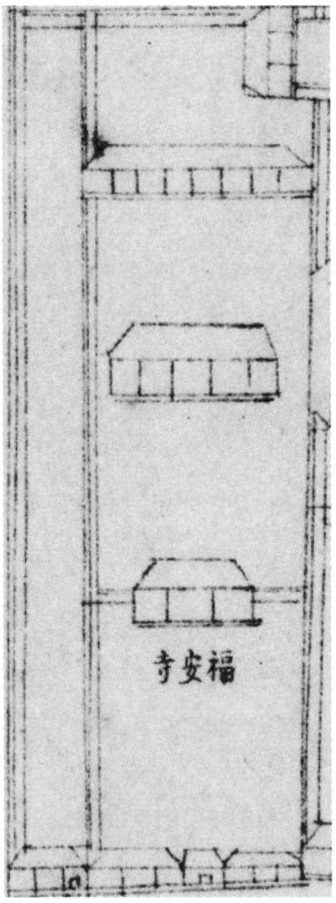


福安寺，清朝文獻載其地址爲瓦盆胡同或瓦岔胡同[1]，其原址約在今東城區東直門中學（南校）至北溝沿胡同十六號之間。寺廟建築現已不存。

此寺始建於元至正年間。《日下舊聞考》記，寺中原有明代正統年間通政司左通政陳恭撰碑，載其初創於元至正間，明代曾兩次重修。永樂中，建築傾圮，僅存大殿，寺僧添建僧舍數楹；明宣德七年（1432）至正統癸亥（1443），寺又重修，並獲賜今額[2]。然此碑今已無存，拓片也尚未得見。

至清乾隆年間，福安寺仍爲大僧廟，《乾隆廟冊》記住持名爲源禧。按清乾隆《京城全圖》所繪，寺在官學胡同中段東側，四層三進，格局嚴整。廟中山門一間，左右各設殿房一座，均面闊三間；前殿三間、中殿五間、後殿八間，後院東北角處有東向小房三間。寺西緊臨一狹長夾道，最南端有小房三間，東房開門，似亦爲廟產。

福安寺雖歷年既久，地方志多有記載[3]。但民國以後，此寺卻完全無考，歷次調查與政府登記中均不見踪影，似清末時廟已無存。

2006年調查時，附近居民對該寺全無記憶，加之此處街道格局變化較大，無法確認其原址。

---

〔1〕參見《宸垣識略》卷六·内城二，頁一零七。（清）周家楣、繆荃孫編《光緒順天府志》京師志十六·寺觀一·内城寺觀，北京：北京古籍出版社，1987年，頁四百八十八。

〔2〕參見《日下舊聞考》卷四十八城市·内城東城四，頁七六九至七七〇。

〔3〕參見（明）張爵《京師五城坊巷胡同集》，北京：北京古籍出版社，1982年，頁九。《宸垣識略》卷六·内城二，頁一百零七。《光緒順天府志》京師志十六·寺觀一·内城寺觀，頁四百八十八。《燕都叢考》第二編第四章，頁三百一十四。

# 伏魔庵

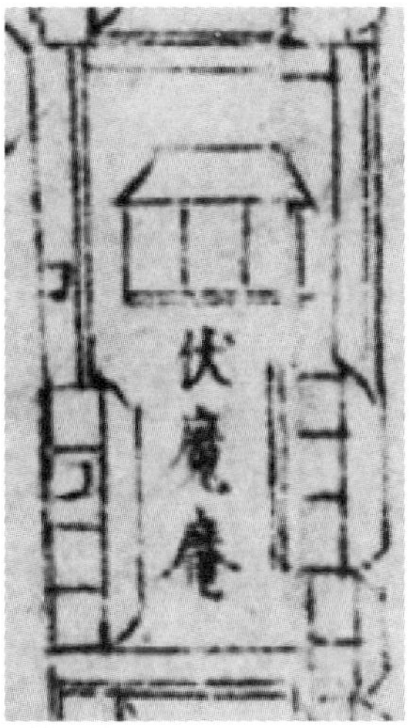


伏魔庵,原址約爲今東城區東直門南小街十六號左右。寺廟建築已不存。

該廟不知始建於何時。從清乾隆《京城全圖》上看,它坐北朝南,西北側開有院門一道,西北角有西向臨街房四間,北側第二間開門與院内相通,其北側牆垣上亦開隨墻門一道。院内正殿三間,坐北朝南;東配殿三間帶南耳房兩間,坐東朝西。但除此圖之外,廟再無考,應久已不存。

2006年調查時,此廟踪蹤難尋,其原址似爲今中國中醫研究院宿舍。

# 淨蓮寺

淨蓮寺，不見於清乾隆《京城全圖》，原址在内三區東直門手帕胡同十八號（今東城區東直門北小街二十六號樓東側）。寺廟建築現已不存。

此寺始建於 1935 年。是年，天津軍閥孫馨遠在手帕胡同購置房屋一所，佔地約三畝六分餘，並出資在院中新建大殿兩層、佛殿群房五十七間，贈予東直門内羊管胡同極樂庵住持寶一，爲其私有之廟。落成後，寺中供有銅質阿彌陀佛兩尊，收藏有佛教經卷二百餘本，常住僧人約五、六人。1936 年寶一圓寂後，其徒如光繼承住持，但因其同時管理哈爾濱的極樂庵，無暇兼顧，故同年 10 月他將淨蓮寺讓與華嚴宗名僧慈舟[1]，寺廟也由子孫廟轉變爲十方叢林[2]。

慈舟在任八年，深孚衆望。他不僅管廟有方，還於 1936 年在淨蓮寺内舉辦華嚴大學。1937—1939 年，慈舟法師親自在此講習佛教戒律《華嚴經》，北京各大寺院僧尼參加修習者甚多[3]。淨蓮寺亦因此聲名鵲起，廣受京師僧尼關注。

1943 年，慈舟終因年老無法繼續住持，寺内僧人公推運廣繼任，他原是淨蓮寺中副講，曾隨慈舟法師修習多年。兩年後，運廣返回原籍奉天，僧人空瑞續任住持。空瑞曾在紅螺山資福寺、弘慈廣濟寺[4]和羊管胡同極樂庵[5]等寺出任要職。民國時淨蓮寺和極樂庵的檔案顯示，兩寺僧人不僅彼此往來、

---

〔1〕關於民國著名僧人慈舟的簡介，參看本排段“安養精舍”條。

〔2〕參見北京市檔案館藏《北平市社會局寺廟類·内三區淨蓮寺住持寶一關於登記廟產的呈及社會局的批示》，1935—1943 年，檔案號 J2-8-910，頁七十五至一百零四。

〔3〕參見《北京文物勝跡大全·東城區卷》“通教寺”條，頁一百九十七至頁二百；“淨蓮寺”條，頁二百九十三至二百九十四。于凌波《中國近現代佛教人物志》“慈舟”條，北京：宗教文化出版社，1995 年，頁六十五。

〔4〕參見六排九段“廣濟寺”。

〔5〕參見董曉萍、吕敏（Marianne Bujard）主編《北京内城寺廟碑刻志》第二卷，二排二段“吉樂庵”條，北京：國家圖書館出版社，2011 年，頁三百四十四至三百四十六。

交流頻繁，兩寺住持、僧衆也多曾在紅螺山資福寺修行，三寺同宗聯氣、互爲表裏[1]。

20世紀50年代時，該寺建築保存尚好，仍爲北京城内講授戒律《華嚴經》的唯一場所。時有山門一座、穿堂門五間，爲合瓦硬山頂；正殿爲大雄寶殿，筒瓦硬山捲棚箍頭脊，東西帶耳房各一間，前有東西配殿各三間。1985年時，廟已僅存山門，其他殿堂均已改建，由北新橋派出所使用。2001年危房改造期間，全廟被拆除[2]。

2006年調查時，此地已全爲民安小區住宅樓。

〔1〕參見北京市檔案館藏《北平市社會局寺廟類·内三區極樂庵（僧）人常福、妙禪等人關於接充主持登記廟産、發憑廟照及社會局的批示》，檔案號J2-8-9。

〔2〕參見《中國文物地圖集·北京分冊（下）》，頁三十八。

# 安養精舍

安養精舍,不見於清乾隆《京城全圖》,原址在內三區手帕胡同十六號(今東城區東直門北小街二十四號樓),寺廟建築現已不存。

民國二十九年(1940),淨蓮寺住持慈舟倡議創立安養精舍,作爲永久念佛道場,故於韓姓民人手中購得民房一所,佔地約一畝九分,創爲慈舟法師的修養之所,此即安養精舍始建之由來[1]。1941年,安養精舍作爲普通佛教寺廟在社會局登記,並領取寺廟憑照,體敬任住持,廟內常住僧人十位,爲十方選賢叢林。此時安養精舍有殿舍二十七間,供奉銅佛像五尊,並藏有頻伽大藏經一部[2]。

慈舟法師,清末至民國著名僧人。祖籍湖北隨縣,生於光緒三年(1877)。父母均是虔誠的佛教徒,他幼年隨母念經,宣統二年(1910)在隨縣佛洹寺依元照和尚剃度出家,同年冬天在漢陽歸元寺從大繪和尚受具足戒。1914年,他考入月霞法師創辦的華嚴大學,專研華嚴教義,1918年,開始在全國各寺院中弘法講學。1936年,入京就任手帕胡同淨蓮寺住持[3],1945年,出任羊管胡同極樂庵住持[4]。20世紀40年代至50年代,慈舟法師常在安養精舍內駐錫傳法。至50年代初北平市民政局登記時,體敬仍稱此廟爲慈舟法師傳法之所[5]。

20世紀80年代調查時,安養精舍尚存筒瓦硬山捲棚頂箍頭脊正房五間。2001年危房改造期間全部拆除[6]。2006年調查時,此處已是民居樓。

---

〔1〕參見北京市檔案館藏《北平市社會局寺廟類·淨蓮寺住持慈舟等人關於設立安養精舍永久念佛道場並推定住持的呈文及社會局的通知》,檔案號J2-8-1281。

〔2〕參見北京市檔案館藏《北平市社會局寺廟類·內三區安養精舍住持僧報送寺廟登記表及社會局的批示》,1941年,檔案號J2-8-1339,頁一至二十七。

〔3〕參見《中國近現代佛教人物志》"慈舟"條,頁六十三至頁六十五。

〔4〕參見北京市檔案館藏《北平市社會局寺廟類·內三區極樂庵(僧)人常福、妙禪等人關於接充住持登記廟產、發憑廟照及社會局的批示》,檔案號J2-8-9。

〔5〕參見北京市檔案館藏《北平市民政局·北平市寺廟總登記冊》,1950年,檔案號J3-1-203,頁十七。

〔6〕參見《中國文物地圖集·北京分冊(下)》,頁三十八。

# 土地廟（手帕胡同）

土地廟，不見於清乾隆《京城全圖》，原址在今東城區東直門内手帕胡同中間，現確切位置已不可考。

此廟僅見於1945年警察局寺廟調查記錄，時爲當街廟，形似大龕，内有土地夫婦[1]。

2006和2011年調查時，整個手帕胡同北側都已是東直門北小街二十六號居民樓，雖住戶多爲回遷老住戶，但已無人記得此處小廟。據警察局的調查描述推斷，它可能在二十六號居民樓的東南角處。

〔1〕參見首都圖書館藏《北平寺廟調查一覽表》，民國三十四年（1945），手抄本，頁七。

# 火神廟

火神廟，亦稱火祖殿。不見於清乾隆《京城全圖》，原址爲内三區東直門内大街路南二百零八號（後曾一度改爲八十四號，今約在東城區東直門内大街十四號樓左右）。寺廟建築現已無存。

火神廟可能始建於清嘉慶年間。民國二十年（1931）寺廟登記時，火神廟住持聲稱，此廟乃嘉慶二十四年（1819）三月二十五日，東藥王廟之住持從朗天手中購置，立有白字一紙，其後歷代相承。《北京市志稿》認爲是年即火神廟初創之年[1]。東直門内路北東藥王廟，自明萬曆年間起，便由朝外九天宫兼管，故火神廟也爲九天宫之下院[2]。

自嘉慶始建起，火神廟便爲佔地僅三分有餘的小廟。至20世紀30年代時，廟内僅火神殿一間，供火神一尊、小童四位；住房一間，租與他人，每月房租銅圓十五吊；歷任住持均在東藥王廟内居住[3]。至50年代初，藥王廟住持白賢珍仍擁有火神廟的廟産權。然而，雖然藥王廟房産衆多，收入不菲，白賢珍卻表示火神廟並無地産，房租又少，生活勉強，有意將來作個小本生意，以賣紙張用具爲生[4]。當時的文物調查資料顯示，此時寺廟建築已僅剩山門和一座約六米見方的筒瓦正殿[5]。

1963年，寺廟殘餘建築被拆除[6]。2006年調查時，火神廟所在地爲世紀之交時興修的高層住宅樓。

---

〔1〕參見《北京市志稿·宗教志》卷七·道教二，頁二百七十八。

〔2〕參見本排段“藥王廟”條。

〔3〕參見北京市檔案館藏《北平市社會局寺廟類·内三區火神廟道士白景珍登記廟産和住持白賢珍請發證照的呈文及社會局的批示》，1930—1939年，檔案號J28-910，頁十三至十四。另見國立北平研究院《火神廟》，東四12。

〔4〕參見北京市檔案館藏《北平市民政局民族事務科·本市寺廟情況查詢記錄》，1949年，檔案號J3-1-196。

〔5〕〔6〕參見《北京文物勝跡大全·東城區卷》，頁二百八十六。

# 三排三段

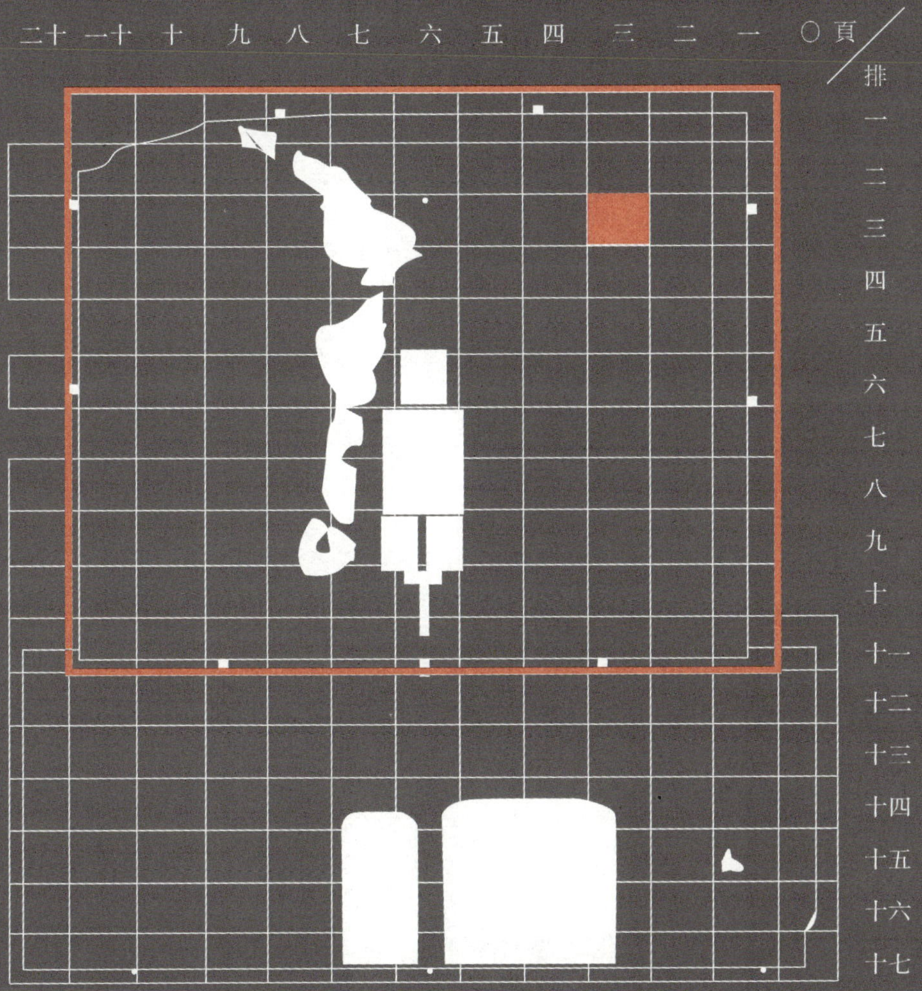

龍王廟
精忠廟
三聖庵
五神庵
寶泉庵

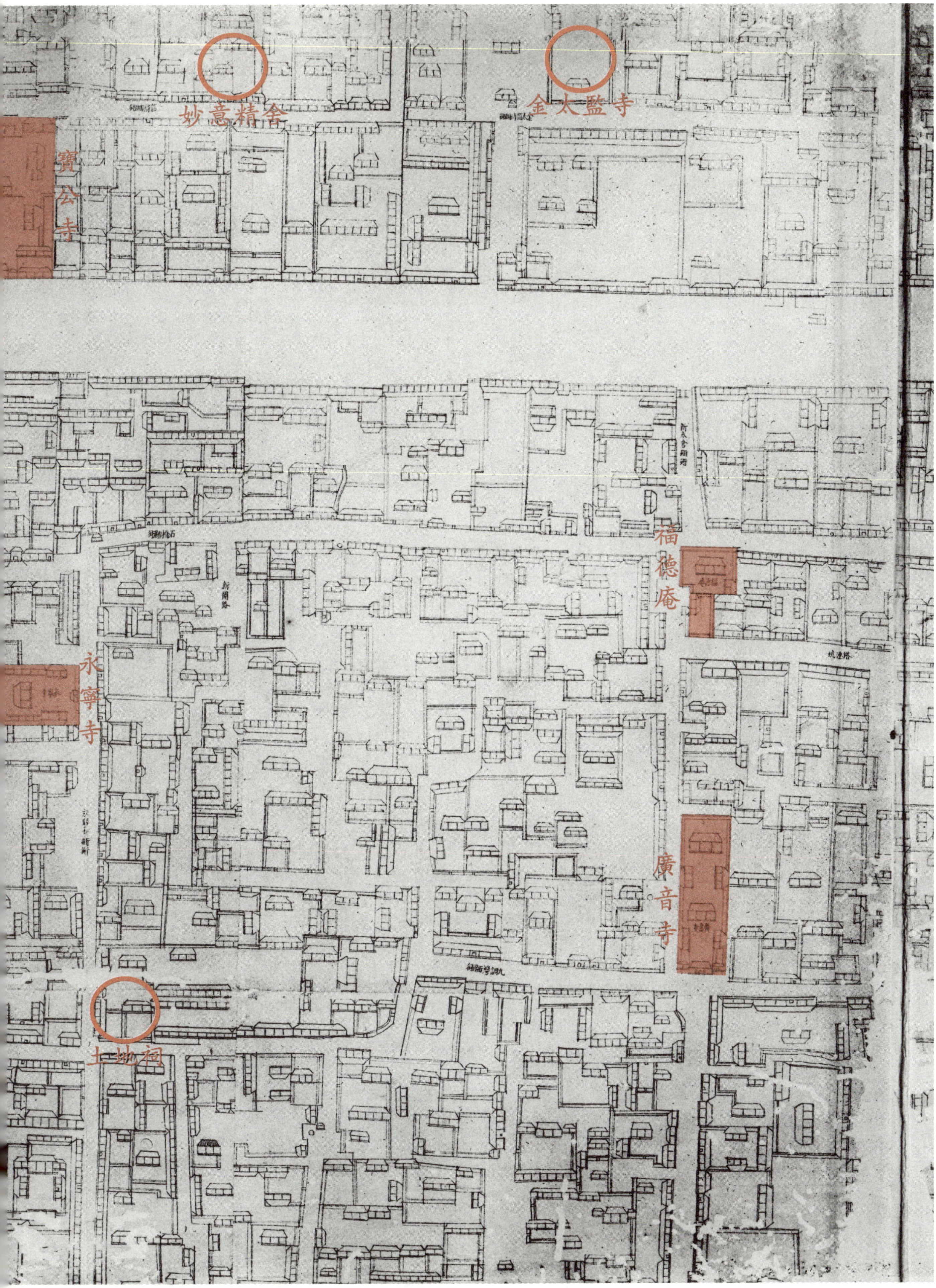
妙意精舍
金太監寺
寶公寺
福德庵
永寧寺
廣音寺
土地祠

# 寶公寺

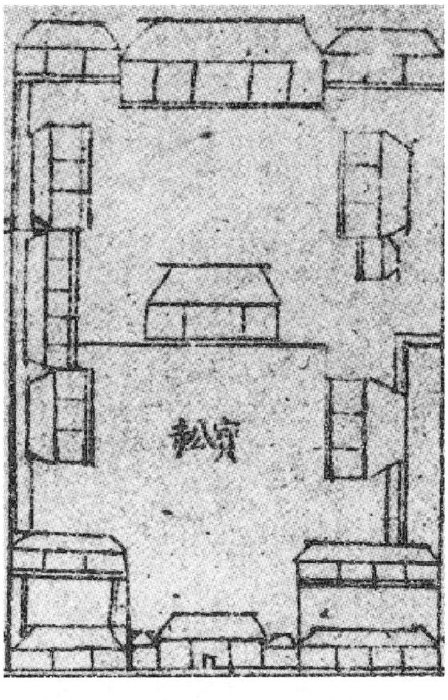


寶公寺，民間亦稱寶公祠堂，原址爲内三區北新橋東大街一百二十四號（今東城區東直門内大街二百六十七號），現存部分寺廟建築。廟内原有碑刻一通，爲清光緒二十四年（1898）《寶公寺刹竿碑》。

寶公寺始建年代不詳，但在清《日下舊聞考》和《宸垣識略》中均有所記載，稱其“在慈壽寺稍東”[1]。《乾隆廟冊》登記時，寶公寺已爲官修寺廟，住持通旻。從《京城全圖》上看，寶公寺位于東直門大街路北，坐北朝南，寺廟的主體建築爲兩進院落，前院首有山門三間帶東西耳房各一間，前殿三間，東西配殿各三間，東配殿後有小院一段；在院落的東南角和西南角各有小跨院一所，東跨院内有南北殿房兩座各四間，西跨院内有南北殿房兩座各三間；後院内有後殿五間並東西耳房各三間、東西配殿各三間，在東配殿的南側還有小耳房一間，在前後兩院的西配殿之間亦有小房五間將二者相連。至清乾隆三十五年（1770）内務府呈報官管寺廟時，寶公寺仍名列在内，其時住持僧法號普慶，廟内有山門三間、殿宇十七間、禪房十四間，廟房整齊，無對外租賃[2]。

其後廟似曾多次重修，前院内有清嘉慶二十四年（1819）所鑄大寶鼎一口，據民國時寺廟住持詮果聲稱，是年也是其師祖獲得住持權力之時，故推測

〔1〕參見《日下舊聞考》卷五十四城市·内城北城，頁八百六十三；《宸垣識略》卷六，内城二，頁一百一十五。

〔2〕參見中國第一歷史檔案館藏《呈報官管寺廟殿宇房間數目清單》，乾隆三十五年五月二十二日，檔案號05-0277-032。

當年應有廟產更迭、添建興修之舉。至清光緒二十四年(1898),寶公寺殿宇牆垣尚屬完整,唯有殿前刹竿兩座年久失修幾近傾圮,僅憑寺廟之力難以修繕,住持遂"叩求本街引善會首,募化十方貴官長者",善男信女助財共成善舉,工程於當年的臘月告竣,住持於是"勒石以誌善緣"。從石碑上羅列的善士題名看,約有二百餘名商鋪和信衆參與了此次捐助,共進銀四百二十二兩有餘[1]。其實在此之前兩年,寶公寺已經開始陸續重修,光緒二十二年(1896),前殿西配房三間剛整飭完畢,其門上懸額"德配天機"即記其事,不過此時尚無會首引善,更無衆人協力,規模不大,修整無多,故未曾立有碑銘[2]。

至民國時期,寶公寺仍基本維持原貌,山門南向,石額"敕建寶公寺"。前殿三間,爲天王殿,内供木質彌勒佛像一尊、泥塑天王四尊、木質韋馱一尊;中殿三間,爲大雄殿,内供釋迦佛銅像一尊、泥塑菩薩十二尊;東配殿三間,爲關帝殿,内供泥塑關羽及陪侍周倉、關平;西配房三間,爲禪房,内供魯班泥像一尊,懸關帝畫像一幅,爲張純修所臨關羽五十三歲真像;後殿三間,乃大士殿,其匾額"慈雲普蔭",爲道光二年(1822)李質英手書,内供木質三大士神像、銅質菩薩二尊,惜後殿之東西配殿均已坍塌。另,院内東西夾道中還有小房各五間。廟内清代鐘鼎法物、奇花異樹甚多,除前述寶鼎外,再如中殿内清乾隆三十八年(1773)大鐵鐘,前後院古槐兩株、夜合樹兩株等。光緒石碑、旗杆兩根,立於前院之内[3]。僧人詮果住持本寺,傳臨濟宗,他同時擔任本廟西鄰精忠廟住持,故將此廟多餘房屋租與他人[4],有租戶於院内習練武術[5]。

1950年調查時,寶公寺尚有房屋三十六間,山門、前後殿及東西配殿尚存,東配殿祀關帝,西配殿祀魯班,廟内各主要殿宇均爲硬山箍頭脊灰筒瓦頂。此時詮果仍任住持,據他向北平市民政局報告,寶公寺已爲第六區興隆寺之附屬廟產[6]。

據廟内住戶回憶,1958年寶公寺翻蓋之前,殿房帶廊,廟中北房曾供有神像,東西配殿舊作停靈暫厝之用。廟内原還曾有過一井,後亦不存。翻蓋後廟改爲電鍍工廠,1969年改爲安裝公司宿舍。1985年文物局調查時,該廟原貌改變很大,且破爛不堪[7]。

2006年調查時,廟房雖破舊,院内亦雜亂,但主要建築仍存。山門門洞尚在,前殿四間、東西配殿各三間,建築均仍保留。前院内仍爲安裝公司宿舍,光緒石碑被嵌入北房門前臺階下,字跡不清,僅能辨認一"古"字。後殿現屬北新橋頭條某招待所,因禁止進入,故而難窺其貌。

---

[1]參見清光緒二十四年(1898)《寶公寺刹竿碑》,《北京圖書館藏中國歷代石刻拓本匯編》,京209,卷八十八,頁三十一至三十三。

[2]關於前殿西配房匾額的記載,參見國立北平研究院《寶公寺》,東四27。

[3]參見國立北平研究院《寶公寺》,東四27。

[4]參見北京市檔案館藏《北平市社會局寺廟類·内三區寶公寺僧人詮果登記廟產的呈文及社會局的批示》,1930—1936年,檔案號J2-8-98,頁八至十九。

[5]參見《北京文物勝跡大全·東城區卷》,頁二百四十。

[6]參見北京市檔案館藏《北平市民政局·北平市寺廟總登記簿》,1950年,檔案號J3-1-203,頁十六。興隆寺,在五排五段。

[7]參見《北京文物勝跡大全·東城區卷》,頁二百四十。

《寶公寺刹竿碑》被鋪於地上，作爲居民門坎使用
（2012年10月范華攝）

京 209《寶公寺刹竿碑》陽

京 209《寶公寺刹竿碑》座

京 209《寶公寺刹竿碑》兩側

□□□□□□□□民賴
矣□之德（下泐）
神道實隆古時創世豈假神明爲欺世之□引報果爲愚民之術歟蓋惠則延吉善則降□其無式□矣□因京都東直門內北新橋東舊有
勅建寶公寺一座供奉
釋迦牟尼佛關聖帝君魯班祖師諸佛菩薩聖明素著感應常昭殿宇墻垣尚皆完固惟主殿階□刹竿二座年久失修已行損缺僧□思

暗室虧心神目如電如有一已不公之污

勒閦崇奈工程浩大獨力難成叩求本街引善會首募化十方貴官長者善男信女喜助資財共成義舉爰於光緒二十四年三月興修十月告□由
錫萬方之福祐耀七寶之光華杆排左右高接雲霄□展東西光聯日月億兆咸蒙庇佑儼同金繩寶筏以齊輝遐邇共仰成靈□□□□□而生
工竣泐石□誌善緣欽□五品銜記名直隸州知州刑部堂主事弟子成允薰敬撰
欽□五品頂戴賞戴花翎候選□參領弟子文彬敬書

# 萬古流芳

□□□□銀壹佰捌拾兩
□□□六根銀捌拾肆兩
□□石貳□銀□□拾兩
掌柱□□貳分錢□拾捌吊
石作工飯錢□□□吊
生漆生油銀□□□□
石灰□銀□□□□
蓆黃燭□□□□□□
石碑價銀□□□□
石碑□工□□□□
石碑刻字工錢□□
（下泐）

瑞興隆王□□□化
瑞芝堂助銀拾兩
豐泰緞店助銀伍兩
□祥益□店助銀拾兩
義恒染房助銀叁兩
豐泰緞店助銀叁兩
九盛染坊助銀叁兩
瑞蚨祥助銀叁兩
□記緞莊助銀叁兩
□順永助銀叁兩
□□成助銀叁兩
瑞生祥助銀叁兩
□□誠助銀貳兩
□益和助銀貳兩
德□聚助銀□兩
德益□店助銀貳兩
瑞成亭助銀貳兩
同□染房助銀貳兩
□□成助銀貳兩
大源永助銀貳兩
慶義□染房助銀貳兩

傅瑞堂助錢四吊
大有染房助銀貳两
德成聚記助銀貳兩
宜□□葉先生助銀貳兩
敦□瑞助銀貳兩
源昌聚助銀貳兩
義成源助銀貳兩
恒義公助銀貳兩
裕豐號助銀貳兩
通興長助銀貳兩
源茂染房助銀貳兩
慶順奎助銀貳兩
中興染房助銀貳兩
□盛增助銀貳兩
廣盛布店助銀貳兩
廣豐辛助銀貳兩
廣泰東助銀貳兩
福順和助銀貳兩
通興長助銀貳兩
瑞成亨助銀貳兩
瑞昌厚助銀貳兩

義順緞店助銀貳兩
□□□記助銀貳兩
□順染坊助銀貳兩
□和厚助銀貳兩
義泰恒助銀貳兩
廣豐□記助銀叁兩
福順和助銀壹兩
長春泰助銀壹兩
廣盛布店助銀壹兩
裕豐號助銀壹兩
恒義號助銀壹兩
永陞義助銀壹兩
仁義厚助銀壹兩
廣盛昌助銀壹兩
義聚染坊助銀壹兩
德順永染坊助銀壹兩
東永□染坊助銀壹兩
□源染坊助銀壹兩
義德昌染坊助銀壹兩
晉和染坊助銀壹兩

長盛染坊助銀壹兩
元利染坊助銀壹兩
瑞生祥助銀壹兩
德昌□助銀壹兩
恒泰皮□助銀壹兩
長記染坊助銀壹兩
義和染坊助銀壹兩
義盛染坊助銀壹兩
□□□助銀壹兩
三義和染坊助銀壹兩
同□染坊助銀壹兩
功泰成助銀壹兩
自成□助銀壹兩
□□□助□□□
恒義公助錢六十吊
王文盛助□□□
宋□望助錢捌吊
張義和助錢陸吊
杲玉堂助錢陸吊
張玉珍助錢陸吊

□□□□□□
□□局助銀拾兩
信義米局助銀捌兩
豐泰米局助銀捌兩
□泰米局助銀捌兩
泰聚米局助銀捌兩
萬泰米局助銀捌兩
馬宅助銀拾兩
王宅助銀拾兩
文宅助銀伍兩
天□店助銀伍兩
天□局助銀伍兩
天□□助銀肆兩
天興局助銀壹兩
天興店助銀貳兩
金盛號助銀□兩
西□成店助銀貳兩
天德店助銀貳兩
吉順號助銀□兩
吉泰號助銀貳兩
吉源號助銀貳兩

同豐號助銀貳兩
恒盛號助銀貳兩
□和號助銀貳兩
□和盛助銀□□
□□□□□□□
萬泰□廠□□□
□□□□□（泐）
□□□助銀肆兩
松鶴助銀肆兩
松壽助銀肆兩
項存祿助銀肆兩
德源號助銀貳兩
□□號助銀貳兩
德勝紙局助銀貳兩
天吉號助銀壹兩
郭明富助銀壹兩
恒興號助銀壹兩
王順公助銀□兩
成玉德助銀壹兩
□□□助銀壹兩
□昌義助銀□□
洪興號助□□□
□□□助銀□□

天寶齋助銀貳兩
天聚齋助銀□兩
源昌□助銀□兩
昌記號□□□兩
裕源成助銀壹兩
□□□助銀壹兩
□□□助銀□兩
協□號助銀壹兩
乾□□助銀壹兩
德義號助銀□□
□和□□助銀伍兩
劉天貴助□□□
天興□局助銀伍兩
泉盛□□助銀伍兩
普□海助銀□□
（下泐）

京209《寶公寺刹竿碑》陽

□□□□□石含□□□
□開闢風霜寒暑幾千年五
色斑闌耀金碧天工神妙□
□圖上有雲龍隱松柏山□
平曠坐老人虬髯鶴髮静修
□古洞流泉相錯□望之頓
□息□□賢公梵宇興工造
採□□穴得奇珍爲書善緣
誌□□合移廊榭近明神工
□名刻□□□流芳萬□並
長（下泐）

京209《寶公寺刹竿碑》座

（上泐）□□□助銀四錢□□□助銀五錢□□□□□□□

□□□助銀四錢□□□助銀□錢姜記源助銀□□□

□□年助銀四錢□□□助銀□錢□學□助銀□□□

宋守春助銀四□王化□助銀貳錢倪鴻銘助銀□□□

宋文田助銀□錢王□□助銀貳錢□□□助銀□□□（下泐）

光緒二十四年腊月二十七日衆會首立

京209《寶公寺刹竿碑》兩側

# 寶公寺刹竿碑

年代:清光緒二十四年(1898)十二月二十七日
原址:東城區東直門內大街
拓片尺寸:碑陽高 198、寬 78 釐米;碑側高 130、寬 24 釐米;碑座高 28、寬 24 釐米
書體:楷書
撰人:成允薰
書人:文彬
《目錄》:頁 371
拓片編號:京 209
拓片錄自:《北京圖書館藏中國歷代石刻拓本匯編》第 88 卷 31–33 頁。

【碑陽】

額題:萬古流芳

碑文:

暗室虧心,神目如電,如有一己不公之污。

□□□□□□□□民賴 1 矣□之德(下泐)2 神道實隆。古時創世,豈假神明爲欺世之□,引報果爲愚民之術歟。盖惠則延吉、善則降□,其無忒□矣。□因京都東直門內北新橋東舊有 3 勅建寶公寺一座,供奉 4 釋迦牟尼佛、關聖帝君、魯班祖師、諸佛菩薩。聖明素著,感應常昭。殿宇墻垣,尚皆完固。惟主殿階□刹竿二座,年久失修,已行損缺,僧□思 5 勒閎崇,奈工程浩大,獨力難成,叩求本街引善會首,募化十方貴官長者、善男信女喜助資財,共成義舉。爰於光緒二十四年三月興修,十月告□。由 6 錫萬方之福祐,耀七寶之光華,杆排左右,高接雲霄。□展東西,光聯日月。億兆咸蒙庇佑,儼同金繩寶筏,以齊輝遐邇,共仰成靈□□□□□□而生。7 工竣泐石□誌善緣。

欽□五品銜記名直隸州知州刑部堂主事弟子成允薰敬撰。8

欽□五品頂戴賞戴花翎候選□參領弟子文彬敬書。9

□□□□銀壹佰捌拾兩。□□□六根銀捌拾肆兩。□□石貳□銀□□拾兩。掌柱□□貳分錢□拾捌吊。石作工飯錢□□□吊。生漆生油銀□□□□。石灰□銀□□□□。蓆黃燭□□□□□□。石碑價銀□□□□。石碑□工□□□□。石碑刻字工錢□□(下泐)

瑞興隆王□□□化。瑞芝堂助銀拾兩。豐泰緞店助銀伍兩。□祥益□店助銀拾兩。義恒染房助銀叁兩。豐泰緞店助銀叁兩。九盛染坊助銀叁兩。瑞蚨祥助銀叁兩。□記緞莊助銀叁兩。□順永助銀叁兩。□□成助銀叁兩。瑞生祥助銀叁兩。□□誠助銀貳兩。□益和助銀貳兩。德□聚助銀□兩。德益□店助銀貳兩。瑞成亭助銀貳兩。同□染房助銀貳兩。□□成助銀貳兩。大源永助銀貳兩。慶義□染房助銀貳兩。

傅瑞堂助錢四吊。大有染房助銀貳两。德成聚記助銀貳兩。宜□□葉先生助銀貳兩。敦

□瑞助銀貳兩。源昌聚助銀貳兩。義成源助銀貳兩。恒義公助銀貳兩。裕豐號助銀貳兩。通興長助銀貳兩。源茂染房助銀貳兩。慶順奎助銀貳兩。中興染房助銀貳兩。□盛增助銀貳兩。廣盛布店助銀貳兩。廣豐辛助銀貳兩。廣泰東助銀貳兩。福順和助銀貳兩。通興長助銀貳兩。瑞成亨助銀貳兩。瑞昌厚助銀貳兩。

義順緞店助銀貳兩。□□□記助銀貳兩。□順染坊助銀貳兩。□和厚助銀貳兩。義泰恒助銀貳兩。廣豐□記助銀叁兩。福順和助銀壹兩。長春泰助銀壹兩。廣盛布店助銀壹兩。裕豐號助銀壹兩。恒義號助銀壹兩。永陞義助銀壹兩。仁義厚助銀壹兩。廣盛昌助銀壹兩。義聚染坊助銀壹兩。德順永染坊助銀壹兩。東永□染坊助銀壹兩。□源染坊助銀壹兩。義德昌染坊助銀壹兩。晉和染坊助銀壹兩。

長盛染坊助銀壹兩。元利染坊助銀壹兩。瑞生祥助銀壹兩。德昌□助銀壹兩。恒泰皮□助銀壹兩。長記染坊助銀壹兩。義和染坊助銀壹兩。義盛染坊助銀壹兩。□□□助銀壹兩。三義和染坊助銀壹兩。同□染坊助銀壹兩。功泰成助銀壹兩。自成□助銀壹兩。□□□助□□□。恒義公助錢六十吊。王文盛助□□□。宋□望助錢捌吊。張義和助錢陸吊。杲玉堂助錢陸吊。張玉珍助錢陸吊。

□□□□□□□。□□局助銀拾兩。信義米局助銀捌兩。豐泰米局助銀捌兩。□泰米局助銀捌兩。泰聚米局助銀捌兩。萬泰米局助銀捌兩。馬宅助銀拾兩。王宅助銀拾兩。文宅助銀伍兩。天□店助銀伍兩。天□局助銀伍兩。天□□□助銀肆兩。天興局助銀壹兩。天興店助銀貳兩。金盛號助銀□兩。西□成店助銀貳兩。天德店助銀貳兩。吉順號助銀□兩。吉泰號助銀貳兩。吉源號助銀貳兩。

同豐號助銀貳兩。恒盛號助銀貳兩。□和號助銀貳兩。□和盛助銀□□。□□□□□□□□。萬泰□廠□□□　□□□□□（泐）。□□□助銀肆兩。松鶴助銀肆兩。松壽助銀肆兩。項存祿助銀肆兩。德源號助銀貳兩。□□□號助銀貳兩。德勝紙局助銀貳兩。天吉號助銀壹兩。郭明富助銀壹兩。恒興號助銀壹兩。王順公助銀□兩。成玉德助銀壹兩。□□□□助銀壹兩。□昌義助銀□□。洪興號助□□□。□□□助銀□□。

天寶齋助銀貳兩。天聚齋助銀□兩。源昌□助銀□兩。昌記號□□□兩。裕源成助銀壹兩。□□□助銀壹兩。□□□助銀□兩。協□號助銀壹兩。乾□□助銀壹兩。德義號助銀□□。□和□□助銀伍兩。劉天貴助□□□。天興□局助銀伍兩。泉盛□□助銀伍兩。普□海助銀□□。（下泐）

【碑座】

碑文：

□□□□□□□石，含□□□□開闢。風霜寒暑幾千年，五色斑斕耀金碧。天工神妙□□圖，上有雲龍隱松柏。山□平曠坐老人，虬髯鶴髮静脩□。古洞流泉相錯雜，望之頓□息□□。賢公梵宇興工造，採□□穴得奇珍。爲書善緣誌□□，合移廊榭近明神。工□名刻□□□，流芳萬□並長（下泐）

【碑側】

碑文：

（上泐）□□□助銀四錢。□□□助銀四錢。□□年助銀四錢。宋守春助銀四□。宋文田助銀□錢。□□□助銀五錢。□□□助銀□錢。□□□助銀□錢。王化□助銀貳錢。王□□助銀貳錢。□□□□□□□□□。姜記源助銀□□□。□學□助銀□□□。倪鴻銘助銀□□□。□

□□助銀□□□（下泐）

光緒二十四年臘月二十七日衆會首立。

# 精忠廟

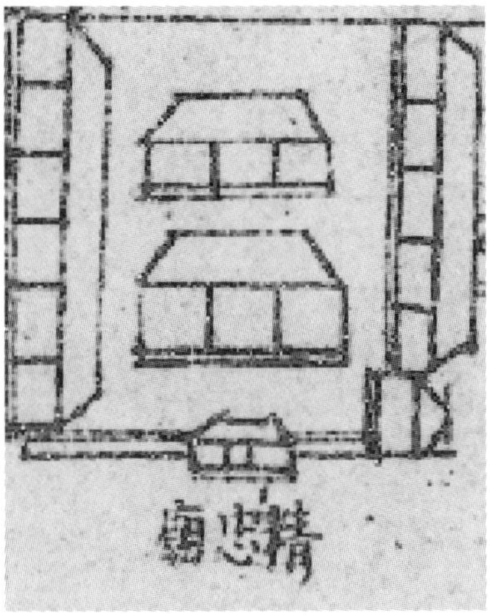


精忠廟，亦稱護國精忠廟，原址爲内三區北新橋東大街一百三十七號（約在今東城區東直門内大街與雍和宫大街交界的東北口），寺廟建築現已不存。

精忠廟不知始建何時，清《乾隆廟冊》中登記爲大僧廟，住持通晟。從乾隆《京城全圖》上看，精忠廟位於東直門大街與東大市街交叉口的東北角，坐北朝南，院落四方，有山門三小間，正殿、後殿各三間，東西配房均坐東朝西，東配房五間帶南耳房一小間、西配房六間。至清道光七年（1827），闔街紳商募集善款，重修寺廟，添建鐵鐘、寶鼎等法物，但仍交與僧衆管理，歷代師徒相承[1]。

民國十八年（1929），詮果接任住持，此前他已是東鄰寶公寺住持（民國十年接任）。此時精忠廟面積約爲五分餘，山門南向，石額"護國精忠廟"。北殿三間，内正祀岳武穆泥塑像，湯、岳、張、牛四將旁侍，另有關帝、財神及各童子陪祀。殿内有井一眼，上覆一石，相傳此廟依北新橋而建，此井即海眼所在。井内有鐵鏈一條鎖絆蛟龍，曾有人提鏈，而風聲甚劇，遂駭而止。傳説亦稱，北新橋稍失修，龍即出現，故橋取此名以鎮之[2]。此傳説在北京流傳甚廣，金受申先生曾於民國年間採錄過它的完整版本，故事中説：高亮趕水[3]之後，孽龍暫避玉泉山，但時圖水淹北京城。劉伯溫之八臂哪吒城獨北新橋薄弱，故爲孽龍所撞破，水淹北京。姚廣孝力克孽龍，以鐵鎖將龍鎖於海眼之

〔1〕參見北京市檔案館藏《北平市社會局寺廟類·内三區精忠廟僧人詮果申請登記廟產的呈文及社會局的批示》，自1931—1936年，檔案號J2-8-280，頁九至十。

〔2〕參見國立北平研究院《精忠廟》，東四21。

〔3〕"高亮趕水"是北京另一有名的傳説，可參見本書三排六段"敕修延壽院"條。

中，井上建三間大殿神廟，供岳武穆以鎮守，即今之精忠廟[1]。

1945年警察局調查時，此廟與寶公寺一樣，已爲黃化門內酒醋局朝陽興隆寺下院，殿宇及諸神像仍在[2]。1950年代時，精忠廟仍有山門一間、正殿三間，供奉岳飛、關羽神像兩尊。此次調查得知，廟内原有鐵槍一支，重達一百公斤，鐵錘一對，重四十公斤，傳爲當年岳飛及其子岳雲所用兵器之象徵。

到1985年調查時，此廟已全部拆除，原址改建爲大華百貨公司大樓[3]。

2006年調查時，精忠廟原址爲地鐵工地，但這一帶的老住戶無人不知北新橋下井鎖孽龍的故事。

---

〔1〕參見中國民間文學集成北京卷編委會編《中國民間故事集成·北京卷》，中國ISBN中心，1998，頁三百一十二至三百一十三。

〔2〕參見首都圖書館藏《北平寺廟調查一覽表》，民國三十四年（1945），手抄本，頁三十一。

〔3〕參見《北京文物勝跡大全·東城區卷》，頁二百九十二至二百九十三。

# 福德庵

福德庵，亦名土地廟，民國時期又稱雙土地廟，原址爲内三區新太倉七十號（今東城區新太倉十二號），寺廟建築現已不存。

福德庵始建年代不詳，清《乾隆廟冊》中登記爲大僧廟，住持通順。依《京城全圖》中所繪，福德庵位於新太倉胡同路東，坐北朝南，可能有兩進小院，正院内有殿三間、東配房兩間；南院内有西房三間，其西南角圍牆外另有小西房一間。

相傳，福德庵内曾供奉土地兩尊，故得名雙土地廟。但至1930年代中期，廟内僅剩土地泥像一尊，住持僧永然居於廟中，勉強管理廟内的殿房七間、土地三分[1]。後殿宇日頹，神像亦殘，此廟遂轉爲龍泉永煤鋪，交由楊姓俗人經營[2]。

2006年調查時，附近的老街坊回憶，1949年時，福德庵的廟房仍存，但廟中已無僧侶，廟房曾一度作爲煤鋪。1996年左右，寺廟原址改建爲新太倉賓館至今。

〔1〕參見北京市檔案館藏《北平市社會局寺廟類·内三區雙土地廟住持僧永然送寺廟登記表及社會局的批示》，1936年，檔案號J2-8-1143，頁一至十五。

〔2〕參見國立北平研究院《雙土地廟》，東四60。

# 三聖庵

三聖庵,原址約爲今東城區交道口東大街二號樓所在地,寺廟建築久已不存。

三聖庵不知始建何時,清《雍正廟冊》中記其地址在香兒胡同,時爲大僧廟,有殿宇八間、禪房七間,住持法號普智。《乾隆廟冊》登記時,住持换成了廣濟。從《京城全圖》上看,三聖庵位於堂子胡同東頭北側,院落四方,規模不大,無山門,首有前殿三間,次則正殿三間,正殿前有東西配房各兩間,後院還有西小房兩間、北小房兩間。但自此之後,三聖庵完全無考,應久已傾圮。

2006 年調查時,整個香餌胡同一帶均已建成交東小區,三聖庵原址約在今交道口東大街二號,爲世紀之交新修的高層建築,全無舊日痕跡。

# 永寧寺

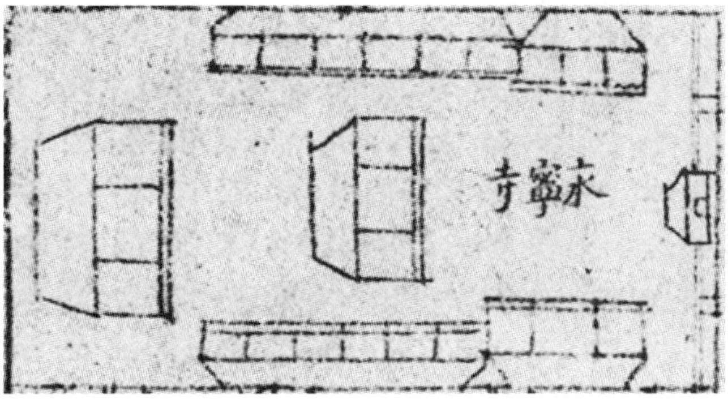


永寧寺，民間亦稱財神廟、姑子庵，原址爲内三區北新橋財神廟胡同一號（今東城區板橋胡同三號和甲三號），寺廟建築有部分遺存。

永寧寺始建年代不詳，廟中供奉法器最早造於康熙二十一年（1682），其餘多在康熙五十一（1712）至五十五年（1716）間添設，或可作爲建廟之據。有關其文字記載最早見於清《乾隆廟册》，登記爲大僧廟，住持金通。依乾隆《京城全圖》所繪，寺位於永寧寺胡同西側，坐西朝東，院落兩進，有山門一座，兩側各開有小角門，前殿三間，南、北配殿各三間，後殿三間，另有南、北配房各六間，寺廟格局甚規整。乾隆三十八年（1773），廟曾重修，山門石額記其事。道光六年（1826），旗人秀琨又爲廟撰書楹聯多幅，惜現已不存。

至民國時期，永寧寺幾經重修營建，但格局基本未變，祇由兩進院落改爲三進。山門仍東向，石額上書"古刹永寧禪林"。前殿三楹，爲關帝殿，中供關帝，陪侍周倉、關平及童兒泥像，弓一張，箭六支。後閣一間，内有韋陀金身木像一尊。南配房三間，後墻已塌。北配房三間，爲住宅，院内楸、柏、椿樹各一株；西爲第二殿三楹，内供釋迦佛木像一尊，三大士銅小像、木小像三尊，殿北夾道内有北房三間，亦爲住宅；再西爲第三殿三楹，内祀木質、銅質三大士、娘娘、藥王、達摩、佛像及童像二十餘尊，小瓷娃娃百餘個，另有南北配殿各三間，院内鱔魚青缸一口，柏樹二株。南小院二所，其一内有南房、西房各三間，均爲住宅。僧人修策住持寺中，傳賢首宗[1]。

〔1〕參見國立北平研究院《永寧寺》，東四72。

民國二十六年(1937),廟曾重修,惜捐資首善者未知,僅山門記次年重立石額者名曰“張秋”[1]。民國二十九年(1940),永寧寺當時住持含霄因久病不愈,退讓與含中接任[2]。含中於是管廟直至20世紀50年代[3]。當時,永寧寺仍存山門三間、角門兩座、前殿三間、後殿五間,左、右配殿各三間。據附近住戶回憶,此時寺内香火已斷絶,鄰人均不知“永寧”之名,稱其爲財神廟,並認爲“財神廟胡同”正得名於此[4]。

1985年調查時,寺址已由板橋胡同小學使用[5]。

2006年調查,永寧寺尚存山門三間,券門横額仍在,兩側“乾隆癸巳仲夏立”、“民國二十七年張秋立”字樣仍清晰可見。院内前殿三間、後殿五間保存完好,南配殿亦存部分。前殿及其東部分爲居民住家院落,後院爲東四十四條小學。

永寧寺山門(2006年10月如意攝)

永寧寺山門石額“古刹永寧禪林”(2012年10月范華攝)

〔1〕參見首都圖書館藏《北平寺廟調查一覽表》,民國三十四年(1945),手抄本,頁十五。

〔2〕參見北京市檔案館藏《北平市社會局·北京市永寧寺含霄送寺廟登記表及社會局的批示》,自1936—1940年,檔案號J2-8-1047,頁五十二至五十四。

〔3〕參見北京市檔案館藏《北平市民政局·北平市寺廟總登記簿》,1950年,檔案號J3-1-203,頁十六。

〔4〕也有人認爲“財神廟”指的是土地祠,參見本排段“土地祠”條。

〔5〕參見《北京文物勝跡大全·東城區卷》,頁三百三十六。

# 廣音寺

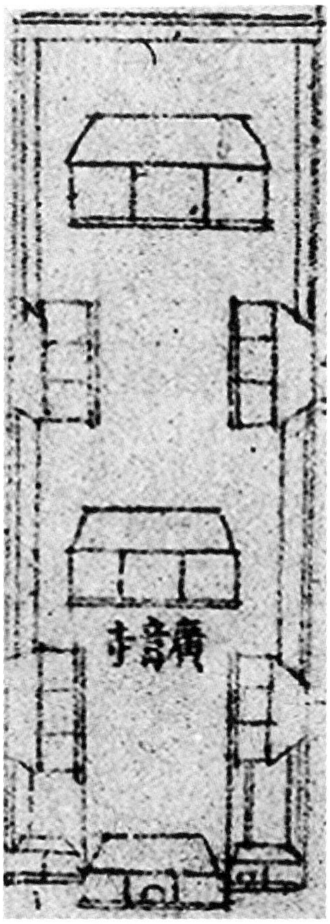


廣音寺，又名廣因寺、廣因禪林或廣普禪林，民間亦稱姑子庵，原址爲内三區新太倉南口六十號（今東城區新太倉胡同三十四號），寺廟建築現已不存。

廣音寺始建年代不詳，清《雍正廟冊》中尚無記錄，《乾隆廟冊》登記爲大僧廟，住持通悟。從清乾隆《京城全圖》上看，廣音寺位於九調灣胡同路北，坐北朝南，爲兩進院落，繞以周垣，格局甚爲規整。前院内有山門三間、東西耳房各兩間，東耳房西間開一小門。前殿三間，東西配殿各三間，與東西耳房以圍牆相連，形成兩跨院；第二進有後殿三間，東西配殿亦各三間。

清光緒二十四年（1898），曹洞宗尼僧定孚購置此廟，立有白契，此後廟產師徒相傳。清宣統二年（1910），成虛接任住持，至20世紀30年代初北平市社會局登記時，她與師弟二人仍住廟内，廣音寺佛殿群房二十四間尚存，但寺廟格局較乾隆時期略有改變[1]。山門南向，上有石額曰“重修護國廣因禪林”[2]，前殿三楹，爲天王殿，内供彌勒佛並四大天王、韋陀塑像。東殿一間，爲關帝殿，内供關帝一尊，周倉、關平與馬童侍立。又有東房二間、西房三間，無字碑一通；其後北殿三楹，爲大雄殿，内供釋迦佛並童兒等泥塑像共五尊；再北亦有觀

〔1〕參見北京市檔案館藏《北平市社會局寺廟類·内三區廣音寺尼僧成虛呈請登記廟產並發給憑照及社會局的批示》，自1930—1936年，檔案號J2-8-152，頁二十三至二十九。

〔2〕據《北京文物勝跡大全·東城區卷》，山門石額上書“重修廣普禪林”，與20世紀30年代國立北平研究院調查記錄有所出入。

音殿三楹，内奉南海大士一尊，童兒二尊，大小泥木佛像五十餘尊。另有東、西配房各三間，檔案内記，“爲樊仁本針科醫寓”[1]。廟雖不大，香火卻未衰減，成虚二人每月能得香資五六元不等，出租房屋獲利十數元[2]。到1949年北平市民政局登記時，成虚仍以出租房屋爲生，月入房租七十餘斤小米，並兼織洋襪子貼補生活[3]。

至1950年代，廣音寺山門及門額尚存，山門兩側另各辟角門一座，廟院内前、後殿及東、西配殿亦保存完好，均面濶三間。據老住戶回憶，直至“文革”之前，廟内尚有香火，燒香者均爲婦女，男子不得隨意進入廟中。成虚等尼僧在廟内直住到“文革”中期，此後廟房被拆，由北京市民政局改辦福利包裝廠，專門爲殘疾人提供就業機會。

1985年調查時，此廟已被全部拆除[4]。

2006年調查時，廣音寺原址爲北京民政總公司。

〔1〕參見國立北平研究院《廣因寺》，東四62。

〔2〕參見北京市檔案館藏《北平市社會局寺廟類·内三區廣音寺尼僧成虚呈請登記廟產並發給憑照及社會局的批示》，自1930—1936年，檔案號J2-8-152，頁三十八。

〔3〕參見北京市檔案館藏《北平市民政局民族事務科·本市寺廟情況查詢記錄》，1949年，檔案號196-1-3，頁六。

〔4〕參見《北京文物勝跡大全·東城區卷》，頁二百七十九至二百八十。

# 寶泉庵

寶泉庵，亦稱寶泉寺，原址約在今東城區東四北大街一百零七號院外，寺廟建築現已不存。

此庵始建時間不詳，在清《雍正廟冊》中已有記載，稱“寶泉庵在寶泉局”，爲大僧廟，廟内共有殿宇十間、禪房六間，宗慶任住持。至《乾隆廟冊》中，寶泉庵改稱寶泉寺，仍登記爲大僧廟，住持僧爲同合。

依清乾隆《京城全圖》所繪，寶泉庵位於寶泉局東門外，其西爲五神庵，似均爲寶泉局附屬建築[1]。廟坐西朝東，爲一進院落，無山門，院内建築與《雍正廟冊》中的記載已略有出入，首爲東排房一座八間，次有東向正殿一座兩間，南北配殿各兩間。

此後，廟便再無記載，應傾圮已久。

2012年調查時，寶泉庵原址爲危房改造區，均是上世紀五六十年代的紅磚建築，其具體位置難以辨認。

〔1〕寶泉局，爲明清政府管理錢幣鑄造的官署，《光緒順天府志》中有“寶泉局，舊在東四牌樓街北，仍明舊址，別設四廠，建爐鼓鑄”等語。參見《光緒順天府志》京師志七·衙署，頁一百八十四。

# 五神庵

五神庵，原址約在今東城區東四北大街一百零七號，寺廟建築現已不存。

五神庵始建年代不詳，除清乾隆《京城全圖》外，不見於文獻記載。從此圖上看，此庵位於寶泉局東門口外，其東爲寶泉庵，似爲寶泉局附屬建築，爲一進院落，坐北朝南，無山門，首有前殿四間，西北方有中殿三間，後有北房七間，其東帶耳房兩間。除此之外，五神庵再無考。

2006年調查時，五神庵原址爲北新橋消防隊駐所。

# 金太監寺

金太監寺，不見於清乾隆《京城全圖》，原址爲内三區金太監寺二十三號（今東城區北新橋頭條二號），寺廟建築現已不存。

金太監寺始建年代不詳，但此地名在明代《京師五城坊巷胡同集》中已見記載，屬北居賢坊[1]。至清代，乾隆《京城全圖》中亦祇記錄了“金太監寺胡同”之名，而未標畫院落與建築。直到《乾隆廟冊》中纔指明此寺在“孤稍胡同”，爲大僧廟，住持如亮。其後，“金太監寺”之名雖也頻繁出現在北京地方史志文獻中，但大多稱其“已毁而無考，而其地尤以寺名”云云[2]。

20世紀30年代國立北平研究院調查時，此寺門西向，無人看守，僅存長方形廟基一，極爲寬大，内有小土房九間，甚殘破，相傳爲乞丐夜間棲身之所[3]。

2011年調查時，金太監寺原址上爲七、八年前修蓋的仿古小四合院一座，詢之，爲私人住宅。

---

〔1〕參見《京師五城坊巷胡同集》，頁十。

〔2〕參見《日下舊聞考》卷五十四城市·内城北城，頁八百六十、八百六十一；《宸垣識略》卷六·内城二，頁一百二十一；《光緒順天府志》京師志十，頁三百八十五；《燕都叢考》第四章·内三區各街市，頁三百一十五至三百一十六；《故都變遷記略》，頁六十一；《北平廟宇通檢》，頁三十四。

〔3〕參見國立北平研究院《金太監寺》，東四15。

# 妙意精舍

妙意精舍，不見於清乾隆《京城全圖》，原址爲北新橋醬房夾道十七號（今東城區西醬房胡同十九號），建築現已不存。

妙意精舍是民國年間女尼圓覺購置的修行養靜之所。1949 年以後，圓覺集中於廣慈寺中修行，此處改作民居。當時搬入的老住戶還對圓覺有印象，説她房内有神佛塑像與畫像，每日焚香功課甚勤，至 2003 年，圓覺在廣慈寺[1]内去世。

20 世紀 50 年代初時，妙意精舍係由正房及兩廂配房組成的一座三合院，正房面濶三間，大式硬山合瓦頂。“文革”期間神像被搬走，至 1985 年調查時，屋宇尚存，但已破舊非常[2]。

《中國文物地圖集·北京分冊》中聲稱妙意精舍至今尚存[3]，但 2006 年實地考察時，見院落房屋均已翻修，廟貌蕩然無存。

---

〔1〕參見《北京内城寺廟碑刻志》卷二，二排三段“廣慈寺”條，頁三百九十六至三百九十七。

〔2〕參見《北京文物勝跡大全·東城區卷》，頁三百零四。

〔3〕參見《中國文物地圖集·北京分冊（下）》，頁五十三。

# 龍王廟

龍王廟，不見於清乾隆《京城全圖》，原址爲内三區翔鳳胡同甲二號（約在今交道口大街與雍和宫大街交界處西北角），寺廟建築今已不存。廟内北墻原有《龍王廟碑》一通，額曰“咸歌帝力”，撰人及年代均不詳，碑文多已漫漶不清。

此龍王廟始建時間不詳，從碑文僅存之“衆善人等公立”等字樣看，應原屬集資公建。然據民國時期寺廟代表人劉寶堂聲稱，翔鳳胡同龍王廟與三眼井龍王廟均屬山東鄧士明之廟産[1]，後者建於清同治十三年（1874），然此廟卻未有建廟記錄。來自山東東阿的劉寶堂自清光緒年間取得了寺廟管理與代表權[2]。他家住龍王廟隔壁（翔鳳胡同三號），以賣水爲生，不僅經營此水井，也經營三眼井龍王廟和中緣胡同龍王廟水井[3]，並親任内三區船板胡同三十六號三聖祠（也稱井泉庵）廟主[4]。20世紀30年代，鄧家曾重修龍王廟，但仍僅爲當街廟宇一間，南向，内供龍王泥像一尊，童二，水井一眼在廟南[5]。雖然廟主鄧士明久歸山東，廟産水井全權委托劉寶堂，但1945年警察局調查表中，仍將其登記爲鄧姓家廟，並未歸爲劉寶堂之産。實際上，劉家、鄧家與附近開雜貨鋪的山東楊家，關係非同一般，共同形成了東四北大街附近的“水夫—水廟—鋪保”社會網絡[6]。

據老住户回憶，到20世紀50年代中期，此廟已破敗不堪，曾有老尼一人，寄居廟中化緣爲生。後水井棄用，廟被拆除，原址成爲空地。1990年代時，房管局曾在空地處蓋房。2006年初，房屋再次被拆除。

2006年調查時，龍王廟原址爲建築工地，建房單位不詳。

---

〔1〕參見《北京内城寺廟碑刻志》卷二，二排二段“龍王廟（東直門北小街）”條，頁三百五十二。

〔2〕參見北京市檔案館藏《北平市社會局寺廟類·内二區龍王廟管理人樂浩均呈送寺廟登記表及社會局的批示》，自1933—1941年，檔案號J2-8-801，頁一百零七。

〔3〕參見《北京内城寺廟碑刻志》卷一，一排六段“龍王廟”條，頁一百六十九。

〔4〕參見四排三段“三聖祠”。

〔5〕參見國立北平研究院《龍王廟》，東四31。

〔6〕本叢書第二卷“龍王廟（東直門北小街）”條對此有所描述。參見《北京内城寺廟碑刻志》卷二，二排三段“龍王廟”條，頁三百五十二。

咸歌
帝力

夫□□□□□□□□□□名□如井故
卦□□□□□□□□□□其來久矣同
□□□□□□□□□□有諸君子浚之
□□□□□□人不□□坫爲業由此而
□□□□之□□□□有諸君子相繼於
□□□□□□□□坫者也敬勒片石而
（此行泐）
□□□□□□□□□□之甘洌
□□□□□□□□□千秋靡竭
（上泐）衆善人等公立

京210 《龍王廟碑》

# 龍王廟碑

年代：年月泐
原址：東城區原翔鳳胡同
拓片尺寸：碑高 118、寬 55 釐米。
書體：正书
《目錄》：頁 392
拓片編號：京 210
拓片錄自：北京大學圖書館藏拓片

【碑陽】

額題：咸歌帝力

碑文：

夫□□□□□□□□□□名□如井故 1 卦□□□□□□□□□□其來久矣。同 2□□□□□□□□□□有諸君子浚之 3□□□□□□人不□□坫爲業，由此而 4□□□□之□□□□有諸君子相繼於 5□□□□□□□□坫者也。敬勒片石而 6（此行泐）7□□□□□□□□□□之甘洌，8□□□□□□□□□千秋靡竭。9（上泐）衆善人等公立 10

# 土地祠

土地祠，民國時亦稱三聖祠、財神廟，不見於清乾隆《京城全圖》，原址爲内三區財神廟胡同九號（今東城區板橋胡同三十二號），寺廟建築現已不存。

土地祠建立年代不詳，廟産所屬也有各種説法。1929年北平特别市公安局登記時，廟主稱其始建於清代，是他爲母親供奉的私建家廟，時有殿房兩間，供奉泥像七尊[1]。但僅兩年之後，管理人葉松年稱該廟是爲清同治七年（1868）六月由本巷居民捐資重修，故爲公立之産，有寺門額文字爲證[2]。此時三聖祠廟房僅剩一間，西向，内供土地、財神、山神三尊，又有配像六尊（1945年警察局的調查人員稱其爲“五道”[3]），均泥塑小像。至1949年民政局登記時，該廟廟主又更換爲傅鐵保，殿房數量亦由一間增至三間，但傅鐵保本人並不在廟内居住，而是住在北新橋醬房胡同内[4]。

1950年代時，此廟仍有殿宇一座三間。據當時居住此廟附近的老住户們回憶，此廟原並無廟院，廟房臨街而立，即俗稱之“當街廟”，内奉神像三尊，傳爲財神。原曾有一對夫婦看廟，每日爲神像上香。後看廟人更换頻繁，廟亦於1950年代後期拆除。雖然附近居民並不來此燒香，但他們大多知道此廟，有人還認爲財神廟胡同即是得名於此[5]。

1985年調查時，寺廟建築已經全部拆除，原址改建爲北新橋街道飲食中心店[6]。

2006年，土地祠原址爲公廁和洗衣店。

---

〔1〕參見《北京寺廟歷史資料》，頁二百五十九。

〔2〕參見國立北平研究院《三聖祠》，東四71。

〔3〕參見首都圖書館藏《北平寺廟調查一覽表》，民國三十四年（1945）手抄本，頁三。

〔4〕參見北京市檔案館藏《北平市民政局民族事務科·本市寺廟情況查詢記録》，1949年，檔案號196–1–4，頁四至七。

〔5〕也有人認爲“財神廟”指的是永寧寺，參見本排段“永寧寺”條。

〔6〕參見《北京文物勝跡大全·東城區卷》，頁三百二十。

# 三排四段

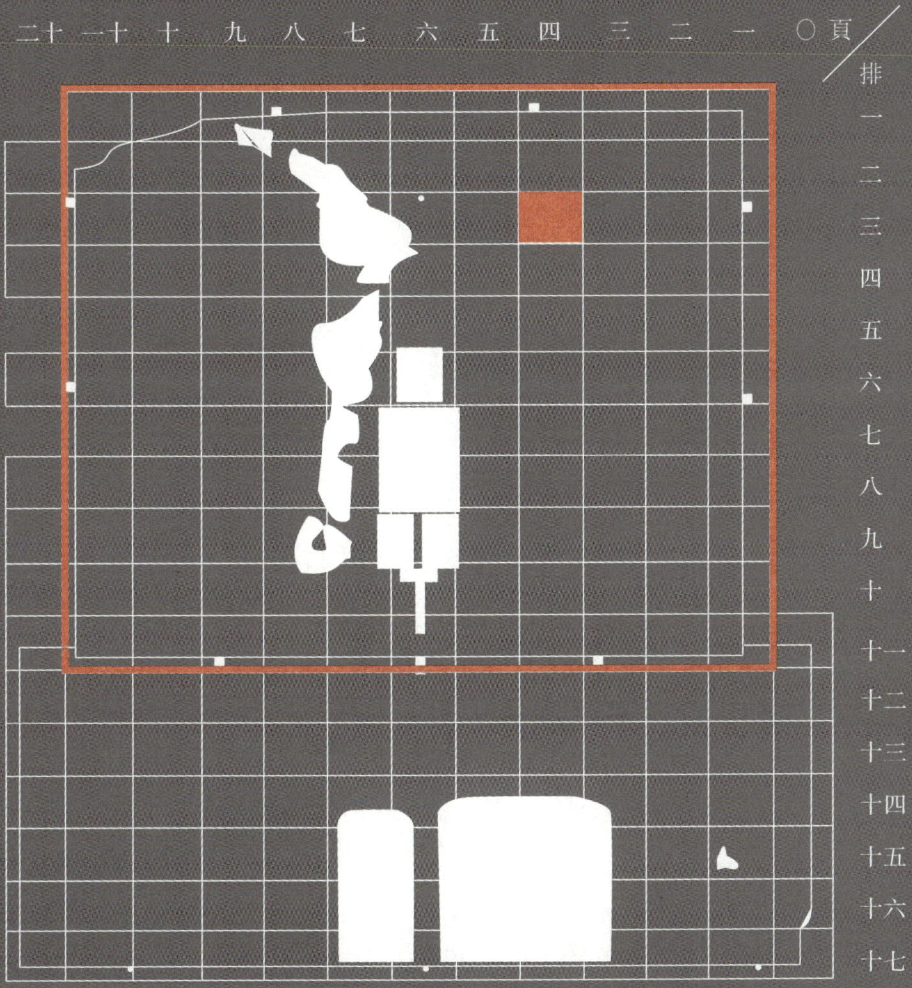

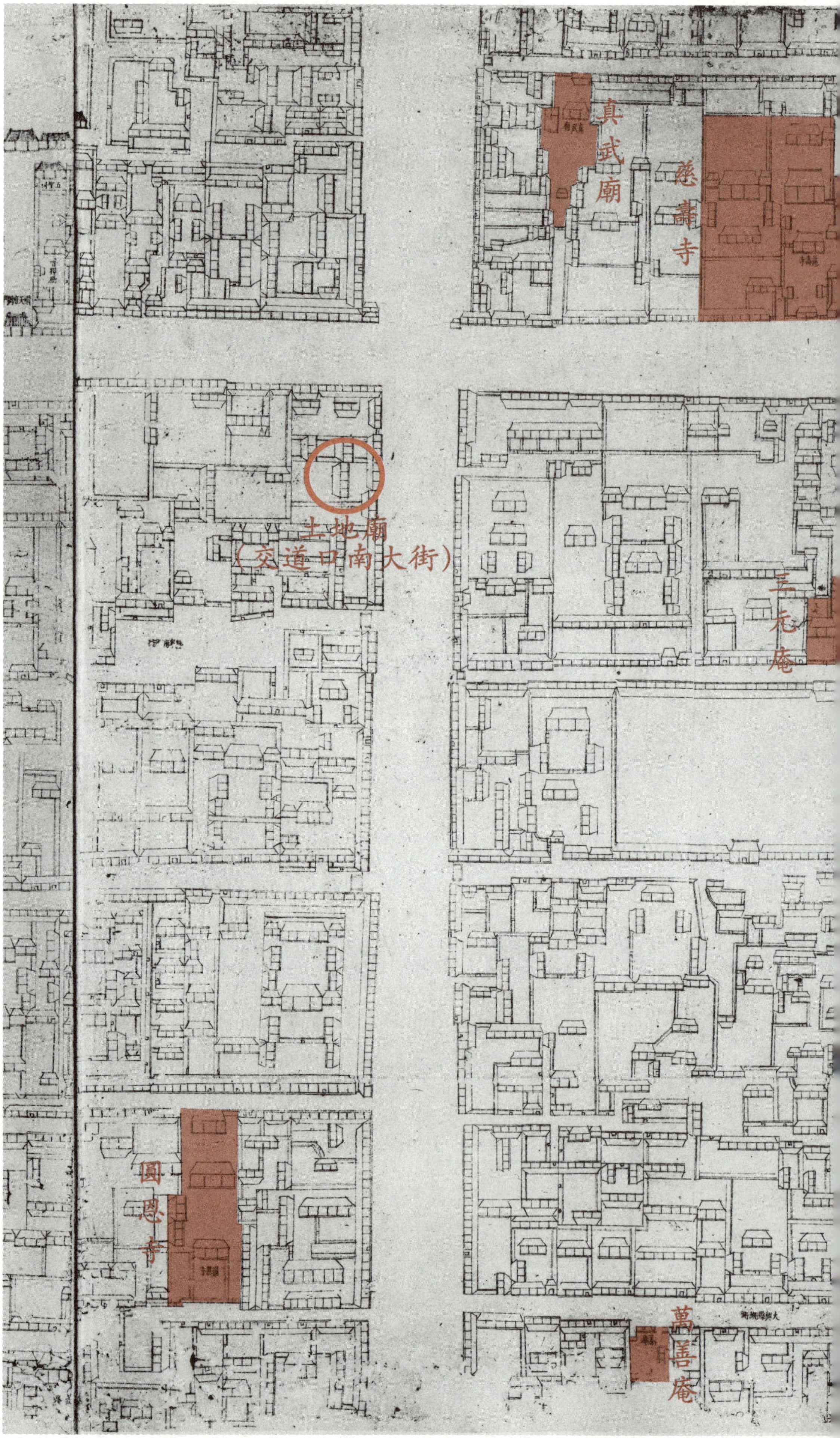
真武廟
慈壽寺
土地廟
（交道口南大街）
三元庵
圓恩寺
萬善庵

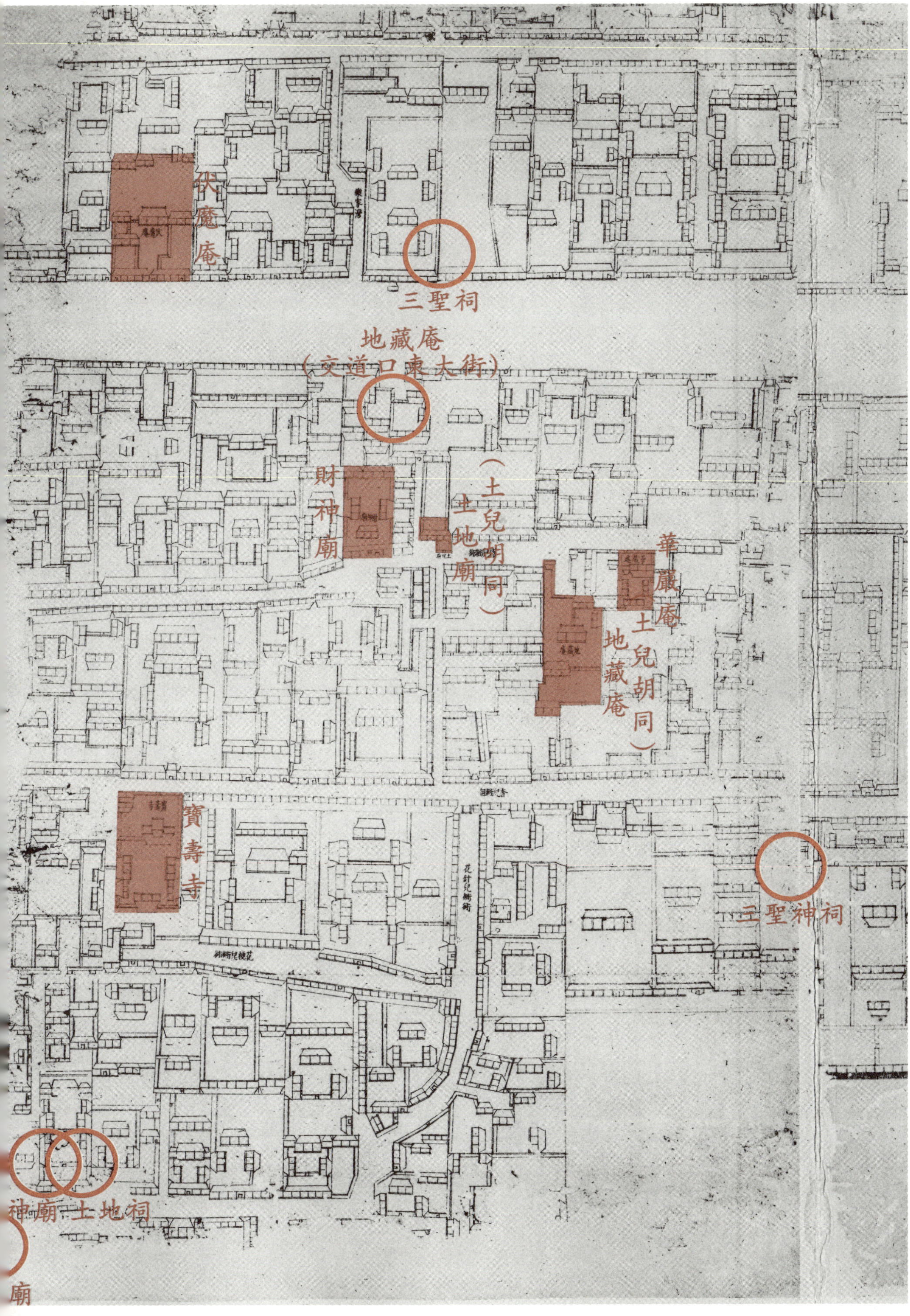
伏魔庵
三聖祠
地藏庵
（交道口東大街）
財神廟
土地廟
（土兒胡同）
華嚴庵
地藏庵
（土兒胡同）
寶壽寺
三聖神祠
神廟
土地祠
廟

# 伏魔庵

伏魔庵，亦名關帝廟。原址約在今東城區交道口東大街一百零一號的位置，寺廟建築現已不存。

伏魔庵始建時間不詳，清《雍正廟冊》登記地址爲梁家灣（即東直門大街以北、伏魔庵東鄰的南北向小胡同，乾隆《京城全圖》上記爲“樂家灣”），時有殿宇三間、禪房十三間，住持僧法號明心，其徒名性象。《乾隆廟冊》登記時，住持換成了淨霞。按乾隆《京城全圖》所繪，此廟坐北朝南，有前後兩院。前院三路，各有門與外部相連。最南爲鋪面房十一間，中路正殿三間，東路北殿三間，西路亦北殿三間，殿後有跨院一所，院内北房三間，有東門與正院相通。後院多爲空地，西北角有南向北房兩座共五間，東北角有南向小房兩間、西向小房兩間，但難以判斷是否屬於廟内。

其後伏魔庵再無記載，應久已傾圮。

2006 年調查時，寺廟原址已經是交道口東大街，據老住戶回憶并輔以地圖位置推測，該廟可能位於今東城區國際文化交流中心附近。

# 慈壽寺

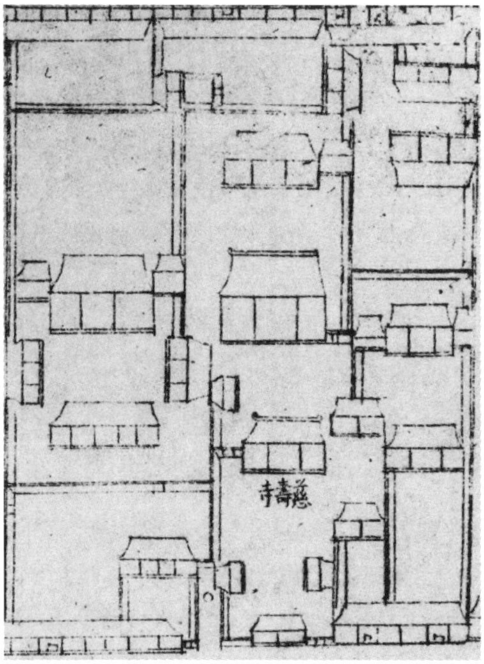


慈壽寺，曾名開元寺，後一度改名爲惠明寺，原址在内三區交道口東大街四十號（約爲今東城區交道口東大街一百一十三號），寺廟建築現已不存。寺中原有碑刻二通，爲明正统十年（1445）《開元寺碑》和明天順四年（1460）《惠明寺碑》。

此寺始創之確切年代無考，但《開元寺碑》中稱：唐開元二十八年（740），玄宗曾昭告天下諸州，以當地第一大寺名爲“開元寺”。此寺以開元爲名，故碑文撰者國子監司業趙琬度其建或在唐時。《日下舊聞考》引用“唐建説”時採取謹慎態度，言明其爲碑石所述。而《光緒順天府志》和《北京市志稿》則未加考證，直稱“寺初名開元，又名惠明，唐建。宋、元以來，疊次修治”[1]。事實上正如《開元寺碑》中所言，明代以前的慈壽寺歷史早已闕如無考，它是否爲唐代所創，理應存疑。

明宣德初年，順天府宛平縣僧人定慧，得僧錄司諸宗師器重，由慶壽寺的都寺舉薦，駐錫慈壽寺住持。此時寺中僅存觀音殿三間，破漏不堪，定慧發願重修寺廟，不僅廣結善緣、多方募化，且捐贈己資、傾囊市材。直至二十年後，即正統十年（1445），方初見規模。據《開元寺碑》中説，京師三十二位官員和七十餘位平民共襄盛事，修前後大殿兩楹，粉飾廟内房屋，重塑諸

〔1〕《日下舊聞考》卷五十四城市·内城北城，頁八百六十三。《宸垣識略》卷六·内城二，頁一百一十四至一百一十五。《光緒順天府志》京師志十六·寺觀一，頁五百。《北京市志稿·宗教志》卷二·釋教二，頁四十九。

佛、菩薩及護法天王之像，又畫三十四代祖師於壁。道場一新、輪奂具美。定慧俗名榮如海，其俗兄榮華，時任河南憲使，奉命督漕運於徐州之吕梁洪，聽聞此事後，邀文遣工勒石爲之記[1]。明天順四年(1460)，定慧以慈壽寺工竣，上疏請賜寺名，遂得諭旨，改爲“惠明寺”，并勒珉爲記。是年所立《惠明寺碑》記載，其工程後期更加龐大，曾獲七百餘位施主捐獻，其中四十二位是朝廷官員[2]。

入清以後，慈壽寺曾一度棄“惠明”之稱而復號“開元”。清康熙五十六年(1717)，寺内似有大舉添建法物之舉，當時鑄造的三份鐵五供，至民國年間仍存正殿之東配殿及後殿之中。據《雍正廟冊》記載，時交道口開元寺，住持僧法號性福，有殿宇九間、禪房十二間。清乾隆元年(1736)，惠明寺又奉敕重修，改名慈壽寺。寺額“敕建慈壽寺”，即爲乾隆二年(1737)所立[3]。至《乾隆廟冊》登記時，慈壽寺已列名官修寺廟，每月領錢粮捌兩伍分玖厘，住持法號寂貴。清乾隆三十五年(1770)内務府《呈報官管寺廟殿宇房間數目清單》中，慈壽寺亦在列，時仍有山門三間、鐘鼓樓二座、殿宇十七間、禪房七間，並無房屋對外租賃[4]。從乾隆《京城全圖》來看，慈壽寺坐北朝南、屋宇頗多，似有東中西三路殿宇，但難以判斷寺廟四至界止。内務府呈報慈壽寺有山門三間，而《京城全圖》中僅繪山門兩間，東側院牆上又開門一道。門内鐘鼓二樓，相對而立；正院内前殿三間、東小房二間，殿後有西小房一間；正殿三間；後殿三間帶一東耳房。東西跨院内各有殿宇禪房若干，其數量似乎遠多於内務府所呈報及《雍正廟冊》所記載禪房殿宇數。

清光緒十七年（1891），僧人松泉自其師手中接任慈壽寺住持，然而他并不常在寺内居住。1915年初春，周肇祥與友人相約共訪柏林寺，車過安定門内新橋，便先訪慈壽寺。明碑二尊，尚立寺中，文字歷歷可讀。然而殿門堅鎖，不得瞻禮，周肇祥憾然曰：“僧亦不耐岑寂，往居城南他寺，惟殿前雙柏樹相對揖客耳。”[5]國立北平研究院調查時，慈壽寺面積尚有四畝餘，僅有正院與西跨院，房屋四十餘間。山門南向，石額“敕建慈壽寺”；正院内有鐘鼓二樓，其中西鼓樓已坍塌；前殿爲天王殿三楹，門前槐樹亭亭，内供千手佛一尊、四大天王四尊，均爲泥塑。殿西有西房三間；正殿爲大雄寶殿，上額曰“祇園金界”，爲顯親王墨寶。殿内正祀三大士三尊，木像金身，旁祀立像五尊，大鐵磬一口，有雍正十二年(1734)八月款識。正統、天順二碑，即在正殿之前、松柏之下。東配殿一間，正供關帝，泥塑侍像六尊，内有鐵五供一份，乃清康熙五十六年七月所造。西配殿一間，内供達摩一尊、小童二位，均爲泥塑；後殿乃三大士殿三楹，額曰“日守菩提”，内正供大士騎犼像一尊，左右文殊、普賢，一騎獅、一騎象，旁有泥塑關帝神像。殿南有東西配殿各三間，無佛像；西跨院内有北殿三楹帶耳房二間，額曰“慈雲甘露”，也出自顯親王之筆，然房舍已爲住宅，原供觀音與小童木像，均以紙壁相隔，難窺其貌。東殿三間，也爲住宅。西房三間，爲織地毯工廠。和十餘年前來過慈壽寺的周肇祥一樣，調查人員也對松泉頗多怨言，他們說他“昏聵糊塗。既不開殿門，又裝聾作癡，即問以傳某宗派，無能作答，真可謂醉生夢死矣”[6]。

民國二十五年(1936)，社會局調查時發現廟内除上述神佛塑像外，還有閻羅軟漆壁畫一段，

---

〔1〕參見明正统十年(1445)《開元寺碑》，《北京圖書館藏中國歷代石刻拓本匯編》，京180，卷五十一，頁一百三十九至一百四十。

〔2〕參見明天順四年(1460)《惠明寺碑》，《北京圖書館藏中國歷代石刻拓本匯編》，京179，卷五十二，頁二十五至二十六。

〔3〕參見《日下舊聞考》卷五十四城市·内城北城，頁八百六十三。《宸垣識略》卷六·内城二，頁一百一十四至一百一十五。《北京市志稿·宗教志》卷二·釋教二，頁四十九。

〔4〕參見中國第一歷史檔案館藏《呈報官管寺廟殿宇房間數目清單》，乾隆三十五年五月二十二日，檔案號05-0277-032。

〔5〕參見周肇祥《琉璃廠雜記》，北京：北京燕山出版社，1995年，頁九十一。

〔6〕參見國立北平研究院，《慈壽寺》東四34。

極爲珍貴。調查人員稱，此寺“建築法物均極名貴。正殿明三暗九，殿內用小點金法彩飾，梁櫄、天花均極絢爛，內外均有斗栱，在我國建築史上實一極優美之遺構。佛像如紫金漆三世佛、紫金韋陀、昆沙門、阿羅、迦葉、接引諸像，皆明初，優美異常，堪與東瀛法隆雕像媲美。地藏漆壁亦明初名手所繪，鮮艷如新，實極名貴。擬請飭令，妥爲保管”[1]。

至民國三十一年（1942），松泉已八十餘歲高齡，無力管廟，又無法徒，故由弘慈廣濟寺、拈花寺、法源寺和鷲峰寺聯合保舉，廣濟寺僧人悟性繼爲松泉法徒，更名廣興，承任住持[2]。至五十年代初，寺中建築尚完整，山門三間，天王殿、大雄寶殿、伽藍殿、祖師殿、送子觀音殿等建築均存。明代二碑仍在寺內，然《惠明寺碑》已麻面無光、字跡模糊，調查人員稱其爲“隕石碑”。大殿內供三世佛外，並陳乾隆元年造鐘鼓各一。觀音殿內還保存著舊有“開元寺”匾額一方[3]。1985 年，寺廟建築已拆除殆盡，僅餘西院配房，西邊是搪瓷廠，東半部是東城區文化館蓋的辦公樓。寺內文物均無存[4]。廟內原奉之千佛繞毗盧銅像移至法源寺[5]。

據附近居民回憶，二十世紀五十年代後，慈壽寺改建大中中學，中學拆除後建東城區文化館辦公大樓，而原搪瓷廠改建爲超市。

2006 年，慈壽寺原址處爲東城區文化館辦公大樓和天客隆超市。

---

〔1〕參見北京市檔案館藏《北平市社會局寺廟類·內三區慈壽寺僧松泉送寺廟登記表及社會局的批示》，1936—1942 年，檔案號 J2-8-1062，頁四。

〔2〕參見《北京寺廟歷史資料》，頁九十八。北京市檔案館藏《北平市社會局寺廟類·內三區慈壽寺僧松泉送寺廟登記表及社會局的批示》，1936—1942 年，檔案號 J2-8-1062，頁十八至四十五。

〔3〕參見《北京文物勝跡大全·東城區卷》，頁二百五十至二百五十一。

〔4〕同上，頁二百五十。

〔5〕參見《中國文物地圖集·北京分冊（下）》，頁十四。

京 180《開元寺碑》陽

京180《開元寺碑》陰

# 開元寺興造記

開元寺興造記

奉直大夫左春坊左諭德兼國子司業毗陵趙琬撰

承德郎工部主事羊城何寅篆

國子監監生彭城范寅書

定慧榮上人住持京城開元寺之二十年正統乙丑歲也初寺久無主僧日以就壞獨觀音大士殿三間僅存而上漏旁穿亦已甚矣上人既至晝夜不遑寧處經營綜理以圖興復既乃裒衆所施益以己橐市材諏日召匠僦傭締構前後二殿莊嚴諸佛菩薩及護法天王之像又畫三十四代祖師於壁其餘門廡庖湢亦皆以次就緒輪奐具美一新道場至若佛供僧用下逮垣墉階砌有廢必興無墜弗舉其用心斯可謂勤矣今年夏寺之諸弟子咸發弘願謂上人有□□法門而不宜無述以示於後乃相□告於河南憲使榮公華

華蓋上人之俗兄也時方奉

命督漕運於徐州之呂梁洪遂命工遠具碑石諸子爲文以刻之惟唐開元二十八年詔天下諸州皆以一大寺爲開元寺世傳以爲玄宗曾與勝光法師論佛恩德故有此制而□寺之創建因革咸□登載豈以代經兵燹雖有所載而散逸無傳不可考歟雖然自開元有寺至于今六百七十餘年矣其間隨廢而隨興□世有人焉況當院宇傾圮之餘帑藏空虛之日□有上人者出與時會而□然以興起□任又焉能積二十年之久迄用成功存教基於將隳振宗風於既墜也哉是用備書其興造顛末俾來者□監於斯□□相與扶植之而勿壞也若夫如來拔苦妙法觀慧正門與夫息心要旨上人風□故少師□公之門而得於印傳者有非世諦文字所能記而亦不敢因記興造而□有所陳也上人諱如海宛平縣人義行素爲僧錄諸宗師所重故由慶壽寺都寺膺薦來主此法席云

大明正統十年六月吉日比丘恒安恒正恒謐恒清恒□恒然恒福恒秀恒□恒靜恒顯恒□□□□立石

京 180《開元寺碑》陽

# 碑陰題名

助緣檀越 信官

邵能 劉祥 胡海 王恕 李英 焦壽 郭英 朱喜 李得 丁旺 張珏 鄧斌 程諒 張壽 焦孝得 顧達 李斌 劉淵 李瑾 楊廣 錢鑑 謝英

董諒 王輅 吳興 劉瑢 朱振 馮原 紀政 王禮 朱英 秦寧 江洪 陳祥

信士

李恭 米敬 丁貴 成普縣 何福昇 郭睿 褚福惠 郭福山 杜福緣 郭信 鄭普實 張善 李士賢 朱宣

宋斌 張端 郭道隆 謝英 鞠俊 馬友 陳貴 李福緣 尤普安 王林 潘芳 榮盛 郭琦 朱洪顯 吳普原 陳普忠 顧文斌 李福生 馬福旺 耿榮 金亮 宗廷政

門普才 聶榮 陳準 王貴 劉顯明 徐宗顯 李貴 陳能 李庸 朱成 史增福 時德 劉普敬 張成 高永 王福山 甯聚 蘭□ 楊貴 殷能 吳榮 沈清 耿悟文 童福志 華普才

張三 張普賢 滕滿 魏政 白勝 吳普智 俠欽 郭廉 金善 韓貴 榮祿 張榮 吳福明 王鳳祥 張信 榮圓

京180《開元寺碑》陰

# 開元寺碑

首題：開元寺興造記
年代：明正統十年（1445）六月
原址：東城區慈壽寺
拓片尺寸：碑陽、陰高 172 釐米、寬 68 釐米
撰人：趙琬
書體：楷書
書人：范寅楷書，何寅篆額
刻工：耿雄
《目錄》：頁 212
拓片編號：京 180
拓片錄自：《北京圖書館藏中國歷代石刻拓本匯編》第 51 卷 139 頁

【碑陽】

額題：開元寺興造記（篆書）

碑文：

開元寺興造記 1

奉直大夫左春坊左諭德兼國子司業毗陵趙琬撰。2 承德郎工部主事羊城何寅篆。3 國子監監生彭城范寅書。4

定慧榮上人住持京城開元寺之二十年，正統乙丑歲也。初寺久無主僧，日以就壞。獨觀音大士殿三間僅 5 存，而上漏旁穿，亦已甚矣。上人既至，晝夜不遑寧處，經營綜理，以圖興復。既乃褒衆所施，益以己橐，市材諏 6 日召匠僦傭，締構前後二殿，莊嚴諸佛菩薩及護法天王之像。又晝三十四代祖師於壁。其餘門廡庖湢亦 7 皆以次就緒。輪奐具美，一新道場。至若佛供僧用，下逮垣墉階砌，有廢必興，無墜弗舉。其用心斯可謂勤矣。8 今年夏，寺之諸弟子咸發弘願，謂上人有□□法門而不宜無述以示於後。乃相□告於河南憲使榮公華。9 華蓋上人之俗兄也，時方奉 10 命督漕運於徐州之呂梁洪，遂命工遠具碑石，諸子爲文以刻之。惟唐開元二十八年詔天下諸州皆以一大 11 寺爲開元寺。世傳以爲玄宗嘗與勝光法師論佛恩德，故有此制，而□寺之創建因革，咸□登載。豈以代經 12 兵燹，雖有所載，而散逸無傳不可考歟。雖然，自開元有寺至於今六百七十餘年矣，其間隨廢而隨興，□世 13 有人焉。況當院宇傾圮之餘，帑藏空虛之日，□有上人者出與時會，而□然以興起□任，又焉能積二十年 14 之久，迄用成功，存教基於將隳，振宗風於既墜也哉。是用備書其興造顛末，俾來者□監於斯，□□相與扶 15 植之而勿壞也。若夫如來拔苦妙法，觀慧正門，與夫息心要旨，上人風□，故少師□公之門而得於印傳者，16 有非世諦文字所能記，而亦不敢因記興造而□有所陳也。上人諱如海，宛平縣人，義行素爲僧錄諸宗師 17 所重，故由慶壽寺都寺膺薦來主此法席云。18

大明正統十年六月吉日比丘恆安、恆正、恆謐、恆清、恆□、恆然、恆福、恆秀、恆□、恆靜、恆顯、恆□□□□立石。19

【碑陽】

額題:碑陰題名

碑文:

助緣檀越,信官:

邵能、劉祥、胡海、王恕、李英、焦壽、郭英、朱喜、李得、丁旺、張玨、鄧斌、程諒、張壽、焦孝得、顧達、李斌、劉淵、李瑾、楊廣、錢鑑、謝英、董諒、王輅、吳興、劉瑢、朱振、馮原、紀政、王禮、朱英、秦寧、江洪、陳祥。

信士:

李恭、米敬、丁貴、成普縣、何福昇、郭睿、褚福惠、郭福山、杜福緣、郭信、鄭普實、張善、李士賢、朱宣、宋斌、張端、郭道隆、謝英、鞠俊、馬友、陳貴、李福緣、尤普安、王林、潘芳、榮盛、郭琦、朱洪顯、吳普原、陳普忠、顧文斌、李福生、馬福旺、耿榮、金亮、宗廷政、門普才、聶榮、陳準、王貴、劉顯明、徐宗顯、李貴、陳能、李庸、朱成、史福增、時德、劉普敬、張成、高永、王福山、甯聚、蘭□、楊貴、殷能、吳榮、沈清、耿悟文、童福志、華普才、張三、張普賢、滕滿、魏政、白勝、吳普智、俠欽、郭廉、金善、韓貴、榮祿、張榮、吳福明、王鳳祥、張信、榮圓。

京179《惠明寺碑》陽

京179《惠明寺碑》陰

# 敕賜惠明寺碑

敕賜惠明寺碑記
賜進士出身奉議大夫通憲使司右參議知
制誥前翰林院國史編修官廣陽趙昂撰
徵仕郎中書舍人直文華殿東吳朱奎書
徵仕郎中書舍人直文華殿□間周庠篆
皇上復登寶位之元年海宇奠安黎民樂業而凡扶世立教利
國濟民之事罔不備舉而煥乎一新焉是歲九月一日開元寺住持定慧以其寺之名爲請蓋謂本寺創自有唐開元之
時歷宋元以至我
朝閱數百餘載其間興廢靡常殿宇墻垣傾弛殆盡定慧自宣德初領劄入院輒存再造之心遂起興復之念悉倒橐資
旁募善信爰竭心力鳩工選材越數歲而底成功殿堂門廡高明弘麗加於舊規像設崇嚴粧繪鮮彩凡幡幢法具鐘
鼓之所禪誦之居及庖湢廩庾靡不完備晨昏得以領衆焚修上以爲
國祝釐下以爲民造福但其寺因襲舊號未遂改正惟
皇上弘天地之大德敷雨露之洪恩
俯賜新名足以光前烈而垂後世其感激豈有涯哉疏入特荷
俞允賜名爲惠明寺
天恩煥耀海宇爭輝誠乎萬載一時之遇也定慧既稽首頓首以圖報稱於萬一復屬予爲文以紀其遭際之盛予惟釋以
清靜爲體以利濟爲用而利
國濟民用之大者也蓋自中古以來靡不崇尚其教至於我
朝尤注意焉以故天下四方禪官梵剎無處不有但其徒能體
上意者或鮮焉若定慧者當重熙累洽之日首以是舉克遂所圖可謂能體
上之意矣由是而闡揚宗風覺悟群迷上而利
國下而濟民也宜哉夫然則其宿德雅望將與寺之名同垂於無窮焉庸書此爲記定慧別號如海順天之宛平人
大明天順四年龍集庚辰秋八月初一日立□□□□□□□□□□□□□歷陽王敬鐫

京179《惠明寺碑》陽

## 名芳越檀

都指揮谷泉 都指揮邵□ 都指揮康福 都指揮宋震 都指揮鄧斌 都指揮康安 順天府□□章琬 錦衣衛指揮徐□ 錦衣衛指揮呂震 錦衣衛指揮馬季 敕封承□郎順天府通判章□ 光祿寺少卿劉璉 □□寺左少卿楊詢 長隨參御姚通 司設監□監丞吳英 御馬監左監丞程獻 尚善監太監劉祥 司設監太監王定 尚膳監太監韓諒 都知監太監姚鐸 安遠侯柳溥 永康侯徐安 附馬都尉石玟 望遠伯任禮 尚信伯尚釗 成安伯郭昂 興濟伯楊宗 褒城伯李瑾 修武伯沈煜 建平伯高遠 清平伯吳璽 □都督劉聚 都督同知張致 都督同知詹忠 都督僉事李昆 都督僉事張宇 都指揮啓福 都指揮王餘 都指揮□□ 都指揮□□

丁旺 李□ 秦願 張林 李福 張成 李信 阮藺監 李賓 王海 文勝 袁順 侯貴 傅繼清 劉弘 焦忠 趙倫 王釧 孫通 郭通 任壽 馮傑 焦亮 童貴 戴廣 程斌 孫禎 姚能 鄧旺 馮能 李剛 紀釧 王□ 張安 □林 藺海 丁□ 張□ □安 □□

李茂 戴□ 滕興 楊政 李□ 藺清 扈璧 張瑛 張振 郭永 王斌 藺賢 楊諒 □敬 宋瑛 童成 呂剛 王墉 馬林 甯貴 郭中 高順 成錄 王祥 楊得 王清 馬俊 馮春 王泰 王俊 劉斌 丁顯 王欽 徐剛 劉□□ 惠俊 □昇 □□ □□ □□

□□ 康□ 蕭英 □裕 項善淵 韓瑛 徐敬 韓俊 蒙勳 韓慶 薛真 柴寬 李浩 張勝 高□ □寧 周順 方□ 穆彥 韓友 靳潔 郭旻 王忠 張敬 王瑾 孫忠 趙安 王玨 馮驥 張湧 王瑛 李廣 劉宗 王理 汪□寬 王鐫 周真 呂全 □蕩 齊□

□路 □□ 張義 常能 周地□ □□□ 趙□ □□ 張能 王伯哲 孫璉 張勝 郭福雄 劉德 張泰 喬昇 項昱 李敬 董信 趙昇 張禮 田得 李信 李璉 孫昌 □□ 徐讚 滎威 楊□ 趙祥 陳能 吳亮 林順 鄭武 李□ 田保 □□ □□ □□ □□

□□□ □□ 工□ □禮 王□ 趙□ □□ 周□ □□ 王□ 陳榮 陸信 劉真 高能 董□ □□ 沈貴 方倫 李春 易讓 劉全 吳成 張亮 鄰鏞 □□ 張□ 王保林 劉泰 吳政 □勝 左通 孫福 劉玉 林英 段昇 顧□ □啓 □□ 王□ 鄰□

□□ □□ 楊□ 董弘 顧榮 何友 尉英 張禮 周銘 沈旺 周璉 徐福海 彭永 尉信 呂佑 陳進 □閏 錢□ 朱原 李普慶 張通 覺義 金福 □全 趙□瑤 王旻 朱勝 王政 居昌 □福林 胡浩 萬廣 覺信 孫□ 楊□ 方勝 楊安 □通 楊□ □□

鄭□□ 方□□ 張瑤□ 孫普□ □福□ □智□ 滎□友 □□原 □福得 肖楊傑 陳福信 崔福亮 陳福全 段永中 □□禮 薛□禮 張善望 馮福余 徐進貴 王擇 祝福寬 李□聚 劉福寬 □□珍 劉文華 師朝宗 張文紀 陶世雄 □□忠 □永慶 萬守□ □□寬 □□□ 陳□海 熊普觀 李福政 周仁響 韋福開 □□寬 □□□

□□ □濤 王□ 林源 載直 □□ □□ 葉濤 劉斌 柳源 劉紀 沈信 羅原 王智 韓敬 趙倫 尹昇 薛金 成剛 □冰 郭忠 孫勝 劉昇 陳斌 趙真 □□ □鐵 李斌 □信 鄰能 □淵 李原 許光 張□ 鄰□ 冀□ □□ □□ □□ □□

□□ 陳安 王義 榮原 龐英 周玉 張玘 張乾 呂英 張奉 王振 劉順 李俊 李傑 李能 顧亮 李鑑 郭鑑 李旺 桑聚 姚能 李忠 歸祖 王泰 張壽 趙瑛 陳寧 王直 趙友 □□ 馬□ 孫貴 徐□ 孫□ □□ □□ □□ □□ □□ □□

□□ □□ □廣 □□ □貴 趙慶 王貴 □俊 □□ 詹茂 潘文 蘇韶 李興 張富 田信 毛榮 魏喜 吳遇 朱誠 史信 李祥 王琮 張興 楊瑄 □昆 □敬 魏宣 李海 鄧□ 李渚 李揚 李劉 喬真 □原 胡林 孫泰 朱□ 張順 王□ 鄰□

□□ □□ □榮 馮貴 沈□ 汪貴 丁福海 張福慶 胡福□ □□順 張□□ 胡□□ 張伯游 □□□ □□□ 仝福山 顧福惠 沈洞□ 王福寬 米福全 劉大用 金大用 胡覺全 王□祥 劉普原 秦□□ 袁銘榮 □子□ □貴則 成福聚 □□緣 王福興 □福□ 許福成 王□堅 張□貴 李□□ □□□ □□□ □□□

□□ □□ 史榮 孫瑛 宋才 □□ □然 □□ □□ □□ □□ □□ 張□ 張榮 王海 □論 劉榮 鄧斌 張信 費儼 陳慶 張全 陳□ □□ 宋祥 滎□ 張成 趙□ 沈□ 陳廣 □□ □□ 于沂 傅鼎 曾昇 唐通 □賢 王名 □□ □□

□□ 馬忠 □□ □□ □□ □□ □□ □□ □□ □□ □□ □□ 劉德 蔣昂 胡敏 任□ 張□ 任海 張□ 費□ 費錦 楊溥 宋□ 何□ 李□□ □□□ □□□ □□□ □□□ 王□□ 王□□ （下殘九個人名）

（殘十個名） 白忠□ 陳□□ 劉婉□ 宋禹茂 □□ □□ □□□ 張妙□ □妙海 劉妙海 王妙寶 費妙雲 □妙海 榮妙德 黃妙禪 黃妙祥 岳妙□ 劉妙祥 李惠原 吳妙遇 何惠寶 羅妙寶 李妙秀 楊妙喜 吳惠深 曹妙香 王妙□ 趙妙□ □□□ □□□

陳妙□ 王惠□ □妙平 趙妙原 王妙成 □□□ □□□ 王妙□ 姚妙玉 桂妙喜 關妙清 馮善明 呂妙淨 王□海 常妙覺 □□□ 吳妙祥 張妙原 王妙圃 徐妙秀 □□智 劉妙能 高妙梁 郭妙清 郭妙信 □□□ 楊妙原 林妙貴 劉妙玉 馬妙清 陳妙香 田妙元 趙妙香 伯妙政 鄭妙通 曹妙璽 李妙慶 陳妙□ □□□ □□□

朱妙□ □妙□ 王□□ □妙□ □□□ 梁妙□ 李妙□ □□□ □□□ 朱妙安 楊妙喜 王妙□ 劉妙清 □妙□ □妙□ 姚氏 徐氏 陳氏 □妙堅 孫惠能 金□□ 徐惠□ 阮妙清 陳妙善 郭氏 伍氏 田氏 李惠玉 周氏 劉妙真 劉惠直 王妙明 林妙英 李妙能 □□□ □□□ □□□ □□□ □□□

京179《惠明寺碑》陰

# 惠明寺碑

首題：敕賜惠明寺碑記
年代：明天順四年（1460）八月一日
原址：東城區交道口東大街慈壽寺
拓片尺寸：碑陽、陰高150、寬79釐米；額陽、陰高36、寬25釐米
書體：楷書
撰人：趙昂
書人：朱奎楷書，周庠篆額
刻工：王敬
《目錄》：頁215
拓片編號：京179
拓片錄自：《北京圖書館藏中國歷代石刻拓本匯編》第52卷25頁

【碑陽】

額題：敕賜惠明寺碑（篆書）

碑文：

敕賜惠明寺碑記 1

賜進士出身奉議大夫通憲使司右參議知 2 制誥前翰林院國史編修官廣陽趙昂撰。3 徵仕郎中書舍人直文華殿東吳朱奎書。4 徵仕郎中書舍人直文華殿□間周庠篆。5

皇上復登寶位之元年，海宇奠安，黎民樂業，而凡扶世立教，利 6 國濟民之事，罔不備舉而煥乎一新焉。是歲九月一日，開元寺住持定慧以其寺之名爲請，蓋謂本寺創自有唐開元之 7 時，歷宋元以至我 8 朝，閱數百餘載。其間興廢靡常，殿宇墻垣，傾弛殆盡。定慧自宣德初領劄入院，輒存再造之心，遂起興復之念，悉倒橐資，9 旁募善信，爰竭心力，鳩工選材，越數歲而底成功。殿堂門廡，高明弘麗，加於舊規，像設崇嚴，粧繪鮮彩，凡幡幢法具，鐘 10 鼓之所，禪誦之居，及庖湢廩庾，靡不完備。晨昏得以領衆焚修，上以爲 11 國祝釐，下以爲民造福。但其寺因襲舊號，未遂改正，惟 12 皇上弘天地之大德，敷雨露之洪恩，13 俯賜新名，足以光前烈而垂後世，其感激豈有涯哉。疏入，特荷 14 俞允，賜名爲惠明寺。15 天恩煥耀，海宇爭輝，誠乎萬載一時之遇也。定慧既稽首頓首，以圖報稱於萬一。復屬予爲文，以紀其遭際之盛。予惟釋以 16 清靜爲體，以利濟爲用，而利 17 國濟民，用之大者也。蓋自中古以來，靡不崇尚其教，至於我 18 朝，尤注意焉。以故天下四方禪官梵刹無處不有，但其徒能體 19 上意者或鮮焉。若定慧者，當重熙累洽之日，首以是舉，克遂所圖，可謂能體 20 上之意矣。由是而闡揚宗風，覺悟群迷，上而利 21 國，下而濟民也宜哉夫。然則其宿德雅望，將與寺之名同垂於無窮焉。庸書此爲記。定慧別號如海，順天之宛平人。22

大明天順四年龍集庚辰秋八月初一日立。歷陽王敬鐫。23

【碑陰】

額題:檀越芳名

碑文:

檀越芳名

都指揮谷泉、都指揮邵□、都指揮康福、都指揮宋震、都指揮鄧斌、都指揮康安、順天府□□章琬、錦衣衛指揮徐□、錦衣衛指揮呂震、錦衣衛指揮馬季、敕封承□郎順天府通判章□、光祿寺少卿劉璉、□□寺左少卿楊詢、長隨參御姚通、司設監□監丞吳英、御馬監左監丞程獻、尚善監太監劉祥、司設監太監王定、尚膳監太監韓諒、都知監太監姚鐸、安遠侯柳溥、永康侯徐安、附馬都尉石玟、望遠伯任禮、尚信伯尚釗、成安伯郭昂、興濟伯楊宗、褒城伯李瑾、修武伯沈煜、建平伯高遠、清平伯吳璽、□都督劉聚、都督同知張致、都督同知詹忠、都督僉事李昆、都督僉事張宇、都指揮啓福、都指揮王餘、都指揮□□、都指揮□□。

丁旺、李□、秦願、張林、李福、張成、李信、阮藺監、李賓、王海、文勝、袁順、侯貴、傅繼清、劉弘、焦忠、趙倫、王釧、孫通、郭通、任壽、馮傑、焦亮、童貴、戴廣、程斌、孫禎、姚能、鄧旺、馮能、李剛、紀釧、王□、張安、□林、蘭海、丁□、張□、□安、□□。

李茂、戴□、滕興、楊政、李□、蘭清、扈璧、張瑛、張振、郭永、王斌、蘭賢、楊諒、□敬、宋瑛、童成、呂剛、王埔、馬林、甯貴、郭中、高順、成錄、王祥、楊得、王清、馬俊、馮春、王泰、王俊、劉斌、丁顯、王欽、徐剛、劉□□、惠俊、□昇、□□、□□、□□。

□□、康□、蕭英、□裕、項善淵、韓瑛、徐敬、韓俊、蒙勲、韓慶、薛真、柴寬、李浩、張勝、高□、□寧、周順、方□、穆彥、韓友、靳潔、郭旻、王忠、張敬、王瑾、孫忠、趙安、王玨、馮驥、張湧、王瑛、李廣、劉宗、王理、汪□寬、王鑴、周真、呂全、□蕩、齊□。

□路、□□、張義、常能、周地□、□□□、趙□、□□、張能、王伯哲、孫璉、張勝、郭福雄、劉德、張泰、喬昇、項旻、李敬、董信、趙昇、張禮、田得、李信、李璉、孫昌、□□、徐讚、榮威、楊□、趙祥、陳能、吳亮、林順、鄭武、李□、田保、□□、□□、□□、□□。

□□□、□□、王□、□禮、王□、趙□、□□、周□、□□、王□、陳榮、陸信、劉真、高能、董□、□□、沈貴、方倫、李春、易讓、劉全、吳成、張亮、鄒鏞、□□、張□、王保林、劉泰、吳政、□勝、左通、孫福、劉玉、林英、段昇、顧□、□啓、□□、王□、鄒□。

□□、□□、楊□、董弘、顧榮、何友、尉英、張禮、周銘、沈旺、周璉、徐福海、彭永、尉信、呂佑、陳進、□閏、錢□、朱原、李普慶、張通、覺義、金福、□全、趙□瑤、王旻、朱勝、王政、居昌、□福林、胡浩、萬廣、覺信、孫□、楊□、方勝、楊安、□通、楊□、□□。

鄭□□、方□□、張瑤□、孫普□、□福□、□智□、榮□友、□□原、□福得、肖楊傑、陳福信、崔福亮、陳福全、段永中、□□禮、薛□禮、張善望、馮福余、徐進貴、王擇、祝福寬、李□聚、劉福寬、□□珍、劉文華、師朝宗、張文紀、陶世雄、□□忠、□永慶、萬守□、□□寬、□□□、陳□海、熊普觀、李福政、周仁響、韋福開、□□寬、□□□。

□□、□濤、王□、林源、載直、□□、□□、葉濤、劉斌、柳源、劉紀、沈信、羅原、王智、韓敬、趙倫、尹昇、薛金、成剛、□冰、郭忠、孫勝、劉昇、陳斌、趙真、□□、□鐵、李斌、□信、鄒能、□淵、李原、許光、張□、鄒□、冀□、□□、□□、□□、□□。

□□、陳安、王義、榮原、龐英、周玉、張玘、張乾、呂英、張奉、王振、劉順、李俊、李傑、李能、顧亮、李鑑、郭鑑、李旺、桑聚、姚能、李忠、歸昶、王泰、張壽、趙瑛、陳寧、王直、趙友、□□、馬□、孫貴、徐□、孫□、□□、□□、□□、□□、□□、□□。

□□、□□、□廣、□□、□貴、趙慶、王貴、□俊、□□、詹茂、潘文、蘇韶、李興、張富、田信、毛榮、魏喜、吳遇、朱誠、史信、李祥、王琮、張興、楊瑄、□昆、□敬、魏宣、李海、鄧□、李渚、李揚、李劉、喬真、□原、胡林、孫泰、朱□、張順、王□、鄒□。

□□、□□、□榮、馮貴、沈□、汪貴、丁福海、張福慶、胡福□、□□順、張□□、胡□□、張伯游、□□□、□□□、仝福山、顧福惠、沈洞□、王福寬、米福全、劉大用、金大用、胡覺全、王□祥、劉普原、秦□□、袁銘榮、□子□、□貴則、成福聚、□□緣、王福興、□福□、許福成、王□堅、張□貴、李□□、□□□、□□□、□□□。

□□、□□、史榮、孫瑛、宋才、□□、□然、□□、□□、□□、□□、□□、張□、張榮、王海、□論、劉榮、鄧斌、張信、費儼、陳慶、張全、陳□、□□、宋祥、榮□、張成、趙□、沈□、陳廣、□□、□□、于沂、傅鼎、曾昇、唐通、□賢、王名、□□、□□。

□□、馬忠、□□、□□、□□、□□、□□、□□、□□、□□、□□、□□、劉德、蔣昂、胡敏、任□、張□、任海、張□、費□、費錦、楊溥、宋□、何□、李□□、□□□、□□□、□□□、□□□、王□□、王□□、（下殘九個人名）。

（殘十個人名）白忠□、陳□□、劉婉□、宋禹茂、□□、□□、□□□、張妙□、□妙海、劉妙海、王妙寶、費妙雲、□妙海、榮妙德、黄妙禪、黄妙祥、岳妙□、劉妙祥、李惠原、吳妙遇、何惠寶、羅妙寶、李妙秀、楊妙喜、吳惠深、曹妙香、王妙□、趙妙□、□□□、□□□。

陳妙□、王惠□、□妙平、趙妙原、王妙成、□□□、□□□、王妙□、姚妙玉、桂妙喜、關妙清、馮善明、呂妙淨、王□海、常妙覺、□□□、吳妙祥、張妙原、王妙圓、徐妙秀、□□智、劉妙能、高妙梁、郭妙清、郭妙信、□□□、楊妙原、林妙貴、劉妙玉、馬妙清、陳妙香、田妙元、趙妙香、伯妙政、鄭妙通、曹妙璽、李妙慶、陳妙□、□□□、□□□。

朱妙□、□妙□、王□□、□妙□、□□□、梁妙□、李妙□、□□□、□□□、朱妙安、楊妙善、王妙□、劉妙清、□妙□、□妙□、姚氏、徐氏、陳氏、□妙堅、孫惠能、金□□、徐惠□、阮妙清、陳妙善、郭氏、伍氏、田氏、李惠玉、周氏、劉妙真、劉惠直、王妙明、林妙英、李妙能、□□□、□□□、□□□、□□□、□□□。

# 真武廟

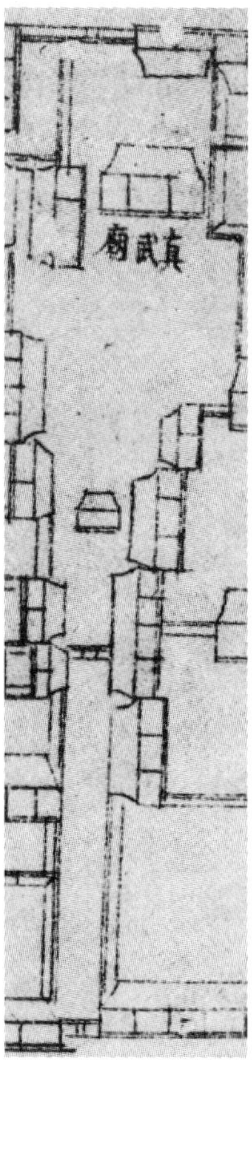


真武廟，原址在今東城區交道口東大街北頭條八十六號。寺廟建築現存部分。

此廟僅見於清乾隆《京城全圖》。按圖上所繪，它坐北朝南，廟門前有狹長夾道和兩道院門與交道口大街相連，廟院内前殿一間、正殿三間、西配殿三間，北牆東角有倒座小房兩間，西角有小門與北頭條胡同相通。

2006 年調查時，發現此處有筒瓦建築三間、翻修過的西房三間，但其内住戶否認它曾爲寺廟，均稱其向爲家宅。

真武廟内筒瓦建築（2012 年 5 月吕敏攝）

# 土地廟(土兒胡同)

土地廟,亦名土地祠。原址是內三區土兒胡同六號(約在今東城區土兒胡同一號樓位置附近),寺廟建築現已不存。

此廟可能始建於清康熙年間,因廟內原有鐵磬一口,銘文曰“康熙二十二年十一月仲冬日製”,爲本巷公立,無僧人駐守,故雍、乾《廟冊》中並無記載[1]。從乾隆《京城全圖》上看,土地廟是補兒胡同[2]內的當街小廟,坐北朝南,僅有極小院落一所,院內有四間北房中的兩間,房後有空院一所。至清同治十二年(1873),廟曾重修,廟外木額即記其事。

至20世紀30年代,土地廟祇有小房一間,南向,“土地祠”木額一塊,記曰“同治癸酉年季夏中澣吉日”;廟內供土地夫婦二尊、配像四座,均爲泥塑。除上述康熙年間鐵磬外,廟內還有光緒六年(1880)十二月鑄圓形鐵爐一座。四鄰稱此廟爲本巷公立,然無人看守[3]。

1945年警察局調查記錄中,此土地廟仍被記爲“當街廟”,土地夫婦神像尚在[4]。後土地廟再不見於記載。2006年調查時,土兒胡同全爲住宅小區,附近居民對小廟已毫無印象。

〔1〕參見國立北平研究院《土地祠》,東四40。

〔2〕即後世之“土兒胡同”。

〔3〕參見國立北平研究院《土地祠》,東四40。

〔4〕參見首都圖書館藏《北平寺廟調查一覽表》,民國三十四年(1945)手抄本,頁五。

# 財神廟

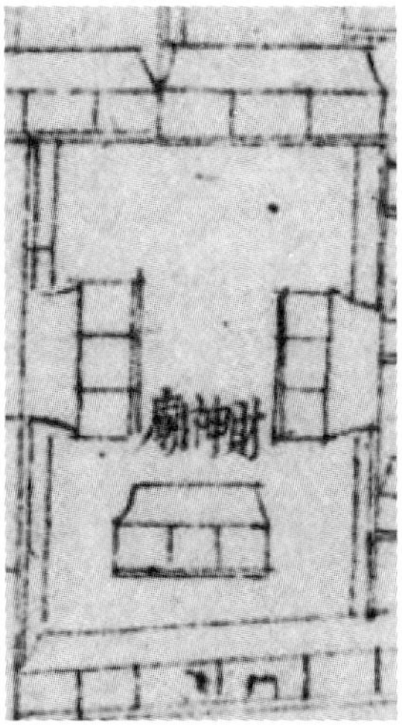


財神廟，又名財神庵、增福寺或增福禪林。原址爲内三區土兒胡同十號（約在今東城區土兒胡同一號樓位置），寺廟建築現已不存。

民國時期寺廟住持寂安曾稱此廟建於明成化年間，廟内確也曾有成化八年（1472）所施鐵磬一口，銘文曰“成化八年施在此。丘明□信士張忠張□□，萬曆十二年十二月□”。但原廟額記爲“大清康熙丁酉（1717）仲夏立”[1]，具體始創年代難以判斷。清《雍正廟冊》中載名曰“財神庵”，時爲尼僧廟，有殿房三間、禪房十二間，住持普亮。《乾隆廟冊》登記時，住持换成了尼僧通全。按《京城全圖》所繪，此廟坐北朝南，廟外有南鋪面房五間；前殿三間，東西配殿各三間；北房三間，其西側有排房一座共七間，其中有兩間在財神廟廟院内，但很難判斷是否屬於廟產。在清代前期，財神廟内似有香會活動，因廟内原有大寶鼎一口，銘文曰“雍正十一年（1733）秋季造，本境惠民局掃塵會進鼎誠獻”[2]。

至清光緒年間，財神廟已爲南城崇效寺下院。光緒七年（1881），有信士獻鐵磬一口於廟内，記曰“京都安定門内交道口南土兒胡同東頭獻財神廟，大清光緒七年六月吉日立”[3]。藏於廣州中山圖書館的一本佚名旗人日記表明，清末民初，財神廟已更名增福寺，寺僧常在鄰里中走動，爲南城崇效寺邀

〔1〕參見首都圖書館藏《北平寺廟調查一覽表》，民國三十四年（1945）手抄本，頁三十一。

〔2〕參見國立北平研究院《財神廟》，東四35。“惠民局”是宋代官方設立的藥品專營機構。

〔3〕參見首都圖書館藏《北平寺廟調查一覽表》，民國三十四年（1945）手抄本，頁三十一。

請善會[1]。民國二年(1913),僧人寂安入廟,至民國十一年(1922)接任住持[2]。此時財神廟山門南向,木額“增福禪林”;前殿一間,爲關帝殿,内供關帝木像一尊,後有韋陀木像;北殿三楹,正供三大士木像三尊,娘娘三尊,彌勒佛、財神、達摩、岳武穆各一尊,另有大小銅佛三十尊;殿旁有東西配房各三間、古槐一株、旗杆一根;東南小院内有南房三間,時爲售賣夜壺之小販堆房。寂安并不住廟内,另由看廟人陳祥看管[3]。1936年北平市社會局的調查人員稱,廟内有“四尺高金箔單漆關帝像一尊,作工極爲生動;四尺高韋陀一尊,背作光焰形,工巧生動,亦非常品,擬請飭令,妥爲保管,以維文物”[4]。

民國二十六年(1937),寂安圓寂,法徒照祥接任。至1950年北平市民政局登記時,照祥仍爲住持[5]。據附近老住戶回憶,20世紀50年代以後,財神廟改爲元件廠,後又改建成司法局宿舍。

2006年調查時,寺廟原址處爲香餌小區居民住宅。

〔1〕原文曰:“七月十八日,土兒胡同增福寺住持智姻叔、和尚智泉來投帖,請本月三十日爲□南廟白紙坊崇效寺善會。”轉引自趙世瑜《民國初年一個京城旗人家庭的禮儀生活—— 一本佚名日記的讀後感》,《華中師範大學學報(人文社會科學版)》2009年第5期,頁七十二。

〔2〕參見北京市檔案館藏《北平市社會局寺廟類·内三區增福寺僧人寂安關於添蓋廟房的呈請及社會局的批示》,1930—1939年,檔案號J2-8-395,頁二十七。

〔3〕參見國立北平研究院《財神廟》,東四35。

〔4〕參見北京市檔案館藏《北平市社會局寺廟類·内三區增福寺僧人寂安關於添蓋廟房的呈請及社會局的批示》,1930—1939年,檔案號J2-8-395,頁三十七至三十八。

〔5〕參見北京市檔案館藏《北平市民政局·北平市寺廟總登記簿》,1950年,檔案號J3-1-203,頁十七。

# 三元庵

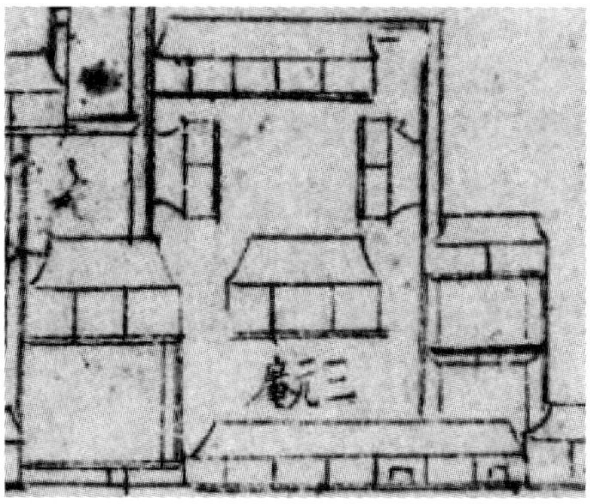

三元庵，原址在今香餌小區内，寺廟建築今不存。

此庵不知始建於何時，僅在《雍正廟冊》和乾隆《京城全圖》中有跡可循。據《雍正廟冊》記載，土兒胡同三元庵，爲尼僧廟，有殿宇八間、禪房十六間，住持興福。按《京城全圖》所繪，三元庵坐北朝南，南墻爲順山鋪面房，其中五間位於正院以内，最東一間開門出入，另有兩間位於東跨院中，同樣在最東一間上開門；正院内大殿三間、北房五間、東西配房各兩間；東跨院被圍牆隔爲兩進，開小門聯通，有北殿兩間；西跨院内北殿三間，南牆開門直通補兒胡同，與《雍正廟冊》所記恰好相符。此後三元庵無考。

2006年調查時，寺廟原址處爲居民小區，廟應久已不存。

# 華藏庵

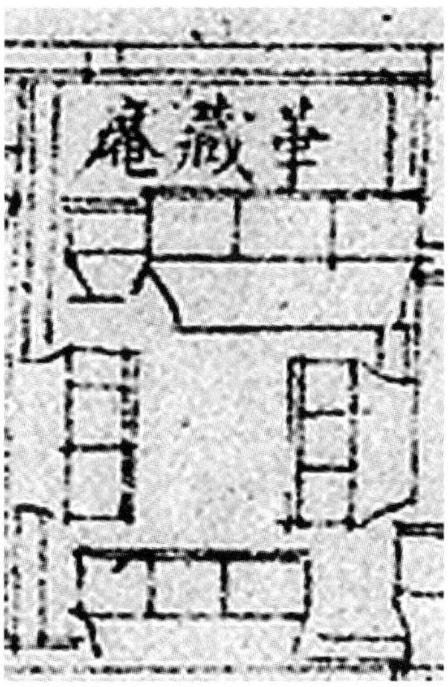


華藏庵，又名華嚴庵，原址在內三區土兒胡同六十三號（曾改爲土兒胡同二十號，約在今東城區土兒胡同四號樓的位置），寺廟建築現已不存。

此庵未知始建何時，民國時住持德靜稱其爲明代私建，然此說無據。清《雍正廟冊》中登記爲尼僧廟，有殿宇六間、禪房七間，住持滄慶。從乾隆《京城全圖》上看，華藏庵位於補兒胡同路南，坐南朝北，有大殿三間帶西耳房一間、後殿三間、東西配房各三間，數目與《雍正廟冊》所記毫釐不爽。清嘉慶五年（1800），華嚴庵曾在僧錄司登記，立有手本二件。嘉慶十二年（1807），馬國勳等人重修寺廟，廟內匾額記其事。

民國年間，華嚴庵尼僧多有借債，至將廟照抵押在外。民國二十四年（1935），時任住持的臨濟宗尼僧本亮，因無力償還欠款，將廟讓與師叔德靜，令後者代爲還債[1]。德靜實際並未受戒出家，她早年來廟中修行，清償本亮債務後，嗣其圓寂方纔接廟[2]。此時華嚴庵山門北向，前殿三間，額曰"千靈萬應"，即爲嘉慶十二年四月馬國勳等人所立；前殿內供關帝一尊，周、關侍立，西有小房二間。殿東有娘娘殿一間，內供娘娘九尊、王奶奶一尊，像均泥塑；後殿三楹，北向，爲大雄寶殿，正供三大士木像，側爲十殿閻君。東西配房各三間，爲住宅[3]。院內古槐葳蕤，丁香吐蕊，杏樹、棗樹、榆樹數株，廟雖不大，卻

〔1〕參見北京市檔案館藏《北平市社會局寺廟類·內三區土兒胡同華嚴庵尼人本亮登記廟產的呈文及社會局的批示》，1932—1936年，檔案號J2-8-672，頁二十一至二十二。

〔2〕參見北京市檔案館藏《北平市民政局民族事務科·本市寺廟情況查詢記錄》，1949年，檔案號196-1-4，頁四至七。

〔3〕參見國立北平研究院《華嚴庵》，東四44。

也幽靜。

1945年警察局調查時，尚見廟内關帝、韋陀、釋迦、觀音、地藏王及十二殿神佛像多尊，鐵磬兩口，其一上刻“同治十二年六月吉日立”，另一上刻“中華民國甲子年六月立”[1]。50年代初，民政局調查時，德靜仍爲名義上的廟主，但檔案中注明廟産已移交清管局[2]。山門和兩進大殿仍在，但僅大雄寶殿爲硬山箍頭脊筒瓦頂，其餘山門與前殿均爲合瓦，當時廟内建築已很殘破。1985年，廟已改爲民居，主要建築尚存，但破舊不堪[3]。2001年危房改造時，所有建築被拆除[4]。

2006年調查時，華藏庵所在地已爲香餌小區，面目全非，但附近居民對此廟還有記憶，說它原在土兒胡同路南、扁擔胡同以東，1949年以前即已是居民住宅。

---

〔1〕參見首都圖書館藏《北平寺廟調查一覽表》，民國三十四年（1945）手抄本，頁二十八。

〔2〕參見北京市檔案館藏《北平市民政局·北平市寺廟總登記簿》，1950年，檔案號J3-1-203，頁十九。

〔3〕參見《北京文物勝跡大全·東城區卷》，頁二百八十四。

〔4〕參見《中國文物地圖集·北京分冊（下）》，頁五十三。

# 地藏庵（土兒胡同）

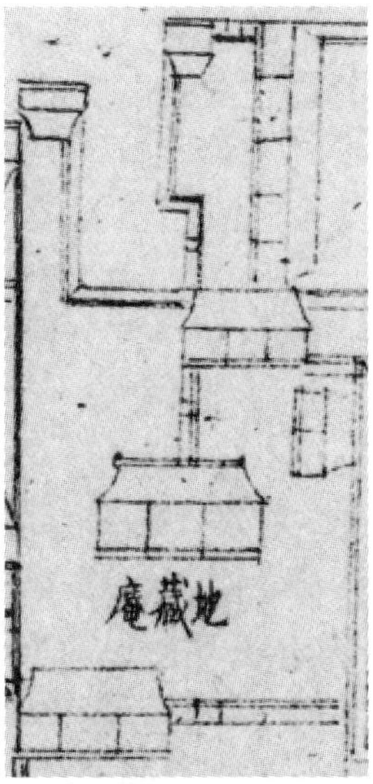


地藏庵，曾改爲魯班祠，原址在内三區土兒胡同六十號（今東城區土兒胡同四號樓的位置），寺廟建築現已不存。

寺廟不知始建何時，《雍正廟冊》記爲大僧廟，時有殿房三間、禪房七間，住持號法雲，僅有徒一人。至《乾隆廟冊》登記時，地藏庵已轉爲尼僧廟，住持了塵。從乾隆《京城全圖》上看，此庵結構不整，房舍錯落。廟院坐北朝南，似可分爲三層：廟門開於南牆，西南角有房三間，但難以判斷是否屬於廟產；中爲正殿三間，殿後有圍牆將院隔分東西，有小門相通。東院内有北殿三間、東配房兩間。西院多爲空場，西北角有倒座小房一間。

清光緒二年（1876），閻姓人家買下此廟後重修，地藏庵改名爲重修魯班祠[1]。然庚子之亂間，廟照契紙一併遺失，故其改建詳情已難得知[2]。20世紀30年代，廟主名閆春佑，此時山門北向，石額“重修魯班祠”。内有南小殿一間，正供關帝一尊，周倉、關平侍立，馬童各一，均爲泥塑；東有北殿三間，其中最東一間已經坍塌，内奉地藏王菩薩一尊，配像若干，均爲泥塑；西房三間，即爲閆春佑住宅[3]。1945年警察局調查時，説魯班祠已漸傾塌，中無僧人，主祀地藏、關帝與魯班[4]。

20世紀50年代初的民政局檔案顯示，閆春佑雖仍爲廟主，但已不在廟内居住，可能寺廟此時已傾毀[5]。

2006年調查時，華藏庵所在地是香餌小區。

---

〔1〕參見首都圖書館藏《北平寺廟調查一覽表》，民國三十四年（1945）手抄本，頁三十二。

〔2〕參見北京市檔案館藏《北平市社會局寺廟類·内三區魯班祠、内四區蒼聖祠、東郊區通惠神祠張亮等登記廟產的呈文及社會局的批示》，1930—1936年，檔案號J2-8-546，頁一至二十九。

〔3〕參見國立北平研究院《魯班祠》，東四42。

〔4〕參見首都圖書館藏《北平寺廟調查一覽表》，民國三十四年（1945）手抄本，頁三十二。

〔5〕參見北京市檔案館藏《北平市民政局·北平市寺廟總登記簿》，1950年，檔案號J3-1-203，頁二十二。

# 寶壽寺

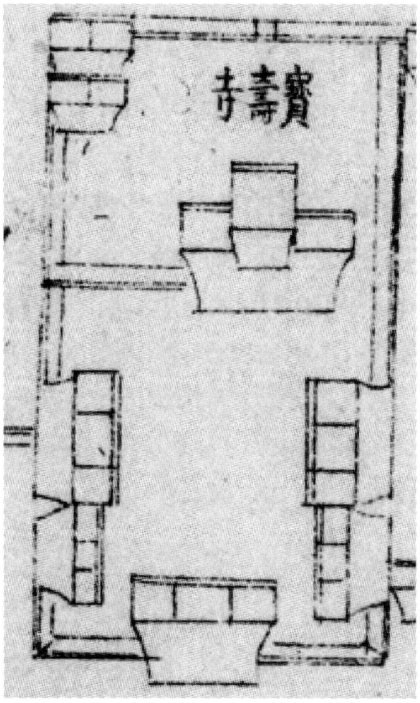


寶壽寺,也名福壽寺,似曾名無憂庵。原址在内三區香餌胡同七十一號(今爲東城區香餌胡同一百零四至一百零八號),寺廟建築現已不存。

此寺始建時間不詳。但廟内原有鐵磬一枚,上刻“萬曆四年三月吉日造,香兒胡同無憂庵住持盡禪師”,故度其始建至遲在明代晚期〔1〕。《雍正廟冊》中尚有“寶壽寺”記載,時爲大僧廟,有殿宇六間、禪房十間,住持超倫。然《乾隆廟冊》中不見其名,可能當時已成爲藏傳佛教寺廟,不再屬僧錄司管轄。按乾隆《京城全圖》所繪,此廟位於香兒胡同路南,坐南朝北,結構嚴整,共分兩進:前院内正殿三間,正房三間,前帶抱廈一間,西北角有小房兩所,前後各二間;第二進院中有北殿三間,東西配房各兩座,每座均三間。

至清晚期,寶壽寺已更名福壽寺,寺内還有香會活動。廟内原有鐵鼎一座,上刻“道光八年七月吉日造,京都順天府武清縣城藥王廟合會人等獻”,又刻“道光九年二月造,福壽寺”,應爲武清縣城藥王廟香會衆人在福壽寺内捐贈之物,然次年所獻之鼎方纔鑄成〔2〕。

至20世紀30年代初,寺爲熱河扎什倫布下院,住持喇嘛名爲巴秀山。寺廟山門北向,石額“福壽寺”,爲漢、滿、蒙、藏四種文字所書;山門以南首

〔1〕參見首都圖書館藏《北平寺廟調查一覽表》,民國三十四年(1945)手抄本,頁三十二。

〔2〕也有可能是武清縣藥王廟所鑄之鼎,次年流入福壽寺内。但考慮到鐵鼎之貴重,鼎上所記二時間相距之短暫,揣之還是正文所説似更可信。關於此鼎的記載,同樣參見上引之《北平寺廟調查一覽表》。

有小北房兩間;次則北殿三楹,筒瓦硬山調大脊,其木額曰“妙高莊嚴”,也爲四體文字,內供丈許泥塑淨心佛坐像一尊[1]、泥塑金身堪布佛像一尊、泥塑羅漢十八尊、小童二位。殿前鐵鐘一座、鐵寶鼎一尊,均爲清道光九年(1829)鑄造。正殿後小閣仍在,木款曰“慈航普渡”,內供菩薩、韋陀、關帝、土地各一尊,娘娘三尊,侍神若干;正殿後有東房三間、西房兩間;正殿之南爲後院,院內有南房三間、東房兩間、西房三間,均係住房,當時被租予小商販[2]。與《京城全圖》對照,除後院院牆後移,隔開了兩座東西配房之外,所有建築格局均與乾隆時期保持一致。

當地居民對此廟記憶頗深,他們說這座喇嘛廟是黃色琉璃瓦,廟房很高,大門兩扇。大殿中正祀兩尊佛爺,旁有十八羅漢。一位黃姓喇嘛每日來廟裏燒香,但他不在此居住,據說住在雍和宮內,故街坊們認爲這是雍和宮的下院。黃喇嘛奉香完畢後,即將廟門鎖閉,殿內便甚爲清淨。“文革”期間,廟宇被拆除,佛像被拉出搗毀,傳說其肚內五臟六腑全爲經書。被搗爛的佛像與拆下的石材全未清走,至今仍埋在香餌胡同一百零四號院中地下。

1985年調查時,原址上已建成居民樓[3]。2006年調查時,廟原址處仍然是六七十年代的簡易樓。

---

〔1〕《北京文物勝跡大全·東城區卷》記之爲阿彌陀佛像,稱其帶背光,上雕金翅鳥,高三米。見此書頁二百六十三。

〔2〕參見國立北平研究院《福壽寺》,東四59。

〔3〕參見《北京文物勝跡大全·東城區卷》,頁二百六十三。

# 圓恩寺

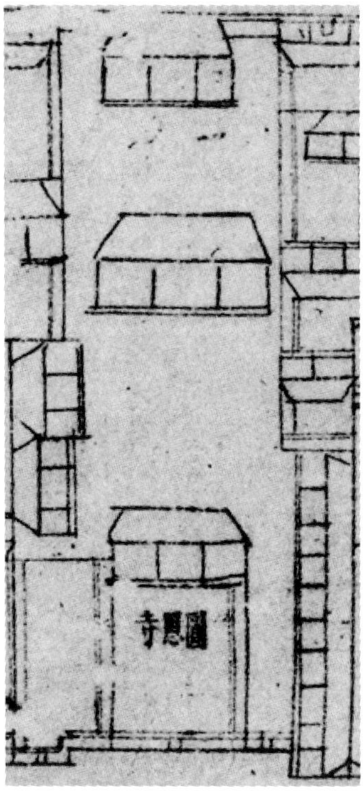


圓恩寺，原址在内三區前圓恩寺胡同二號（今東城區前圓恩寺胡同五號），現存部分寺廟建築。據周肇祥民初所見，寺中原有二碑，均爲贔屓座，然捫之皆不成字。另有刻伏猊石兩方，也被遺棄，"雖伏而猛鷙，不類凡獸"[1]。然今僅知清光緒九年（1883）《圓恩寺碑》一通，《清規榜書》二石，泐甚，年月不可考。

據《日下舊聞考》引明萬曆年間沈應元等修《順天府志》記，"圓恩寺在昭回坊，元至元間建"。繆荃孫等按曰："圓恩寺在圓恩寺衚衕，有碑二，剝落不可讀。"以後歷代文獻多引其説[2]。圓恩寺在清康熙癸酉（1693）年間曾經重修，至《雍正廟册》中登記爲大僧廟，有殿房十八間、禪房十九間，住持法號實全。至《乾隆廟册》登記時，住持换爲際祥。按乾隆《京城全圖》繪，此寺位於前圓恩胡同路北，坐北朝南，似爲三層三進。前院有前殿三間，東側小房十間；中院内正殿三間，西配殿、西配房各三間；後院内有北殿三間。

清咸豐十年（1860），比丘宣方（亦號悟亮）從悟明手中購得此廟，立"轉香火"白字一紙。宣方時見廟中僅有群房八間，大殿漏天，於是發心誓整廟貌。初因財力不給，先修住房爲僧衆誦經之所，後稍有餘資，即將三路大殿依次修補。同治元年（1862）正殿落成，同治三年（1864）創建東西配殿，同治五年（1866）重立前殿與西配殿，後復建大悲壇，添修西院。十餘年間，宣

〔1〕參見《琉璃廠雜記》，頁八十五。

〔2〕《日下舊聞考》卷五十四城市・内城北城，頁八六三到八六四。《宸垣識略》卷六・内城二，頁一百一十二。《北京市志稿・宗教志》卷二・釋教二，頁六一。《光緒順天府志》京師志十六・寺觀一・内城寺觀，頁五百。

方共修蓋群房八十二間，前後配殿十八間，然“雖宏規大起，而采色不無剝落”[1]，他又攜衆徒諏吉開工，彩繪丹堊，雕梁畫棟。直至光緒年間，方告工竣。此時圓恩寺上院爲新城縣城南十三里鋪白衣大士庵，下院塔院在京南九十里盧各莊淨土寺。

至光緒六年（1880），賜進士出身翰林院編修充國史館協修加一級沂水劉綸襄卜居於廟内西偏，見廟貌煥然，迥異他廟，詢之宣方，方知其興修始末。劉綸襄慨然書碑，即爲清光緒九年（1883）《圓恩寺碑》。碑陰中提及，宣方傳臨濟宗，其生父崔富城雖未出家，但護法心虔，爲重修此廟盡十年之苦行。歷時十餘年的修廟過程中，約有七十餘名京師施主解囊相助，領化人名張斌，爲直隸州賞戴花翎，居於通州。其餘捐資者中多有官員，如劉綸襄供職的翰林院内就有十餘人記名於碑上[2]。

至清光緒二十一年（1895），宣方正式在僧錄司更名入冊。光緒二十四年（1898），住持文興再置買廟側沈姓住房，添蓋廟房五十間，至此廟貌大成。直到20世紀30年代中後期，廟内尚有佛殿群房共九十九間。民國三年（1914），寺廟得到北平政府的正式認可，頒下驗照一紙。至民國七年（1918），僧人圓旺接廟，他原爲大興縣農人子弟，八歲即已出家，在圓恩寺任住持一直到20世紀40年代末[3]。

民國年間，圓恩寺山門南向，石額“古刹圓恩禪林”，前有石獅二頭，高約四尺；山門西南有房四間，入内東側有鐘樓一座，爲宣方於光緒庚寅（1890）年所募修；殿宇共兩層：前殿三間，木額“普心大覺”，落款即爲同光年間修廟首善人——賞戴花翎候選同治直隸州張斌。殿内正供彌勒佛一尊、接引佛一尊，均爲木質金身，工極精細，然旁祀天王四尊已殘。殿内圓鐵爐一座，爲明正統年間所造。殿外有東配房三間，内無佛像，僅有光緒八年（1882）造鐵鐘一口。西配房三間，爲住宅。東西夾道内各有東西房三間；後殿三楹，爲同治十一年（1872）中秋落成，木額“大雄寶殿”，另記有張斌、同治銜署永清縣知縣英欽與寺内師徒等人名。殿内供釋迦佛坐像一尊，木質金身，連座光共高一丈六尺，左爲彌勒佛，右爲阿彌陀佛，均爲泥塑金像。後有地藏王一尊，十八羅漢兩壁立，爲鍍金木像。殿内銅磬、鐵鐘、鼓、木魚等法物一應俱全，還藏有淨土三經一套、華嚴經十四套。楠木天井一口，國立北平研究院的調查人員讚其“刻工細”。正殿後額曰“教治幽冥”，正懸於地藏王之上前方，乃光緒七年（1881）所立。後殿東西配房各三間，時爲織毯工廠。東爲伽藍殿，内供伽藍等像三尊。西爲達摩殿，供泥塑達摩三尊。《清規榜書》二石與《圓恩寺碑》即立於殿前；後殿之後還有北房五間，時爲地毯工廠，東西耳房各二間，廂房各三間。另有西院，時爲和順煤廠[4]。

50年代初北平市民政局登記時，圓恩寺住持换成了超九，但注明“銷去”，可能此時廟產已收歸國有[5]。據附近瞭解情況的居民說，1966年，圓恩寺改建幹休所。

據《北京文物勝跡大全·東城區卷》稱，1985調查時，圓恩寺已全部拆除[6]。然而2006年調查時，我們還找到了東殿一座共三間，與廟内石質柱礎一個。60年代所蓋的幹休所小樓，仍立於圓恩寺原址之上。

---

〔1〕〔2〕參見清光緒九年（1883）《圓恩寺碑》，《北京圖書館藏中國歷代石刻拓本匯編》，京573，卷八十五，頁一百一十八至一百一十九。

〔3〕參見北京市檔案館藏《北平市社會局寺廟類·内五區圓恩寺住持圓旺呈登記廟產的聲請書及社會局的批示》，1931—1936年，檔案號J2-8-482，頁二十六至二十九。另參見北京市檔案館藏《北平市民政局·北平市各區寺廟總登記考察簿》，1947—1948年，檔案號J3-1-237，頁九。

〔4〕參見國立北平研究院《圓恩寺》，東四150。

〔5〕參見北京市檔案館藏《北平市民政局·北平市寺廟總登記簿》，1950年，檔案號J3-1-203，頁三十九。

〔6〕參見《北京文物勝跡大全·東城區卷》，頁三百三十八至三百三十九。

圓恩寺石質柱礎（2006 年 10 月如意攝）

圓恩寺東殿今貌（2006 年 10 月如意攝）

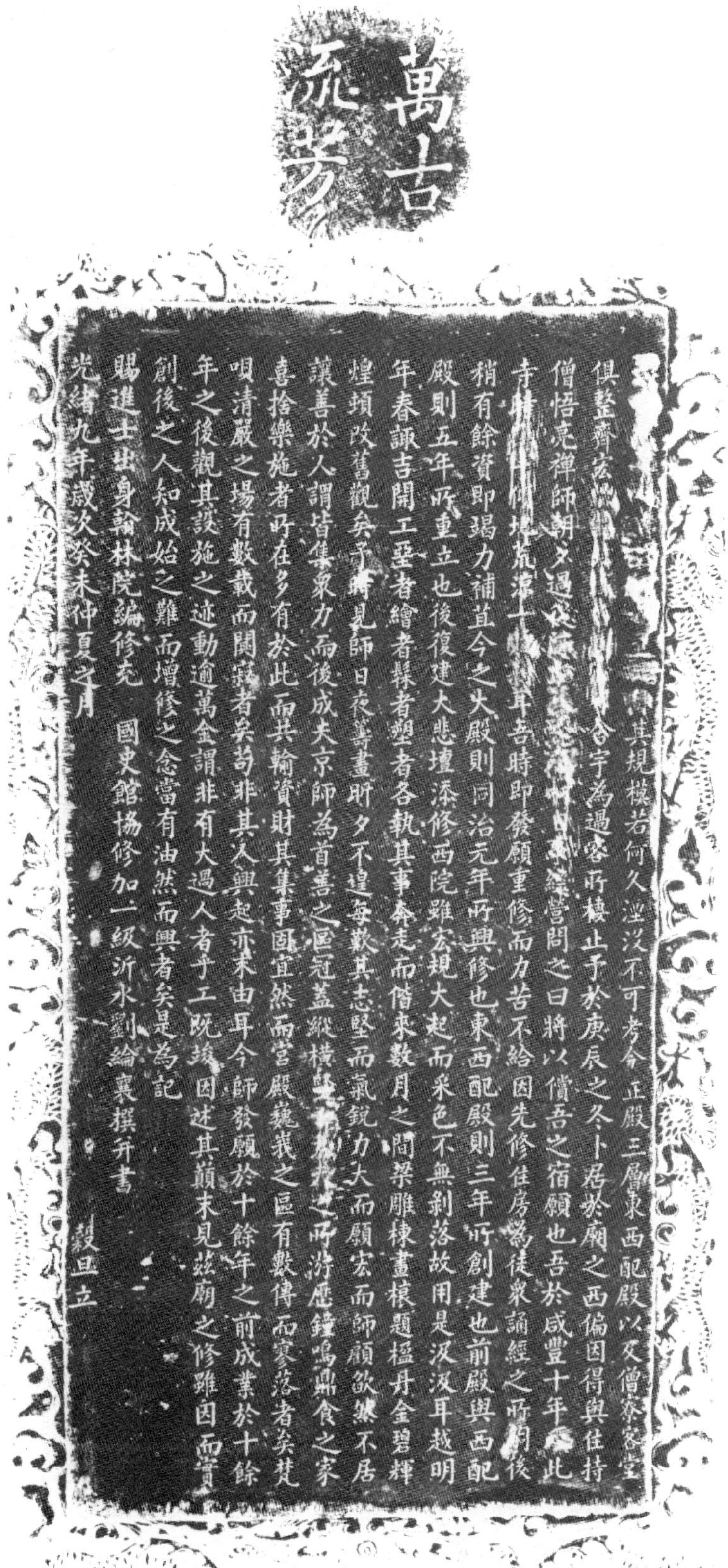

萬古流芳

□□其規模若何久湮沒不可考今正殿三層東西配殿以及僧寮客堂
俱整齊宏□□□含宇為過客所棲止予於庚辰之冬卜居於廟之西偏因得與住持
僧悟亮禪師朝夕過從□□□□經營問之曰將以償吾之宿願也吾於咸豐十年□此
寺□□□荒涼□□年吾時即發願重修而力苦不給因先修住房□徒衆誦經之所□後
稍有餘資即竭力補葺今之大殿則同治元年所興修也東西配殿則三年所創建也前殿與西配
殿則五年所重立也後復建大悲壇添修西院雖宏規大起而采色不無剝落故用是汲汲耳越明
年春諏吉開工堊者繪者髹者塑者各執其事奔走而偕來數月之間梁雕棟畫榱題楹丹金碧輝
煌頓改舊觀矣予時見師日夜籌畫所夕不遑每歎其志堅而氣銳力大而願宏而師顧欿然不居
讓善於人謂皆集衆力而後成夫京師為首善之區冠蓋縱橫□□□之所游歷鐘鳴鼎食之家
喜捨樂施者所在多有於此而共輸資財其集事固宜然而宮殿巍峩之區有數傳而寥落者矣梵
唄清嚴之場有數載而闃寂者矣苟非其人興起亦末由耳今師發願於十餘年之前成業於十餘
年之後觀其設施之迹動逾萬金謂非有大過人者乎工既竣因述其巔末見茲廟之修雖因而實
創後之人知成始之難而增修之念當有油然而興者矣是為記
賜進士出身翰林院編修充國史館協修加一級沂水劉綸襄撰并書
光緒九年歲次癸未仲夏之月 穀旦立

京 573《圓恩寺碑》陽

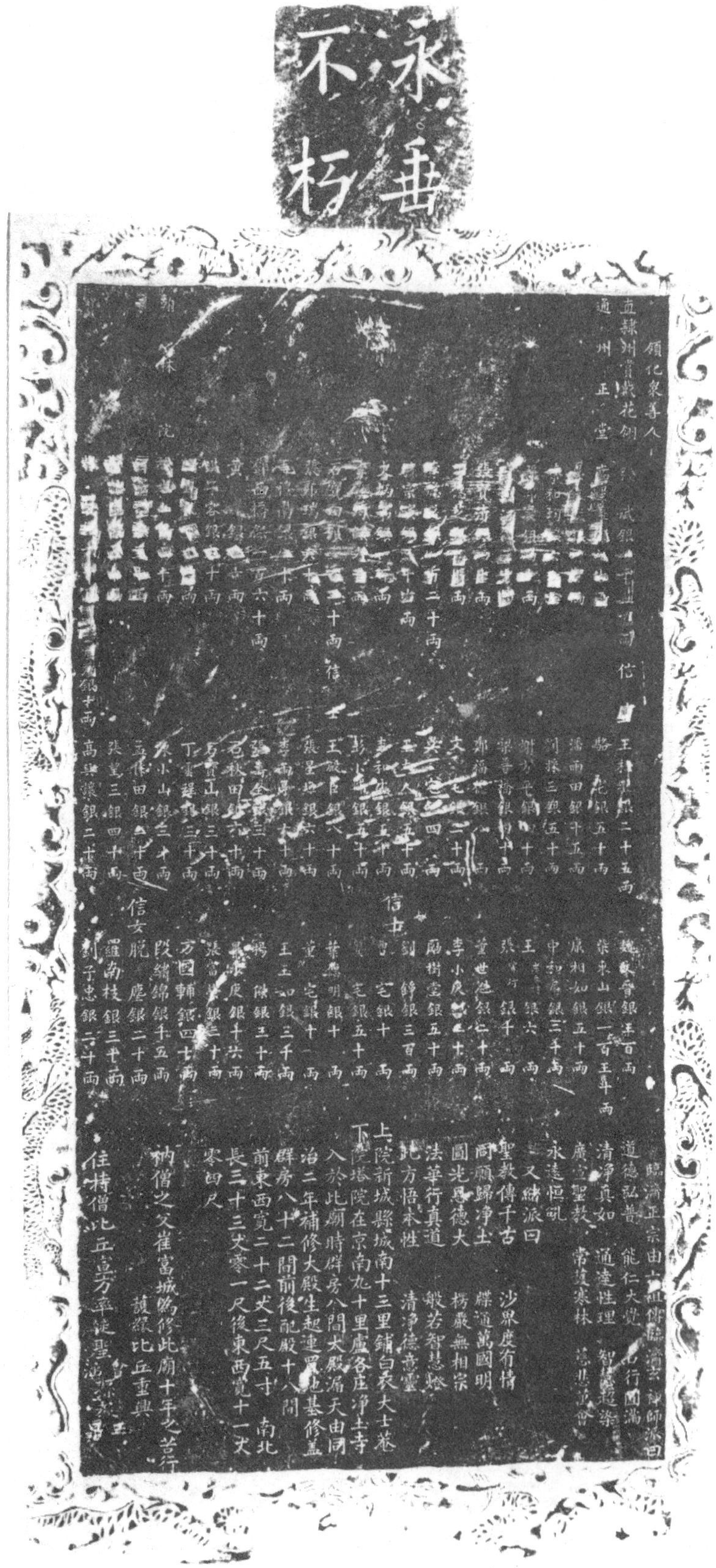


京573《圓恩寺碑》陰

萬古流芳

□□□□□□□□□至□□其規模若何久湮沒不可考今正殿三層東西配殿以及僧寮客堂
俱整齊宏□□□□□□□舍宇爲過客所棲止予於庚辰之冬卜居於廟之西偏因得與住持
僧悟亮禪師朝夕過從□□□□□□日事經營問之曰將以償吾之宿願也吾於咸豐十年□此
寺時殿宇傾圮荒涼一□刹耳吾時即發願重修而力苦不給因先修住房爲徒衆誦經之所伺後
稍有餘資即竭立補苴今之大殿則同治元年所興修也東西配殿則三年所創建也前殿與西配
殿則五年所重立也後復建大悲壇添修西院雖宏規大起而采色不無剝落故用是汲汲耳越明
年春諏吉開工堊者繪者髹者塑者各執其事奔走而偕來數月之間梁雕棟畫榱題楹丹金碧輝
煌頓改舊觀矣予時見師日夜籌畫昕夕不遑每歎其志堅而氣銳力大而願宏而師顧欿然不居
讓善於人謂皆集衆力而後成夫京師爲首善之區冠蓋縱横堅□□夫之所遊歷鐘鳴鼎食之家
喜捨樂施者所在多有於此而共輸資財其集事固宜然而宮殿巍峨之區有數傳而寥落者矣梵
唄清嚴之塲有數載而闃寂者矣苟非其人興起亦末由耳今師發願於十餘年之前成業於十餘
年之後觀其設施之迹動逾萬金謂非有大過人者乎工既竣因述其巔末見兹廟之修雖因而實
創後之人知成始之難而增修之念當有油然而興者矣是爲記
賜進士出身翰林院編修充　國史館協修加一級沂水劉綸襄撰並書
光緒九年歲次癸未仲夏之月　　　　　　　　　　　　　　　穀旦立

京 573《圓恩寺碑》陽

永垂不朽

領化衆善人
直隸州賞戴花翎　張　斌銀一千五百兩　信　士
通　州　正　堂　□□□□□□
□□□□□兩
恭和均銀六百两
張昇寰銀□十兩
□□□□□□
張賢清銀□十兩
□德芝銀□十兩
李德□銀一百二十兩
□宗□銀三十七兩
史炳□銀一千兩
信　官
李□□銀□□兩
石寶田銀一百二十兩　信　士
張邦瑞銀六十兩
毛禮南銀五十兩
鄧西橋銀一百六十兩
黄□銀□十兩
洪子容銀六十兩
□□□銀□十兩
□□□□銀四十兩
翰　林　院　□□□銀三十兩
□□□□□十兩
□□□銀六十兩（下泐）銀十兩

王松□銀二十五兩
駱宅銀五十兩
潘雨田銀十五兩
劉採三銀五十兩
謝方平銀四十兩
梁普橋銀四十兩
鄭福德銀八兩
文宅銀二十兩
吳宅銀四兩
王大人銀五十兩
信士
李和生銀五十兩
彭小□銀五十兩
王殿臣銀八十兩
張星垣銀六十兩
李雨亭銀六十兩
張壽全銀三十兩
石秋田銀六十兩
石寶山銀三十兩
丁雲程銀三十兩
陳小山銀三十兩
孟作田銀二十兩
信女
張望三銀四十兩
高興讓銀二十兩

魏文晉銀三百兩
柴東山銀一百三十兩
康相如銀五十兩
中和局銀三十兩
王□□銀六兩
張宗行銀十兩
董世魁銀二十兩
李小庚銀三十兩
勵樹堂銀五十兩
劉錚銀三百兩
曹宅銀十兩
龔宅銀五十兩
葉德明銀十兩
董宅銀十兩
王玉如銀三十兩
楊傑銀三十兩
畢永庚銀十六兩
張富榮銀三十兩
萬國輔銀四十兩
段繡錦銀十五兩
脫塵銀二十兩
羅南枝銀三十兩
劉子忠銀二十兩

臨濟正宗由六祖傳臨濟玄禪師派曰
道德弘普　能仁大覺　名行圓滿
清淨真如　通達性理　智慧超染
廣宣聖教　常護寒林　慈悲萬會
永達恒吼
又緒派曰
聖教傳千古　沙界度有情
同願歸淨土　牒通萬國明
圓光恩德大　楞嚴無相宗
法華行真道　般若智慧燈
此方悟本性　清淨德意靈
上院新城縣城南十三里鋪白衣大士庵
下院塔院在京南九十里盧各庄淨土寺
入於此廟時群房八間大殿漏天由同
治二年補修大殿生起連買地基修蓋
群房八十二間前後配殿十八間
前東西寬二十二丈三尺五寸　南北
長三十三丈零一尺後東西寬十一丈
零四尺
衲僧之父崔富城爲修此廟十年之苦行
護縁比丘重興
住持僧比丘宣方率徒聖會　涵　孫教□　品

京573《圓恩寺碑》陰

# 圓恩寺碑

年代：清光緒九年（1883）五月
原址：東城區前圓恩寺胡同
拓片尺寸：碑陽陰均高 132、寬 67 釐米；碑額長 20、寬 20 釐米
書體：楷書
撰人：劉綸襄
書人：劉綸襄
《目錄》：頁 361
拓片編號：京 573
拓片錄自：《北京圖書館藏中國歷代石刻拓本匯編》第 85 卷 118—119 頁

【碑陽】

額題：萬古流芳

碑文：

□□□□□□□□□□至□□其規模若何，久湮沒不可考。今正殿三層東西配殿以及僧寮客堂，1俱整齊宏□□□□□□□□□舍宇爲過客所棲止。予於庚辰之冬，卜居於廟之西偏，因得與住持2僧悟亮禪師朝夕過從□□□□□□□日事經營問之。曰：將以償吾之宿願也。吾於咸豐十年□此3寺，時殿宇傾圮，荒涼一□剎耳，吾時即發願重修，而力苦不給，因先修住房爲徒衆誦經之所。同後4稍有餘資，即竭立補苴。今之大殿則同治元年所興修也，東西配殿則三年所創建也，前殿與西配5殿則五年所重立也。後復建大悲壇，添修西院。雖宏規大起，而采色不無剝落，故用是汲汲耳。越明6年春，諏吉開工，堊者、繪者、髹者、塑者各執其事，奔走而偕來。數月之間，梁雕棟畫，榱題楹丹，金碧輝7煌，頓改舊觀矣。予時見師日夜籌畫，昕夕不遑。每歎其志堅而氣鋭，力大而願宏。而師顧欿然不居，8讓善於人，謂皆集衆力而後成。夫京師爲首善之區，冠蓋縱横，堅□□夫之所遊歷，鐘鳴鼎食之家，9喜捨樂施者所在，多有於此。而共輸資財，其集事固宜然，而宮殿巍峨之區有數傳而寥落者矣，梵10唄清嚴之場有數載而闃寂者矣。苟非其人興起，亦末由耳。今師發願於十餘年之前，成業於十餘11年之後，觀其設施之迹，動逾萬金，謂非有大過人者乎。工既竣，因述其巔末。見茲廟之修，雖因而實12創。後之人知成始之難，而增修之念當有油然而興者矣。是爲記。13

賜進士出身翰林院編修充國史館協修加一級沂水劉綸襄撰並書。14

光緒九年歲次癸未仲夏之月穀旦立。15

【碑陰】

額題：永垂不朽

碑文：

領化衆善人，直隸州賞戴花翎張斌，銀一千五百兩，通州正堂□□□□□□□

信官：□□□□□□兩，恭和均銀六百两，張昇寰銀□十兩，□□□□□□□，張賢清銀□十兩，□德芝銀□十兩，李德□銀一百二十兩，□宗□銀三十七兩，史炳□銀一千兩，李□□銀□□兩，石寶田銀一百二十兩，張邦瑞銀六十兩，毛禮南銀五十兩，鄧西橋銀一百六十兩。

翰林院：黄□銀□十兩，洪子容銀六十兩，□□□銀□十兩，□□□□四十兩，□□□銀三十兩，□□□銀□十兩，□□銀六十兩，（下泐）銀十兩。

信士：王松□銀二十五兩。

信士：駱宅銀五十兩，潘雨田銀十五兩，劉採三銀五十兩，謝方平銀四十兩，梁普橋銀四十兩，鄭福德銀八兩，文宅銀二十兩，吳宅銀四兩，王大人銀五十兩，李和生銀五十兩，彭小□銀五十兩，王殿臣銀八十兩，張星垣銀六十兩，李雨亭銀六十兩，張壽全銀三十兩，石秋田銀六十兩，石寶山銀三十兩，丁雲程銀三十兩，陳小山銀三十兩，孟作田銀二十兩，張望三銀四十兩，高興讓銀二十兩。

信士：魏文晉銀三百兩，柴東山銀一百三十兩，康相如銀五十兩，中和局銀三十兩，王□□銀六兩，張宗行銀十兩，董世魁銀二十兩，李小庚銀三十兩，勵樹堂銀五十兩，劉錚銀三百兩，曹宅銀十兩，龔宅銀五十兩，葉德明銀十兩，董宅銀十兩，王玉如銀三十兩，楊傑銀三十兩，畢永庚銀十六兩，張富榮銀三十兩，萬國輔銀四十兩，段繡錦銀十五兩。

信女：脱塵銀二十兩，羅南枝銀三十兩，劉子忠銀二十兩。

臨濟正宗由六祖傳臨濟玄禪師派曰：道德弘普，能仁大覺，名行圓滿，清淨真如，通達性理，智慧超染，廣宣聖教，常護寒林，慈悲萬會，永達恒吼。又緒派曰：聖教傳千古，沙界度有情。同願歸淨土，牒通萬國明。圓光恩德大，楞嚴無相宗。法華行真道，般若智慧燈。此方悟本性，清淨德意靈。

上院新城縣城南十三里鋪白衣大士庵，下院塔院在京南九十里盧各庄淨土寺，入於此廟時群房八間，大殿漏天，由同治二年補修大殿生起連買地基，修蓋群房八十二間，前後配殿十八間，前東西寬二十二丈，三尺五寸，南北長三十三丈零一尺，後東西寬十一丈零四尺。

衲僧之父崔富城爲修此廟，十年之苦行，護緣比丘重興。住持僧比丘宣方率徒聖會、聖涵，孫教□、教品。

# 萬善庵

萬善庵,亦名萬善寺,民間稱其爲關老爺廟。原址在內三區大興縣胡同二十五號(今東城區大興胡同二十八號),寺廟建築現存部分。廟內原有清雍正十三年(1735)方座青石碑一座,漢白玉石座,碑陽上半部爲浮雕流雲神像,下半部爲是年元旦和親王手書經文[1]。惜原碑石已不知去向,也暫未發現有拓片傳世。

此寺未知始建於何時,但廟內曾有大鐵寶鼎一口,銘文曰鑄於康熙二十二年(1683)孟春。清《雍正廟冊》中登記爲大僧廟,登記地址爲大興縣,住持正德,廟內有殿宇六間、禪房八間。至《乾隆廟冊》登記時,住持換成了僧人行成。在乾隆《京城全圖》上萬善庵所在之處多有脱蠹,僅能辨認出它坐南朝北,似無山門,有東房三間。

據立於寺東大興縣城隍廟內的《城隍廟碑》記載,萬善庵中原有碑石一方,記其曾於乾隆壬寅年間(1782)重修,供協天大帝(即關帝)。清同治七年(1868),該寺僧人"潛結匪人,拆燬殿宇,幾無完舍,遍被荒蕪",隨後僧人遠遁,不知所終。邑中紳士劉永懷發心修建大興縣城隍廟之際,見此廟殘況,"殊覺怵驚"。故捐資修大士南殿三間、東西配殿六間、二門外東西耳房二間、關帝正殿三間、山門一座、東西角門各一。工竣於同治十一年(1872)十月,乃定名"萬善寺",聲明入官,請爲大興邑武廟,由道士徐永緣住持。自此,縣邑每逢朔望遣官致祭,萬善庵成爲大興縣公產[2]。

民國四年(1915),大興縣崔縣長委派龍門派道士牛德明照管萬善寺,

[1]參見《北京文物勝跡大全·東城區卷》,頁三百二十一至三百二十二。

[2]參見清同治十一年(1872)《城隍廟碑》,《北京圖書館藏中國歷代石刻拓本匯編》,京190-1,卷八十四,頁三十七至三十八。參見本排段"城隍廟"條。

此時山門北向，石額"大興縣古蹟萬善寺"，下有"同治壬申孟冬，東城邑中紳士重建"等字樣。山門內有旗杆兩座、東房兩間、古槐一株；前殿三間，額曰"武帝金闕"，內供關帝一尊、配像五尊、韋陀一尊；後殿三間，爲大士殿，內供三世佛三尊，均爲木像金身；東西配殿各三間，旁有東西小房各一間，當時出租給商販居住。廟內多份鐵五供，均爲乾隆丁亥(1767)年間所造[1]。1947年登記萬善寺的廟主是大興縣公產保管委員會[2]，而1949年牛明德仍爲住持，廟內除大殿六間外，十間群房全部對外出租，月入房租五十四斤玉米。牛明德的俗家哥哥也在廟內居住，他以撿廢紙爲生，卻還時常資助牛明德[3]。

20世紀50年代文物局調查時，寺廟建築尚存完好，青石方碑亦存廟內。然據老住戶說，60年代初期，廟內即已住滿商販，神像法物均無存。1985年時，山門已拆除，碑亦無蹤，建築改爲民居。[4]

2006年調查時，寺廟原有建築僅剩南北大殿，與一塊旗杆石座。附近居民稱之爲"關老爺廟"，說廟內關帝像乃爲沙築。

萬善庵今貌(2012年10月范華攝)

---

[1]參見國立北平研究院《萬善寺》，東四55。

[2]參見北京市檔案館藏《北平市民政局·北平市各區寺廟總登記考察簿》，1947—1948年，檔案號J3-1-237，頁六十二。

[3]參見北京市檔案館藏《北平市民政局民族事務科·本市寺廟情況查詢記錄》，1949年，檔案號196-1-4，頁四。

[4]參見《北京文物勝跡大全·東城區卷》，頁三百二十一。

# 三聖祠

三聖祠，不見於清乾隆《京城全圖》，原址在交道口東梁家灣胡同甲六號（今約爲東城區交道口東大街八十五號東城區圖書館與中國銀行之間），寺廟建築現已不存。

三聖祠雖未知始創時間，然《雍正廟冊》中卻記載交道口東梁家灣有一所"財神廟"，它爲大僧廟，僅有殿宇一間、禪房兩間，住持法號性常。考慮到梁家灣僅爲南北走向，不足百米的一條小胡同，"三聖"之中有一聖又是財神，此"財神廟"很可能就是"三聖祠"的前身。至《乾隆廟冊》登記時，梁家灣財神廟的住持換成了淨因[1]。

至民國年間，三聖祠愈發逼仄，僅餘廟房一間，爲當街廟。殿上有廟額，曰"丙辰年七月闔街巷重修"，從廟內寶鼎上"中華民國五年歲次丙辰六月重修，北新橋西梁家灣口內三聖祠"等銘文字樣推斷，此廟曾由本巷內張林木廠引善募資，於民國五年（1916）闔街公建重修。廟內供財神、土地、山神各一尊，小童六人，像均泥塑。除前述寶鼎外，還有木五供一份。20世紀30年代時，三聖祠管理人爲于某[2]。

梁家灣附近街坊還曾聽上輩人談起過這座小廟，說它在20世紀六七十年代時被改爲副食店，神像起初被封在殿後，後來就不知所終。

2011年調查時，整條梁家灣胡同西側都被拓寬，改建爲東城區圖書館大樓，小廟也蹤影全無，據居民回憶說，其位置大約應在人行道的綠化帶上。

〔1〕梁家灣胡同在清乾隆《京城全圖》上被標註爲"樂家灣"。

〔2〕參見國立北平研究院《三聖祠》，東四141。另見首都圖書館藏《北平寺廟調查一覽表》，民國三十四年（1945）手抄本，頁三。

# 地藏庵(交道口東大街)

地藏庵,不見於清乾隆《京城全圖》,原址爲內三區交道口東八十五號或甲八十四號(後曾改爲交道口東大街一百零六號,今約在東城區交道口東大街六號樓附近)。寺廟建築現已不存。

此廟未知始建於何時,民國時住持尼僧曾報曰"明代私建",但尚無旁證。《雍正廟冊》中曾有登記,時爲僧廟,有殿宇九間、禪房三間,住持寂洪。但其後廟冊、地圖中均不見此廟記錄。清道光九年(1829),地藏庵成爲文殊庵下院,僧録司頒有更名手本,惜未見其原件,該文殊庵位於何方已不可知。此後地藏庵歷代子孫相承,至民國十二年(1923),尼僧修悟接座,募得資金重修寺廟、添造法物,並一直任住持之職直到20世紀40年代末。據她本人說,寺內除了每年兩次善會外,香火甚少,她與二徒均靠針線手工度日。在此期間,修悟還於民國二十三年(1934)又接任內二區自在庵[1]住持,但她一直在此地藏庵內居住[2]。

修悟重修寺廟後,地藏庵坐南朝北,石額"護國地藏庵";前殿三間,爲關帝殿,內供關帝一尊,周倉、關平侍立,均爲泥塑,旁有銅木小佛三尊,殿後有泥塑韋陀一尊;南有後殿三楹,爲地藏殿,內供地藏一尊,小童四位,關帝、火神、財神和十殿閻君,均爲泥塑,另有瓷觀音和彌勒佛一小尊、銅鑄觀音一小尊、王奶奶畫像一幅;殿內鐵磬一口,上有銘文"德勝門小關崇寧庵供奉,康熙四十一年冬月造";再南爲小院一所,內有東、西房各三間[3]。廟內經典僅摺本《地藏經》一部,錫五供一堂,係陳姓家人暫時保管於庵內。附屬墳地

---

〔1〕參見十排十一段"自在庵"。

〔2〕參見北京市檔案館藏《北平市社會局寺廟類·內三區地藏庵尼僧修悟呈請登記廟產更換住持及社會局的批示(附寺廟登記表)》,1930—1946年,檔案號J2-8-320,頁一至三十。另參見北京市檔案館藏《北平市社會局·內二區自在庵住持修悟登記廟產的呈及社會局的批示》,檔案號J28-890。

〔3〕參見國立北平研究院《地藏庵》,東四32。另參見首都圖書館藏《北平寺廟調查一覽表》,民國三十四年(1945)手抄本,頁十九。

一畝,位於安定門外許家大坑[1]。

民國二十年(1931)社會局登記時,因地藏庵所呈廟產表較之警察局記錄略有變動,故傳喚修悟來局問話。但前來之人乃是修悟之徒常瑞,據常瑞說,修悟遠赴遼寧未歸。到1947年民政局登記時,寺廟住持已正式換成了常瑞。據金啟孮先生回憶,修悟乃延齡之兄鐵齡的一位老姨太太,去世前收了兩個徒弟,一個南方人,一個察哈爾人,即常瑞。江南尼姑還俗後,常瑞繼承了廟產,她與那王府等蒙古王府都熟識,與金啟孮家也多有來往。金先生回憶稱,她的言論與行爲常常出人意料,與一般出家人大不相同[2]。

20世紀50年代,該寺尚有山門一間、大殿三間,地藏王菩薩與兩側十殿閻君群像均存,大殿廊下還有鐘一口。1985年調查時,建築已破舊不堪,僅有大殿尚在,廟院改爲民居,塑像、法物等均無存[3]。

據原住廟後的老街坊回憶,上世紀50年代初時,大殿仍供佛,後殿三間改爲尼姑住所,其餘房間對外出租。約在60年代,尼姑們遷走,後殿搬進一戶居民。廟旁的油鹽店順勢將前殿用作倉庫,佛像法物大約即毀於此時。2001年舊城改造時,整個交道口東大興土木,地藏庵也在此時被拆除。

2006年調查時,地藏庵原址上是十幾層高的商業大樓。

---

〔1〕參見北京市檔案館藏《北平市社會局寺廟類·內三區地藏庵尼僧修悟呈請登記廟產更換住持及社會局的批示(附寺廟登記表)》,1930—1946年,檔案號J2-8-320,頁五至六。

〔2〕參見金啟孮《金啟孮談北京的滿族》,北京:中華書局,2009年,頁二百四十一至二百四十二。

〔3〕參見《北京文物勝跡大全·東城區卷》,頁二百五十六。

# 土地廟(交道口南大街)

土地廟,不見於乾隆《京城全圖》,原址在内三區交道口南大街五號(今東城區交道口南大街七號)。廟内原有清光緒四年(1878)《土地廟碑》一座。部分寺廟建築仍存。

據《土地廟碑》稱,此廟始建於明代,然《京城全圖》與康、乾《廟冊》中均不見其登記。據碑文稱,廟内土地屢有靈驗,不僅能禦災捍患,更彰福善禍淫之報應,故而香火鼎盛,供奉甚多,"牲牷克備,俎豆維馨",惜"殿宇既形狹隘,牆垣亦就摧殘"。於是清光緒三年(1877)中秋,由當地紳士松勛、官員盛禄、商號鼎盛永等領頭募化,百餘商號與滿漢人等共同出資,增修東西配殿各三間,南客堂、東廂房等共十五間。西殿内因新塑財神、火神和科神之像,故名曰"三神殿"。基址擴充、廟貌重展後,賜進士出身國史館協修翰林院編修王文錦欣然撰碑,並親自書丹,住持僧人恒安率徒等同立碑石,即爲清光緒四年的《土地廟碑》[1]。

至20世紀30年代國立北平研究院調查時,土地廟坐西朝東,木額曰"土地廟",山門南北各有房一間。入山門後有北殿三間,木額"福德正神殿",内供土地塑像一尊、侍童二人、配像四尊。東房帶過道共五間。西房三間,即爲光緒三年所修之"三神殿",財神、火神、科神三神之像仍供在内,各有侍童二人、馬童一名陪祀左右。南房三間,時爲住房,《土地廟碑》即立於殿左。院内還有小柏樹二株、榆樹一株。廟無僧道,歸内三區警備隊管理,内三區清潔隊使用[2]。

50年代初,寺内仍存正殿、北配殿、北配房。殿前石碑已倒地,碑陽不可見,碑陰僅見八位捐資人姓名,内三區清潔隊仍在廟中。1985年,廟已改建爲民居,原貌盡失[3]。

---

〔1〕參見清光緒四年(1878)《土地廟碑》,《北京圖書館藏中國歷代石刻拓本匯編》,京571,卷八十四,頁一百六十三至一百六十四。

〔2〕參見國立北平研究院《土地廟》,東四131。另參見《北京寺廟歷史資料》,頁三百二十六。

〔3〕參見《北京文物勝跡大全·東城區卷》,頁三百零二。

據院内老住戶說，此廟曾做過一段時間的派出所，清潔隊大約於 70 年代搬出，後廟院改爲民居，現在院内的大部分住戶都是“文革”期間搬入的。

2006 年調查時，南北二殿尚存，各有房三間。東房已不存，但西房三間尚在，均爲居民住家。

土地廟後建之東房（2012 年 10 月范華攝）

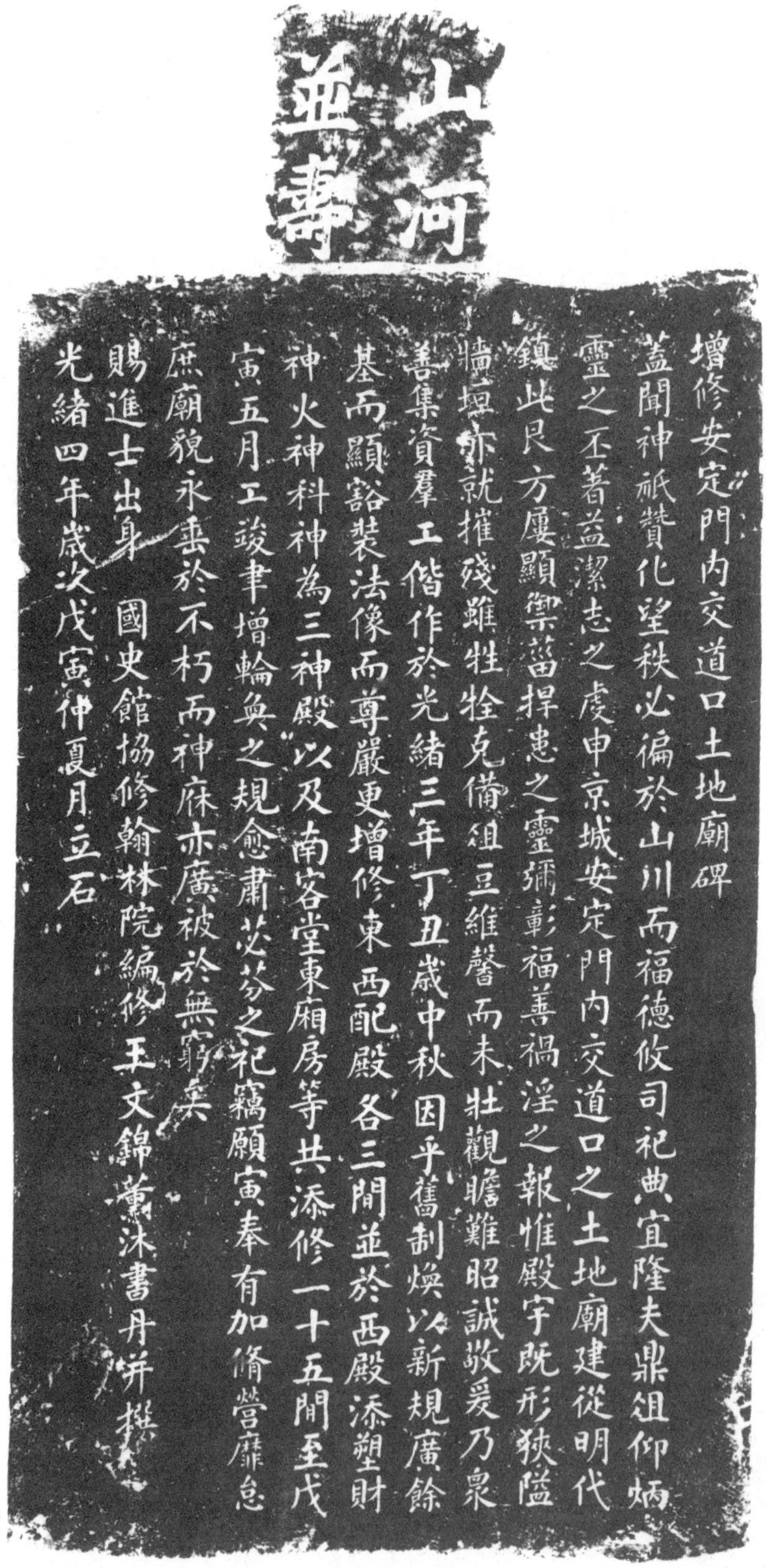
山河
並壽

增修安定門内交道口土地廟碑

蓋聞神祇贊化望秩必徧於山川而福德攸司祀典宜隆夫鼎俎仰炳
靈之丕著益潔志之虔申京城安定門内交道口之土地廟建從明代
鎮此艮方屢顯禦菑捍患之靈彌彰福善禍淫之報惟殿宇既形狹隘
牆垣亦就摧殘雖牲牷克備俎豆維馨而未壯觀瞻難昭誠敬爰乃衆
善集資羣工偕作於光緒三年丁丑歲中秋因乎舊制煥以新規廣餘
基而顯豁裝法像而尊嚴更增修東西配殿各三間並於西殿添塑財
神火神科神為三神殿以及南客堂東廂房等共添修一十五間至戊
寅五月工竣聿增輪奐之規愈肅苾芬之祀竊願寅奉有加脩營靡怠
庶廟貌永垂於不朽而神庥亦廣被於無窮矣

賜進士出身　國史館協修翰林院編修王文錦薰沐書丹并撰

光緒四年歲次戊寅仲夏月立石

京 571《土地廟碑》陽

京 571《土地廟碑》陰

山河並壽

增修安定門內交道口土地廟碑

蓋聞神祇贊化望秩必徧於山川而福德攸司祀典宜隆夫鼎俎仰炳靈之丕著益潔志之虔申京城安定門內交道口之土地廟建從明代鎮此艮方屢顯禦災捍患之靈彌彰福善禍淫之報惟殿宇既形狹隘牆垣亦就摧殘雖牲牷克備俎豆維馨而未壯觀瞻難昭誠敬爰乃衆善集資群工偕作於光緒三年丁丑歲中秋因乎舊制煥以新規廣餘基而顯豁裝法像而尊嚴更增修東西配殿各三間並於西殿添塑財神火神科神爲三神殿以及南客堂東廂房等共添修一十五間至戊寅五月工竣聿增輪奐之規愈肅苾芬之祀竊願寅奉有加修營靡怠庶廟貌永垂於不朽而神庥亦廣被於無窮矣

賜進士出身　國史館協修翰林院編修王文錦薰沐書丹並撰

光緒四年歲次戊寅仲夏月立石

京 571《土地廟碑》陽

萬古流芳

總引化紳商
瑞興錢店
天興靴鋪
同合當
玉成號
元利爐房
公和木廠
吉順木廠
兆豐源店

捕盗章京
英寛
清福

副尉
德陞額

總司事三品頂戴藍翎協尉
烏什哈

四品銜委協尉
吉拉通阿

領班布軍校
保山
增壽

總引化紳士
英啟　吳崇世
松勛　恒泰
劉中權　金恩綸
常瑞　德圖
方正廉　高吉泰
龔懷寶　寶全
閻文藻　常惠
馬德興

倡率引化

鼎盛永　德聚興
天盛糧店　寶聚店　文鑑
致蘭齋　福興店　常存　趙明順
□振興　萬慶紙鋪　特克慎　趙增明
萬盛茶□　義成當　瑞亮　宣福登
天錫號　安德糧店　連興　朱德興
天裕當　廣源店　崇惠　引善兵目　尹士詠
聚隆糧店　廣和店　薩林太　張瑞興
天利車鋪　德和酒店　成瑞　趙增祿
天聚酒鋪　德裕和店　成懋　周錫齡
東昌瑞　恒山
蓬萊號　引化官　盛祿
晉泰號　玉□
天福當　福壽　吉祥
慶隆昌　沙月卿　陳壽
通和木廠　齊蔭堂　德豐　塑像　徐潤泉
會源號　寶山　春明
同興當　沈永貴　雙魁
隆泰號　王永祥　逢春　住持僧　恒安
張□彥　紀克齋　栗振清
程廷選　韓德海　王全福
孫茂　孫立齋　徐慶福
魏雲章　劉俊海　連□

衆等同立

京571《土地廟碑》陰

# 土地廟碑

首題：增修安定門内交道口土地廟碑
年代：清光緒四年（1878）五月
原址：東城區交道口南大街
拓片尺寸：碑陽陰均高120、寬68釐米；額高24、寬21釐米
書體：正書
撰人：王文錦
書人：王文錦
《目錄》：頁358
拓片編號：京571
拓片錄自：《北京圖書館藏中國歷代石刻拓本匯編》第84卷163—164頁

【碑陽】

額題：山河並壽

碑文：

增修安定門内交道口土地廟碑 1

蓋聞神祇贊化，望秩必徧於山川；而福德攸司，祀典宜隆夫鼎俎。仰炳 2 靈之丕著，益潔志之虔申。京城安定門内交道口之土地廟，建從明代，3 鎮此艮方。屢顯禦災捍患之靈，彌彰福善禍淫之報。惟殿宇既形狹隘，4 牆垣亦就摧殘，雖牲牷克備，俎豆維馨，而未壯觀瞻，難昭誠敬。爰乃衆 5 善集資，群工偕作。於光緒三年丁丑歲中秋，因乎舊制，煥以新規。廣餘 6 基而顯豁，裝法像而尊嚴。更增修東西配殿各三間，並於西殿添塑財 7 神、火神、科神，爲三神殿，以及南客堂、東廂房等，共添修一十五間。至戊 8 寅五月工竣，聿增輪奂之規，愈肅苾芬之祀。竊願寅奉有加，修營靡怠，9 庶廟貌永垂於不朽，而神庥亦廣被於無窮矣。10 賜進士出身、國史館協修、翰林院編修王文錦薰沐書丹並撰。11 光緒四年歲次戊寅仲夏月立石。12

【碑陰】

額題：萬古流芳

碑文：

總引化紳商：瑞興錢店、天興靴鋪、同合當、玉成號、元利爐房、公和木廠、吉順木廠、兆豐源店。

總司事：三品頂戴藍翎協尉烏什哈、四品銜委協尉吉拉通阿、副尉德陞額、領班布軍校保山、增壽、英啟、捕盜章京英寬、清福。

總引化紳士:松勛、劉中權、常瑞、方正廉、龔懷寶、閻文藻、馬德興、吳崇世[1]、恒泰、金恩綸、德圖、高吉泰、寶全、常惠。

倡率引化:鼎盛永、天盛糧店、致蘭齋、□振興、萬盛茶□、天錫號、天裕當、聚隆糧店、天利車鋪、天聚酒鋪、東昌瑞、蓬萊號、晉泰號、天福當、慶隆昌、通和木廠、會源號、同興當、隆泰號、張□彥、程廷選、孫茂、魏雲章、德聚興、寶聚店、福興店、萬慶紙鋪、義成當、安德糧店、廣源店、廣和店、德和酒店、德裕和店、福壽、沙月卿、齊蔭堂、寶山、沈永貴、王永祥、紀克齋、韓德海、孫立齋、劉俊海。

引化官:文鑑、常存、特克慎、瑞亮、連興、崇惠、薩林太、成瑞、成懋、恒山、盛祿、玉□、吉祥、陳壽、德豐、春明、雙魁、逢春、栗振清、王全福、徐慶福、連□。

引善兵目:趙明順、趙增明、宣福登、朱德興、尹士詠、張瑞興、趙增祿、周錫齡。

塑像:徐潤泉。

住持僧:恒安。

衆等同立。

〔1〕"吳崇世"三字字體草劣,疑爲後加。

# 三聖神祠

三聖神祠,民間也稱土地廟,不見於清乾隆《京城全圖》,原址在安定門內香餌胡同新安號二十一號(今東城區香餌胡同二十八號旁)。寺廟建築現已不存。

此三聖祠未知始建於何時,歷代寺廟檔案中也不見記載。唯 1945 年警察局調查時,記錄其爲當街廟,僅一間殿,内奉財神、土地和山神[1]。附近居民稱它爲土地廟或小廟,說 20 世紀 60 年代之前還時有人焚紙禱祝,"文革"期間被毁。

2011 年調查時,三聖神祠原址已成公共廁所。

〔1〕參見首都圖書館藏《北平寺廟調查一覽表》,民國三十四年(1945)手抄本,頁四。

# 土地祠

土地祠，不見於乾隆《京城全圖》。原址在大興縣胡同八號（今東城區大興胡同四十五號），寺廟建築已不存。廟内原有《重修土地祠記》石碑一座，然民國年間已不辨字跡，今碑石並拓片均無存考。

此祠在原大興縣署東小院内，爲縣署之附屬寺廟，然初創時間已不可考。20 世紀國立北平研究院調查時，尚見南殿三間，木額曰“利物爲神”，爲清道光丙申年（1836）間粮馬廳攝大興縣事李森所立，殿内供有增福財神泥像一尊、小童二人，像前有鐵五供和鐵香爐各一座，其中五供爲清嘉慶六年（1801）所造；北殿三楹，内同樣供有土地一尊、小童二人。據調查人員稱，時南殿已爲候訊室，而北殿爲大興縣政府政務警察隊駐所。另有北小房一間，時爲住房[1]。

民國十九年（1930），北京改屬河北省，京兆尹撤銷，原大興縣署擬遷至黄村，但因故未遷。1949 年以後，大興縣署所在地改爲東城公安分局，但 50 年代初文物調查時，似曾見到此土地祠[2]。

2006 年調查時，整個大興縣署已蕩然無存，其原址上是公安分局大樓。

〔1〕參見國立北平研究院《土地祠》，東四 47。

〔2〕參見《北京文物勝跡大全·東城區卷》，頁二百零七至二百零八。

# 科神廟

科神廟,不見於清乾隆《京城全圖》。原址在大興縣胡同九號(今東城區大興胡同四十五號),寺廟建築現已不存。

此小廟僅見於國立北平研究院的寺廟調查記録,未知始創年代,和上文所述土地祠同位於大興縣署之內。20世紀30年代初時,它僅有小廟一間,南向,木額"科神殿",内供科神一尊、配像四尊、馬童各二,像均泥塑。歸大興縣政府管理[1]。

其後科神廟再未見諸記載,2006年調查時,整個大興縣署已是東城區公安分局的大樓,科神廟已無存。

〔1〕參見國立北平研究院《科神廟》,東四50。

# 城隍廟

城隍廟，不見於乾隆《京城全圖》，原址在內三區大興縣胡同三十號（今東城區大興胡同十八號、東旺胡同十一號）。現存大部分寺廟建築。廟內原有碑石二通，其中，清同治十一年（1872）《城隍廟碑》和清同治十二年（1873）《城隍廟捐資題名碑》，碑文寫作時間雖不同，但同刻一石，國家圖書館分爲二碑存其拓片。另一碑爲民國九年（1920）《崔公德政碑》，碑已無存[1]。

據《城隍廟碑》記載，此廟始建於清同治十一年。大興縣城隍廟原在縣署內頭門西壁，僅一楹神殿，狹隘逼仄，與大興縣爲首善之區的地位不符。清同治壬申年（1872），署內同仁商議重修城隍廟，公推劉永懷[2]首事。劉永懷於同治庚午年（1870）曾買下縣署南門對面空地一所，此時慨然捐出，採購棟樑，興建大殿三間、東西耳殿二間、焚化寶庫二座、東西配殿六間、東客堂二間、二層腰殿三間、山門五間，以及各處群房。歷時一年多，諸工畢竣，巍煥宏麗。舊神殿內本無侍者，新城隍廟落成後，請來道士徐永緣住持，朝夕焚香，朔望致祭。同時，劉永懷還一併重修了城隍廟西的萬善庵，也交由徐永緣看管[3]。次年五月初一，值城隍出巡會之期，在劉永懷所撰《城隍廟碑》之陰，又新刻捐資修廟諸人之名，是乃《城隍廟捐資題名碑》。碑上絕大多數捐資者爲商號，當時城內商業活動之興盛，商人對城市公共事務參與之廣泛，由此可見一斑。碑側還刻有"作孝悌忠信事，存禮義廉恥心"字樣[4]。

城隍出巡乃清代至民國初年北京城內的重要活動，每屆五月初一（一說爲天旱無雨時），百姓便自發組織，將城隍藤像擡出，善男信女及小孩扮作蝦、魚、龜等水族，還有人擎扇、奏樂、持香等，從城隍廟中出發，到胡同西口繞

---

〔1〕參見《北京文物勝跡大全·東城區卷》，頁二百零八。

〔2〕劉永懷常有修廟立碑之舉，是當時大興縣的著名善人。清道光二十八年（1848），他曾重鐫《廣慈庵十方院碑》，參見本書三排五段"廣慈庵"條。

〔3〕參見本排段"萬善庵"條。清同治十一年（1872）《城隍廟碑》，《北京圖書館藏中國歷代石刻拓本匯編》，京190-1，卷八十四，頁三十七至三十八。

〔4〕清同治十二年（1873）《城隍廟捐資題名碑》，《北京圖書館中國歷代石刻拓本匯編》，京190-2，卷八十四，頁四十八。

交道口中一圈再返回。此爲擡城隍祈雨之俗[1]。

至民國年間,城隍廟尚保存完好。國立北平研究院調查時,城隍廟仍坐南朝北,山門爲硬山筒瓦頂,蘇式彩畫,内檐徹上明造,石額"大興昭顯城隍廟",兩側對聯爲同治十一年始創時邑中姜伯麟所書。山門内二木額,一爲光緒二十一年(1895)崇勳書"佑我天倫",一爲道光二十八年(1848)大興縣知事范梁書"聰明正直",應爲縣署内舊有之匾額,後移置新址;山門兩旁各有東西房一間,東爲接待室,西爲傳達室;山門正對照壁一塊,上懸"大興教育會"與"大興縣教育局"木牌二方;照壁後東、西房各三間,東爲會員休息室,西爲空房;前殿爲穿堂,兩卷勾連搭筒瓦頂、蘇式彩畫,額曰"無私門",東西小房各一間,東爲會員休息室,西爲住宅;後殿即城隍殿三楹,硬山調大脊筒瓦頂,耳殿二間,木額曰"渥邀眷佑",光緒戊寅年(1878)御筆所題,當亦從舊祠中移來。殿内正供城隍一尊,左右立像各六,手執鎖棍等物,馬童各二,像均泥塑;神殿背後有寢宮三間,上懸木額兩方,一爲同治十一年大興縣知縣邱明勳敬書之"東侯啓宇",一爲同年大興縣前知縣鄭沂手書之"彰善癉惡",寢宮内供城隍夫婦藤像二尊,即出巡時所擡之神像也。另有吕祖泥塑小像一尊,供於龕内,漢白玉羅漢坐像四尊,高約三尺;寢宮外東西配殿各三間,硬山合瓦頂,蘇式彩畫。東西房各二間,時爲住宅;殿前東西分别有焚字庫一座,中立同治十一年《城隍廟碑》;正殿與寢宮之後乃一大後院,中有南房二間,時租與劈柴廠使用。住持道士牛明德,同時也是萬善寺的住持[2]。

據稱廟内《崔公德政碑》記載:崔公,名麟,山東利津人,曾留學日本。民國九年左右爲大興縣縣長[3]。但此碑原石不見,今亦尚未尋到拓片,未知原文具體内容。

1947年民政局登記時,城隍廟已歸大興縣公產保管委員會管理[4]。50年代初調查時法物建築仍保存完好[5]。據院内老住戶回憶,當時廟内各處尚齊整,碑石、法物均在,樑上彩畫耀眼。70年代修防空洞時,石碑被埋入地下,彩畫也日久蒙垢。1985年調查時,建築雖存,但山門已封閉,石碑及其他文物皆無存[6]。

2006年調查時,山門、前後殿、東西配房等建築仍在,前出廊結構尚保存,山門處姜伯麟所書"陽世奸雄違天害理皆由己,陰司報應古往今來放過誰"石聯歷歷在目,山門上還有四字石刻"監觀有赫",但前後院均早已爲民居院落,前院爲機械廠宿舍,後院歸房管局。

---

〔1〕參見《北京文物勝跡大全·東城區卷》,頁二百零八、頁二百四十七。

〔2〕同上。另參見國立北平研究院《城隍廟》,東四54。另參見本排段"萬善庵"條。

〔3〕參見《北京文物勝跡大全·東城區卷》,頁二百零八。

〔4〕參見北京市檔案館藏《北平市民政局·北平市各區寺廟總登記考察簿》,1947—1948年,檔案號J3-1-237,頁六十二。

〔5〕〔6〕參見《北京文物勝跡大全·東城區卷》,頁二百四十七。

城隍廟山門今貌（2012 年 10 月范華攝）

城隍廟山門石聯（2012 年 10 月范華攝）

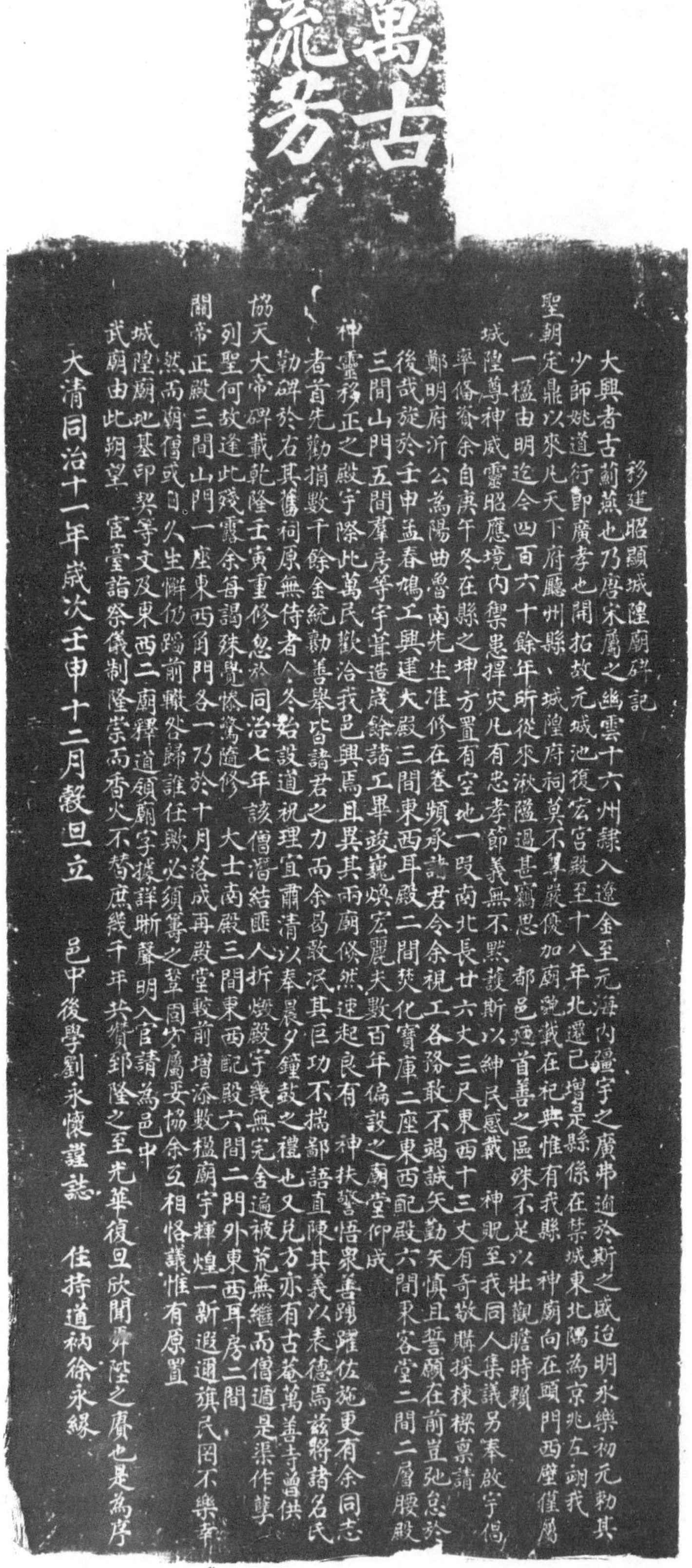


京 190-1《城隍廟碑》陽

京 190–1 《城隍廟碑》側

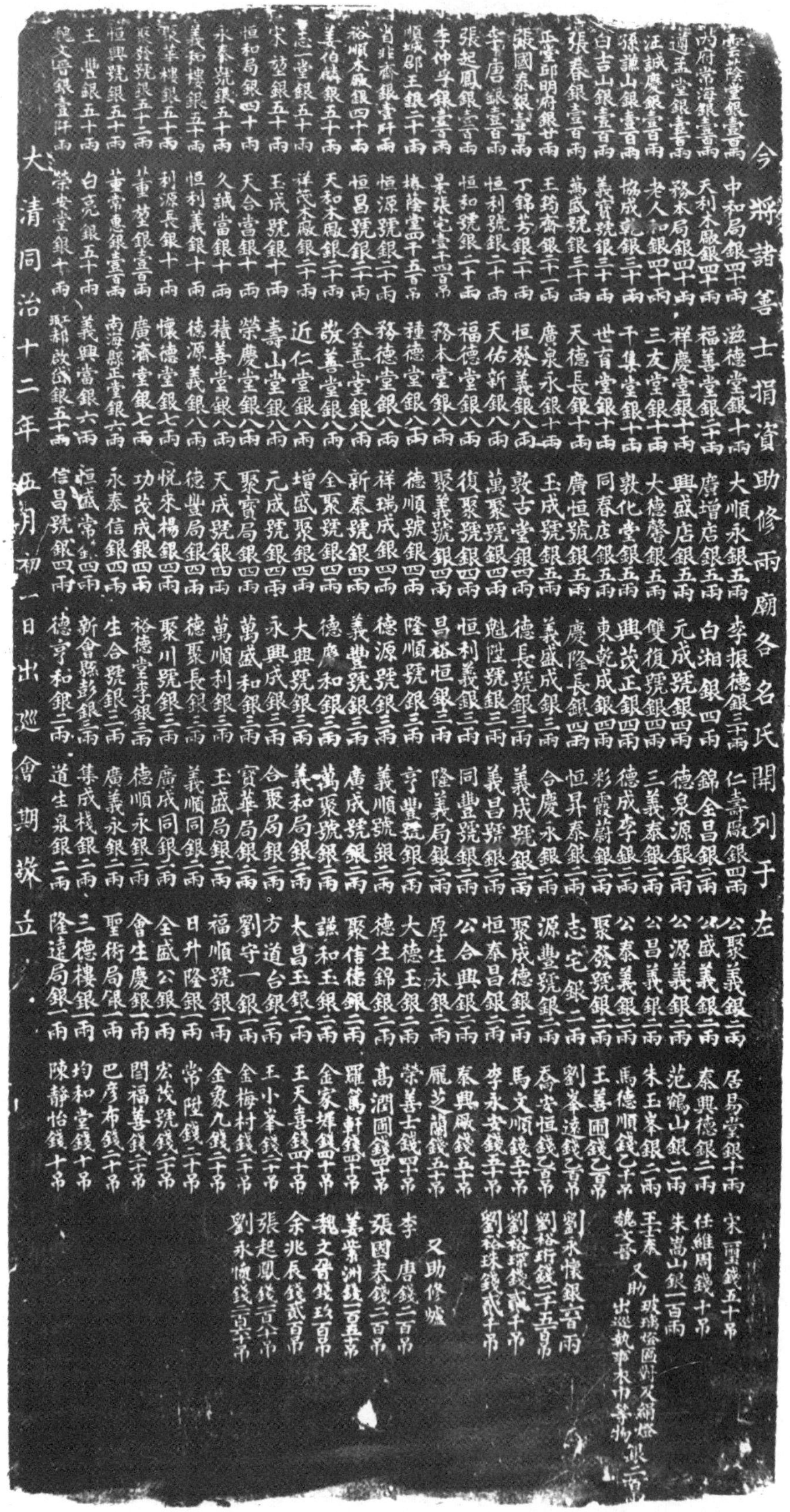

京 190-2《城隍廟捐資題名碑》

萬古流芳

移建昭顯城隍廟碑記

大興者古薊燕也乃唐宋屬之幽雲十六州隸入遼金至元海内疆宇之廣弗逾於斯之盛迨明永樂初元敕其少師姚道衍即廣孝也開拓故元城池復宏宫殿至十八年北遷已增是縣係在禁城東北隅爲京兆左翊我
聖朝定鼎以來凡天下府廳州縣城隍府祠莫不尊嚴優加廟貌載在祀典惟有我縣　神廟向在頭門西壁僅屬一楹由明迄今四百六十餘年所從來湫隘過甚竊思　都邑迺首善之區殊不足以壯觀瞻時賴
城隍尊神威靈昭應境内禦患捍災凡有忠孝節義無不默護斯以紳民感戴　神貺至我同人集議另奉啟宇倡率備資余自庚午冬在縣之坤方置有空地一段南北長廿六丈三尺東西十三丈有奇敬購採棟樑稟請
鄭明府沂公爲陽曲魯南先生准修在卷頻承諸君令余視工各務敢不竭誠矢勤矢慎且誓願在前豈弛怠於後哉旋於壬申孟春鳩工興建大殿三間東西耳殿二間焚化寶庫二座東西配殿六間東客堂二間二層腰殿三間山門五間群房等宇葺造歲餘諸工畢竣巍煥宏麗夫數百年偏設之廟堂仰成
神靈移正之殿宇際此萬民歡洽我邑興焉且異其兩廟倏然速起良有　神扶警悟衆善踴躍佐施更有余同志者首先勸捐數千餘金統勸善舉皆諸君之力而余曷敢泯其巨功不揣鄙語直陳其義以表德焉茲將諸名氏勒碑於右其舊祠原無侍者今冬殆設道祝理宜肅清以奉晨夕鐘鼓之禮也又兑方亦有古庵萬善寺曾供
協天大帝碑載乾隆壬寅重修忽於同治七年該僧潛結匪人拆燬殿宇幾無完舍遍被荒蕪繼而僧遁是渠作孽
列聖何故逢此殘露余每謁殊覺慘驚隨修　大士南殿三間東西配殿六間二門外東西耳房二間
關帝正殿三間山門一座東西角門各一乃於十月落成再殿堂較前增添數楹廟宇輝煌一新遐邇旗民罔不樂幸
然而廟僧或日久生懈仍蹈前轍咎歸誰任歟必須籌之鞏固方屬妥協余互相恪議惟有原置
城隍廟地基印契等文及東西二廟釋道領廟字據詳晰聲明入官請爲邑中
武廟由此朔望　宦臺詣祭儀制隆崇而香火不替庶幾千年共贊郅隆之至光華復旦欣聞舜陛之賡也是爲序

大清同治十一年歲次壬申十二月穀旦立　邑中後學劉永懷謹誌　住持道衲徐永緣

京 190-1《城隍廟碑》

今將諸善士捐資助修兩廟各名氏開列于左

雲蔭堂銀壹百兩 中和局銀四十兩 滋德堂銀十兩 大順永銀五兩 李振德銀三十兩 仁壽廠銀四兩 公聚義銀二兩 居易堂銀十兩
内府常海銀壹百兩 天利木廠銀四十兩 福善堂銀二十兩 廣增店銀五兩 白湘銀四兩 錦全昌銀二兩 公盛義銀二兩 泰興德銀二兩
遵孟堂銀壹百兩 務本局銀四十兩 祥慶堂銀十兩 興盛店銀五兩 元成號銀四兩 德泉源銀二兩 公源義銀二兩 范鶴山銀二兩
汪誠慶銀壹百兩 老人和銀四十兩 三友堂銀十兩 大德馨銀五兩 雙復號銀四兩 三義泰銀二兩 公昌義銀二兩 朱玉峰銀二兩
孫謙山銀壹百兩 協成乾銀三十兩 千集堂銀十兩 敦化堂銀五兩 興茂正銀四兩 德成李銀二兩 公泰義銀二兩 馬德順錢乙千吊
白吉山銀壹百兩 義寶號銀三十兩 世育堂銀十兩 同春店銀五兩 東乾成銀四兩 彩霞蔚銀二兩 聚發號銀二兩 王善圃錢乙百吊
張春銀壹百兩 萬盛號銀三十兩 天德長銀十兩 廣恒號銀五兩 慶隆長銀四兩 恒昇泰銀三兩 志宅銀二兩 劉峰遠錢乙百吊
正堂邱明府銀廿兩 王筠齋銀二十一兩 廣泉永銀十兩 玉成號銀五兩 義盛成銀三兩 合慶永銀二兩 源豊號銀二兩 喬安恒錢乙百吊
張國泰銀壹百兩 丁錦芳銀二十兩 恒發義銀八兩 敦古堂銀四兩 德長號銀三兩 義成號銀二兩 聚成德銀二兩 馬文順錢五十吊
李唐銀壹百兩 恒利號銀二十兩 天佑新銀八兩 萬聚號銀四兩 魁陞號銀三兩 義昌號銀二兩 恒泰昌銀二兩 李永安錢五十吊
張起鳳銀壹百兩 恒和號銀二十兩 福德堂銀八兩 復聚號銀四兩 恒利義銀三兩 同豊號銀二兩 公合興銀二兩 泰興廠錢五十吊
李仲孚銀壹百兩 景張宅壹千四百吊 務本堂銀八兩 聚義號銀四兩 昌裕恒銀三兩 隆義局銀二兩 厚生永銀二兩 龐芝蘭錢五十吊
順城郡王銀二十兩 椿蔭堂四千五百吊 種德堂銀八兩 德順號銀四兩 隆順號銀三兩 亨豊號銀二兩 大德玉銀二兩 榮善士錢四十吊
省非齋銀壹仟兩 恒源號銀二十兩 務德堂銀八兩 祥瑞成銀四兩 德源號銀三兩 義順號銀二兩 德生錦銀二兩 高潤圃錢四十吊
裕順木廠銀四十兩 恒昌號銀二十兩 全善堂銀八兩 新泰號銀四兩 義豊號銀三兩 廣成號銀二兩 聚信德銀二兩 羅篤軒錢四十吊
姜伯麟銀五十兩 天和木廠銀二十兩 敬善堂銀八兩 全聚號銀四兩 德慶和銀三兩 萬聚號銀二兩 謙和玉銀二兩 金家墀錢四十吊
志一堂銀五十兩 祥茂木廠銀二十兩 近仁堂銀八兩 增盛聚銀四兩 大興號銀三兩 義和局銀二兩 太昌玉銀二兩 王天喜錢四十吊
宋堃銀五十兩 玉成號銀十兩 壽山堂銀八兩 元成號銀四兩 永興成銀三兩 合聚局銀二兩 方道台銀二兩 王小峰錢二十吊
恒和局銀四十兩 天合當銀十兩 榮慶堂銀八兩 聚寶局銀四兩 萬盛和銀三兩 寶華局銀二兩 劉守一銀一兩 金梅村錢二十吊
永泰號銀五十兩 久誠當銀十兩 積善堂銀八兩 天成號銀四兩 萬順利銀三兩 玉盛局銀二兩 福順號銀一兩 金象九錢二十吊
義和樓銀五十兩 恒利義銀十兩 德源義銀八兩 德豊局銀四兩 德聚長銀三兩 義順同銀二兩 日升隆銀一兩 常陞錢二十吊
聚華樓銀五十兩 利源長銀十兩 懷德堂銀七兩 悅來楊銀四兩 聚川號銀三兩 廣成同銀二兩 全盛公銀一兩 宏茂號錢二十吊
聚發號銀五十二兩 董堃銀壹百兩 廣濟堂銀七兩 功茂成銀四兩 裕德堂李銀三兩 德順永銀二兩 會生慶銀一兩 閆福善錢二十吊
恒興號銀五十兩 董常惠銀壹百兩 南海縣正堂銀六兩 永泰信銀四兩 生合號銀三兩 廣義永銀二兩 聖術局銀一兩 巴彥布錢二十吊
王豊銀五十兩 白亮銀五十兩 義興當銀六兩 恒盛常銀四兩 新會縣彭銀三兩 集成棧銀二兩 三德樓銀一兩 均和堂錢十吊
魏文晉銀壹仟兩 榮安堂銀十兩 工頭郝啟岱銀五十兩 信昌號銀四兩 德亨和銀二兩 道生泉銀二兩 隆遠局銀一兩 陳靜怡錢十吊

宋璽錢五十吊
任維周錢十吊
朱嵩山銀一百兩
王士泰 魏文晉 又助玻璃燈匾對及絹燈出巡執事衣巾等物銀二百兩
劉永懷銀六百兩
劉裕珩錢二千五百吊
劉裕琛錢貳千吊
劉裕珠錢貳千吊

又助修爐
李唐錢二百吊
張國泰錢二百吊
姜紫洲錢一百五十吊
魏文晉錢玖百吊
余兆辰錢貳百吊
張起鳳錢一百八十吊
劉永懷錢二百六十吊

大清同治十二年五月初一日出巡會期敬立

京 190-2《城隍廟捐資題名碑》

# 城隍廟碑

首題:移建昭顯城隍廟碑記
年代:清同治十一年(1872)十二月
原址:東城區交道口南大街大興胡同
拓片尺寸:碑高 126、寬 60 釐米;額高 24、寬 16 釐米
書体:楷書
撰人:劉永懷
《目録》:頁 356
拓片編號:京 190-1
拓片録自:《北京圖書館中國歷代石刻拓本匯編》第 84 卷 37—38 頁

【碑陽】
額題:萬古流芳
碑文:

移建昭顯城隍廟碑記 1

大興者,古薊燕也,乃唐宋屬之幽雲十六州,隸入遼金。至元,海内疆宇之廣,弗逾於斯之盛。迨明永樂初元,敕其 2 少師姚道衍即廣孝也開拓故元城池,復宏宮殿,至十八年北遷,已增是縣,係在禁城東北隅,爲京兆左翊。我 3 聖朝定鼎以來,凡天下府廳州縣,城隍府祠莫不尊嚴,優加廟貌,載在祀典。惟有我縣神廟向在頭門西壁,僅屬 4 一楹。由明迄今四百六十餘年,所從來湫隘過甚。竊思都邑迺首善之區,殊不足以壯觀瞻。時賴 5 城隍尊神威靈,昭應境内,禦患捍災,凡有忠孝節義無不默護。斯以紳民感戴神貺。至我同人集議,另奉啟宇,倡 6 率備資。余自庚午冬在縣之坤方置有空地一段,南北長廿六丈三尺,東西十三丈有奇,敬購採棟樑,稟請 7 鄭明府沂公爲陽曲魯南先生准修在卷。頻承諸君令余視工各務,敢不竭誠,矢勤矢慎,且誓願在前,豈弛怠於 8 後哉。旋於壬申孟春鳩工,興建大殿三間、東西耳殿二間、焚化寶庫二座、東西配殿六間、東客堂二間、二層腰殿 9 三間、山門五間。羣房等宇,葺造歲餘,諸工畢竣,巍煥宏麗。夫數百年偏設之廟堂,仰成 10 神靈移正之殿宇。際此萬民歡洽,我邑興焉。且異其兩廟倏然速起,良有神扶警悟,衆善踴躍佐施,更有余同志 11 者首先勸捐數千餘金。統勸善舉,皆諸君之力。而余曷敢泯其巨功。不揣鄙語,直陳其義,以表德焉。兹將諸名氏 12 勒碑於右。其舊祠原無侍者,今冬殆設道祝,理宜肅清,以奉晨夕鐘鼓之禮也。又兑方亦有古庵萬善寺,曾供 13 協天大帝,碑載乾隆壬寅重修。忽於同治七年,該僧潛結匪人,拆燬殿宇,幾無完舍,遍被荒蕪,繼而僧遁。是渠作孽,14 列聖何故逢此殘露。余每謁,殊覺慘驚,隨修大士南殿三間、東西配殿六間、二門外東西耳房二間、15 關帝正殿三間、山門一座、東西角門各一,乃於十月落成。再殿堂較前增添數楹。廟宇輝煌一新。遐邇旗民罔不樂幸。16 然而廟僧或日久生懈,仍蹈前轍,咎歸誰任歟?必須籌之鞏固,方屬妥協。余互相恪議,惟有原置 17 城隍廟地基印契等文及東西二廟釋道領廟字據詳

晰，聲明入官，請爲邑中 18 武廟。由此朔望宦臺詣祭，儀制隆崇而香火不替。庶幾千年共贊郅隆之至，光華復旦，欣聞舜陛之賡也。是爲序。19

大清同治十一年歲次壬申十二月穀旦立。

邑中後學劉永懷謹誌。住持道衲徐永緣。20

【碑側】

碑文：

作孝悌忠信事，

存禮義廉恥心。

## 城隍廟捐資題名碑

年代：清同治十二年（1873）五月一日

原址：東城區交道口南大街大興胡同

拓片尺寸：碑高 125、寬 62 釐米

書体：楷書

《目錄》：頁 356

拓片編號：京 190-2

拓片録自：《北京圖書館中國歷代石刻拓本匯編》第 84 卷 48 頁

【碑陰】

碑文：

今將諸善士捐資助修兩廟各名氏開列于左：

雲蔭堂銀壹百兩，内府常海銀壹百兩，遵孟堂銀壹百兩，汪誠慶銀壹百兩，孫謙山銀壹百兩，白吉山銀壹百兩，張春銀壹百兩，正堂邱明府銀廿兩，張國泰銀壹百兩，李唐銀壹百兩，張起鳳銀壹百兩，李仲孚銀壹百兩，順城郡王銀二十兩，省非齋銀壹仟兩，裕順木廠銀四十兩，姜伯麟銀五十兩，志一堂銀五十兩，宋堃銀五十兩，恒和局銀四十兩，永泰號銀五十兩，義和樓銀五十兩，聚華樓銀五十兩，聚發號銀五十二兩，恒興號銀五十兩，王豐銀五十兩，魏文晉銀壹仟兩。

中和局銀四十兩，天利木廠銀四十兩，務本局銀四十兩，老人和銀四十兩，協成乾銀三十兩，義寶號銀三十兩，萬盛號銀三十兩，王筠齋銀二十一兩，丁錦芳銀二十兩，恒利號銀二十兩，恒和號銀二十兩，景張宅壹千四百吊，椿蔭堂四千五百吊，恒源號銀二十兩，恒昌號銀二十兩，天和木廠銀二十兩，祥茂木廠銀二十兩，玉成號銀十兩，天合當銀十兩，久誠當銀十兩，恒利義銀十兩，利源長銀十兩，董堃銀壹百兩，董常惠銀壹百兩，白亮銀五十兩，榮安堂銀十兩。

滋德堂銀十兩，福善堂銀二十兩，祥慶堂銀十兩，三友堂銀十兩，千集堂銀十兩，世育堂銀十兩，天德長銀十兩，廣泉永銀十兩，恒發義銀八兩，天佑新銀八兩，福德堂銀八兩，務本堂銀八兩，種德堂銀八兩，務德堂銀八兩，全善堂銀八兩，敬善堂銀八兩，近仁堂銀八兩，壽山堂銀八兩，榮慶堂銀八兩，積善堂銀八兩，德源義銀八兩，懷德堂銀七兩，廣濟堂銀七兩，南海縣正堂銀六兩，義興當銀六兩，工頭郝啟岱銀五十兩。

大順永銀五兩，廣增店銀五兩，興盛店銀五兩，大德馨銀五兩，敦化堂銀五兩，同春店銀五兩，廣恒號銀五兩，玉成號銀五兩，敦古堂銀四兩，萬聚號銀四兩，復聚號銀四兩，聚義號銀四兩，德順號銀四兩，祥瑞成銀四兩，新泰號銀四兩，全聚號銀四兩，增盛聚銀四兩，元成號銀四兩，聚寶局銀四兩，天成號銀四兩，德豐局銀四兩，悦來楊銀四兩，功茂成銀四兩，永泰信銀四兩，恒盛常銀四兩，信昌號銀四兩。

李振德銀三十兩，白湘銀四兩，元成號銀四兩，雙復號銀四兩，興茂正銀四兩，東乾成銀四兩，慶隆長銀四兩，義盛成銀三兩，德長號銀三兩，魁陞號銀三兩，恒利義銀三兩，昌裕恒銀三兩，隆順號銀三兩，德源號銀三兩，義豐號銀三兩，德慶和銀三兩，大興號銀三兩，永興成銀三兩，萬盛和銀三兩，萬順利銀三兩，德聚長銀三兩，聚川號銀三兩，裕德堂李銀三兩，生合號銀三兩，新會縣彭銀三兩，德亨和銀二兩。

仁壽廠銀四兩，錦全昌銀二兩，德泉源銀二兩，三義泰銀二兩，德成李銀二兩，彩霞蔚銀二兩，恒昇泰銀三兩，合慶永銀二兩，義成號銀二兩，義昌號銀二兩，同豐號銀二兩，隆義局銀二兩，亨豐號銀二兩，義順號銀二兩，廣成號銀二兩，萬聚號銀二兩，義和局銀二兩，合聚局銀二兩，寶華局銀二兩，玉盛局銀二兩，義順同銀二兩，廣成同銀二兩，德順永銀二兩，廣義永銀二兩，集成棧銀二兩，道生泉銀二兩。

公聚義銀二兩，公盛義銀二兩，公源義銀二兩，公昌義銀二兩，公泰義銀二兩，聚發號銀二兩，志宅銀二兩，源豐號銀二兩，聚成德銀二兩，恒泰昌銀二兩，公合興銀二兩，厚生永銀二兩，大德玉銀二兩，德生錦銀二兩，聚信德銀二兩，謙和玉銀二兩，太昌玉銀二兩，方道台銀二兩，劉守一銀一兩，福順號銀一兩，日升隆銀一兩，全盛公銀一兩，會生慶銀一兩，聖術局銀一兩，三德樓銀一兩，隆遠局銀一兩。

居易堂銀十兩，泰興德銀二兩，范鶴山銀二兩，朱玉峰銀二兩，馬德順錢乙千吊，王善圃錢乙百吊，劉峰遠錢乙百吊，喬安恒錢乙百吊，馬文順錢五十吊，李永安錢五十吊，泰興廠錢五十吊，龐芝蘭錢五十吊，榮善士錢四十吊，高潤圃錢四十吊，羅篤軒錢四十吊，金家墀錢四十吊，王天喜錢四十吊，王小峰錢二十吊，金梅村錢二十吊，金象九錢二十吊，常陞錢二十吊，宏茂號錢二十吊，閻福善錢二十吊，巴彦布錢二十吊，均和堂錢十吊，陳靜怡錢十吊。

宋璽錢五十吊，任維周錢十吊，朱嵩山銀一百兩，王士泰、魏文晉又助玻璃燈、匾對及絹燈、出巡執事衣巾等物，銀二百兩。

劉永懷銀六百兩，劉裕珩錢二千五百吊，劉裕琛錢貳千吊，劉裕珠錢貳千吊。

又助修爐：李唐錢二百吊，張國泰錢二百吊，姜紫洲錢一百五十吊，魏文晉錢玖百吊，余兆辰錢貳百吊，張起鳳錢一百八十吊，劉永懷錢二百六十吊。

大清同治十二年五月初一日出巡會期敬立。

# 三排五段

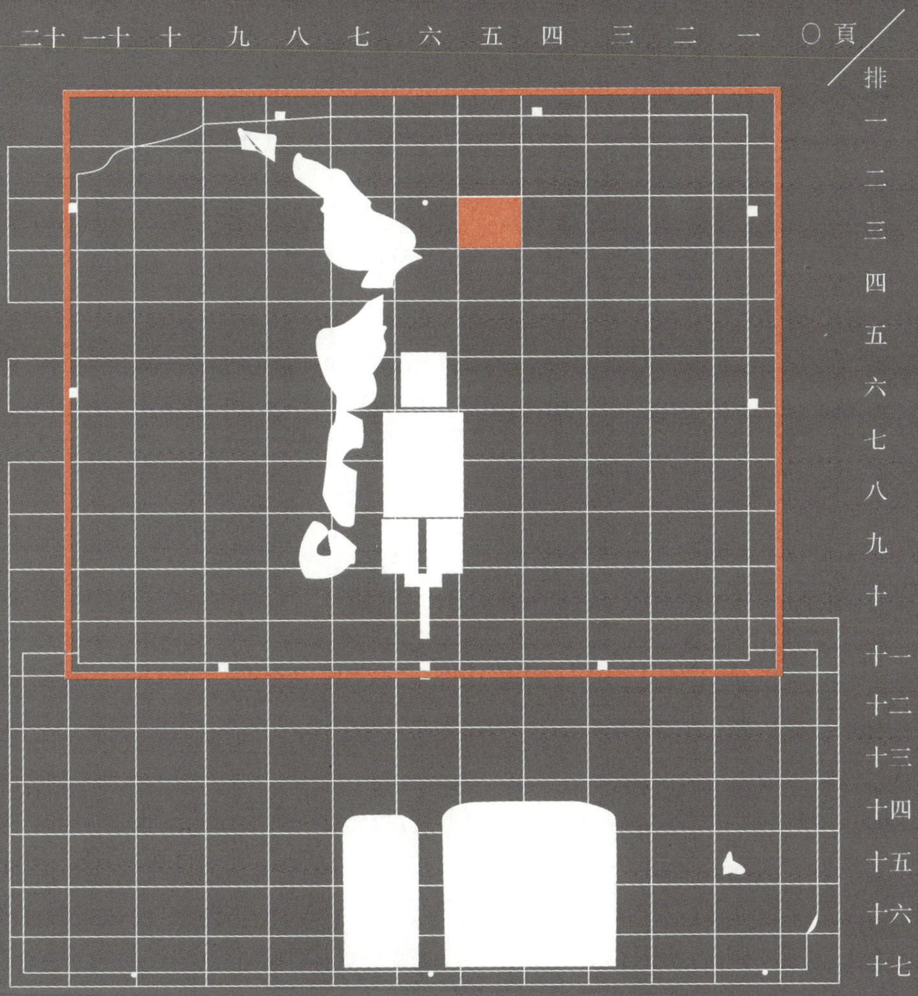

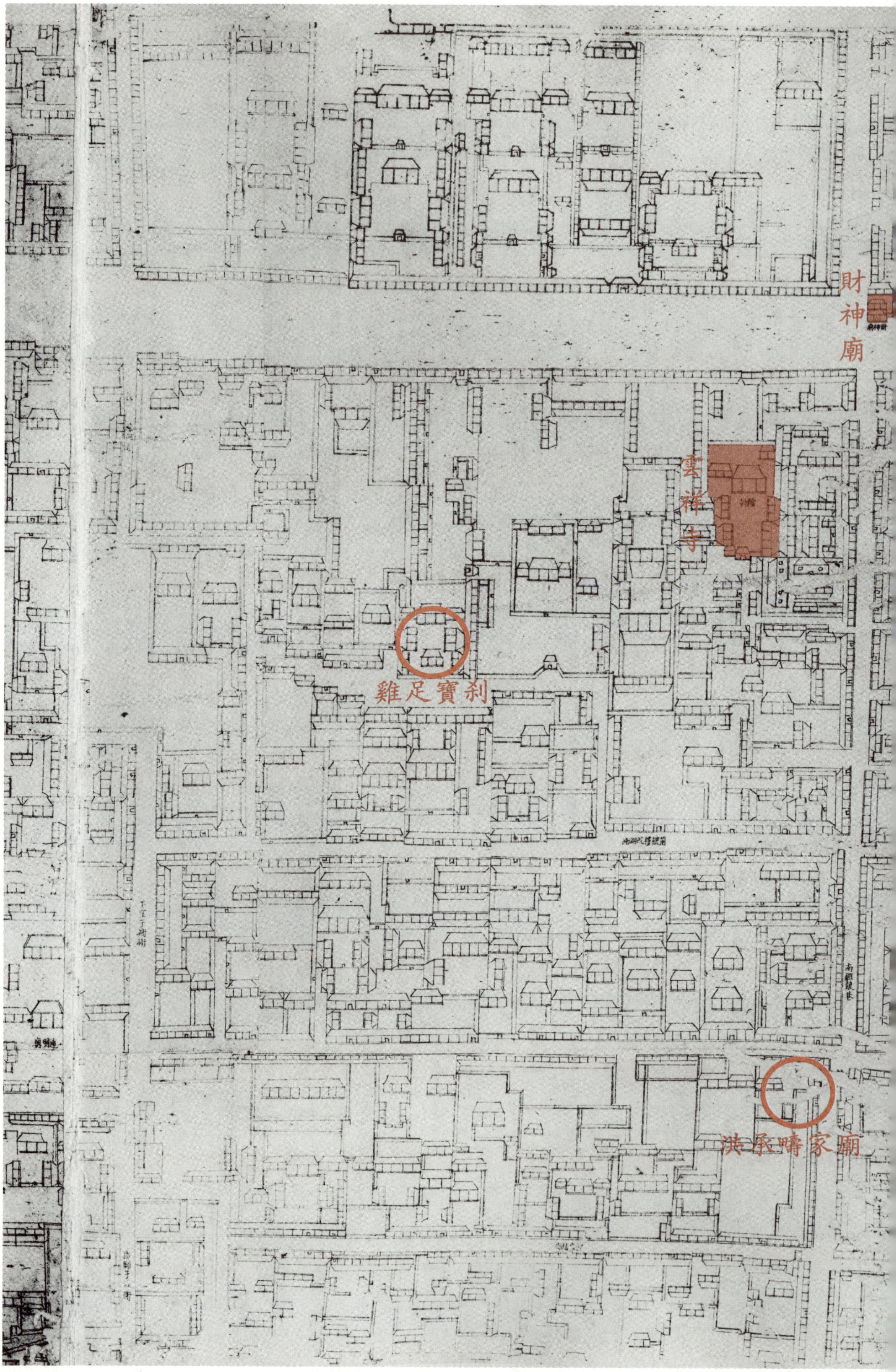
財神廟
雲祥寺
雞足寶剎
洪承疇家廟

真武廟
包公祠
五聖祠
二聖庵
金漆庵
弘通庵
圓通寺
廣慈寺
三教庵

# 五聖祠

五聖祠，原址約在今東城區東公街六十四號，寺廟建築現已不存。

五聖祠不知始建於何時，在清代廟冊及北京地方史志文獻中均無記載。從清乾隆《京城全圖》上看，此祠位於順天府衙門内東側，督粮廳之北，坐北朝南，爲一進院落，無山門，僅在西墻上開一小門，院内有殿一座三間。

據《北京文物勝跡大全·東城區卷》記載，民國時期，順天府衙曾改爲市立小學、幼稚園、東北中山中學及河北省路局。日軍侵華時，此地又改爲陸軍衙門，審訊和監禁愛國人士。1949年後，此地曾作爲河北北京中學校舍[1]。

據老住戶的回憶，上世紀50年代時，此祠位置已屬於東公街小學範圍。1987年老房拆除後，建成五層居民樓，作爲教師宿舍至今。

2006年調查時，五聖祠原址爲居民樓。

〔1〕參見《北京文物勝跡大全·東城區卷》，頁一百九十至一百九十三。

# 包公祠

包公祠，原址爲内五區西公街九號（曾一度是東城區東公街九號，今爲東公街二十五號北），寺廟建築現已不存。

包公祠始建年代不詳，從清乾隆《京城全圖》上看，此祠位於順天府衙門内，爲其附屬建築，坐北朝南，一進院落，無山門，僅在院牆上開一小門，院内有硬山調大脊正殿三間。

包公即包拯，北宋時曾任開封知府。順天府與開封府同爲京兆府衙，故順天府治設祠奉祀包公。根據《北京文物勝跡大全·東城區卷》的記載，民國年間，薛篤弼任京兆尹時，曾一度用白布遮擋殿内塑像，將正殿作爲監獄辦公室。1950 年代調查時，包公祠已改爲坐西朝東，有山門一間、正殿五間，内尚有泥塑包公像。後此祠先後爲東城區文化館和東城區開發公司使用，山門及殿宇均已拆除，塑像無存[1]。但附近居民説，50 年代以後，這裏一度曾是東公街小學分校。老街坊們對此廟記憶深刻，説順天府衙門南側建包公祠，除了追思先賢外，也象徵衙門執法公正不阿。不過亦有人説，即使改建學校後，此處也常常"鬧鬼"。

2006 年調查時，此祠原址正爲拆除現場，無門牌。2012 年回訪時，此地爲停車場。

〔1〕參見《北京文物勝跡大全·東城區卷》，頁二百三十八至二百三十九。

# 真武廟

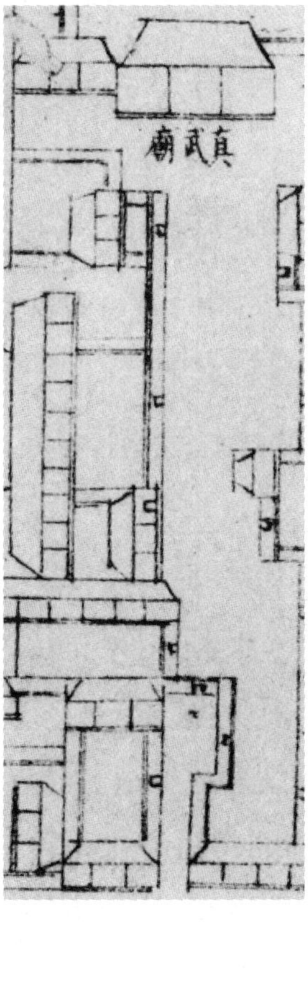


真武廟，原址約在今鼓樓東大街大經廠二、三號，寺廟建築現已不存。

此廟僅見於清乾隆《京城全圖》，按圖上所繪，它和當時許多以真武爲主神的寺廟一樣，位於一狹長巷陌的最北端，並坐北朝南。此廟似僅有正殿三間，其西另有北房三間，形制較小，似爲僧房。其餘房屋無法判斷是否廟産。

除此之外，真武廟無考，應久已傾圮。

2006 年調查時，大經廠一帶胡同格局變化較大，難以判斷寺廟具體位置，附近老住戶也對此廟全無印象。根據《京城全圖》粗略判斷，真武廟所在地現應爲居民住家院落。

# 財神廟

財神廟，又名增福財神廟，民間亦稱黄瓦財神廟，原址爲内五區鼓樓東大街路北四十六號（今東城區鼓樓東大街一百一十一號和一百一十二號之間），現存部分寺廟建築。

財神廟始建年代不詳，但在清《雍正廟冊》中已有記載，稱"財神廟在北鑼鼓巷口"，爲大僧廟，有殿宇一間、禪房三間，住持爲明心。根據《乾隆廟冊》的記載，此廟係官修，每月錢粮銀五分二釐，住持僧爲源興。雖有官中粮餉，廟僧仍自謀生計。清乾隆三十五年（1770）内務府呈報檔案顯示，廟内僅六間半殿宇、小灰棚一間，住持祖興卻還將内殿東西兩稍間租賃與人[1]。爲此，經内務府和提督衙門會同禮部共同查看，認爲其緣於該廟香火淡薄，唯租房以謀生計，本也尚合情理。但包括財神廟在内的某些官廟，將正面殿宇、大座房間租人寓居，殊屬不合，故責令租房人等盡行逐出，住持僧道交禮部太常寺嚴懲驅逐，並另選僧道敬謹焚修[2]。從清乾隆《京城全圖》上看，此時財神廟位於鼓樓東大街與北鑼鼓巷交界處路東，坐北朝南，有山門三間、内殿三間。廟院後另有院一所，中有北房三間，但結合内務府之呈報，應不屬廟產，院牆東側有小房一所。

關於財神廟之官修身份，據説與雍正皇帝有關。傳説，雍正帝登基前，每日上朝路經此廟時，必默禱神靈庇佑，保他異日繼承大統，若心願達成，他日定重修寺廟、再塑神像。聖祖駕崩時，他又到廟内禱祝，後果登帝位，便

〔1〕參見中國第一歷史檔案館藏《呈報官管寺廟殿宇房間數目清單》，乾隆三十五年五月二十二日，檔案號05-0277-032。

〔2〕參見中國第一歷史檔案館藏《奏爲會查粘修三官廟等處官管寺廟殿宇房間數目事》，乾隆三十五年五月二十二日，檔案號05-0277-031。

發帑修廟，並將灰筒瓦頂改成了黄色琉璃瓦頂。從此，此廟躋身於官修寺廟之列[1]。

清末民初改修石路時，曾由官方施工，拆去廟門三座、廂房六間，重新修築院牆一道，從此正殿前僅留空地尺餘。考慮到住持已無地棲身，遂將拆除廢料及現銀二百兩給予住持作爲補償，並准許住持將部分廟房出租，並由租戶代爲看守門户[2]。

清光緒九年（1883），静林募修寺廟，在僧錄司立有手本兩件，從此財神廟成爲法通寺胡同四號淨因寺的下院[3]，至民國時期，政府已停止對財神廟的供養，歷任住持均居於淨因寺内，將此廟殿房全部出租。民國十九年（1930），了義繼其師祖智果之位任住持，但常年在外，曾久居天津日租界花園街觀音寺内。廟内正殿西耳房租與永興成油漆鋪，其鋪掌吕同林成爲看廟人。此時財神廟山門仍南向，北殿三間，内正供泥塑財神、土地與五道三尊，左奉魯班，右祀藥王。除此之外，殿内尚有光緒年間鑄造之鐵磬、鐵鐘、鐵鼎各一口，應爲静林當日留下之物[4]。

民國二十五年（1936），經諸山公舉，財神廟住持更换爲僧人隆修。此後，隆修於民國二十八年（1939）和民國二十九年（1940）兩次向北平市社會局報修廟房工程，先後在廟門迤西增開隨牆小門一座，在所開小門之東牆上開窗户一個，在大殿前座支搭鉛鐵排子一個，並修補了廟墻[5]。

1950年代調查時，此廟山門、正殿、配殿尚存，正殿面潤三間，爲黄琉璃筒瓦頂，内供財神、藥王及魯班像[6]。然而隆修已不在廟内，北平市民政局調查人員稱他時在采育鎮[7]。據一位曾經居住在財神廟内，並在廟門口擺攤賣水果的老住户回憶，當時財神廟的正殿前已蓋起許多鋪面房，整座寺廟顯得十分破舊，但黄琉璃瓦頂仍然讓它顯得與衆不同。1985年調查時，此廟已成民居，僅存正殿三間，仍作黄琉璃瓦頂，殿前加蓋民房，神像已無存[8]。

2006年調查時，財神廟已由政府出資重建，此時有正殿三間，既無門牌，亦無神像，且廟門一直緊閉。倒是財神廟東側的小長廊，成爲了附近老人談天小聚之所。2012年回訪時，廟外新建院牆一道，將長廊與小公園封閉起來，院牆正南有隨墻門一座，但常年不開。門西側墻上所貼之説明文字中，雍正帝與此財神廟的關係被當作信史介紹。

---

〔1〕參見《北京文物勝跡大全·東城區卷》，頁二百四十二至二百四十三。

〔2〕參見北京市檔案館藏《北平市社會局寺廟類·内五區增福財神廟僧人了義呈請登記廟產及社會局的批示》，1931—1940年，檔案號J2-8-281，頁七十至七十四。

〔3〕參見《北京内城寺廟碑刻志》第二卷，二排五段"淨因寺"條，頁四百八十九至四百九十一。

〔4〕參見國立北平研究院《財神廟》，東四154。

〔5〕參見北京市檔案館藏《北平市社會局寺廟類·内五區增福財神廟僧人了義呈請登記廟產及社會局的批示》，1931—1940年，檔案號J2-8-281，頁四十二至一百二十八。

〔6〕參見《北京文物勝跡大全·東城區卷》，頁二百四十二至二百四十三。

〔7〕〔8〕參見北京市檔案館藏《北平市民政局·北平市寺廟總登記簿》，1950年，檔案號J3-1-203，頁三十八。

修復前的財神廟（1990年代李孝聰攝）

修復後的財神廟（2005年10月如意攝）

鼓樓東大街財神廟全景（2012年10月范華攝）

# 雲祥寺

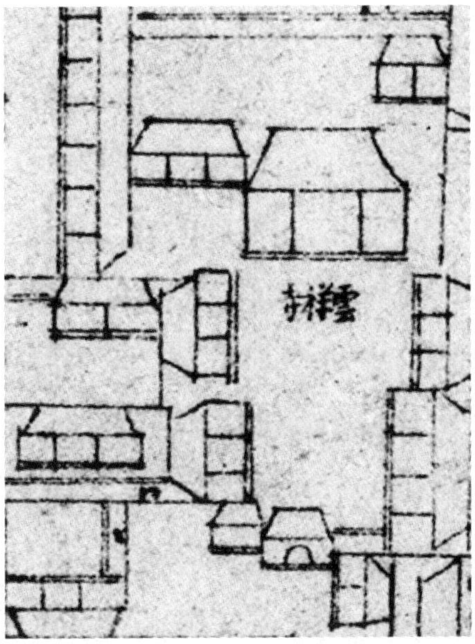


雲祥寺，亦稱雲間寺或雲開寺，原址約在今鼓樓東大街一百四十四號小東院附近。寺廟建築現已不存。

此寺始建時間不詳，《雍正廟冊》中已有記載，稱其爲“南羅鼓巷雲間寺”，時爲大僧廟，有殿宇九間、禪房十二間，住持法號心月。至《乾隆廟冊》登記時，不僅住持換成了源福，寺名也異寫爲“雲開寺”。從乾隆《京城全圖》上看，此寺坐北朝南，首有山門一座，其東爲院牆一道，西爲小房一間；正殿三間，前有東西配殿各三間，東配殿以南有禪房四間，西配殿以南有禪房三間；正殿東北側緊鄰北墻下有小北房兩間，西北側院中有小房三間。按其圖所繪，與《雍正廟冊》所記之殿宇禪房數幾無二致，可見雍乾年間雲祥寺尚整飭得宜，規模嚴整。惜其後再無記載可考，應久已傾圮。

2006年調查時，雲祥寺早已了無痕跡，其所在處是居民住家院落。

# 二聖庵

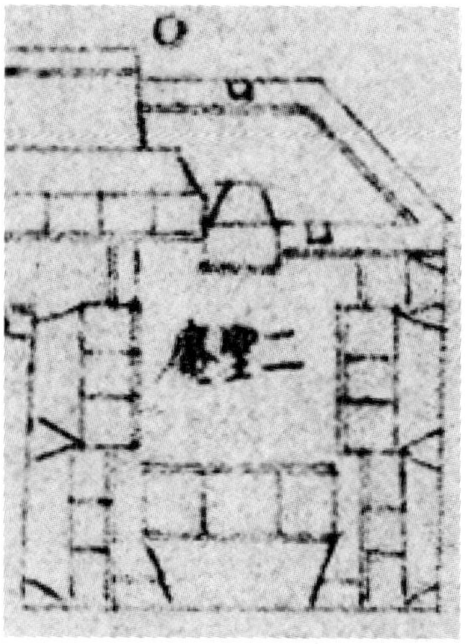


二聖庵，原址爲内五區壽比胡同十二號（約在今東城區菊兒胡同十九號），寺廟建築現已不存。

二聖庵始建年代不詳，但在清《雍正廟冊》中已有記載，稱“二聖庵在臭皮胡同”，爲尼僧廟，有殿宇四間、禪房十二間，住持海詳。至乾隆時期，此庵在《乾隆廟冊》中仍有登記，住持尼爲吉寬。從乾隆《京城全圖》上看，此庵位於臭皮胡同南部，坐南朝北，有院牆兩重，隨墻各開一門。大門外有井一眼，二門之西有殿一間，院内有正殿三間，東西配殿各三間，東配殿北有配房一間、南有配房三間，西配殿南亦有配房三間。

據國立北平研究院的調查，1931 年時，二聖庵已改建爲民房，後門爲蘇姓住宅，前門爲鞠姓住宅[1]。

2006 年調查，二聖庵原址爲菊兒胡同小區居民住宅樓。

〔1〕參見國立北平研究院《二聖庵》，東四 153。

# 金漆庵

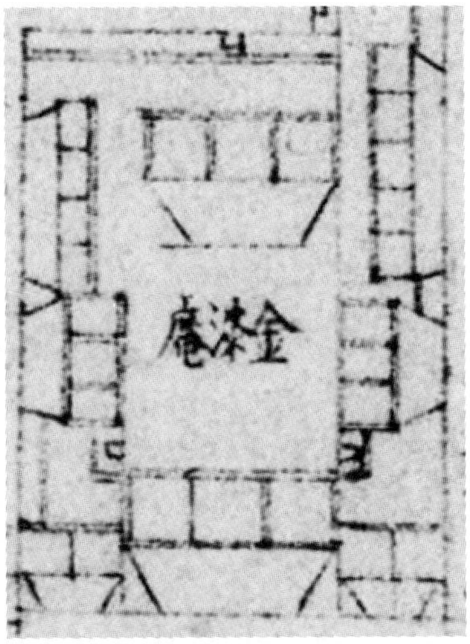


金漆庵，也稱金錫庵，可能即是民國時期的大悲寺，亦名大悲院。原址爲内五區壽比胡同十九號（今約在東城區菊兒胡同十七號左右），寺廟建築現已不存。

金漆庵的始建時間不詳，《雍正廟冊》中記爲“臭皮胡同金錫庵”，時爲尼僧廟，住持佛智，有殿宇八間、禪房十八間。《乾隆廟冊》仍沿用“金錫庵”之名，衹是住持换成了尼僧先悟。從乾隆《京城全圖》上看，金漆庵坐南朝北，無山門，北側院牆開門一道，南則前殿三間、後殿三間；東西配殿各三間，以北有東西配房各四間、五間；東西配殿南均有小跨院，經殿南側穿角門進入，内各有北向小南房兩間。

根據寺廟檔案記載，從清嘉慶四年（1799）至光緒二年（1876）的七十餘年中，此庵曾七轉香火，最終由大興縣民人魏榮喜從僧人妙泉手中購得，作爲魏氏家祠。可能正是在此過程中，金漆庵改名大悲寺。民國年間國立北平研究院調查時，寺門仍北向，僅有南房三間爲殿宇，中無佛像。其餘南小房三間、北大房三間、小房四間、西房一間，均爲住宅[1]。民國十九年（1930）和民國二十年（1931），魏榮喜先後兩次從廟鄰恒姓、孔姓手中置買房屋地產，以擴廟基，至北平市社會局寺廟登記時，大悲寺已有廟房十七間，雖稱家祠，但廟内並無佛像、神像，亦無禮器、樂器，更無法器、經典，所有房屋全部出租，收取租金[2]。至民國二十五年（1936），魏榮喜將廟產施捨與萬佛寺住持尼僧妙真，

〔1〕參見國立北平研究院《金漆庵》，東四 152。

〔2〕參見北京市檔案館藏《北平市社會局寺廟類·内五區大悲寺魏榮喜呈請登記廟產及社會局的批示》，1931 年，檔案號 J2-8-293，頁一至二十六。

且雙方言明，廟内收入房租仍暫歸魏榮喜夫婦所有，以敷日用，二人故去後，妙真師徒應負責辦理一切喪葬事宜，即可繼承其一切房租塋地，並立有字據爲證[1]。此後，妙真向社會局重新登記了廟產，根據表報，廟内時有殿房二十二間，尼僧妙真、木静、木法三人居廟中[2]。

2006 年調查時，壽比胡同格局變化較大，根據《京城全圖》等資料推定，其原址大約爲今菊兒胡同小區居民樓。

〔1〕參見北京市檔案館藏《北平市社會局寺廟類·内五區大悲寺住持妙真關於接受廟宇請核准的呈及社會局的批示》，1936 年，檔案號 J2-8-822，頁一至十一。

〔2〕參見北京市檔案館藏《北平市社會局寺廟類·内五區大悲庵管理人魏尹氏送寺廟登記表及社會局的批示》，1936 年，檔案號 J2-8-1127，頁一至二十九。

# 圓通寺

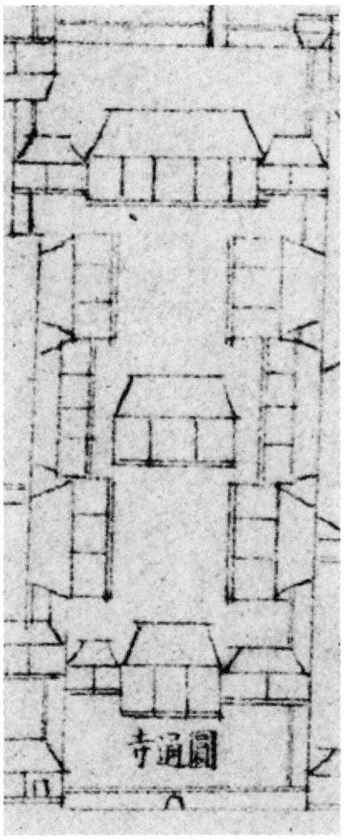


圓通寺，原址爲内五區大菊胡同十五號（今東城區菊兒胡同三十三號），寺廟建築現已不存。

圓通寺始建年代不詳，《北京文物勝跡大全·東城區卷》記其始建於元代，因爲建築專家趙正之曾對寺内建築進行過考察和研究，認爲寺内殿堂的木架至晚爲元末明初之物[1]。但北京歷代地方志中並無此記載。清《雍正廟冊》中稱"圓通寺在局兒胡同"[2]，爲大僧廟，寺内有殿宇十一間、禪房二十二間，住持尚興。《乾隆廟冊》中仍登記爲大僧廟，住持法號妙印。因此直到此時，圓通寺尚非藏傳佛教寺廟，而《北京文物勝跡大全·東城區卷》稱其清時已爲熱河溥仁寺下院，其因由尚不得知[3]。從乾隆《京城全圖》上看，圓通寺位於橘兒胡同路北，坐北朝南，爲三進院落，無山門，僅在墻上開門，院内有前殿三間並東西耳房各兩間；中殿三間並東西配殿各三間；後殿五間並東西耳房各兩間，東西配殿各三間，在中殿和後殿的東西配殿之間，還各有配房四間連接二者。清同治十年（1871），該廟可能曾大舉重修，因廟内鐵香爐和鐵鐘銘文均記爲"大清同治十年四月吉日立，圓通寺"。

至民國時期，圓通寺已成爲藏傳佛教寺廟，至少在20世紀30年代到50年代之間，住持喇嘛一直是來自熱河溥仁寺的王金寶。當時圓通寺佔地面積約爲四畝五分，寺内共有殿房三十三間，主要建築爲山門、天王殿、觀音殿、三

〔1〕〔3〕參見《北京文物勝跡大全·東城區卷》，頁三百四十。

〔2〕局兒胡同即爲《京城全圖》橘兒胡同之異寫。

世佛殿及配殿。觀音殿面濶三間,天花上有藻井,殿中供奉南海觀音大士及十八羅漢塑像,東配殿爲伽藍殿,西配殿爲祖師殿,三世佛殿内供奉釋迦牟尼佛[1]。1985年調查時,寺廟已被全部拆除,原址上建起北京半導體器件九廠[2]。

2006年調查時,圓通寺原址爲内蒙古自治區人民政府駐京辦事處。

〔1〕國立北平研究院《圓通寺》,東四156。另參見《北京寺廟歷史資料》,頁四百二十三。

〔2〕參見《北京文物勝跡大全·東城區卷》,頁三百四十。

# 弘通庵

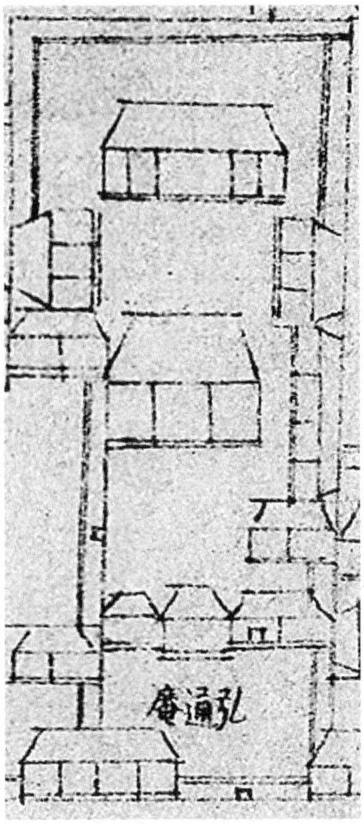


弘通庵,亦稱宏德庵、宏德禪林、宏德庵娘娘廟、娘娘廟,原址爲内五區大菊胡同十九號(今東城區菊兒胡同四十一號),寺廟建築現已不存。《北京文物勝跡大全·東城區卷》記,1950年代調查時,曾見廟内有疑似元代斷碑一通,但歷代文獻均不記此碑,也無拓片存世,更未見其原貌。

弘通庵始建年代不詳,民國時住持心亮聲稱爲明萬曆時私建,此說或許與廟内原有之萬曆二十三年(1595)三月所鑄之圓鐵爐及萬曆二十九年(1601)十一月所鑄之大鐵磬有關。清《雍正廟册》中記廟名爲“宏德庵”,尼僧廟,住持興長,有殿宇十一間、禪房十六間。《乾隆廟册》沿用此名,但廟已改換門庭爲大僧廟,住持僧明寶。從清乾隆《京城全圖》上看,弘通庵位於橘兒胡同路北,坐北朝南,無山門,僅在南院牆上開一小門,内有三層殿宇。第一層爲三座並列北房,居中一間最大,應爲殿宇,其東一座爲兩間,西房開門通往後院,其西一座僅一間;第二層爲大殿三間,東有配房四間,配房以南還有小南房兩間;第三層大殿五間,前有東、西配殿各三間。在三層大殿的西側,似還有一所小跨院,内有前房四間,中房、北房各兩間。

清嘉慶四年(1799),寺廟住持行義曾重修寺廟,重立前殿木額“宏德寶殿”一方。清道光四年(1824),廟又重修並更名娘娘廟,原前殿匾額被移入殿内,殿外及廟門均懸“娘娘廟”木額。咸豐元年(1851),理玉接廟,在僧錄司更名入册,立有手本。至清同治十年(1871),僧人心亮在廟内出家,後於光緒年間接掌法座[1]。至民國年間，弘通庵已改名宏德娘娘廟，規模較之乾隆年間大大縮小，其山門南向，小木額曰“娘娘廟”，門内古槐一株；前殿三間，供奉木製金身娘娘塑像三尊、泥塑十殿閻羅十尊，另有關帝、韋馱等神泥像。殿前院内有西房三間、東房二間、柏樹一株，東夾道内有東房二間；前殿以北爲大士殿五間帶東西耳房各兩間，内供三大士木像三尊，殿前東西配房各三間。除大殿外，各房舍均賃與小本營業人居住[2]。

民國二十四年（1935），心亮圓寂，法徒慧果繼任住持[3]，他同時是圓通寺胡同廣慈庵[4]的住持，在其管理下，弘通庵殿房數量從原來的二十三間增加到二十七間，但佛像數量略有減少[5]。民國三十一年（1942）九月，由於年久失修，慧果遂向社會局呈報工程，請求修理，後經社會局批准，將廟門一間、正殿三間擬照舊基重修，西灰平房三間拆卸重建，加蓋東平房三間，並對後殿及東西配房進行重漆[6]。直到 20 世紀 50 年代初，慧果已退讓廣慈庵住持，與監院印戒三人共同住在廟内[7]。

1950 年調查時，弘通庵尚存山門一間，“娘娘廟”小木額已不存，顯出前檐石額“宏德禪林”四字；前殿爲硬山調大脊筒瓦頂，黄琉璃吻垂獸，殿前有石獅一對；後殿五間，硬山箍頭脊筒瓦頂前出廊，兩側各有耳房兩間；東、西配殿均爲硬山合瓦頂前出廊。1985 年調查時，此廟僅存殿宇一座，其餘殿房均被拆除改建。1989 年改造菊兒胡同，此廟建築全部被拆，石門額移至東城區文化文物局院内[8]。

2006 年調查時，弘通庵原址爲菊兒胡同居民小區，是吳良鏞設計建造的“類四合院”式居民住宅樓。

---

〔1〕參見北京市檔案館藏《北平市社會局寺廟類·内五區大菊兒胡同娘娘廟僧人心亮登記廟產的呈文及社會局的批示》，1931 年，檔案號 J2-8-424，頁五至六。

〔2〕參見國立北平研究院《娘娘廟》，東四 155。

〔3〕參見北京市檔案館藏《北平市社會局寺廟類·内五區宏德娘娘廟住持慧果關於更换住持的呈及社會局的批示》，1935—1942 年，檔案號 J2-8-904，頁一至二十三。

〔4〕參見本排段“廣慈寺”條。

〔5〕參見北京市檔案館藏《北平市社會局寺廟類·内五區宏德娘娘廟住持慧果關於登記廟產的呈及社會局的批示》，1935—1936 年，檔案號 J2-8-905，頁二十五至三十六。

〔6〕參見北京市檔案館藏《北平市社會局寺廟類·内五區宏德娘娘廟住持慧果關於更换住持的呈及社會局的批示》，1935—1942 年，檔案號 J2-8-904，頁二十四至三十二。

〔7〕參見北京市檔案館藏《北平市民政局·北平市寺廟總登記簿》，1950 年，檔案號 J3-1-203，頁四十。

〔8〕參見《北京文物勝跡大全·東城區卷》，頁二百八十一。

# 廣慈寺

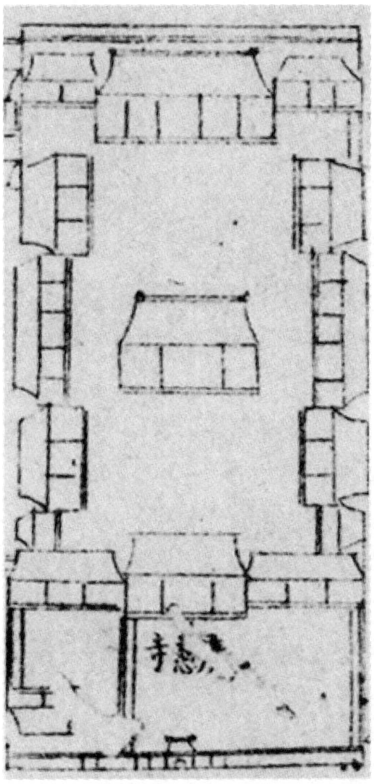

廣慈寺，又名廣慈禪林、廣慈庵，原址爲内五區前圓恩寺胡同七號（今東城區前圓恩寺胡同十三號），寺廟建築現已不存。寺内原有碑刻一通，爲明萬曆四十五年（1617）初立、清道光二十八年（1848）重刻的《廣慈庵十方院碑》。

廣慈寺始建年代不詳，但根據《廣慈庵十方院碑》的碑文推測，此寺在萬曆四十五年立碑之前就已經存在，並有僧人在寺内焚修。碑文稱，廣慈寺立碑的目的在於強調和強化其"十方叢林"的性質，碑文中稱"此寺係十方檀越施財修造，止許十方有德真僧輪流主之，不許個人徒子法孫不肖掌管，承襲爲業，恐後無憑"，故"立石爲記"，文後還附有禪偈一首，曰："建立十方院，圓恩是比鄰。試花逢宿雨，結果在因真。童子無心應，阿師有意詢。客僧投杖喜，廣慈萬年春。"[1]既點明了廣慈寺的地理位置，又指出了其向有"留居客僧"的傳統，這對此寺後來的管理産生了一定的影響。

至清代，關於此寺的記載漸多，如清《雍正廟冊》中記載，廣慈庵，在圓恩胡同，爲大僧廟，有殿宇二十間、禪房四十七間，住持僧爲明一。《乾隆廟冊》中亦稱廣慈庵在圓恩寺胡同，爲大僧廟，住持僧定輝。從清乾隆《京城全圖》上看，廣慈寺位于前圓恩寺胡同路北，坐北朝南，爲三進院落，第一進院落以前殿西墻爲界分爲東、西兩院，並筑墻以區隔之，東院内坤方有廟門一座，小

〔1〕明萬曆四十五年（1617）《廣慈庵十方院碑》，《北京圖書館藏中國歷代石刻拓本匯編》，京576，卷五十九，頁九十三至九十四。

角門兩座，前殿三間帶東配房三間，西院内有小門一座，配房三間，倒座僧房兩間；前殿後有中殿三間；最北有後殿五間並東房三間、西房兩間，中殿和後殿均有東、西配殿各三間，中配殿和後配殿之間各以僧房五間相連接，在中層之東、西配殿的南側，還各有小配房一間。在清代至民國時期的北京地方史志文獻《日下舊聞考》、《宸垣識略》、《光緒順天府志》、《燕都叢考》、《北京市志稿》和《北平廟宇通檢》中，均對此寺有記載，尤其是《廣慈庵十方院碑》偈文中的“建立十方院，圓恩是比鄰”一句，更是被傳爲佳話，屢屢出現於文人筆下[1]。

有清一代，廣慈寺添修不斷，有跡可查的例如清康熙四十七年（1708）紙拓佛像、乾隆年間穆爾薩敬書大雄殿殿後木額、道光二十六年（1846）桂祥立大悲殿木額、道光二十八年（1848）劉永懷[2]重鎸《廣慈庵十方院碑》、清同治十年（1871）保城敬造大雄殿大鼓等。至民國四年（1915）周肇祥踏訪廣慈庵時，廟内奇木異物衆多，令他讚嘆不已。除記萬曆碑石外，他還特別提及“殿二重，各有巨柏，蒽鬱離披，柯若澀鐵。後殿堦前置白石紀限儀、經緯儀各一，時刻度數粲粲可辨。中有石缽，蓮花式，承以幢，雕鏤精好，朱甍翠蓋間益映麗”。如此美景中，周肇祥不由感嘆寺僧之“慳負”，蓋屋多賃客，乃至殿中設床，僧不願啓殿扉以示人也[3]。

廣慈庵之住持慧果，傳賢首宗，同時兼任菊兒胡同弘通庵住持[4]。其人侍廟倦怠，民國十九年（1930），他因遲交寺廟登記表，險些被北平市社會局以“延誤登記”爲由免職，幸得同門力保，又認捐大洋一百五十元以資助惠工學校，方纔保住住持之職。然此時廣慈庵仍儼然一方大寺。山門一間南向，木額“廣慈禪林”；前殿三間爲天王殿，内供木像彌勒一尊、天王紙像四幅，後有金身韋馱木像一尊。《廣慈庵十方院碑》即立於殿右。殿前有東房兩間，殿東有過道一條，過道東有房二間爲診療室，前殿西有房三間爲住宅；前殿之後爲大雄殿三間，内正供釋迦佛一尊，木像金身，木製小三世佛三尊，高不盈尺。佛像前有戒臺，上供鎏金銅佛一尊、甚大之宣德爐一座、木製金身羅漢十八尊，其餘鼓磬等法物衆多。佛像後尚有“放大光明”木額，下供康熙年間紙拓佛像。正殿前東配殿三間爲伽藍殿，内供關公木像。西配殿三間爲祖師堂，内供木製達摩一尊。院内柏樹兩株、楸樹兩株，正是周肇祥盛讚“蒽鬱離披”之由來。院東西各有夾道，内有東西房各五間；後殿爲大悲殿五間，内正供木像金身大悲菩薩一尊，後有三世佛坐像三尊，精雕細刻、像極精美。左側木龕内供護法韋馱、右側木龕内供伽藍菩薩，另有十六尊者拓片十六張，懸於兩旁。殿前東配殿爲地藏殿，内供地藏王紙像一幅。西配殿三間，時爲印書工廠。周肇祥曾見到的石質渾天儀就在此院内，而除他嘖嘖稱讚的古柏外，院中還有海棠二叢，花開時節明艷繁盛[5]。慧果呈報廟產時，稱廟内除大小各樹十三株外，又特別提及“古仙籐一棵”，其當年寺景不由令人浮想聯翩。然樹木雖多，廣慈寺内卻不能稱爲清幽，蓋至民國二十五年（1936）時，廟内寄居僧人已多達十九人，除將屋宇賃人外，寺内還有私立阜成小學，慧果擔任董事長[6]。

---

〔1〕參見《宸垣識略》卷六·内城二，頁一百一十二；《日下舊聞考》卷五十四城市·内城北城，頁八百六十三至八百六十四；《光緒順天府志》京師志十六·寺觀一·内城寺觀，頁五百；《燕都叢考》第六章·内五区各街市，頁二百九十、二百九十二；《北京市志稿·宗教志》卷二·釋教二，頁六十；許道齡《北平廟宇通檢》上編·内城·内五區，國立北平研究院史學研究會，民國二十五年（1936），頁七十五。

〔2〕劉永懷爲當時大興縣邑中著名善人，曾於清同治十一年（1872）首善重修大興縣城隍廟、萬善庵等，參見本書三排四段“萬善庵”條、“城隍廟”條。

〔3〕參見《琉璃廠雜記》，頁八十五。

〔4〕參見本排段“弘通庵”條。

〔5〕參見國立北平研究院《廣慈庵》，東四151。

〔6〕參見北京市檔案館藏《北平市社會局寺廟類·内五區廣慈庵僧人慧果登記廟產捐助校款的呈文及社會局的批示》，自1930—1936年，檔案號J2-8-14，頁四十三至五十六。

至 1947 年,廣慈庵住持已更换爲遠霞[1]。50 年代初,廣慈庵仍有殿宇九十六間,附近老住戶回憶,當時此廟還可供人停棺暫厝[2],直到 1960 年代,軍隊佔用寺廟後,纔將所有廟房、古樹並精美廟產一併拆除。1985 年,廟已完全無存[3]。

2006 年調查時,廣慈寺原址爲部隊軍人大院。

[1] 參見《北京寺廟歷史資料》,頁六百七十五。

[2] 常人春在《紅白喜事:舊京婚喪禮俗》一書中亦稱,廣慈寺爲舊京承辦停靈暫厝業務的寺廟之一,寺内“接納停靈暫厝,承辦喪事。主要應酬北城紳商各界的喪事”。參見常人春《紅白喜事:舊京婚喪禮俗》,北京:北京燕山出版社,1994 年,頁四百四十三。

[3] 參見《北京文物勝跡大全·東城區卷》,頁二百七十九。

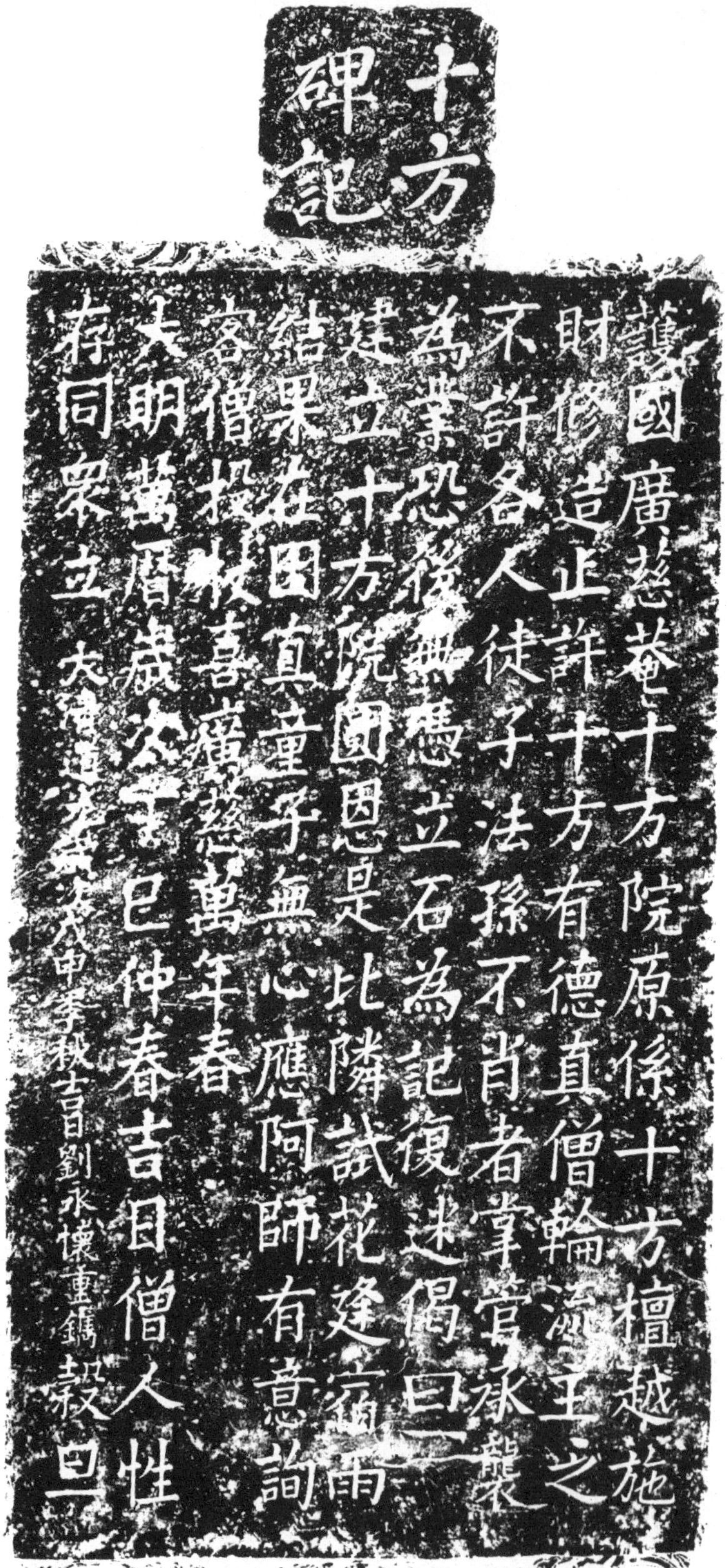


京 576《廣慈庵十方院碑》陽

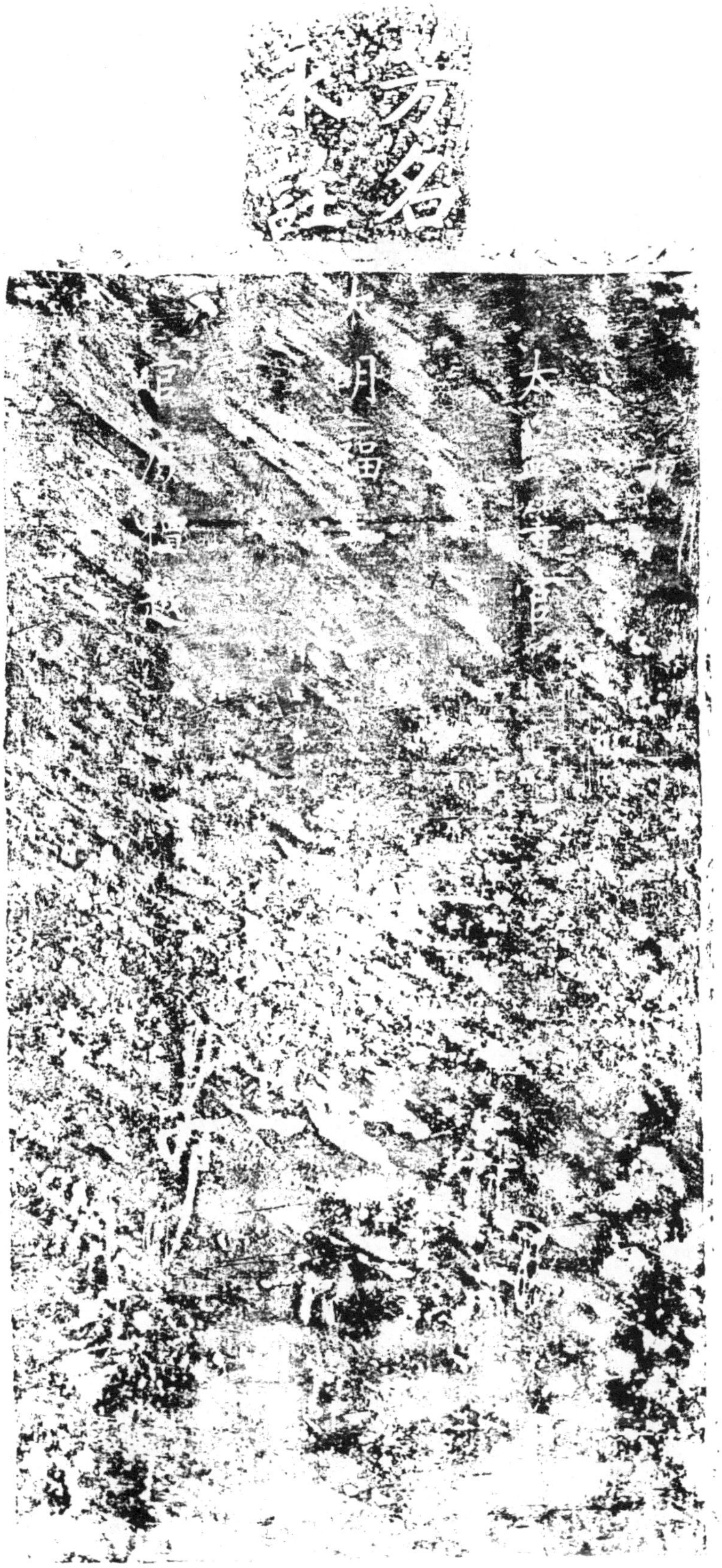

京 576《廣慈庵十方院碑》陰

# 十方碑記

護國廣慈庵十方院原係十方檀越施
財修造止許十方有德真僧輪流主之
不許各人徒子法孫不肖者掌管承襲
爲業恐後無憑立石爲記復迷偈曰
建立十方院圓恩是比鄰試花逢宿雨
結果在因真童子無心應阿師有意詢
客僧投杖喜廣慈萬年春
大明萬曆歲次丁巳仲春吉日僧人性
存同衆立大清道光歲次戊申季秋吉日劉永懷重鐫穀旦

京576《廣慈庵十方院碑》陽

芳名永註

太監等官

大明福王（以下泐）

官庶檀越

京576《廣慈庵十方院碑》陰

# 廣慈庵十方院碑

年代：明萬曆四十五年（1617）二月立，清道光二十八年（1848）九月重刻
原址：東城區前圓恩寺胡同
拓片尺寸：碑陽、陰均高138、寬68釐米；額陽、陰高25、寬23釐米
書體：楷書
書人：劉永懷
《目錄》：页254
拓片編號：京576
拓片錄自：《北京圖書館藏中國歷代石刻拓本匯編》第59卷93—94頁

【碑陽】

額題：十方碑記

碑文：

護國廣慈庵十方院原係十方檀越施 1 財修造，止許十方有德真僧輪流主之。2 不許各人徒子法孫不肖者掌管，承襲 3 爲業。恐後無憑，立石爲記。復迷偈曰：4 建立十方院，圓恩是比鄰。試花逢宿雨，5 結果在因真。童子無心應，阿師有意詢。6 客僧投杖喜，廣慈萬年春。7

大明萬曆歲次丁巳仲春吉日僧人性 8 存同衆立。

大清道光歲次戊申季秋吉日劉永懷重鐫。穀旦。9

【碑陰】

額題：芳名永註

碑文：

大明福王
太監等官
官庶檀越
（以下泐）

# 三教庵

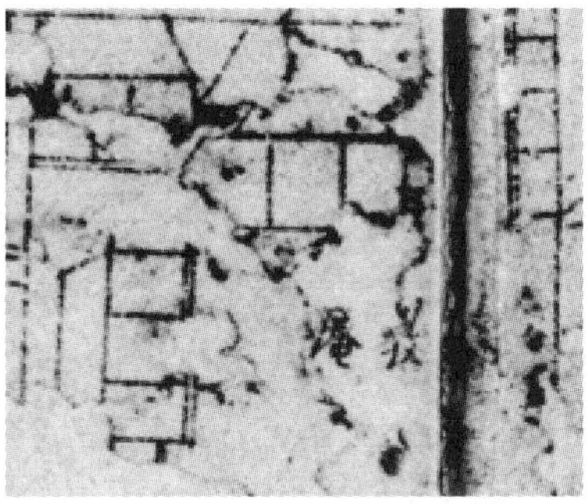

三教庵，原址約在今前圓恩寺胡同十四號,寺廟建築現已不存。

此庵不知始建何時,僅見於清乾隆《京城全圖》，然其位置恰在兩排段交界處,圖上所繪也漫漶甚多，僅能辨識其位於前圓恩寺胡同南,坐北朝南,有正殿三間、西配殿三間,正殿後有西配房三間。

除此之外,三教庵無考,應久已傾圮。

2012 年調查時，三教庵原址爲居民住家院落。

# 雞足寶刹

雞足寶刹，不見於清乾隆《京城全圖》，原址爲内五區後鼓樓苑十八號（今東城區鼓樓東大街一百五十六號），寺廟建築現已不存。

根據民國寺廟登記檔案記載，雞足寶刹募建於清康熙乙丑年（1685），隸屬於西直門外北下關二十四號廣通寺，爲其退居僧人靜養之所。此廟佔地面積約爲七畝，有山門、大殿及群房共計三十間，松樹兩株。光緒二十九年（1903），雞足寶刹被住持性然租與求實中學用作後倉。至民國時期，雞足寶刹雖也在北平市社會局進行了廟産登記，但實際上它已被求實中學完全佔用，廟内既無佛事香火，亦無僧人居住〔1〕。

根據《北京文物勝跡大全·東城區卷》的記載，1990年代，雞足寶刹原址在北京第二十二中學校園内〔2〕。

2006年調查時，雞足寶刹原址爲北京市第五中學分校。

〔1〕參見北京市檔案館藏《北平市社會局寺廟類·雞足寶刹住持性然送寺廟登記表及社會局的批示》，1936年，檔案號J2-8-1022，頁一至十九。

〔2〕參見《北京文物勝跡大全·東城區卷》，頁XV"附有資料記載而無稽考的寺廟名單"。

# 洪承疇家廟

洪承疇家廟，不見於清乾隆《京城全圖》，原址在今東城區南鑼鼓巷五十九號，寺廟建築現存部分。

洪承疇家廟始建年代不詳，清《雍正廟冊》和《乾隆廟冊》均無記載。民國文獻《燕都叢考》中援引《天咫偶聞》稱："洪文襄承疇第在南鑼鼓巷路口。門庭儼然，懸有順治乙未科進士第匾，其名則洪汝亨，當是文襄諸子。"又援引《燕京訪古錄》云："洪承疇府第在後門外方磚廠東口外路東，今已廢，惟府門外之二鐵獅巍然獨存。府後門在南羅鼓巷，尚居洪氏之子孫云。"[1]

1985年，此院房屋已大部分改建，僅存北房三間爲原有建築，據洪氏後人提供的情況，此爲其家廟[2]，故推測廟爲後人由其府第改建而成。

2006年調查時，洪承疇家廟正門改開於南鑼鼓巷中，北房三間尚存，其餘建築均已翻蓋。院内已無洪氏後人，唯院内的一株白蠟古樹，至今枝葉繁茂，記載着洪府往日之輝煌。此地居民祗知此處爲洪宅，而不知其中有家廟也。

〔1〕《燕都叢考》第二編·第六章，頁三百八十七。

〔2〕參見《北京文物勝跡大全·東城區卷》，頁二百一十六至二百一十七。

# 三排六段

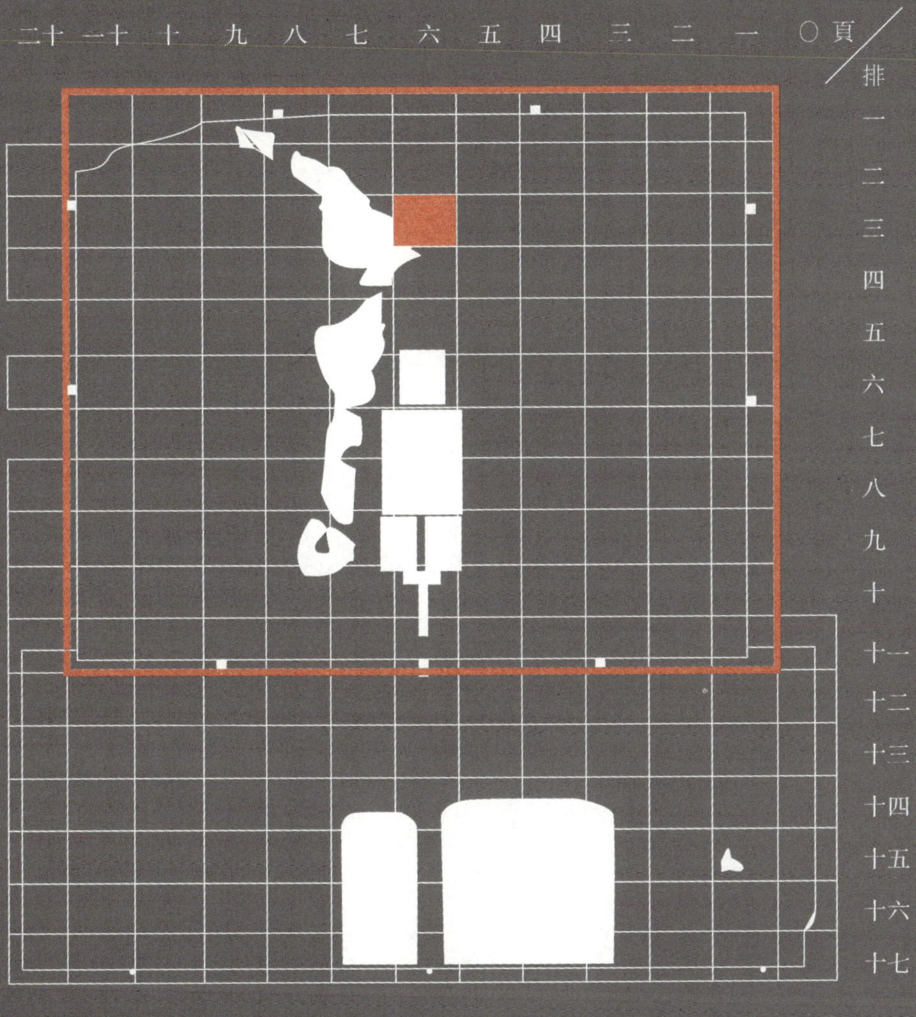

福德庵
觀音庵
廣福觀
龍王廟（煙袋斜街
三元庵
天仙庵
海潮庵

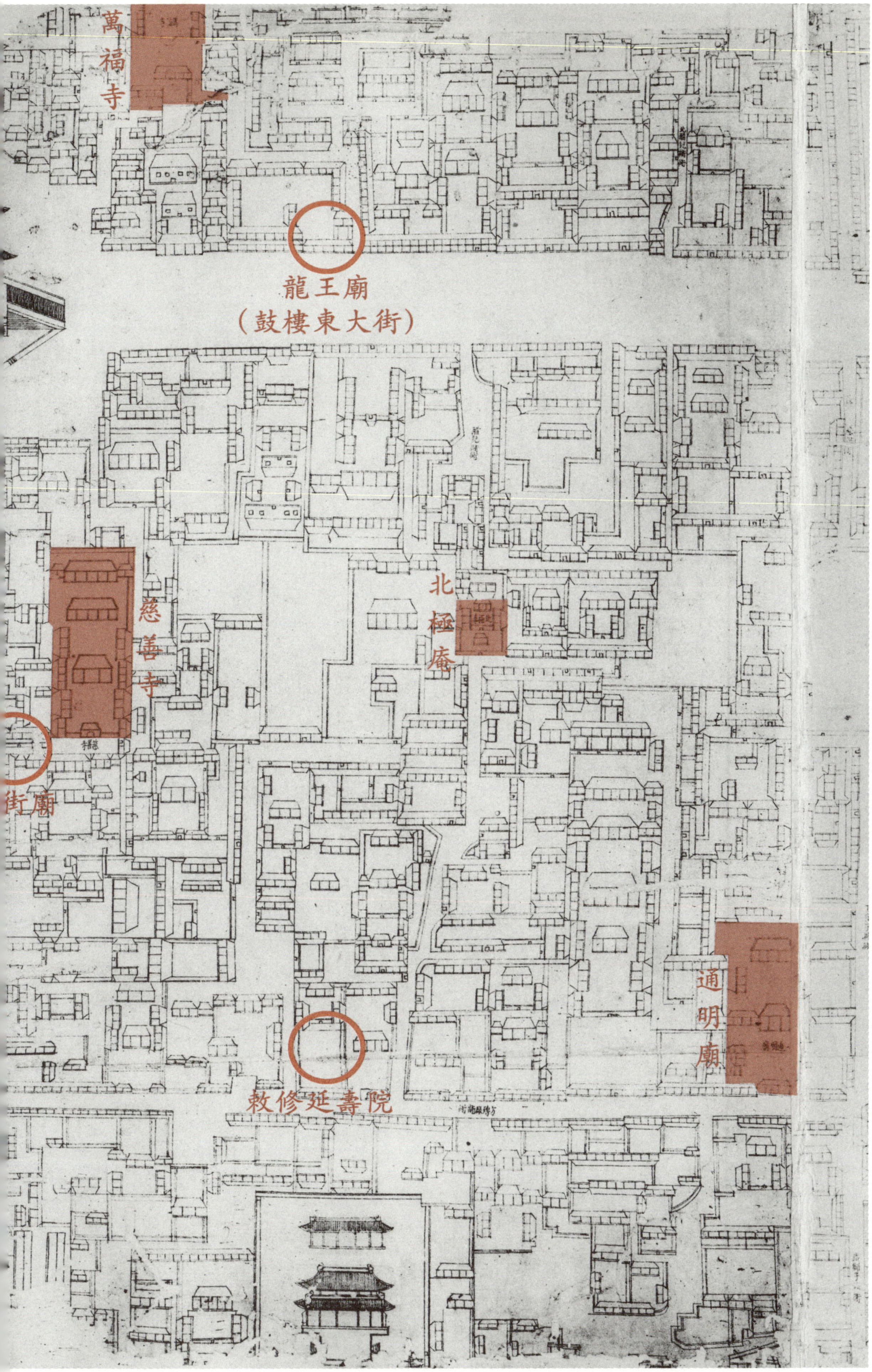
萬福寺
龍王廟
（鼓樓東大街）
北極庵
慈善寺
街廟
通明廟
敕修延壽院

# 萬福寺

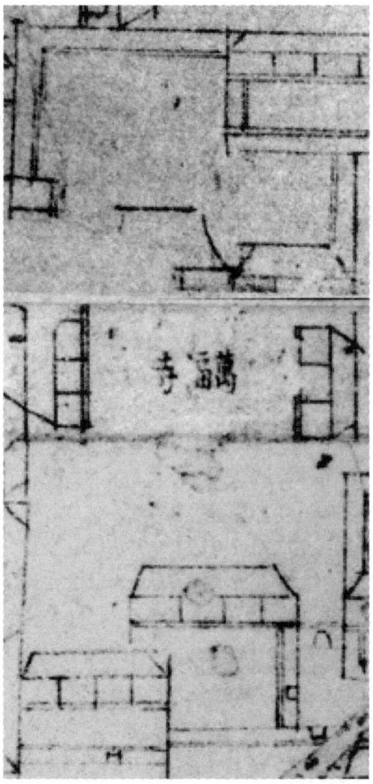

萬福寺，初名大天壽萬寧寺，清代一般簡稱萬寧寺，後爲避宣宗諱而改稱萬靈寺[1]，“萬福”之名僅見於清乾隆《京城全圖》。寺原址在内五區鼓樓東草廠七十四號（曾一度改爲東城區鼓樓草廠三十七號，今爲草廠胡同十二號）。寺廟建築現已不存。據《析津日記》記載，寺内原有穹碑兩座、明碑四通，明末清初時尚存。“從湢室而入，有穹碑二，尚存，長各二丈餘。西一碑國書（按：蒙文），不可讀，東一碑，歐陽原功文，張起巖書，姚慶篆額，題曰‘成宗欽明廣孝皇帝作天壽萬寧寺神御殿碑’。其北列明碑四，一爲馮祭酒夢禎文，一爲焦太史竑文”。至清乾隆年間，寺中已僅存焦竑一碑，餘俱無考[2]。民國四年（1915）冬周肇祥踏勘尋訪時，兩穹碑並四明碑俱已無見[3]，今拓片亦無考。

此寺初創於元大德九年（1305），爲元成宗布爾罕皇后所建，時稱“大天壽萬寧寺”。據《日下舊聞》等書引《析津日記》稱其“中塑秘密佛像，生形醜怪，後以手帕蒙覆其面，尋傳旨毁之”。至元泰定四年（1327）五月，寺内作成宗神御殿，奉安成宗御像。

明末清初，寺之前後均爲兵民居之[4]。至清《雍正廟冊》登記時，該寺已

〔1〕參見《北京市志稿·宗教志》卷二，頁五十九。《北京文物勝跡大全·東城區卷》，頁三百二十二至頁三百二十三。

〔2〕參見《日下舊聞考》卷五十四城市·内城北城，頁八百六十六至頁八百六十七。《宸垣識略》卷六·内城二，頁一百一十至頁一百一十一。《光緒順天府志》京師志十六·寺觀一，頁五百零一。

〔3〕參見《琉璃廠雜記》，頁八十五。

〔4〕參見《日下舊聞考》卷五十四城市·内城北城，頁八百六十六至頁八百六十七。

爲大僧廟，其時有殿宇十三間、禪房九間，住持法號照輝。《乾隆廟冊》登記住持爲通福。從乾隆《京城全圖》上看，此時萬福寺坐北朝南，無山門，但似有東西兩處院門可供出入。西門開於鼓樓東北小胡同最北端，先經兩處小跨院，院内各有北房四間，方能進入正院。東門開在草廠胡同最北端，雖非山門式建築，卻也非隨墻門之簡陋，進門後可直達正院。正院内似有大殿三間帶東耳房三間，前有東配殿三間、西配殿四間，西配殿之後似乎還有西房若干。但由於此處恰爲《京城全圖》兩排之間接縫處，故實際建築情況很難説清。

清道光年間，爲避宣宗名諱"旻寧"，寺改稱"萬靈"。其後，寺廟轉手頻繁，同治八年（1869），住持洪寬將廟轉給順寧，次年順寧又再轉出，至光緒十二年（1886），壽寬將寺廟交給法徒全祥，然而宣統二年（1910），在僧錄司中更名並立手本的住持卻爲續旺。究竟續旺是全祥的另一法號，抑或其中更有波折，如今已不可得知[1]。至民初，寺廟委頓破敗，1915 年 10 月 15 日，周肇祥親見萬靈寺内佛殿殘破、四面瓦礫，時被用作煤鋪，"業煤者疊煤作堵，黑暗如地獄，如修羅場。佛無悽容，額間嵌琉璃，依然明澈"[2]。廟雖破敗，僧卻不窮，民國十一年（1922），住持全祥還買下了德勝門内果子市廣仁寺，從此成爲二寺住持[3]。

20 世紀 30 年代，寺廟佔地約三畝，房屋四十間。此時山門已改東向，面朝草廠胡同，石額曰"敕賜萬寧寺"，内設義源祥染紙局。山門前有大槐樹二株、水井一眼。門内主體建築均坐北朝南，前殿三間，内供泥塑關帝、二郎、韋馱各一尊，周倉、關平等侍立。另有土地夫婦泥像二尊，係由他處所移來。前殿内法物中，以明隆慶四年（1570）鐵磬一口最爲寶貴，另還有乾隆庚子年（1780）鐵五供一份。前殿外有抱廈兩間，南房四間，西房、北房各四間；中殿五間，爲大雄殿，内僅剩釋迦佛一尊，泥塑金身，連座高五尺，應即周肇祥所見之佛像。正殿東西耳房、東西配殿及其耳房均爲住戶，中有棚鋪，其所用杉木竿即存於院内；再北爲菩薩殿，内供木製千手佛立像一尊，連光座約高六尺餘。千手佛前有銅三世佛三尊、木泥等小佛九尊。後殿東西配殿同樣用作住房，時爲染紙房租用。後院内有古井一眼，國立北平研究院的調查人員稱其爲元朝穿鑿[4]。但原住廟内的老住戶説，此井無水，山門前水井也爲苦水，故住戶吃水都來自鼓樓東大街的甜水井[5]。

民國二十六年（1937），全祥圓寂，法徒步雲接任二寺住持。至 1946 年，步雲將廟傳給徒弟玉峰。老住戶們都説玉峰是好人，廟内住滿外地來京求生的小販，他每月衹收一塊左右房錢。但當時廟内衹能住男人，不許帶家眷。

至 20 世紀 50 年代，原廟基仍在，但建築僅存山門及一座佛殿。1985 年調查時，殿宇已全部拆完，衹有大門外還殘存幾個石座，院内已零星建起居民住房[6]。

2006 年調查時，廟房已完全不存，爲居民住家院落。

---

〔1〕參見北京市檔案館藏《北平市社會局·内五區萬靈寺僧人全祥登記廟産的呈及社會局的批示》，1931—1946 年，檔案號 J2-8-331，頁十至十二、頁二十八至二十九。

〔2〕參見《琉璃廠雜記》，頁八十五。

〔3〕參見《北京内城寺廟碑刻志》卷一，一排七段"廣仁寺"條，頁二百六十九至二百七十。

〔4〕參見國立北平研究院《萬寧寺》，東四 103。

〔5〕參見本書三排六段"龍王廟（鼓樓東大街）"條。

〔6〕參見《北京文物勝跡大全·東城區卷》，頁三百二十二至頁三百二十三。

# 福德庵

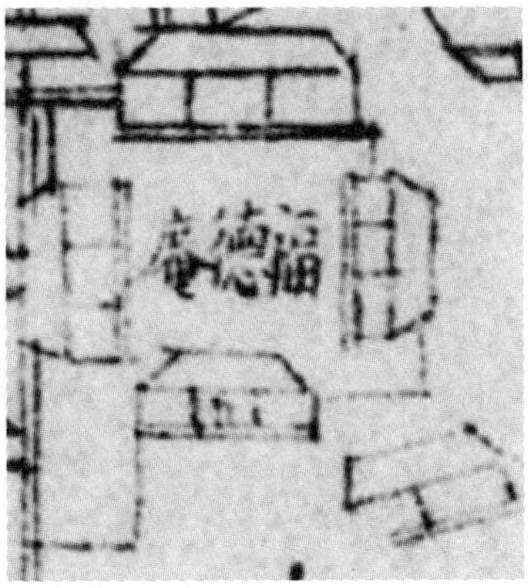


福德庵，全名靈感福德庵。原址在内五區鼓樓西大街一號（今西城區鼓樓西大街一號、三號）。現存寺廟建築尚完整。

民國時寺廟住持聲稱，此廟始建於清康熙十一年（1672），廟内曾有鐵磬一口，即是年所鑄。清《雍正廟冊》中記其爲尼僧廟，時有殿宇六間、禪房十間，住持法號萬舉。至《乾隆廟冊》登記時，福德庵仍爲尼僧修行之地，住持名爲廣慧。從乾隆《京城全圖》上看，福德庵爲一標準的小四合院，首有山門（或前殿）三間，正殿三間，東西配殿各三間。廟外有東南向小房二間，疑也爲廟内建築。

清道光二年（1822）至四年（1824）間，廟似曾大舉重修並增添法物，廟内土地殿原有木額，題曰“孚佑下民”，落款爲“道光四年孟夏穀旦，渠陽弟子壽葆沐手敬書”，然而兩側對聯卻書於道光壬午年（1822），應爲此次重修時日之證。廟内多座香爐、鐵磬等，也鑄於同一時期。清道光二十八年（1848）九月，寺廟住持顯立再次募化四方，重修後殿觀音殿，殿外木額記其事。

民國十三年（1924），廟又重修。次年，尼僧世本將住持一職傳給師侄界元。界元，又號隆平，俗家姓邊，原籍昌平，而昌平縣沙河南黄土店觀音庵也成爲此庵下院。至 20 世紀 30 年代，福德庵佔地一畝餘，有佛殿群房共計十三間，山門南向，石額“古刹靈威福德庵”，山門内有小假山一座，上立小龕，内供小泥佛一尊；前殿三間，内供泥塑土地二尊。據説，原本僅有左邊泥像一尊，後其肉胎從泥像中脱出，坐於右側，穿真衣真靴。左右隨侍馬童各二，陪侍神像六尊。後殿三間，正供釋迦佛一尊，泥塑金身，阿難、迦葉左右侍立。像左爲送子觀音，右爲地藏菩薩。殿内還有娘娘木像三尊、痘哥痘姐泥像二小尊、魔王一尊、木像金身壽星一尊。殿外東配房三間，懸木額一方，上曰“福德正神”，内供土地夫婦泥像二尊；西配房三間，時爲住宅[1]。

1943年，界元再募得善款，重修廟内殘破廟房[2]。1945年警察局調查時，肉胎土地、釋迦佛、地藏王、送子觀音、天仙等三位娘娘和天台山之魔王神像仍在廟中[3]。至1952年佛教協會登記時，界元之徒皓山已繼任住持，她和其師一樣，同爲昌平人[4]。据廟内老住戶介紹，40年代末，廟内就衹剩一位尼姑，可能界元時已圓寂。

2006年調查時，十三間廟房尚存較完整，爲居民住家院落。《中國文物地圖集·北京分册》稱其存前殿三間帶後廈，後殿和東配殿各三間，已改民居[5]。

鼓樓西側福德庵（2012年10月范華攝）

〔1〕參見國立北平研究院《福德庵》，西四113。

〔2〕參見北京市檔案館藏《北平市社會局寺廟類·内五區福德庵尼界元呈請登記廟產及社會局的批示》，自1930—1943年，檔案號J2-8-231，頁五十八至六十五。

〔3〕參見首都圖書館藏《北平寺廟調查一覽表》，民國三十四年（1945）手抄本，頁三十。

〔4〕參見北京市檔案館藏《北平市民政局民族事務科·西四區僧、尼寺廟登記表》，1952年，檔案號196-1-18，頁九十五。

〔5〕參見《中國文物地圖集·北京分册（下）》，頁八十四。

# 北極庵

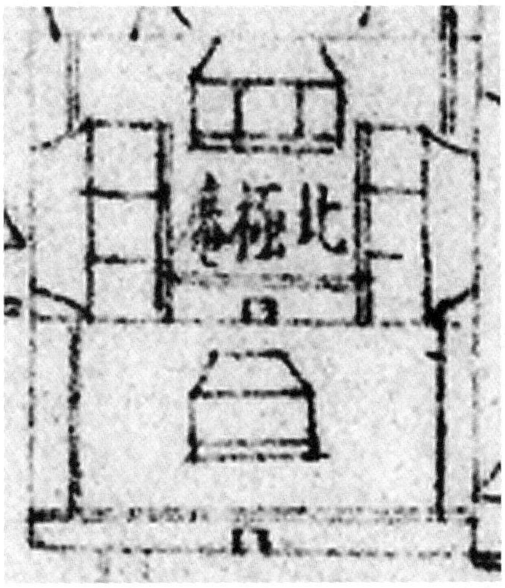


北極庵，民國時期也名關帝廟，原址在内五區地安門外方磚廠内小廠胡同十六號（今東城區方磚廠内小廠胡同十八號），寺廟建築現存部分。

此廟始建時間無考，但清《雍正廟冊》中已有記載，當時它爲尼僧廟，有殿宇六間、禪房六間，住持法名海口。至清《乾隆廟冊》登記時，廟仍爲尼僧廟，但住持換成了興明。從清乾隆《京城全圖》上看，此時北極庵不大，似僅有兩進狹窄的院落。它坐北朝南，南墻上開院門，第一進院落中僅有前殿一座一間；穿過二道門後纔是正院，爲三合院樣式，有北殿三間，東西配殿各三間。

清光緒十八年（1892），北極庵被穆姓旗人價買成爲家廟，其後歷代相傳，至20世紀30年代中期，傳至瑞續手中[1]。較之清代，此時寺廟格局並無大的變動，但多建山門一座，又在原廟西側新增跨院一所。山門南向，門前大榆樹一株，前殿仍爲一大間，時爲關帝殿，内供關帝坐像，周倉、關平左右侍立，諸像前還有關帝小像一小尊。後殿三間，爲真武殿，正供真武坐像，另有旃檀站像、關平、諸將官及小童塑像等。三大士泥像立於壁左，下騎犼獅象，另有木製千手佛、配神等像；右壁有二十餘尊泥塑木製佛像。殿外東西配房各三間，時爲住宅；西跨院内有西房四間、北房三間，均爲住宅[2]。据廟裏的老住戶回憶，當時廟内還有旗杆兩根、影壁一座。

至民國二十九年（1940），瑞續因無力繼續焚修侍廟，將北極庵轉賣於河

〔1〕參考北京市檔案館藏《北平市社會局寺廟類·内五區北極庵廟主王玉璋送寺廟登記表及社會局的批示》，1936—1940年，檔案號J2-8-1107，頁十至十二。

〔2〕參考國立北平研究院《關帝廟》，西四108。

北省水產專門學校畢業生王玉璋[1]。1945 年警察局登記時,廟内還有一層後殿焚香供神[2]。但不久後廟就被改成小學校。在廟内住了六十多年的老住戶説,學校以“佛德”爲名,規模不大,衹有一位姓梁的老師,但學生全爲貧窮子弟,且不收分文學費。20 世紀 50 年代初調查時,寺廟格局還保持原狀,王玉璋也還在廟内。1985 年時,廟已改成居民大院,山門拆除,僅餘三間大殿和部分配房。

2006 年調查時,寺廟建築存正殿三間、西耳房三間,爲居民住家院落。

小廠胡同北頭北極庵(2012 年 10 月范華攝)

〔1〕參考北京市檔案館藏《北平市社會局寺廟類·内五區北極庵廟主王玉璋送寺廟登記表及社會局的批示》,1936—1940 年,檔案號 J2-8-1107,頁二十至二十一。

〔2〕參見首都圖書館藏《北平寺廟調查一覽表》,民國三十四年(1945)手抄本,頁三十九。

# 慈善寺

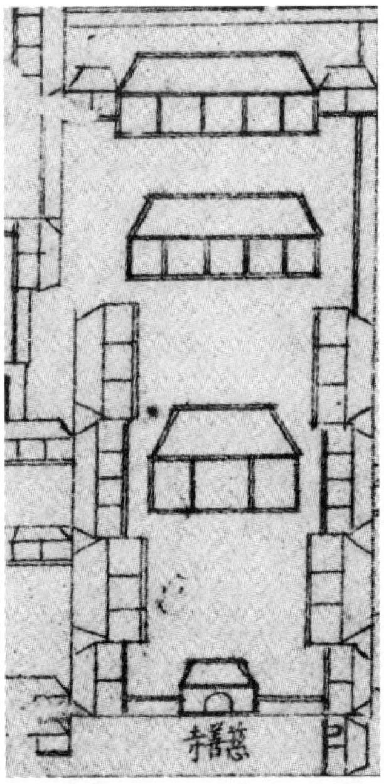


慈善寺，全名護國慈善寺，清《乾隆廟冊》中記爲慈善心寺，原址在内五區地安門辛寺胡同二十號（今東城區地安門外大街辛安里十二、十四、十六號，正門約在十二號），寺廟建築現已不存。寺内原有碑刻一通，兩面分別爲明萬曆五年（1577）《慈善寺碑》和明萬曆十四年（1586）《慈善寺頒藏經敕諭碑》。

據碑文記載，此寺始建於明萬曆四年（1576）[1]。是年，皇太后爲皇帝祝釐，發内帑金修香火院。敕司禮監擇北安門外靖恭坊永泰庵之舊址，又購周圍民房四間，鳩工庀材，擴建精舍。尚衣監太監監造，皇帝又賜金助工。次年功成，萬曆帝賜名護國慈善寺，賜大藏尊經一藏，供養於寺中。創始之初的慈善寺，有大慈仁殿三間、天王殿三間、方丈室五間、齋房三間、兩廂禪堂各六間、廚庫房共十間、露頂鐫山群房十八間，再後有延壽堂三間、小房二間。西跨院内東西兩側新建沐浴堂各一間、亮堂火房五間、小房八間。永泰庵原住持明常等僧，仍住錫廟中[2]。至萬曆十一年，皇太后命工續刻藏經入《永樂藏》完工，皇帝又下敕命，將這六百七十九函藏經存於慈善寺内[3]。

至清康熙年間，廟曾重修，康熙帝親題匾額"慧根真相"一方，至20世紀30年代尚懸於正殿之上。清《雍正廟冊》登記時，慈善寺住持僧人法號本願，

[1]《宛署雜記》記爲明萬曆十四年（1586）始建，從碑文來看，此說不確。《宛署雜記》第十九卷，頁二百二十三。

[2] 參見明萬曆五年（1577）《敕賜護國慈善寺碑》，《北京圖書館藏中國歷代石刻拓本匯編》，京892，卷五十七，頁四十七。

[3] 參見明萬曆十四年（1586）《慈善寺頒藏經敕諭碑》，《北京圖書館藏中國歷代石刻拓本匯編》，京889，卷五十七，頁一百四十四。又參見萬曆五年（1577）《萬曆御製新刊續入藏經序》。

時有殿宇二十八間、禪房二十六間。《乾隆廟冊》中登記住持换做化常。從清乾隆《京城全圖》上看,此時慈善寺較之明時,格局已有較大變動。它坐北朝南,三層大殿。首有山門一座,次則前殿三間,東西配殿各三間,各帶兩間南耳房;第二層爲正殿五間,也有東西配殿各三間,與前院配殿之間以四間僧房相連;第三層後殿五間,帶左右二小耳房;後殿之後還有狹窄院落一道,整座廟院呈非常規整的長方形。

但乾隆以後,寺廟漸趨荒蕪。民國時,《北平廟宇通檢》稱慈善寺"今已圮廢"[1]。20 世紀 30 年代國立北平研究院調查時,記其門内僅存東房三間,墻垣輪廓均已無存,但兩通碑刻還在原地。僅餘廟房爲王姓民人居住,無僧侶住持,故也不見於歷次寺廟登記[2]。據 2012 年調查中遇到的老街坊回憶,雖然慈善寺内衹有三間破房,但周圍空地頗廣,附近居民都知其曾爲一方名寺,所在"辛寺胡同"即因其得名。1937 年日軍佔領北平後,日僞政府推倒三間舊房,在廟原址上新建平房,移入居民,並留存至今。

2012 年調查時,寺廟原建築片瓦不存,但日僞時期興建的平房院落還在,現爲居民住家。

[1] 參見《北平廟宇通檢》上編·内城·内五區,頁七十一至七十二。

[2] 參見國立北平研究院《慈善寺》,東四 171。

京 892《慈善寺碑》

# 敕賜護國慈善寺碑記

敕賜護國慈善寺碑記

賜進士出身中憲大夫通政使司右通政延陵李琦撰

登仕郎鴻臚寺序班直

文華殿辨中書事同修　國史鎮陽林潮書并篆

今上御極之四年我

慈聖宣文明肅皇太后發内帑金修香火院恭祝

今上聖主萬壽無疆隨敕司禮監擇地於北安門外靖恭坊地方永泰庵舊址以擴之奉

懿旨可將前基址通展而大建精舍其址微淺遂買民房四間闊十丈深二十五丈東抵金殿廠西北皆抵官廊南近本寺大

墻向西爲通衢諏吉興工

上喜賜金爲助工成建時奉

旨監造尚衣監太監范江李郁段愷楊朝等晝夜督率不憚勞役功完荷蒙

上賜名護國慈善寺又

賜大藏尊經一藏本寺永遠供養因立碑記續我

皇太后萬載之洪恩於内新創大慈仁殿三天王殿三方丈五齋房三兩廂禪堂各六廚庫房共十露頂鐫山群房十八再後

則延壽堂三小房二西有隙也建沐浴堂東西各一亮堂火房共五小房八一□梵宮精舍棟宇翬飛鏤金輝煌奪目昔

阿育王起千八百寺祇陀太子布金八十頃不知亦有此勝地否也蓋勝地風氣所聚龍脈所結雲霞烟霧所覆護天設

此以成我

皇太后之慈德自是靈心肹蠁神物奔會

天子萬壽四海永康皡皡熙熙唐虞再見矣而早暮潔心統領十方焚修香火無負我

皇太后及我

當今皇上之德意者則在原住僧明常等兹記歲月敢並及云

萬曆丁丑仲夏吉旦立

京 892《慈善寺碑》

# 慈善寺碑

首題：敕賜護國慈善寺碑記
年代：明萬曆五年（1577）五月
原址：東城區辛安里
拓片尺寸：碑高 182、寬 89 釐米；額高 32、寬 28 釐米
書體：楷書
撰人：李琦
書人：林潮
《目錄》：頁 240
拓片編號：京 892
拓片録自：《北京圖書館藏中國歷代石刻拓本匯編》第 57 卷 47 頁

【碑陽】

額題：敕賜護國慈善寺碑記（篆書）

碑文：

敕賜護國慈善寺碑記 *1*

賜進士出身中憲大夫通政使司右通政延陵李琦撰。*2* 登仕郎鴻臚寺序班直 *3* 文華殿辨中書事同修國史鎮陽林潮書并篆。*4*

今上御極之四年，我 *5* 慈聖宣文明肅皇太后發內帑金修香火院，恭祝 *6* 今上聖主萬壽無疆，隨敕司禮監擇地於北安門外靖恭坊地方永泰庵舊址以擴之。奉 *7* 懿旨可將前基址通展而大建精舍。其址微淺，遂買民房四間，闊十丈，深二十五丈，東抵金殿廠，西北皆抵官廊，南近本寺大 *8* 墻，向西爲通衢。諏吉興工。*9* 上喜賜金爲助工成。建時，奉 *10* 旨監造尚衣監太監范江、李郁、段愷、楊朝等晝夜督率，不憚勞役。功完，荷蒙 *11* 上賜名護國慈善寺，又 *12* 賜大藏尊經一藏，本寺永遠供養，因立碑記，續我 *13* 皇太后萬載之洪恩。於內新創大慈仁殿三，天王殿三，方丈五，齋房三，兩廂禪堂各六，廚庫房共十，露頂鐫山群房十八，再後 *14* 則延壽堂三，小房二。西有隙也，建沐浴堂東西各一，亮堂火房共五，小房八。一□梵宫，精舍棟宇，翬飛鏤金，輝煌奪目。昔 *15* 阿育王起千八百寺，祇陀太子布金八十頃，不知亦有此勝地否也。蓋勝地風氣所聚，龍脈所結，雲霞烟霧所覆護，天設 *16* 此以成我 *17* 皇太后之慈德。自是靈心肸響，神物奔會。*18* 天子萬壽，四海永康，皞皞熙熙，唐虞再見矣。而早暮潔心，統領十方焚修香火，無負我 *19* 皇太后及我 *20* 當今皇上之德意者，則在原住僧明常等。兹記歲月，敢並及云。*21*

萬曆丁丑仲夏吉旦立。*22*

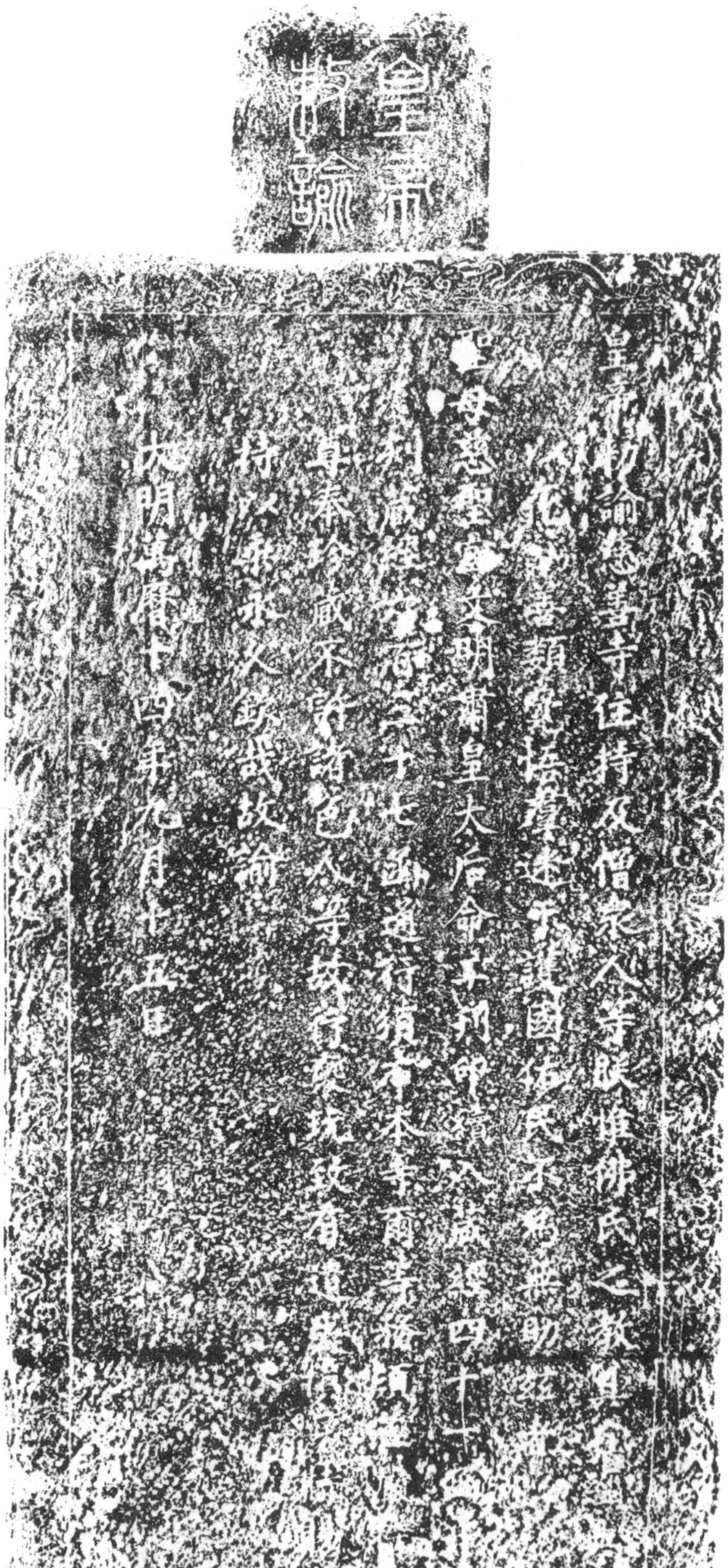

京 889《慈善寺頒藏經敕諭碑》

皇帝
敕諭

皇帝敕諭慈善寺住持及僧衆人等朕惟佛氏之教其在□典用
以化□善類覺悟群迷于護國佑民不爲無助兹者
聖母慈聖宣文明肅皇太后命工刊印續入藏經四十一函□□
刻藏經六百三十七函通行頒布布本寺爾等務須藏□□□
尊奉珍藏不許諸色人等故行褻玩致有遺失損□特賜護
持以乘永久欽哉故諭
大明萬曆十四年九月十五日

京 889《慈善寺頒藏經敕諭碑》

# 慈善寺頒藏經敕諭碑

年代:明萬曆十四年(1586)九月十五日
原址:東城區鼓樓東辛寺胡同
拓片尺寸:碑高166、寬82釐米;額高33、寬30釐米
書體:楷書
《目錄》:頁243
拓片編號:京889
拓片錄自:《北京圖書館藏中國歷代石刻拓本匯編》第57卷144頁

【碑陽】

額題:皇帝敕諭(篆書)

碑文:

皇帝敕諭慈善寺住持及僧衆人等:朕惟佛氏之教,其在□典,用 1 以化□善類,覺悟群迷,于護國佑民不爲無助。兹者 2 聖母慈聖宣文明肅皇太后命工刊印續入藏經四十一函□□3 刻藏經六百三十七函,通行頒布本寺。爾等務須藏□□□4 尊奉珍藏,不許諸色人等故行褻玩,致有遺失損□。特賜護 5 持,以乘永久。欽哉,故諭。6

大明萬曆十四年九月十五日。7

# 廣福觀

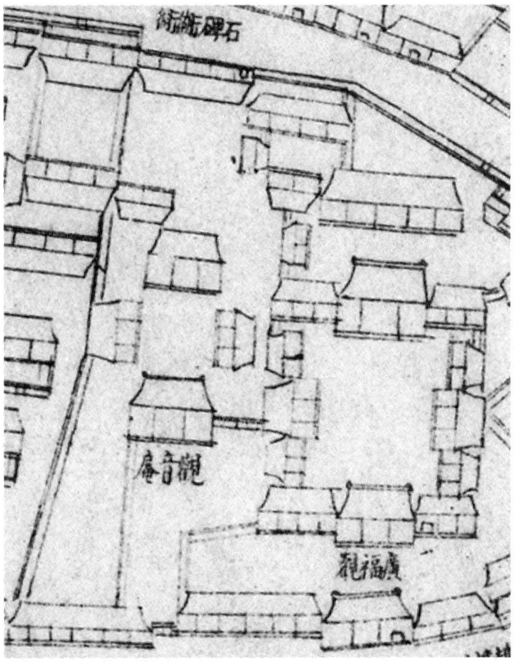


廣福觀，明時似曾名大德觀，清代曾改名孚佑宫，原址爲内五區煙袋斜街十七號（今西城區煙袋斜街三十七號）[1]，寺廟建築現存完好。寺内原有碑刻一通，爲明成化元年（1465）《孫道玉誥封碑》。清光緒九年（1883），廣福觀擴建山門，將西鄰觀音庵併入，《孚佑宫山門碑》即記其事，碑立於原觀音庵院内。

此觀始建於明天順三年（1459），《宛署雜記》中稱其爲彭太監捨第建，請於朝後，由皇帝賜此名，有學士陳鑑記[2]。亦有文獻稱，明代道録司曾設於此觀中[3]。明天順四年（1460）、成化元年（1465）朝廷兩次敕封道録司左一正兼大德觀住持孫道玉，這兩次誥封被刻於一通漢白玉石碑上，矗立觀中，清代前期已仆倒損壞[4]，被觀内道士移至屋内保存[5]。

---

〔1〕《北京市志稿》中記載爲煙袋斜街七號，綜合多種材料來看，此説不確。見《北京市志稿·宗教志》卷七·道教二，頁二百八十一。

〔2〕參見《宛署雜記》卷十九，頁二百三十二。

〔3〕今廣福觀門前介紹牌也採此説。

〔4〕參見《光緒順天府志》京師志十六·寺觀一，頁五零一；《日下舊聞考》卷五十四城市·内城北城，頁八七三至八七四。

〔5〕參見北京市檔案館藏《北平市社會局寺廟類·内五區廣福觀道士孟明慧關於接充主持的呈文及社會局的批示》，1930—1939年，檔案號J2-8-41，頁十六。

清雍正年間此廟曾改名孚佑宫。但清乾隆《京城全圖》稱其爲“廣福觀”。此時觀門西南向,廟院約有三進。南房三間臨街,似非正式山門,因其僅在東間上有一小門出入。左右各有群房,東三西六;前殿三間,帶東耳房三間、西耳房四間;正殿三間,左右各三間耳房,前有東西配殿各三間,也均帶耳房。其耳房形制相同,均北二南三;後殿五間,西側有兩間小倒坐房,其南再兩間小房。清光緒九年(1883),有施主名方紹伯者,樂善好施,見孚佑宫山門近市地方狹小,遂購西鄰觀音庵,并捨庵入觀,孚佑宫遂得將地改建山門及附屬房屋。住持道士李永善勒石爲記,稱頌方氏善舉[1]。

至民國時,觀中道士將東院稱爲廣福觀,西院稱爲孚佑宫[2]。至20世紀30年代調查時,寺廟格局較之乾隆時期並無太大改變。石額仍名“廣福觀”,有山門三小間。内無神像,設華久成衣鋪;西房一間,内寓文華局首飾店;前殿三間,木額“太虚奇境”,内塑哼哈二將,二童子侍立,另有九頭鳥一尊;正殿三間,木額“三清殿”,前有月臺。殿内供三清像三尊,泥塑金身,旁侍童子爲木像金身。正神東西配像二十四尊,均道士裝,兩壁上有墨拓字樣,東壁“蓬萊”、西壁“仙境”。殿内法物頗多,有鐵磬一座,爲民國八年(1919)所鑄,刻“民國己未年八月十五恭鑄,永遠供奉廣福觀三清寶殿”字樣。東配殿爲崇玄殿,内供通天教主一尊,泥塑金身,左右配像十四尊,八仙在内。東配殿南北還各有東房三間,内有一間供祖師一尊。西配殿亦是三間,額曰“演法殿”,内供天師坐像、喜神、貴神、財神等。這些神像左右還有配像十尊,二郎神、關公立於左右,像均泥塑。殿南有西房三間、南房二間,北有西房三間,木額“清淨無爲”,爲乾隆五十一年(1786)北平陳逢堯手書。北房二間,木額“養性”,爲北平厲某所書。明代《孫道玉誥封碑》就立於正殿之後。正殿以北爲後殿“三官殿”五間,内供三官三尊,左右配像十四尊,均爲泥像金身。東耳房二間、東西房各二間[3]。

其時觀傳道教龍門派,與後海火神廟、甕城真武廟均爲同宗[4]。住持李元璽,於清光緒十八年(1892)即任住持,直到1936年故去。其徒孟明慧接任管理,直至1939年離觀別居,委託道士李至恒代管。不料其違反清規,擅與家屬在廟同居,引起前住持李元璽女兒不滿,爭訟於法院。後經社會局裁斷,李至恒被逐出山門,孟明慧重整廟務,恢復宫觀秩序,事件纔告終結[5]。地安門外火神廟田子久羽化後,就由孟明慧擔任華北道教總會的負責人[6]。

1949年調查時,孟明慧管廟,自住觀中三間房屋,除二十間佛殿外,尚餘六七間房產出租,月入租金一千二百元[7]。但煙袋斜街二十及二十三號均屬廣福觀的附屬房產,故至50年代時,觀内仍共有房屋六十七間[8]。

1990年代,此觀東院尚存山門、大殿和後殿,石碑無蹤[9]。2006年,觀爲民居,院中還開設道教主題餐廳一座。2008年,觀中新設老北京博物館,展示什刹海地區的歷史與文化,建築已全部翻修。

---

〔1〕參見清光緒九年(1883)《孚佑宫山門碑》,《北京圖書館藏中國歷代石刻拓本匯編》,京507,卷八十五,頁一百二十二。

〔2〕或稱白雲仙院,兩院佛殿房屋計六十五間。此説見《什刹海志》,頁二五二。另參見本排段“觀音庵”條。

〔3〕參見國立北平研究院《廣福觀》,西四102。

〔4〕後海火神廟,見四排六段,今爲地安門外大街七十七號;德勝門甕城真武廟,見《北京内城寺廟碑刻志》卷一,一排八段“真武廟”條,頁三十四至三十五。

〔5〕參見北京市檔案館藏《北平市社會局寺廟類·内五區廣福觀道士孟明慧關於接充主持的呈文及社會局的批示》,1930—1939年,檔案號J2-8-41,頁六十三至七十五。

〔6〕參見徐文玉《憶煙袋斜街》,收入《京華古跡尋蹤》,北京:北京燕山出版社,1996年,頁四百一十。

〔7〕參見北京市檔案館藏《北平市民政局民族事務科·本市寺廟情況查詢記録》,1949年,檔案號196-1-3,頁一至十一。

〔8〕參見北京市檔案館藏《北平市民政局·北平市寺廟總登記簿》,1950年,檔案號J3-1-203,頁四十二。

〔9〕參見《中國文物地圖集·北京分冊(下)》“廣福觀”條,頁七十六。

廣福觀山門（2012 年 10 月范華攝）

翻修後的廣福觀（2012 年 10 月范華攝）

京 508《孫道玉誥封碑》

大明
誥敕

奉
天承運
皇帝敕曰道家之教惟正惟一持正所以得道之精
守一所以體道之純苟非凝神淨慮專氣致柔
者安能迥出風塵之表而達無宗無上之妙哉
爾道錄司左正一兼大德觀住持孫道玉蚤游
方外聿追清淨之風久視域中深悟玄中之旨
爲道流之領袖緒前哲之箕表修煉愈勤精神
愈振是用錫之敕命以示旌褒爾尚益堅素志
務竭丹誠贊治化於無爲葆冲和於有□[勉]□
寵訓予則汝嘉欽哉
天順四年九月初四日

[奉]
天承運
皇帝制曰朕惟道教崇清虛之本極功化之妙上以陰翊
皇度下以福庇生民今古攸同其來尚矣咨爾道錄
司左正一孫道玉賦性通敏凝志靜冲寄跡黃流已
造真玄之境游心物表恒存利濟之誠上參無爲導
迎景貺昔
先帝之臨御承恩寵以非常顯神明丕測之功運靈機至
道之實嘗屢優於眷待尚未愜於褒嘉今特封爾爲
洞微體順凝誠養默致虛守靜光範悟法弘教真人
掌道教事錫之誥命以爲爾榮於戲惟精白可以體
道惟寅清可以祝釐達悃誠於上穹庇群生於斯世
尚其慎服永贊鴻休欽哉
成化元年三月初五日

京 508《孫道玉誥封碑》

# 孫道玉誥封碑

年代：明成化元年（1465）三月五日
原址：西城區煙袋斜街廣福觀
拓片尺寸：碑陽高228釐米、寬80釐米；額高37、寬28釐米
書體：楷書
《目錄》：頁8
拓片編號：京508
拓片錄自：《北京圖書館藏中國歷代石刻拓本匯編》第52卷45頁

【碑陽】

額題：大明誥敕（篆書）

碑文：

（上半部分）

奉 1 天承運 2 皇帝敕曰：道家之教，惟正惟一。持正所以得道之精，3 守一所以體道之純。苟非凝神淨慮專氣致柔 4 者，安能迥出風塵之表，而達無宗無上之妙哉。5 爾道錄司左正一兼大德觀住持孫道玉，蚤游 6 方外，聿追清淨之風，久視域中，深悟玄中之旨。7 爲道流之領袖，緒前哲之箕表。修煉愈勤，精神 8 愈振，是用錫之敕命，以示旌褒。爾尚益堅素志，9 務竭丹誠，贊治化於無爲，葆冲和於有□，勉□10 寵訓，予則汝嘉。欽哉。11

天順四年九月初四日。

（下半部分）

[奉]1 天承運 2 皇帝制曰：朕惟道教崇清虛之本，極功化之妙，上以陰翊 3 皇度，下以福庇生民，今古攸同，其來尚矣。咨爾道錄 4 司左正一孫道玉，賦性通敏，凝志靜冲。寄跡黄流，已 5 造真玄之境；游心物表，恒存利濟之誠。上參無爲，導 6 迎景貺。昔 7 先帝之臨御，承恩寵以非常，顯神明丕測之功，運靈機至 8 道之實。嘗屢優於眷待，尚未愜於褒嘉。今特封爾爲 9 "洞微體順凝誠養默致虛守靜光範悟法弘教真人"，10 掌道教事。錫之誥命，以爲爾榮。於戲，惟精白可以體 11 道，惟寅清可以祝釐，達悃誠於上穹，庇群生於斯世。12 尚其慎服，永贊鴻休。欽哉。13

成化元年三月初五日。14

京 507《孚佑宮山門碑》

萬善同歸

孚佑宫山門近市固湫隘限於地也

方伯紹公印誠長曰馬佳氏顧而小之門外市肆遺趾固公地舍

而歸諸廟於是改建

神□閎敞豁然一新　方伯揚歷中外凡四十餘年豫皖晉

陽多所建制苟利於民捐廉成之受其惠者迄今稱道弗

衰功德之及民大矣樂善好施此其小焉者耳然亦足徵

功德造福之無量也工既成謹泐石以垂不朽云

光緒癸未秋七月朔立　　道衲李永善稽首敬誌

京 507《孚佑宫山門碑》

# 孚佑宮山門碑

年代:清光緒九年(1883)七月一日
原址:西城區煙袋斜街廣福寺
拓片尺寸:碑陽高98、寬49釐米;額高18、寬16釐米
書體:隸書
撰人:李永善
《目錄》:頁361
拓片編號:京507
拓片錄自:《北京圖書館藏中國歷代石刻拓本匯編》第85卷122頁

【碑陽】

額題:萬善同歸

碑文:

孚佑宮山門近市,固湫隘,限於地也。*1*方伯紹公(印誠長曰、馬佳氏)顧而小之。門外市肆遺趾固公地,舍*2*而歸諸廟。於是改建。*3*神□閎敞,豁然一新。方伯揚歷中外凡四十餘年,豫皖晉*4*陽多所建制,苟利于民,捐廉成之。受其惠者,迄今稱道弗*5*衰。功德之及民大矣。樂善好施,此其小焉者耳。然亦足徵*6*功德造福之無量也。工既成,謹泐石以垂不朽云。*7*光緒癸未秋七月朔立。道衲李永善稽首敬誌。*8*

# 觀音庵

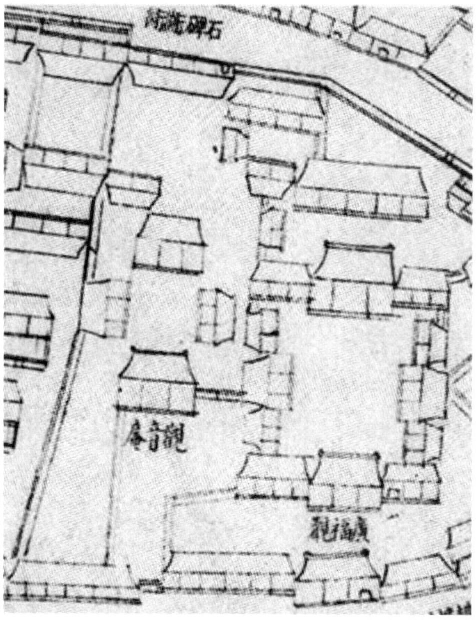


觀音庵，也稱白雲仙院，原址在內五區煙袋斜街二十三號（今西城區煙袋斜街五十一號），現存部分寺廟建築。廟內原有清光緒九年（1883）《孚佑宫山門碑》一通，記觀音庵併入廣福觀一事。

此庵不知始建於何時，清《雍正廟冊》中登記爲大僧廟，住持法號悟存，廟内有殿房六間、禪房二十六間。至《乾隆廟冊》登記時，仍爲大僧廟，住持法泰。從清乾隆《京城全圖》上看，觀音庵緊鄰廣福觀西墻，坐北朝南，最南端通向鼓樓胡同，有山門一間、前殿三間、正殿三間、東西配殿各三間。除此之外，正殿之北似乎還有北倒座房兩小間，又北再北向房五間、東小房一間，似亦屬此廟範圍。

清光緒九年，方紹伯購下觀音庵，捐給廣福觀並改建山門，觀音庵從此併入廣福觀，但一直被認爲是其附屬房産[1]。至20世紀30年代調查時，此庵建築仍相對獨立，名“白雲仙院”，但較之乾隆時，規模已大不如前。大門南向，内寓德豐局油漆彩畫工程處；北殿三間，木額“純陽寶殿”，内供呂祖坐像一尊、童像二位，《孚佑宫山門碑》正立於殿内。東房三間，時爲住宅，内開設有寇記扎彩局；後面再東房三間、東西房各一間，均爲住宅。院内西北

〔1〕清光緒九年（1883）《孚佑宫山門碑》，《北京圖書館藏中國歷代石刻拓本匯編》，京507，卷八十五，頁一百二十二。另參見本排段“廣福觀”條。

方，有水井一眼[1]。

2006年調查時，觀音庵尚存部分山門和前殿三間，爲居民住家院落[2]。2012年回訪，觀音庵正在翻修。

正在翻修的觀音庵（2012年10月曉松攝）

〔1〕參見國立北平研究院《白雲仙院》，西四100。

〔2〕《中國文物地圖集·北京分册》中稱其僅存前殿。《中國文物地圖集·北京分册（下）》，"廣福觀"條，頁七十六。

# 三元庵

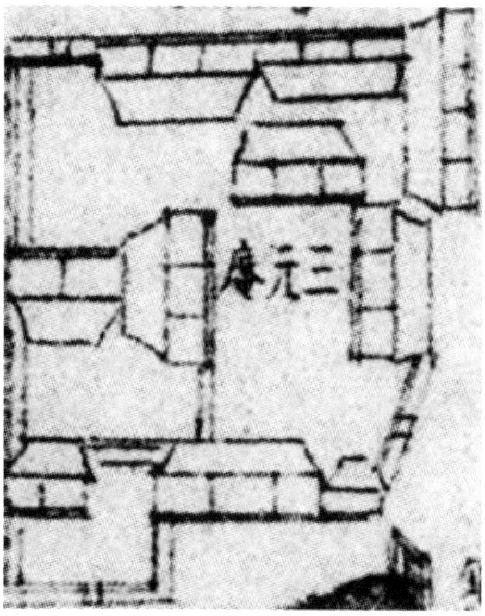


三元庵，亦稱三元伏魔宫、關帝廟，原址在内五區煙袋斜街四十號（今西城區煙袋斜街八十三號），現存部分寺廟建築。

據民國時寺廟住持隆祥稱，寺内有錫匾，刻康熙七年（1668）字樣，故推測其可能爲此庵始創募建之年月[1]。20世紀30年代國立北平研究院調查時，未在庵内發現此匾，但有同年銅鐘一口，當時懸於正殿之前，則康熙七年始建之説確有所據。

《雍正廟冊》記載，三元庵時稱"三元伏魔庵"，有殿宇三間、禪房四間，住持法號傳嗣，後註明"乾隆元年五月内奉部票准住入冊"，故推知從乾隆元年（1736）起，三元庵纔成爲僧錄司認可的大僧廟。乾隆《京城全圖》上所繪三元庵，較之《雍正廟冊》有所擴充，此時它位於鴨兒胡同路南，坐東北朝西南，正殿三間、東西配殿各三間，東南院牆上開門，最南端還有南房三間帶東小耳房一間，但難以判斷是否同屬廟產。據《乾隆廟冊》所記，此時住持已换成法德，可能就是前代住持傳嗣之徒"法登"的誤記。清嘉慶八年（1803）八月，普瑞接廟，在僧錄司更名入冊，立有手本。清道光六年（1826），通徹又再次爲三元庵登記[2]。

民國二年（1913）四月，范明耀和妻子楊氏，將兩歲的兒子二丁許給永壽爲徒，法號隆祥，當時還立下字據一張。民國十年（1921），永壽圓寂，將兩處子孫小廟——本廟和位於德勝門外冰窖口内菩薩殿三號的菩薩殿——傳

〔1〕參見北京市檔案館藏《北平市社會局寺廟類·内五區煙帶斜街關帝廟僧人隆祥關於登記廟產的呈文及社會局的批示》，自1930—1933年，檔案號J2-8-31，頁十一。

〔2〕同上，頁二十至二十二。

給隆祥，由於其年僅十歲，其父范明耀搬入三元庵内後跨院中，幫忙料理廟務。1930年後，隆祥正式接管廟務，除焚修外，主要管理寺中十六間廟房及七間廟外鋪面房的出租事宜，每月得租十元，可供全家日常開銷[1]。此時的三元庵格局與乾隆《京城全圖》所繪已有很大變化。全廟改成坐西朝東，山門石額"三元伏魔宫"，門内有房一間，20年代初時開設酒鋪。西殿三間，木額"如日在天"，内正供關帝坐像，周倉、關平等四像侍立。關帝之前有釋迦佛，左文殊騎獅，右普賢跨象。左壁下有財神一尊、童像二位。右壁下有馬王像一，也有童像二位旁侍。西殿南北配房各三間，時均爲住宅。正殿南耳房爲"藥王殿"，内供泥塑藥王坐像。北耳房爲娘娘殿，内供娘娘三尊；北跨院中有西房一間、北房二間，均爲住房。廟内還是什刹海獅子會的會址所在，故該會大刀等道具也存於正殿之中[2]。

自隆祥受戒後，他又到三元庵附近的廣化寺内掛單，並於寺中擔任知客，三元庵因此成爲廣化寺[3]下院。20世紀30年代至50年代前期，隆祥一直居住在廣化寺内[4]。但至少1952年北京市民政局登記時，時年已四十歲的隆祥仍任三元庵住持[5]。其後，他下鄉勞動，曾還俗娶親，至上世紀80年代末，政府落實新的宗教政策，隆祥又重返廣化寺，參與該寺的恢復工作。2003年，隆祥在北京積水潭醫院去世[6]。

2006年調查時，三元庵仍有北房三間、西殿三間以及西殿後僧房三間，現爲民居，隆祥俗家後人仍住院中[7]。據他們介紹，隆祥師父精通武藝、爲人正直，曾出任鴉兒胡同的保甲長，對付過胡同裏的兵痞流氓。他在廣化寺内德高望重，20世紀90年代北京舉辦亞運會時，還曾被請到亞運村幫助東南亞的運動員們建立佛堂。他生前熱衷慈善事業，不少胡同老住戶都對隆祥師父有深刻的印象。

---

〔1〕參見北京市檔案館藏《北平市社會局寺廟類·内五區煙帶斜街關帝廟僧人隆祥關於登記廟産的呈文及社會局的批示》，自1930—1933年，檔案號J2-8-31，頁二十五至三十。

〔2〕參見國立北平研究院《三元伏魔庵》，西四98。

〔3〕參見本書三排七段"廣化寺"條。

〔4〕參見北京市檔案館藏《北平市社會局寺廟類·内五區廣化寺僧人普坤關於請登記廟産和玉山接充主持的呈文及社會局的批示（附廣化寺登記表）》，1930—1941年，檔案號J2-8-189，頁一百六十七。

〔5〕參見北京市檔案館藏《北京市民政局民族事務科·西四區僧、尼寺廟登記表》，1952年，檔案號196-1-8，頁九十五。

〔6〕據隆祥之俗家後人介紹。

〔7〕《中國文物地圖·北京分冊（下）》稱其僅存正殿和配殿。見本書頁七十九，"三元伏魔宫"條。

# 通明廟

通明廟，亦稱通明庵或通明寺，原址在内五區方磚廠胡同四號（今東城區方磚廠胡同十一號）。現存部分寺廟建築。寺中原有光緒五年（1879）《通明寺碑》和光緒七年（1881）《通明寺碑》[1]。

據光緒二碑中稱，此寺創自清乾隆年間，民國時寺廟住持也認爲此廟“乾隆年間係私宅改寺”[2]。但實際上《雍正廟冊》中已有通明廟記載，當時爲大僧廟，有大殿八間、禪房十二間，住持法號普玉。至《乾隆廟冊》登記時，住持换成了本然。從乾隆《京城全圖》上看，通明廟位於方磚廠胡同路北，坐北朝南，似有前後兩進。山門三間，左右各有群房若干；前院正殿三間，西有北房四間，其南有西配房三間帶一南耳房；後院有北殿五間、西配房三間。北殿之後還有空地一段，院西有跨院一所，但難以判斷是否屬於廟内。根據清光緒五年《通明寺碑》所記，乾隆時，廟有“大殿三楹，前後院、東西配殿、山門、儀門、群房、圍垣”[3]，與《京城全圖》所繪頗有不符。按廟内原有清乾隆五十四年（1789）大寶鼎一口，上有“通明寺”字樣；清乾隆五十五年（1790）銅鐘一口，上刻捐資人名；正殿匾額、木聯均爲清乾隆五十四年皇六子質莊親王永瑢手書[4]。可能乾隆末期通明廟曾得皇家資助並重修，此爲寺廟史上之重大事件，故歷代住持均銘記在心，乃至誤有“乾隆始

〔1〕據《北京文物勝跡大全·東城區卷》記載，廟内還有明成化十年（1474）《建織染所真武廟碑》和明隆慶元年（1567）《真武廟重修碑》，但此説不確。上述二明碑應在西城區小新開路胡同通明寺内，見本書三排八段“通明寺”條。

〔2〕參見北京市檔案館藏《北平市社會局寺廟類·内五區通明寺僧人常福呈請登記廟產及社會局的批示》，1930—1936年，檔案號J2-8-170，頁十三至十四。

〔3〕參見清光緒五年（1879）《通明寺碑》，《北京圖書館藏中國歷代石刻拓本匯編》，京563，卷八十四，頁一百九十六至一百九十七。

〔4〕參見國立北平研究院《通明寺》，西四111。

創”一說。

光緒五年《通明寺碑》記載，乾隆時廟内供北極真武玄天上帝、釋迦牟尼、極樂阿彌陀佛、觀音菩薩等像。然當時寺廟房屋殘破，佛像損毀，信善吴德祥率領諸信衆捐獻錢財器物，襄助住持通興重修廟宇。捐獻人數約計四十餘人，信善踴躍，商鋪亦多，既有北京内外城居民、鋪戶，也有外地信衆。所捐物品包括法器、禮器、樂器、佛像裝飾等[1]。光緒七年（1881），吴德祥再次率領十八位信衆成立募捐委員會，向北京城内外居民、商號百餘衆募得白銀二百六十兩、銅錢七百一十餘吊。住持通興借此機會添建山門、儀門、影壁，增蓋東群房，還將寺内匾額、楹聯、法器等裝飾一新[2]。從廟碑記名來看，此時寺廟房屋多有出租，馬鳳梧、廣源茂、聚興估衣局、隆泰緞店、隆裕緞店、義合永等廟内商民，紛紛慷慨解囊，以助重修。而廟内似乎還有香會活動，有“倉平都佛爺倉”、“地畝佛爺倉”（“倉”字疑爲“會”字之誤寫），也聲稱居於廟内，並襄盛舉。

然而僅在重修三年之後，清光緒十年（1884），繼任住持超然就將通明廟贈予京郊紅螺山資福寺爲下院，在僧錄司立有崑泉接廟更名手本。從此，通明寺成爲資福寺僧人駐平化道、營辦貨物之地，歷來由上院方丈兼任住持。由僧人與信衆共同組成的佛慈放生會也設立於此廟中，佔據多處院落住房。此時廟内應有音樂法事之活動，蓋各項法器中，還有“唪經樂器一堂”。

20世紀二三十年代期間，通明寺山門兩重、殿宇三層。外山門一間南向，木額“紅螺山資福寺下院通明寺”，内二門爲屏風門，懸有“佛慈放生會”的牌匾。三層佛殿，每層都帶東西跨院。首爲前殿“通明寶殿”三楹，内正供木像金身無量壽佛坐像一尊，觀音、勢至二菩薩旁立。東邊壁下供地藏王菩薩坐像，西邊壁下供韋馱站像，均爲木像，精刻細琢。韋馱旁設大鼓一口，上有紙匾，爲清光緒二十七年（1901）時，晚清重臣李鴻章所手書“無上士”三字。前殿内經板二架，共三十七種，北平市社會局登記檔案中記其全名，據住持僧常福報稱，此經板係紅螺山衆僧陸續集資滁刻，存於下院，以便印刷。另有各類經籍二百餘冊，除佛教經典外，還有《道藏輯》十二卷、《耶穌聖經》一卷等各教經文，以及《醫牛馬經》四卷、《學庸解》等書籍。前殿之東西配殿各三間，時爲住宅，南小房二間，東房一間爲過道，西房一間爲穿堂，通向西跨院 “放生雞園”。前殿院内有大楊樹兩株，高聳入雲，極爲美麗，爲寺僧所鍾愛。光緒五年與七年二通《通明寺碑》就立於殿左廊下；正殿五楹，爲“菩薩殿”，木額“淨聖慈觀”，東爲司房，額曰“四蓮室”，西爲客堂，額曰“惺寂齋”。殿内正中有六角龕一份，内供觀音木像。旁有旃檀佛、關公二像，均木製。正殿東西配房各三間，無佛像。東西跨院内各有東西房五間，東跨院爲“佛慈放生會”，西跨院爲“放生牲園”；後殿五楹“念佛堂”，内供三世佛，其光座刻工精細，旁有懸燈十餘、立燈四盞、孔雀屏一對、大燭釺兩支，精致典雅、富麗堂皇。據常福說，因爲懷柔地方土匪盛行，滋擾寺院，資福寺亦多有損失，因此寺僧呈報縣政府後，由縣警出面，將紅螺山多項法物運至此廟内保存，後殿中掛燈等莊嚴供品，便是原資福寺中的寶物。後殿外，東配殿三間，爲放生會會計處，西配殿三間，爲放生會庶務處。院内柏樹丁香掩映下，有龍獅水獸刻石長方花池一座，石既精美，花亦繁多，其中牡丹多株，開時嬌艷異常。後殿之東西跨院，東跨院内有北房五間、東房三間，西跨院有北房三間。各處殿宇整潔、花木繁多、法物精嚴、經卷儼然，實乃一方之勝境。寺廟經濟來源也較爲多樣化，除上院資福寺供應日用外，廟内還出租房產，兼售井水盈利[3]。

[1] 參見國立北平研究院《通明寺》，西四111。

[2] 參見清光緒七年（1881）《通明寺碑》，《北京圖書館藏中國歷代石刻拓本匯編》，京564，卷八十五，頁六十四至六十五。

[3] 參見國立北平研究院《通明寺》，西四111，及北京市檔案館藏《北平市社會局寺廟類·内五區通明寺僧人常福呈請登記廟產及社會局的批示》，1930—1936年，檔案號J2-8-170。

1949年後，該寺被分爲三部分，仍由僧人寶祥住持。1985年，寺廟部分殿宇尚存，彩繪依稀可見，但佛像法物均已不知去向，殿前石碑仆倒壓在臺階之下〔1〕。但直至2006年調查時，老住戶們對廟内當年盛況仍記憶猶新，對前殿的七層臺階、殿内李鴻章所書匾額、後殿松樹上纏繞的淩霄花都津津樂道。據説，此廟最後一任住持寶祥，出家之前是張作霖部隊的旅長，後因赤峰戰爭失敗退居紅螺寺，居於此廟時，就住在廟内西跨院中。就讀於輔仁大學、燕京大學的窮學生們，多有寄宿於此者。1956年，佛教協會將一部分法器文物拉走，"文革"期間，佛像和其他文物被紅衛兵燒毁，原有石碑傾倒後，被院内住戶埋在房中。

2006年時，通明廟建築尚完整，但被分割爲數個院落，原有二山門之前門已拆，但二道門和主要佛殿等均保存下來〔2〕。

通明廟西跨院内遺存的蓮花座（2006年10月如意攝）

通明廟前殿内景（2006年10月如意攝）

〔1〕參見《北京文物勝跡大全·東城區卷》，頁三百一十七至頁三百一十八。

〔2〕參見《中國文物地圖集·北京分册（下）》，頁三十二。

# 天仙庵

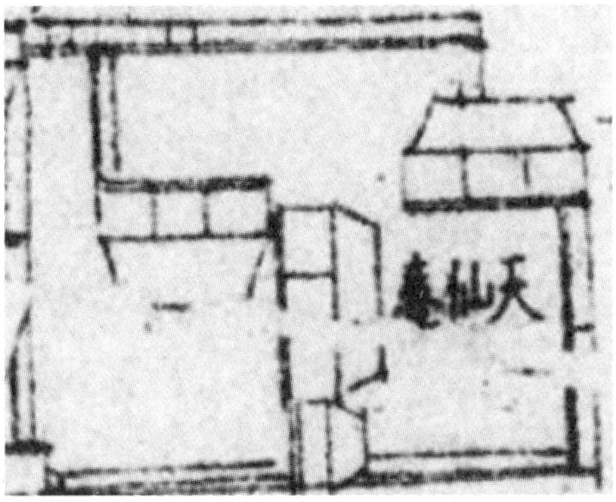


天仙庵，原址約在今西城區什刹海銀錠橋南金絲胡同七號附近。寺廟建築現已不存。

此廟不知始建何時，但明《宛署雜記》記載，“天仙廟，在北城日中坊者二：一嘉靖六年建，一嘉靖二十九年建”，其中之一可能即是該廟。清雍正年間僧錄司登記爲大僧廟，廟内有正殿三間、禪房六間，住持普德。而至《乾隆廟冊》登記時，廟已改換門庭，成爲尼僧廟，住持法號空甯。按乾隆《京城全圖》所繪，此廟規模狹小、形制不整，似有北房三間、西房三間帶一南耳房，西房再西有倒座南房三間，院北墻和東牆各開小門，但難以判斷佛殿僧房之所在。

此後，天仙庵再無考，應早已傾圮。2006 年調查時，附近居民對此廟也毫無印象。

# 海潮庵

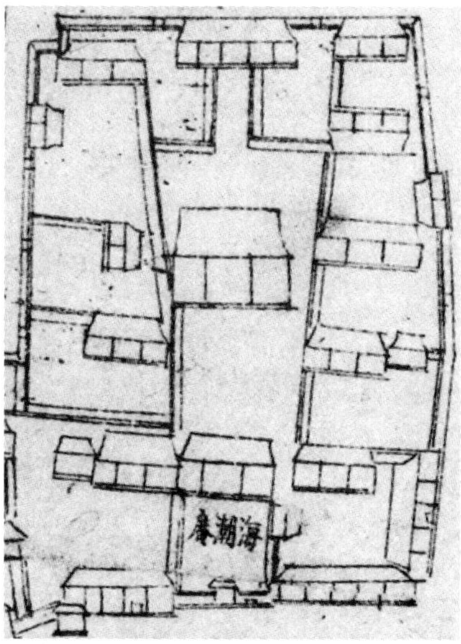


海潮庵，亦稱海潮觀音寺。原址在内五區德内海潮庵六號（今西城區銀錠橋胡同前九號、後九號）。寺廟建築現存部分。廟内原有明萬曆年間翰林檢討趙用賢撰碑，和明嘉靖五年（1526）碑石一通，但今均已無考[1]。

此廟未知始建於何時，似爲明代。《宛署雜記》中記北城日中坊内有兩座以“海潮”爲名之庵，一爲“海潮觀音庵”，爲隆慶元年（1567）所建；一爲“新海潮庵”，萬曆十八年（1590）建。事實上，直到清《雍正廟冊》登記時，以“銀錠橋”爲址的仍有兩座“海潮庵”，均爲大僧廟，一有殿宇三間、禪房二十七間，住持寂茂；另一有殿宇十四間、禪房十四間，住持普玉。然而到《乾隆廟冊》登記時，就衹有一座海潮庵留存下來，住持普壽。由於地址既近、名稱復同，究竟二海潮庵中哪一座尚存，爲《京城全圖》所繪，今仍存疑。但《宸垣識略》、《藤蔭雜記》和《北京市志稿》等乾隆之後成書的文獻中，所載均爲此海潮庵。

從乾隆《京城全圖》上看，海潮庵坐北朝南，但四至周垣難以判斷，大約有山門一座，入則爲獨立小院，最北端有前殿三間。此小院以北，有正殿三間、後殿五間。除此之外，山門左右有沿街鋪面房，前殿小院東側牆外有房屋若干，均難以判斷是否屬於廟產。有清一代，海潮庵中常有添建法物之舉，嘉慶三年（1798）四月造圓鐵爐一座、光緒十四年（1888）鑄鐵磬一口，均註明獻於海潮庵中。

〔1〕參見《宸垣識略》卷八·内城四，頁一百五十三。《北京市志稿·宗教志》卷二·釋教二，頁六十至六十一。

至清道光二十一年（1841），威夫購下此廟，在僧錄司更名入冊，其後歷代相傳。民國十七年（1928），慈一接廟，他原爲河北省宛平縣農民，幼年時即已出家，在海潮庵内住持直到20世紀50年代，並同時兼任内五區馬靈官廟住持[1]。此時山門南向，石額"古刹海潮觀音禪林"，山門内爲天福轎子鋪；前殿三間，内供南海騎犼觀音一尊，小童二人，旁祀者有韋馱、雷公，及騎獸類神像十二尊。殿中有明正德十一年（1516）十二月鐵磬一口，上有"敕建大功德寺"字樣，應係從别寺中移來；前殿東有南房五間、東房四間、北房三間。北小跨院内有北房三間、東西房各一間；前殿之後，有北殿三間，内供三世佛坐像三尊，均爲泥塑金身。除侍立童子外，還有十八羅漢、彌勒、達摩塑像陪祀。據説，三世佛座下面有海眼，廟即爲鎮海眼而建；後殿外有西房三間帶二小房，後院中有北房五間、東西房各三間，時爲織手巾工廠[2]。

海潮庵鳥瞰（2012年10月范華攝）

海潮庵前殿屋頂（2012年10月范華攝）

至20世紀50年代初登記時，慈一仍爲住持，但轉居靈官廟内居住。八九十年代調查時，海潮庵尚存前殿三間、後殿三間及東西配殿，東跨院有北房兩排各三間。東西配殿已不存[3]。2006年調查時，寺中尚有前殿三間、正殿三間，東殿三間，爲居民雜院，廟院中還開有飯館。老住戶們對和尚慈一尚有印象，但"海眼"之傳説卻已無人得知。

〔1〕參見本書三排八段"靈官廟"條。

〔2〕參見國立北平研究院《海潮庵》，西四203。

〔3〕參見《中國文物地圖集·北京分冊（下）》"海潮庵"條，頁六十一。

# 龍王廟（鼓樓東大街）

龍王廟，不見於清乾隆《京城全圖》，原址在内五區鼓樓東大街一百一十四號（今東城區鼓樓東大街二百八十五號院内）。寺廟建築現已不存。

此廟可能始建於清光緒二十年（1894），20 世紀 30 年代調查時，見此廟僅一間南向，木額“龍王廟”，爲光緒二十年連捷所書。内無神像，然廟上有龕，供龍王小泥像一尊，龕前鐵爐一座，也懸木額一方，字曰“水晶宫”。廟前水井一眼，上有井屋，北有小房一間；廟後小院一所，内有西房、北房各一間。管廟人名王培陞[1]。1945 年警察局調查人員也曾記錄此廟，並稱它爲當街廟，時龍王像仍在，鐵爐已無存[2]。

附近老住户回憶，此乃井窩子所在地，賣水人來自山東膠東，兼管寺廟。20 世紀 60 年代初，鼓樓東大街通上自來水，井窩子棄用，廟亦無存。

2012 年調查時，龍王廟並井窩子均已不存，其原址爲鼓樓東大街上的老北京布鞋店。

---

〔1〕參見國立北平研究院《龍王廟》，東四 100。

〔2〕參見首都圖書館藏《北平寺廟調查一覽表》，民國三十四年（1945）手抄本，頁三十三。

# 小廟

小廟，不見於清乾隆《京城全圖》，也沒有文字記載，原址在今辛安里胡同二十二號左右。寺廟建築現已不存。

2012 年調查時，聽附近老住戶提及此廟，說它僅爲一米高的神龕，立於半米高的石質基座上，前有影壁遮擋，後爲胡同末端。龕内供奉“佛爺”一尊，眼珠用寶石製成，且能活動，不知是否爲土地神像。附近居民以此處爲聖地，不敢輕易侵擾，衹有膽大的男孩子以摸神像爲賭，比賽誰更有勇氣，尤以入夜後敢來此處者爲勝。小廟在“文革”期間拆除，原地新建住房。但據說此房靈異，前後换過幾家住戶，均爲癌症所困擾，所以常在門上懸掛明鏡，希望能把煞氣擋在門外。

# 過街廟

過街廟,也稱土地廟,不見於清乾隆《京城全圖》,原址在内五區辛寺胡同八號(今東城區辛安里胡同二號)。寺廟建築今已不存。

據《北京文物勝跡大全·東城區卷》記載,此廟建於清乾隆五十五年(1790),光緒二年(1876)重修,内供土地神泥塑像。1945年警察局調查時僅稱其爲"當街廟",語焉不詳[1]。根據20世紀50年代文物局的調查記錄,此廟跨越兩個胡同,行人從廟下通過,稱爲"過街廟"。廟面闊一間,有"聖澤庇佑"、"護國佑民"、"昭明顯佑"等木匾[2]。

2012年調查時,附近老住户還對此廟記憶猶新,說它横跨胡同,裏面有兩尊神像,附近慈善寺的和尚負責照管上香[3]。20世紀50年代,胡同口開設炊具店,認爲它礙事而拆除。

〔1〕參見首都圖書館藏《北平寺廟調查一覽表》,民國三十四年(1945)手抄本,頁九。

〔2〕參見《北京文物勝跡大全·東城區卷》,頁二百八十。另見張淑新、張淑媛《紫禁城内外——皇朝·關帝·馿窩子》,北京:中國社會出版社,2007年,頁六十一。

〔3〕參見本書三排六段"慈善寺"條。

# 龍王廟（煙袋斜街）

龍王廟，全名爲“三財龍王廟”，清乾隆《京城全圖》上未標注廟名，原址在内五區煙袋斜街八號（今西城區煙袋斜街二十一號左右）。寺廟建築現已不存。

據廟額判斷，此廟可能曾於清道光三十年（1850）重修，爲闔街公建。然其始創應遠在此之前。《馬可·波羅遊記》中記元大都斜街曾有銅井一口，有人認爲即指此廟前水井[1]。清乾隆《京城全圖》上煙袋斜街龍王廟所在地，清楚繪有水井一眼，井後小房一所，頗似龍王廟形制，惜未注廟名。道光以後，同安水會負責管廟，清同治四年（1865），水會還爲廟裏敬獻鐵五供一份。廟山門南向，木額“重修三財龍王廟”，内僅殿房一間，木額“義氣淩雲”，供龍王坐像一尊、文物財神各一尊、關帝泥像一尊。殿前有水井一眼、旗杆一座[2]。1945年警察局調查時，稱其爲當街廟，各神像仍在[3]。上世紀50年代初民政局登記時，記錄家住内五區義溜胡同二十九號的李華亭爲寺廟管理人[4]。

據徐文玉先生的回憶，上世紀四五十年代時，此廟由奎家老夫婦經管，每逢初一十五還有香火。後來老夫婦去世，無人照管，廟毁井填，成了附近鑫園澡堂的堆房[5]。

2012年調查時，煙袋斜街已是繁華的旅遊貿易區，此龍王廟蹤跡全無。據諸文獻記載推斷，其原址上現應爲商店。

[1]參見《京華古跡尋蹤》，頁四百一十。

[2]參見國立北平研究院《龍王廟》，西四104。

[3]參見首都圖書館藏《北平寺廟調查一覽表》，民國三十四年（1945）手抄本，頁三十四。

[4]參見北京市檔案館藏《北平市民政局·北平市寺廟總登記簿》，1950年，檔案號J3-1-203，頁四十八。

[5]參見《京華古跡尋蹤》，頁四百零九至四百一十。此書中寫爲“鑫國澡堂”，參以其他資料，似以“鑫園”爲確。

# 敕修延壽院

敕修延壽院，亦稱爲延壽寺。不見於清乾隆《京城全圖》，原址在内五區方磚廠二十五號、辛寺胡同一號（今東城區方磚厰胡同七十七、七十九號，辛安里胡同一百零六號）。現存部分寺廟建築。

此廟不見於清乾隆《京城全圖》，但雍正、乾隆《廟冊》均有記載。雍正年間，寺中有大殿三間、禪房十三間，住持法號海箴。至乾隆僧錄司登記時，住持更爲通丕。

據民國寺廟檔案記載，清咸豐五年（1855），曹洞宗僧人出資購廟，其後以子孫廟身份歷代相傳。此前寺廟可能爲高亮祭祠，僧人購廟更名後，高亮神像仍供於廟内前殿中。

20世紀30年代，該廟廟房約三十間。山門一間南向，石額曰"敕修延壽院"；前殿三間，爲關帝殿，内供關帝坐像，周倉、關平侍立。左祀財神，二童相伴。右即高亮藤胎坐像，頭戴紗帽，身穿真緞黄袍，腳踏布靴，坐高五尺餘，立高約高八尺。神像四肢均可活動，身上有機關，一按即可站起。其牌位上書"敕封平浪侯晏公都督大元帥"，廟中人稱，高亮乃挑水祖師，即北京家喻戶曉之"高亮趕水"傳説中的主人公。其傳説略概如下：

> 北京原爲苦海幽州，哪吒鬧海封閉海眼，人民始得生存。然孽龍不時作亂，故劉伯温修八臂哪吒城以鎮之。龍公龍婆爲破壞北京，化作賣菜人，將城内苦水甜水分裝兩簍，出西直門而去。井水乾涸，劉伯温派瓦匠高亮追趕孽龍。高亮追至玉泉山，用長槍扎破苦水簍，但甜水簍仍被搶走，故北京城内從此祇有苦水而無甜水，玉泉山祇有甜水而無苦水。水簍破後，高亮急奔入城，然將至西直門時回望一眼，即被水淹而死，其亡故之處即爲今之高粱橋。[1]

高亮神像旁，兩小童立侍，一執印、一執槳。廟内歷任住持均對高亮神像珍視有加，歷次政府登記中都稱其爲可寶貴之處。前殿東西有夾道，各有東西房三間，爲住宅。前殿之後有北殿三間，帶東西小耳房，殿内正供釋迦

〔1〕此故事由金受申先生採録於民國年間，轉引自《中國民間故事集成·北京卷》，頁四百一十七至四百二十三。

佛坐像,阿難、迦葉旁立,耳房均爲住宅。殿外有東西配殿各三間,時亦爲住宅[1]。除本廟外,另有五間半附屬房屋,坐落在辛寺胡同一號,均由住持真義管理。因該僧1940年疾病纏身無力管廟,由廣化寺和東大市街財神廟住持做保,將寺轉予其同宗師弟——紅螺山資福寺前住持性徹。性徹接廟後整頓寺廟債務時發現,因真義借款修廟,寺廟附屬房屋長期典與俗人劉本泉居住,廟照亦成爲借款抵押。性徹追討廟照未果,二人爭訟於地方法院,劉不甘敗訴,多次上書社會局,指性徹接廟與寺廟繼承習慣不符。社會局終未支持劉氏申訴,性徹勝訴[2]。自此,延壽寺一直爲性徹管理,雖然1945年警察局調查時,稱廟内無僧人[3],但直到20世紀50年代初,性徹仍作爲寺廟住持在民政局中登記[4]。

《北京文物勝跡大全·東城區卷》中記載,1985年調查時,延壽院已成民居,僅存山門及前殿,其餘殿宇均改建[5]。但2006年調查時,發現寺廟還存前殿三間、正殿三間,帶東西耳房各一間,東西殿各三間,東殿還有南耳房兩間。寺前有飯館和方磚廠衛生站,據老住戶稱均是拆除漢白玉雕花山門後所建。辛安里胡同一百零六號曾經也是延壽院附屬廟產,兩院原相通,現已隔絕。

延壽庵東配殿(2012年10月范華攝)

延寿庵東側(2012年10月范華攝)

〔1〕參見國立北平研究院《延壽寺》,西四106。

〔2〕參見北京市檔案館藏《北平市社會局寺廟類·内五區延壽院僧人真義呈請登記廟産及社會局的批示》,自1930—1943年,檔案號J2-8-289。

〔3〕參見首都圖書館藏《北平寺廟調查一覽表》,民國三十四年(1945)手抄本,頁二十一。

〔4〕參見北京市檔案館藏《北平市民政局·北平市寺廟總登記簿(第一冊)》,1950年,檔案號J3-1-203,頁三十八。

〔5〕參見《北京文物勝跡大全·東城區卷》,頁三百三十二。

# 三排七段

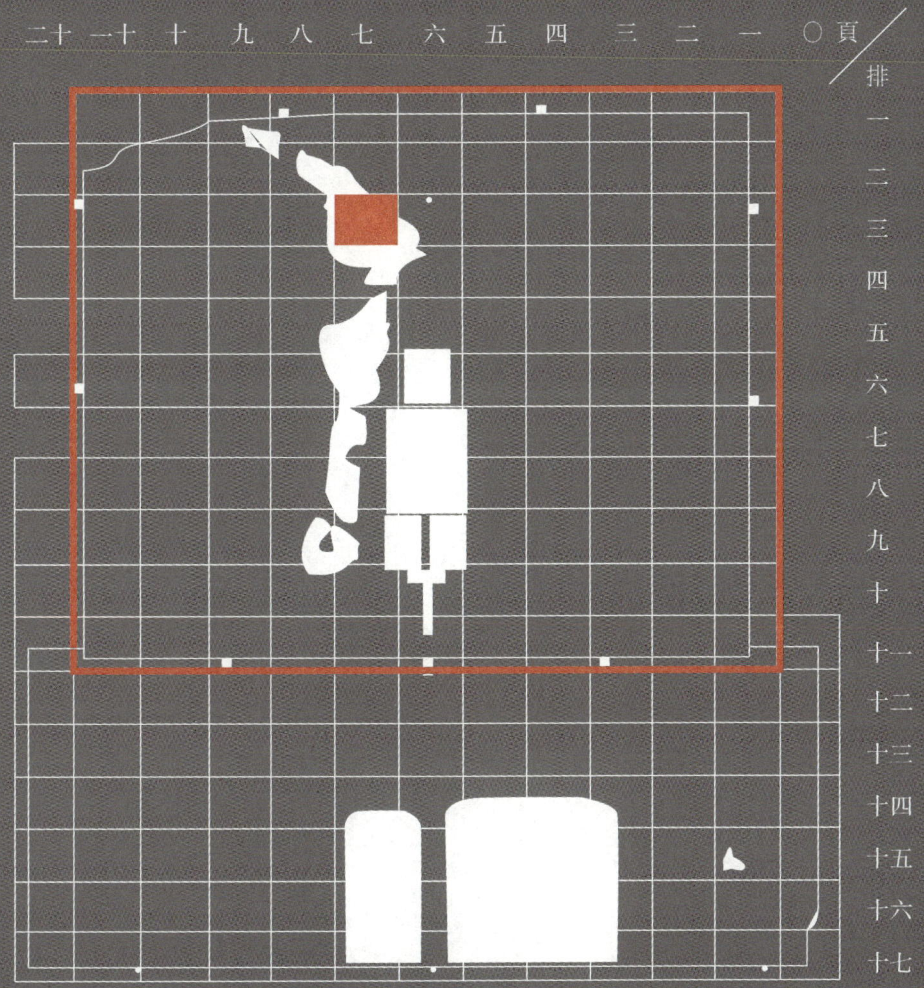

豐泰庵

廣化寺
興善寺
海會庵
三元庵
永壽庵
槐寶探海寺

# 廣化寺

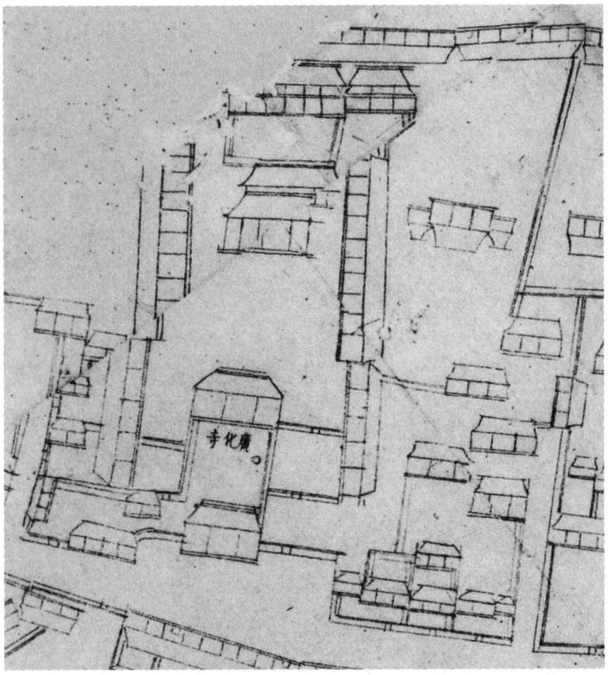


廣化寺，原址在内五區鴉兒胡同十二號（今西城區鼓樓西大街鴉兒胡同三十一號），寺廟建築今保存完好。寺中曾有石碑十通：元延祐二年（1315）《諸路頭陀教門都提點誠公塔銘》[1]，明弘治十年（1497）《廣化寺碑》、明萬曆二十六年（1598）《廣化寺職名碑》[2]、明萬曆二十七年（1599）《彌陀會記》、清乾隆二年（1737）《板橋畫蘭》、乾隆年間《板橋畫竹》[3]、清道光二年（1822）《廣化寺敦請自如和尚住持疏》、清咸豐二年（1852）《廣化寺碑》、清光緒十六年（1890）《廣化寺戒壇碑》、民國三十一年（1942）《重修廣化寺碑》[4]。

廣化寺始建於元至元二十五年（1288），時僧志誠“敝衣蔬食，受經坐

---

〔1〕此碑無存，亦無拓片，碑文從程鉅夫《雪樓集》中抄錄。（元）程鉅夫《雪樓集》卷第二十一，《影刊洪武本程雪樓集》，陽湖陶氏涉園，民國十五年，第七册，頁七至頁八。

〔2〕此碑現立於廣化寺第一進院的五佛寶殿外東南方，字跡多漫滅不清，額篆“正宗記”。

〔3〕《板橋畫竹》拓片無存，據稱嵌於殿堂内壁上。參見王銘珍著，北京市西城區什刹海研究會編《什刹海的寺廟》，北京：當代中國出版社，2008 年，頁二十三。

〔4〕此碑亦無拓片，碑現鑲嵌於大殿東側走廊的北壁中。

誦”，曾受封“靜照妙行大禪師諸路頭陀教門都提點”。爲顯“大頭陀教”（“糠禪”）教法之本意，於靈椿里構建小廟，命爲“廣化”，此爲寺名之由來[1]。其建寺經過，據《日下舊聞考》援引《析津日記》云：“元時有僧居之，日誦佛號，每誦一聲，以米一粒記數，凡二十年，積至四十八石，因以建寺焉。”生動映證了僧人志誠清淨寡慾、不求佈施的“糠禪”修行方式。

明初，廣化寺廟宇荒廢，香火漸稀。明天順五年（1461），僧人靈濟旅居廟内，掘井發現古寺碑文，遂發願重修。他一心向佛，爲民祈福，向善進德，遠近生民莫不拜信，紛紛濟財。興工二十餘年，終成大刹[2]。此後廣化寺傳淨土宗，爲師傳徒受之繼承制。嘉靖末至萬曆年間，廣化寺於每年十月初八舉行念佛會，規模盛大，貴庶賢集，更有内府各衙門太監百餘人在會共同禮佛。京師慕名參與者甚衆，寺廟趁此盛事復得重修[3]。

至清代，據清《雍正廟冊》登記，廣化寺有殿宇五十七間、禪房十間，住持心虔。在清《乾隆廟冊》中載其屬大僧廟，住持殊行，爲官管寺廟。然在乾隆三十五年内務府《呈報官管寺廟殿宇房間數目清單》中卻未載廣化寺，原因未明[4]。按乾隆《京城全圖》所繪，廣化寺坐東北朝西南，主體建築爲四層殿宇三進院落，東西各有跨院。正院首爲山門三間，西有過道通往西跨院；後有前殿三間，殿前水井一眼，山門與前殿之間東西俱有墻垣，將前院隔成一小方院，院東西各有配房五間；正殿五楹，重檐兩滴水，前有院落甚寬大，左右順山配房各十間；後殿爲上下兩層各五間，東西似乎還有兩層樓的配殿，但由於恰處地圖交界處，僅能看見東側小樓；東跨院經三道墻垣通往正院，分前後兩進，前院内全爲三間一座的南向僧房，最南端三座中東西兩座各帶一個小耳房。後院有三間倒座房帶左右兩間小耳房；西跨院較小，也開隨墻門直通正院，院内有南房四間、北房兩間、西房三間。清道光初年，寺廟已衰敗不堪，故而淪爲西海南沿普濟庵[5]下院。因無人照管，住持廣珠將寺讓與附近興善寺[6]住持自如和尚[7]。自如傳禪宗，接廟後廣化寺改爲十方叢林，禪淨雙修。其後印法、魁一相繼承缽，道光年間、咸豐二年（1852）兩次重修，至光緒二十年（1894），全廟重建，增擴爲三路三進、二十餘畝的大院落，房屋殿宇亦增爲三百餘間[8]。除此之外，寺廟住持還結交恭親王府，獲贈通州長營廣善莊的十一頃土地[9]。1907 年，張之洞在廣化寺内設立編譯圖書館，1908 年改爲京師圖書館，即中國國家圖書館之前身。

---

〔1〕元延祐二年（1315）程鉅夫《諸路頭陀教門都提點誠公塔銘》，參見（元）程鉅夫《雪樓集》卷第二十一，《影刊洪武本程雪樓集》，陽湖陶氏涉園，民國十五年，第七冊，頁七至頁八。

〔2〕參見明弘治十年（1497）《广化寺碑》，《北京圖書館藏中國歷代石刻拓本匯編》，京 4147，卷五十三，頁五十二。

〔3〕明萬曆二十六年（1598）《廣化寺職名碑》，此碑無拓片，其内容主要可參見孔勤《北京廣化寺》，《法音》1989 年第 10 期，頁三十六至頁三十七。明萬曆二十七年（1599）《彌陀會記》，《北京圖書館藏中國歷代石刻拓本匯編》，京 589，卷五十八，頁九十一至九十二。

〔4〕中國第一歷史檔案館藏《呈報官管寺廟殿宇房間數目清單》，乾隆三十五年五月二十二日，檔案號 05-0277-032。

〔5〕可能是四排七段“普濟葯王廟”。

〔6〕參見本排段“興善寺”條。

〔7〕參見清道光二年（1822）《廣化寺敦請自如和尚住持疏》，《北京圖書館藏中國歷代石刻拓本匯編》，京 593，卷七十九，頁二十七。

〔8〕清咸豐二年（1852）《廣化寺碑》，《北京圖書館藏中國歷代石刻拓本匯編》，京 505，卷八十二，頁三十六。清光緒十六年（1890）《廣化寺戒壇碑》，《北京圖書館藏中國歷代石刻拓本匯編》，京 588，卷八十六，頁一百五十二。

〔9〕《道咸以來朝野雜記》記載了寺廟與恭王府的關係，民國寺廟檔案登記了這些附屬土地。恭王府贈送寺產一事由廣化寺老僧覺修證實。另見北京市檔案館藏《北平市社會局寺廟類·内五區廣化寺僧人普坤關於請登記廟產和玉山接充主持的呈文及社會局的批示（附廣化寺登記表）》，自 1930—1941 年，檔案號 J2-8-189，頁二十二。

民國時期廣化寺規模與清末幾乎無異，有通縣西長營村廣善莊、西直門外萬壽寺西北蘇州街塔院兩座下院。靜照爲民國期間首任住持，其後住持普堃因在職期間疏於焚修，廟務廢弛，1932 年本宗公議將其開除，由玉山續承。玉山熱心公益，關心國事，至少從 20 世紀 30 年代開始，廟内開辦免費施診所、放粮、辦粥廠，還開辦公益小學。1933 年日軍佔領熱河省會承德後，愛國人士朱慶瀾聯合玉山方丈，借用廣化寺東路戒堂、大齋堂等近百間房屋建立了傷病醫院[1]。1938 年，多羅貝勒載瀅側室項太夫人病逝，停靈於廣化寺東路戒壇院大齋堂，玉山藉機懇請項太夫人之子、恭親王之後溥心畬首倡重修，後者欣然應允，旋即下榻西路大悲院禪房，邀當時著名墨客畫家共襄善舉，在社稷壇内舉辦公展，義賣所得款項全部捐贈廣化寺，一時傳爲佳話[2]。重修後的廣化寺共五路，中路山門外有臨海之八字照壁，自南而北依次是山門殿、天王殿、大雄寶殿（2000 年 9 月改稱五佛寶殿，供中央世界毗盧遮那佛、南方世界寶生佛、東方世界阿閦佛、西方世界阿彌陀佛和北方世界不空成就佛）及藏經閣。天王殿左右有鐘鼓樓，大殿兩側是伽藍殿與祖師殿。東、西二路内各有兩進院落，内有祖堂、方丈室、大悲壇等建築。到 1945 年，日本宣佈無條件投降，玉山方丈苦心籌辦“廣化小學”，自任校長，另由隆祥法師負責教務。任教者皆爲居士，將教書育人與弘揚佛法合二爲一。百餘名學生，均免交學費，甚至由校方免費供給書本文具。

1949 年後寺廟因建築保存完整曾用做警察局，僧人多還俗離寺，宗教活動被迫停止。1966 年 8 月 27 日開始，紅衛兵闖入寺内，將大小佛像全部搗毀，填入天王殿前井内。明清兩代數通石碑被推倒在地，山門前石獅不翼而飛。藏經閣内各種珍貴佛經被扯碎後拉往造紙廠，溥心畬所繪的巨幅山水壁畫，頃刻間化爲齏粉。各種香爐法器等均被破壞熔鑄。1971 年，北京市各界宗教人士，包括天主教神父修女、基督徒等都集中在寺内勞動生活，爲北京玩具廠加工玩具，宗教活動亦不能進行[3]。

1981 年，北京市佛教協會在寺内宣告成立，1984 年，廣化寺成爲北京市文物保護單位。1989 年，香火恢復，但新僧人主要從五臺山招募而來，本地僧人寥寥。2007 年，廣化寺除山門外放生池和東路前後院尚被佔用，其他各處建築均已恢復宗教功能。每月初一、十五寺廟開廟燒香，並承辦各種佛事，目前是北京市内舉辦佛教活動最頻繁的寺廟之一。

如今，廣化寺内除僧人每日念經外，還有例會、法會與俗信三類宗教活動。所謂例會，指爲了促進修行而定期舉行的總結類集會，衹有廟僧參加。例如每月農曆十五、三十日晚間的佈薩儀式，僧人集中在一起由監院宣讀戒律；每年農曆七月十五結夏安居結束後自恣，反思三月安居中的過失與錯誤；再如結冬，其主要活動是從農曆十月十五日開始至臘月初八日，連續坐禪七七四十九日，這稱爲打佛七。法會貫穿全年，多達三四十場，包括紀念各種佛菩薩誕辰、慶祝民間節日以及每月朔望固定開廟等。以 2007 年爲例，廣化寺内從除夕“萬燈供萬佛、萬人拜萬佛”道場開始，至農曆臘月初八釋迦牟尼成道法會爲止，共舉行各類道場十一種，具體情況參見附表。最後，居士與信徒們除參與寺僧組織的法會外，他們也在廟内進行自己的俗信活動。例如，廟内西後跨院内有觀音堂，對面墻上掛滿爲死去動物祈福的靈牌，其中頗多供奉蛇仙、狐仙的牌位，這正是曾廣泛流行於華北地區的四大門[4]信仰，如今在歷史悠久的廣化寺中也有一席之地[5]。

---

〔1〕北京市檔案館藏《北平市社會局寺廟類·内五區廣化寺僧人普坤關於請登記廟産和玉山接充住持的呈文及社會局的批示（附廣化寺登記表）》，自 1930—1941 年，檔案號 J2-8-189，頁一百七十二至一百八十七。

〔2〕〔3〕參見成善卿《魯殿靈光廣化寺》，《北京文史資料精選·西城卷》，北京：北京出版社，2006 年，頁一百二十五至一百三十。

〔4〕關於四大門信仰，可參見李慰祖、周星《四大門》，北京：北京大學出版社，2011 年。所謂“四大門”，指四種具有神聖性的靈異動物，即狐門（也稱胡門，狐狸）、黄門（黄鼠狼）、白門（刺蝟）和柳門（也稱常門，蛇）。

〔5〕關於廣化寺内的宗教民俗活動，參見張恒艷《北京廣化寺的宗教民俗研究》，北京師範大學博士論文，2009 年。

附

## 2007年北京廣化寺全年法會活動概況一覽表

| 法會名稱 | 法會時間 | 法會儀式和内容 |
|---|---|---|
| “萬燈供萬佛,萬人拜萬佛”道場(正月初一至初九,共九日) | 除夕 | 鳴鐘 |
| | 除夕至正月初九 | 燃燈供佛 |
| | 正月初一至初九 | 拜懺:《萬佛懺》 |
| 觀音菩薩聖誕法會(農曆二月十九日,共一日) | 農曆二月十九日上午八點半 | 誦經:《觀音菩薩普門品》 |
| | 上午十點 | 放生 |
| | 十一點 | 上供 |
| | 下午一點 | 皈依 |
| 清明節法會(公曆四月三日至五日,共叁日) | 三至五日上午 | 誦《地藏菩薩普願經》 |
| | 三至五日下午 | 拜懺 |
| | 五日晚 | 放焰口 |
| 浴佛法會(農曆四月初八日至四月十三,共七日) | 每日 | 誦經、衆生以香湯浴佛 |
| | 四月初八日下午 | 皈依 |
| 觀音菩薩成道法會(農曆六月十九,共一日) | 農曆六月十九 | 儀式與觀音聖誕日基本相同 |
| 盂蘭盆法會(農曆七月十五,共一日) | 農曆七月十五上午八點 | 誦《盂蘭盆經》,拜《慈悲水懺》 |
| | 上午十點 | 放生 |
| | 上午十一點 | 上供 |
| | 下午三點半 | 放焰口 |
| 地藏王菩薩聖誕法會(四十九日) | 農曆閏七月初一至八月二十日 | 每日誦經《地藏王菩薩本願經》,拜懺 |
| 觀音出家紀念法會(農曆九月十九日) | 農曆九月十九日 | 儀式與觀音菩薩聖誕和觀音成道相同 |
| 阿彌陀佛聖誕法會(農曆十一月十七日至農曆十一月二十三日,共七日) | 農曆十一月十七日至十一月二十三日(七日) | 每日拜《梁皇懺》、上供 |
| | 農曆十一月十七日下午 | 皈依 |
| 釋迦牟尼成道法會(農曆臘月初八,共一日) | 農曆臘月初八上午八點 | 延生普佛 |
| | 中午十一點 | 上供 |
| | 下午一點 | 往生普佛 |
| | 下午一點 | 皈依 |
| 初一、十五法會(農曆每月初一、十五,各一日) | 上午八點 | 延生普佛 |
| | 上午十點 | 放生 |
| | 中午十一點 | 上供 |
| | 下午一點 | 往生普佛 |

廣化寺山門（2007 年 11 月如意攝）

廣化寺五佛寶殿（2012 年 11 月曉松攝）

廣化寺天王殿（2012 年 11 月曉松攝）

廣化寺十月十五吃齋（2012 年 11 月曉松攝）

廣化寺水族毛群等接引牌（2012 年 11 月曉松攝）

# 諸路頭陀教門都提點誠公塔銘

年代:元延祐二年(1315)
原址:西城區鴉兒胡同廣化寺
碑文錄自:程鉅夫《雪樓集》

諸路頭陀教門都提點誠公塔銘

頭陀爲學佛者衆行之本。自迎葉啓教,彌勒受託。得其道,必離貪遠癡、少欲知足、守十二行、鍊磨三境、精進堅固、卓然出於世者。故曰:若有苦行人,我法即存;若無,我法即不存。然行愈堅,而傳愈寡矣。迨於我朝,乃有廣化誠公,懷貞抱樸,髫齒慕道,不傷生,不茹葷。年十四,從清涼寺頭陀師翟公受五戒六齋之法,爲在家弟子。十六,父母命之娶,不娶。誘之以計,不變。詘之以威,又不變。從而迯之外家。父追及之,又逃之公林棲禪院,從提點塵公剪髮出家。又追及之,終不變。十九入京,礼七代宗師,受大戒,從遷曲河院。宋(應爲宗——編者注)師沒,始主塵公之常樂院。至元十四年,爲大都路禪錄。二十四年,主九代宗師之清安寺。明年得隙地都之靈椿里,構蘭若曰廣化。而師之行益固、道益高。十一代宗師授以金字戒本。大德元年夏,天子降璽書,賜號靜照妙行大禪師、諸路頭陀教門都提點。師自授道至入滅四十九年,敝衣蔬食,受經誦戒,持諸部咒,仡仡朝夕,未嘗以寒暑廢,於其教可謂無愧矣。若乃神詭變幻,至人所不道。然史氏稱澄、什之流多驚耳悸目之事,載而不廢,豈無取焉?若師平居,晝之所止,常有異氣入室,結如善財像;夜之所息,則有白光洞胸,經時不散。嘗有群雀集項,如立朽株。都人鄒氏女,累年爲魑魅所憑,以念珠拂之,立止。十代宗師遣其徒李純輩四人之江南,踰年不返。師一日坐見李至,因問其介及宗教事。有頃,李果至。又一日見許善友者從保定來,言寂照師沒。已而許果來。若此甚衆。嘗有盜入室,戒勿捕。或横逆相加,置弗校,非其道圓滿清淨、真實無上者歟?大德九年秋九月十五日,手書發菩提心論金字戒本,授弟子法雲,付以宗門事,曰:"吾將逝矣。"越三日,召雲等侍。焚香易服,口誦如來者三,右脇累足而化,壽六十五,荼毗得五色舍利三十有二。將封,平章政事通政院使多年、尚書右丞同知太常禮儀院事達音達實奉皇太子教塔於清安寺旁。延祐二年夏四月,昭文館大學士雪庵大宗師介其徒法雲請銘。謹按師姓楊氏,縉山人,諱志誠。初從七代宗師請名。問何志,曰誠而已,遂以命之。自號寂庵。父諱林,以勇材仕金,守居庸關。太祖南伐,以其衆降,命爲都元帥。母房氏,生子二,師爲長。師既爲浮屠氏,弟子五人:法雲、法聰、法麟、法性、法智。雲累被錫命爲大都路頭陀教禪錄,今住持清安云。銘曰:我聞頭陀,衆行之首。或云杜多,華言抖擻。何以衣之?弊衲糞埽。何以飫之?羹藜飯糗。塚間樹下,予戶予牖。行之孔艱,學之彌少。於粲靜照,舊自童幼。超陵真覺,擺落塵垢。動如神行,止若木朽。瞻迦葉前,忽彌勒後。精進勇猛,具足成就。如何長往,如夜弗晝。師行罔加,師德罔究。非死非生,與天地久。

京 4147《廣化寺碑》

# 敕賜廣化寺記

敕賜廣化寺碑記

賜進士第翰林院撰儒林郎纂修國史兼經筵官廣□劉機撰

徵仕郎中書舍人直文淵閣兼經筵官華陽周文通書

掌左軍都督府事提督十二營兼神□營總兵官太子太保定西侯廣陵蔣琬篆

廣化寺在都城鼓樓西大街南

敕賜廣化寺開山第一代

欽依住持法名靈濟道號濟大舟祖貫山西平陽府襄陵縣邑之東南有山曰大尖山昔普救祖師華嚴宗派古剎蘭若寺濟童幼七歲出家後禮性空爲師二十歲時十年不下山每一□拜禮師佛一千聲三十歲遊方名山大刹問道窮源之理天順元年到慶寧寺住至天順五年在此寺住穿井掘出古刹碑文都功德主達魯花赤金紫光祿大夫前代住持悟榮濟見是古刹□發願禁足二十年不出山門一心念佛四十八石老米爲數按阿彌陀佛四十八願齋十萬八千僧道又捨貧人一□使闡宗風誘民爲善晨鐘暮鼓祝延

聖壽萬歲下祈生民咸增五福不亦可乎遠邇□□莫不信仰濟財亦然嘗竊嘆曰佛之道本無爲使吾逐逐然以求取於人則非其道矣故靜處一室不出山門孜孜以弘法爲己任從容二十年後成此大刹四至南至雞頭池稻地至山門東西三十丈都是常住買地南山門廣化禪林金剛殿左右鐘鼓樓天王殿中重檐兩滴水大雄寶殿後三聖殿左右兩壁畫十方佛金碧輝煌燦然佛境護法神將殊妙東伽藍殿西禪堂僧房百餘間若無所爲者然且其制不樸不侈堅壯完固可以久傳而不壞或壞而必有能復之以師之道不難縷也餘於是記之云云

大明弘治十年歲次丁巳夏五月初十日住持明暠　　立石

京 4147《廣化寺碑》

# 廣化寺碑

首題：敕賜廣化寺碑記
年代：明弘治十年（1497）五月十日
原址：西城區鼓樓西大街鴉兒胡同
拓片尺寸：碑陽高 224、寬 94 釐米；額高 40、寬 30 釐米
書體：楷書
撰人：劉機
書人：周文通楷書，蔣琬篆額
《目錄》：頁 223
拓片編號：京 4147
拓片錄自：《北京圖書館藏中國歷代石刻拓本匯編》第 53 卷 52 頁

【碑陽】

額題：敕賜廣化寺記（篆書）

碑文：

敕賜廣化寺碑記 *1*

賜進士第翰林院撰儒林郎纂修國史兼經筵官廣□劉機撰。*2*

徵仕郎中書舍人直文淵閣兼經筵官華陽周文通書。*3*

掌左軍都督府事提督十二營兼神□營總兵官太子太保定西侯廣陵蔣琬篆。*4*

廣化寺在都城鼓樓西大街南。*5* 敕賜廣化寺開山第一代 *6* 欽依住持，法名靈濟，道號濟大舟，祖貫山西平陽府襄陵縣。邑之東南有山曰大尖山，昔普救祖師華嚴宗派古 *7* 刹蘭若寺。濟童幼七歲出家，後禮性空爲師。二十歲時，十年不下山，每一□拜禮師佛一千聲。三十歲游方 *8* 名山大刹，問道窮源之理。天順元年，到慶寧寺住。至天順五年，在此寺住，穿井掘出古刹碑文：都功德主達 *9* 魯花赤金紫光祿大夫，前代住持悟榮。濟見是古刹□發願禁足二十年不出山門，一心念佛。四十八石老 *10* 米爲數，按阿彌陀佛四十八願齋十萬八千僧道。又捨貧人一□，使闡宗風，誘民爲善。晨鐘暮鼓，祝延 *11* 聖壽萬歲，下祈生民咸增五福，不亦可乎。遠邇□□，莫不信仰，濟財亦然。嘗竊嘆曰：佛之道，本無爲，使吾逐逐然 *12* 以求取於人，則非其道矣。故靜處一室，不出山門，孜孜以弘法爲己任。從容二十年後成此大刹。四至：南至 *13* 雞頭池，稻地至山門，東西三十丈都是常住買地。南山門廣化禪林、金剛殿；左右鐘鼓樓，天王殿，中重檐兩 *14* 滴水，大雄寶殿；後三聖殿；左右兩壁畫十方佛，金碧輝煌，燦然佛境，護法神將殊妙。東伽藍殿，西禪堂僧房 *15* 百餘間。若無所爲者然。且其制不樸不

侈，堅壯完固，可以久傳而不壞，或壞而必有能復之。以師之道，不難 16 縷也。余於是記之云云。17

大明弘治十年歲次丁巳夏五月初十日住持明暠立石。18

《廣化寺職名碑》陽（2012 年 10 月關笑晶攝）

《廣化寺職名碑》陰（2012年10月關笑晶攝）

## 正宗記

天順七年建寺（下泐）
大（下泐）正宗派
□□□□□永顯智靈明
通達□□□宗祖□心成
法海宗□□□空悟覺雲
本□常□□□證定恒深
□□□□□如體徧馨
□□□□□行滿慧燈興
萬曆二十□年□月吉日重修

（上泐）
明□
明慧
明恩
明□
明□
明山
明□
明□
明□
明□
明□
明□
明□
（中泐）
通本
通□
通□
通□
通載
（下泐）

（上泐）
達□
達□
達□
達□
達□
達□
達□
達□
達□
達□
達□
達□
達□
達□
達□
達□
達□
（中泐）
圓聞
圓□
圓□
圓□
圓□
（下泐）

（上泐）
真□
真□
真□
真□
真□
真□
真□
真□
真淇
真□
真□
真□
真□
真□
真□
（中泐）
性□
性□
性□
性□
性□
（下泐）

性□
（下泐）

買任□地十四畝
任□十二（下泐）
宣化四年十二月十四日立

《廣化寺職名碑》陽

流芳
萬古

內府□出內宮監太監□□題有宛平□日（下泐）自己財物并募得修（下泐）
（上泐）僧人靈濟領衆居住□無寺額（下泐）
聖（下泐）
賜□□□僧人□□領衆朝夕焚修祝延
聖□□□補報等因成化四年十一月初一日本部尚書姚夔等於
□天門欽奉
聖□□□□故□□□□□□□□□□□□□□□擬合通行（下泐）
本
（此行泐）
（此行泐）
成化六（下泐）
準
恩主（下泐）
呂祥（下泐）
（上泐）□真（下泐）
（上泐）□登（下泐）
陸□（下泐）
大功德（下泐）
（上泐）白□（下泐）

《廣化寺職名碑》陰

# 廣化寺職名碑

額題：正宗記
年代：明萬曆二十六年（1598）
今址：西城區鼓樓西大街鴉兒胡同廣化寺
書體：正書
碑文錄自：實地

【碑陽】

額題：正宗記（篆書）

碑文：

天順七年建寺（下泐）1大（下泐）正宗派。2□□□□□，永顯智靈明。3通達□□□，宗祖□心成。4法海宗□□，□空悟覺雲。5本□常□□，□證定恒深。6□□□□□，□如體徧馨。7□□□□□，行滿慧燈興。8萬曆二十□年□月吉日重修。9

（下側爲僧衆題名）

第一排：（上泐）明□、明慧、明恩、明□、明□、明□、明山、明□、明□、明□、明□、明□、明□、明□、明□、（中泐）、通本、通□、通□、通□、通載、（下泐）

第二排：（上泐）達□、達□、達□、達□、達□、達□、達□、達□、達□、達□、達□、達□、達□、達□、達□、達□、達□、（中泐）、圓聞、圓□、圓□、圓□、圓□、（下泐）

第三排：（上泐）真□、真□、真□、真□、真□、真□、真□、真□、真淇、真□、真□、真□、真□、真□、真□、（中泐）、性□、性□、性□、性□、性□、（下泐）

第四排：（上泐）性□（下泐）

（上泐）買任□地十四畝，任□十二（下泐）宣化四年十二月十四日立。

【碑陰】

額題：萬古流芳（篆書）

碑文：

內府□出內宮監太監□□題有宛平□日（下泐）自己財物并募得修（下泐）1（上泐）僧人靈濟領衆居住□無寺額（下泐）2聖（下泐）3賜□□□僧人□□領衆朝夕焚修祝延。4聖□□□補報等因成化四年十一月初一日本部尚書姚夔等於5□天門欽奉。6聖□□□□故□□□□□□□□□□□□□□□□□擬合通行（下泐）7本8（此行泐）9（此行泐）10

成化六（下泐）準11

恩主（下泐）12呂祥（下泐）13（上泐）□真（下泐）14（上泐）□登（下泐）15大功德（下泐）陸□（下泐）16（上泐）白□（下泐）17

（左下側題名泐）

彌陀會記

彌陀會記

賜進士出身南京禮部右侍郎前左春坊左庶子翰林院侍讀福唐葉向高撰

登仕佐郎鴻臚寺司賓署署丞東吳周文盛書

京城此隅有廣化寺寺故有念佛會自

今上己丑迄于茲率諸法師等以月十有八日舉事中貴士庶畢集環繞法座念彌陀三

千膜拜以為常圓環廣雪圓住真澄上人者實典其事以余聞來寺中謁而請記余

謂內典戒綺語昔之至于禪者文字不立何以記為上人請不已乃進而語之曰余

聞一切諸法緣會而生緣離而滅會非聚而膜拜也即境明心借相見性云爾法

性本空空故實相實相本無無法可念然亦有謂一念之力權善乃其文若以謳

般若不染塵累[illegible]能惟作是念乃稷如是念之時義大矣哉克念罔念聖狂乃分則

在吾儒何莫不然上人唯持戒行風勢冥符扣閱之徒尉登玄室浸假力主斯盟無

論外道則法輪再轉於閻浮道光重映乎千載豈直當時之勝執方為萬劫之津梁

矣上人之戒余之讚嘆何能已已上人聞余言而有當于心也遂乞書之于石以示

來許云

大明萬曆二十七年歲次己亥孟秋吉日立

彌陀會七祖 [illegible] 三祖南嶽般舟法師承遠 [illegible] 六祖永明智覺法師延壽 [illegible]

京 589 《彌陀會記》陽

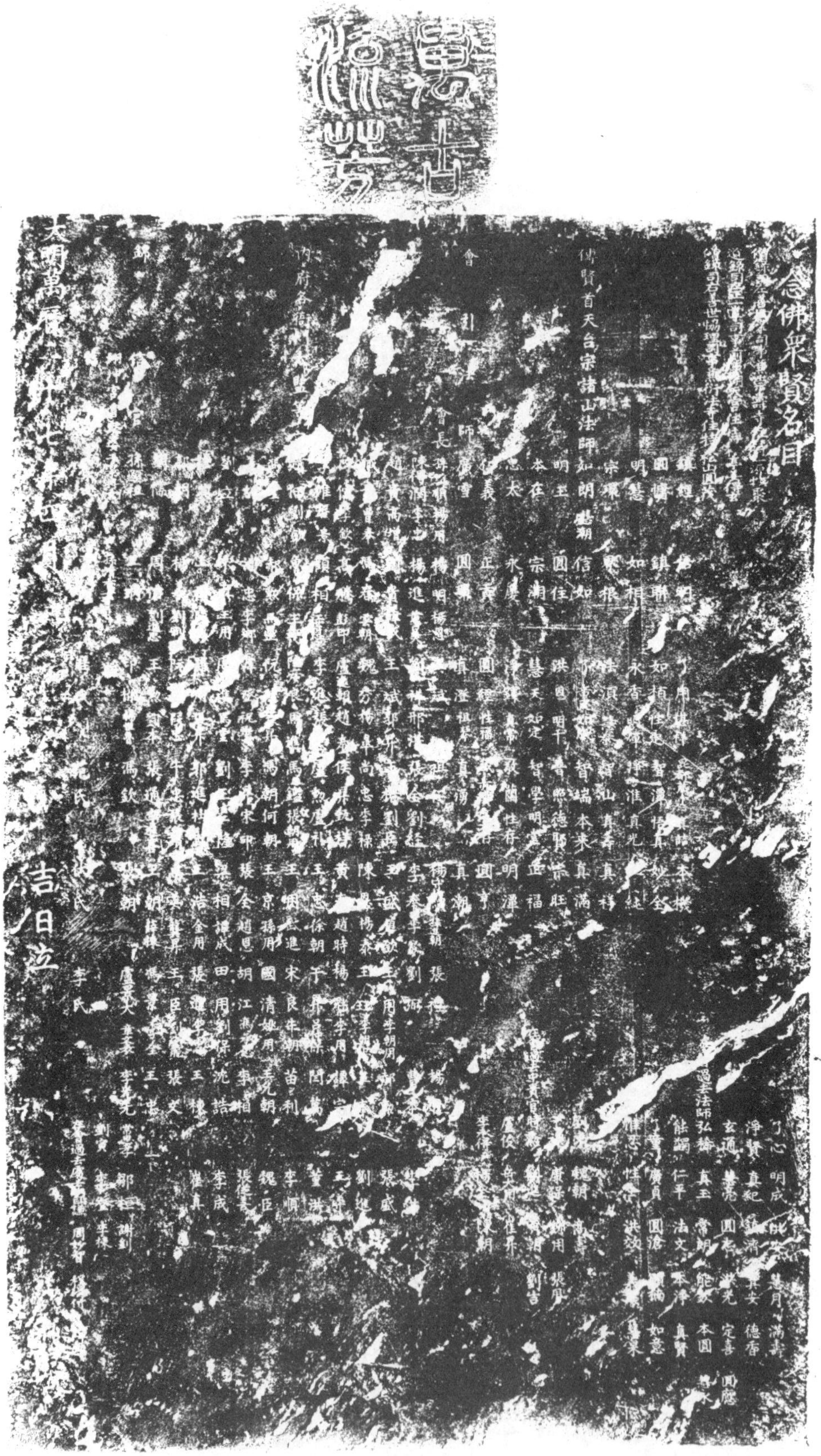

京589《彌陀會記》陰

# 彌陀會記

彌陀會記

賜進士出身南京禮部右侍郎前左春坊左庶子翰林院侍讀福唐葉向高撰

登仕佐郎鴻臚寺司賓署署丞東吳周文盛書

京城北隅有廣化寺寺故有念佛會自

今上己丑迄於兹率諸法師等以月十有八日舉事中貴士庶畢集環繞法座念彌陀三千膜拜以爲常圓環廣雪圓住真澄上人者實典其事以余間來寺中謁而請記余謂内典戒綺語昔之聖於禪者文字不立何以記爲上人請不已乃進而語之曰余聞一切諸法緣會而生緣離而滅會非群聚而膜拜也即境明心借相見性云爾法性性空空故實相實相本無無法可念然亦有謂一念之力權慧乃具又若以漚和般若不染塵累爲能惟作是念乃復如是念之時義大矣哉克念罔念聖狂乃分即在吾儒何莫不然上人雅持戒行夙契冥符扣關之徒蔚登玄室浸假力主斯盟無墜外道則法輪再轉於閻浮道光重映於千載豈直當時之勝軌方爲萬劫之津梁矣上人念哉余之讚嘆何能已已上人聞余言而有當於心也遂乞書之於石以示來許

大明萬曆二十七年歲次己亥孟秋吉日立

繼彌陀會遠孫圓環 黃雷 等

彌陀會七祖

始祖廬山辨慧正覺圓悟法師慧遠 師道安法師

二祖長安光明法師善導 云是彌陀化身

三祖南嶽般舟法師承遠

四祖長安五會法師法照 光明後身師達公

五祖新定臺嚴法師少康

六祖永明智覺法師延壽

七祖昭慶圓淨法師省常 又長盧宗順禪師

京589 《彌陀會記》陽

萬古流芳

# 念佛衆賢名目

僧録司左善世掌司事兼崇壽寺住持一源□聚
道録司左正一掌司事前□朝天宮住持亭姜得玄
僧録司右善世協理司事兼衍法寺住持松山圓茂

鎮經 語明 了用 湛祥 曇藏□ 真喆 本機
圓慵 鎮聯 如栢 性定 智潭 悟真 妙全
明慧 如相 永香 明輝 淨淮 真光 □純
宗環 界根 法須 慧泰 智山 真壽 真祥

傳賢首天台宗諸山法師

如朗 慧潮 信如 了童 如成 智端 本來 真滿
明玉 圓住 洪恩 明千 普照 德賢 宗旺
本在 宗潮 慧天 如定 智學 明堂 正福
思太 永慶 淨鐸 真常 敬蘭 性存 明潭
仁義 正貢 圓經 性福 藏亦賢 □存 圓亨

會引法師

廣雪 圓聚 真澄 祖琴 真湧 真潮

會長

孫□順 楊用 楊明 楊恩 洪斌 祖仁 楊守續 孫進朝 張禮 楊□
陳得潤 李忠 楊進 黃吉美 劉祥 邢洪 張全 劉經 李奉 李欽 劉弼 曹本
趙貴 高增 劉貴 韓成 王斌 郭昇 王椿 劉臣 王盛 趙欽 王□用 李朝用 郝勳
□□ 曹奉 馮春 雲朝 魏秀 楊臯 尚忠 李祿 陳恩 楊泰 王玨 李朝世 王奉
陳儒 李欽 高騰 彭印 盧遠朝 趙奉 侯昇 甄祥 黃□ 趙時 楊魁 李用 譚宗
李雄 □景 顧相 江世恩 李進 張□ 盧勳 盧禮 王忠 徐朝 于昇 呂仲保 閻萬
趙佃 劉欽 魯保 王朝 陸彥良 馬進 馬鑑 張朝用 王用 武進 宋良 牛朝 苗利

內府各衙門太監等官

裴□ 郝勳 馬思正 阮□ 杜昇 馮朝 何朝 王京 孫用 國清 姚用 王充朝
姜□ □忠 李鄉 韓盛 祝□ 李昇 宋印 張全 趙恩 胡江 馮承恩 李相
劉立 □□ 王用 周進 馬堂 劉正 左隆 梁相 譚成 田用 劉保 沈誥
□其 王□ □□ 羅□ 張昇 郭進 杜忠 王浩 金用 張進 李惠 王楝
郭朝 楊義 劉剛 阮□ 段忠 牛忠 張□□ □英 龔昇 王臣 劉□龍 張文

錦衣信官

劉儒 周信 劉進忠 王勳 劉本 張通 李進喜 王朝 薛楝 馮景 李全 王忠
孫顯祖 王瑞 印樑 楊惟魯 馮欽 張朝 盧景大 章文表 李光先

翊坤宮宮人□ 信女

于景科安 孫清秀安
□永□ □□ □氏 范氏 伏氏 李氏

在會過去法師

了心 明成 洪安 慧月 滿壽
淨賢 真紀 鎮濟 贊安 德香
玄通 慧亮 圓忠 洪光 定喜 圓應
弘稀 真玉 常朗 能欽 本圓 慧永
能鐲 仁平 法文 本淨 真賢
了童 廣貞 圓滄 顧楠 如意
惟忍 性全 洪效 義□ 慧杲

在會過去中貴官

劉東 魏朝 高壽
于祿 康保 鄒用 張用
時勳 □進 黃朝 劉吉
盧俊 岳大用 崔昇
李承得 楊全 陳朝

李洪 張盛 劉進 王守 董洪 李順 魏臣 張從善 李成 崔真

常思孝 鄒桓 謝釗
劉寅 李登 李楝
在會過去處士□自謙 周妙智 程得付 譚勳

大明萬曆二十七年四月　吉日立

京589《彌陀會記》陰

# 彌陀會記

首題:彌陀會記
年代:明萬曆二十七年(1599)七月
原址:西城區鴉兒胡同廣化寺
拓片尺寸:碑陽高149、寬86釐米;碑陰高135、寬85釐米;額高21、寬23釐米。
書體:行書
撰人:葉向高
書人:周文盛
《目錄》:頁248
拓片編號:京589
拓片錄自:《北京圖書館中國歷代石刻拓本匯編》第58卷91—92頁

【碑陽】

額題:彌陀會記(篆書)

碑文:

彌陀會記 1

賜進士出身南京禮部右侍郎前左春坊左庶子翰林院侍讀福唐葉向高撰。2

登仕佐郎鴻臚寺司賓署署丞東吳周文盛書。3

京城北隅有廣化寺,寺故有念佛會。自 4 今上己丑迄於兹,率諸法師等以月十有八日舉事。中貴士庶畢集,環繞法座,念彌陀三 5 千,膜拜以爲常。圓環、廣雪、圓住、真澄上人者實典其事。以余間來寺中,謁而請記。余 6 謂内典戒綺語,昔之聖於禪者,文字不立,何以記爲。上人請不已,乃進而語之曰:余 7 聞一切諸法,緣會而生,緣離而滅,會非群聚而膜拜也,即境明心借相見性云。爾法 8 性性空,空故實相,實相本無,無法可念。然亦有謂一念之力,權慧乃具。又若以謳和 9 般若不染塵累爲能,惟作是念,乃復如是念之時,義大矣哉。克念罔念,聖狂乃分,即 10 在吾儒,何莫不然。上人雅持戒行,夙契冥符,扣關之徒,蔚登玄室,浸假力,主斯盟,無 11 墜外道。則法輪再轉於閻浮,道光重映於千載,豈直當時之勝軌,方爲萬劫之津梁 12 矣。上人念哉。余之讚嘆何能已已。上人聞余言,而有當於心也。遂乞書之於石,以示 13 來許。14

大明萬曆二十七年歲次己亥孟秋吉日立。15

彌陀會七祖:始祖廬山辨慧正覺圓悟法師慧遠,師道安法師。二祖長安光明法師善導,云是彌陀化身。三祖南嶽般舟法師承遠。四祖長安五會法師法照,光明後身師達公。五祖新定臺嚴法師少康。六祖永明智覺法師延壽。七祖昭慶圓淨法師省常。繼彌陀會遠孫圓環、黄雷等。又長盧宗順禪師。

【碑陰】

額題：萬古流芳（篆書）

碑文：

念佛衆賢名目

僧錄司左善世掌司事兼崇壽寺住持一源□聚。

道錄司左正一掌司事前□朝天宫住持亭姜得玄。

僧錄司右善世協理司事兼衍法寺住持松山圓茂

傳賢首天台宗諸山法師：鎮經、圓慵、明慧、宗環、如朗、明玉、本在、思太、仁義、慧潮、語明、鎮聯、如相、界根、信如、圓住、宗潮、永慶、正貢、了用、如栢、永香、法須、了童、洪恩、慧天、淨鐸、圓經、真澄、湛祥、性定、明輝、慧泰、如成、明千、如定、真常、性福、祖琴、昆都藏□、智潭、淨淮、智山、智端、普照、智學、敬蘭、藏亦賢、真湧、真喆、悟真、真光、真壽、本來、德賢、明堂、性存、□□存、本機、妙全、□純、真祥、真滿、宗旺、正福、明潭、圓亨、真潮。

會引法師：廣雪、圓聚。

會長：孫□順、楊用、楊明、楊恩、洪斌、祖仁。

在會過去法師：了心、淨賢、玄通、弘稀、能鐲、了童、惟忍、明成、真紀、慧亮、真玉、仁平、廣貞、性全、洪安、鎮濟、圓忠、常朗、法文、圓滄、洪效、慧月、贊安、洪光、能欽、本淨、顧楠、義□、滿壽、德香、定喜、本圓、真賢、如意、慧杲、圓應、慧永。

在會過去中貴官：劉東、于祿、時勳、盧俊、李承得、魏朝、康保、□進、岳大用、楊全、高壽、鄒用、黃朝、崔昇、陳朝、張用、劉吉。

内府各衙門太監等官：陳得潤、趙貴、□□、陳儒、李雄、趙佃、裴□、姜□、劉立、□其、郭朝、劉儒、李忠、高增、曹奉、李欽、□景、劉欽、楊進、劉貴、馮春、高騰、顧相、魯保、郝勳、□忠、□□、王□、楊義、周信、黃吉美、韓成、雲朝、彭印、江世恩、王朝、馬思正、李鄉、王用、□□、劉剛、劉進忠、劉祥、王斌、魏秀、盧遠朝、李進、陸彥良、阮□、韓盛、周進、羅□、阮□、王勳、邢洪、郭昇、楊臯、趙奉、張□、馬進、杜昇、祝□、馬堂、張昇、段忠、劉本、張全、王椿、尚忠、侯昇、盧勳、馬鑑、馮朝、李昇、劉正、郭進、牛忠、張通、劉經、劉臣、李祿、甄祥、盧禮、張朝用、何朝、宋印、左隆、杜忠、張□□、李進喜、楊守續、李奉、王盛、陳恩、黃□、王忠、王用、王京、張全、梁相、王浩、□英、王朝、孫進朝、李欽、趙欽、楊泰、趙時、徐朝、武進、孫用、趙恩、譚成、金用、龔昇、薛棟、張禮、劉弼、王□用、王玨、楊魁、于昇、宋良、國清、胡江、田用、張進、王臣、馮景、李朝用、李朝世、李用、呂仲保、牛朝、姚用、馮承恩、劉保、李惠、劉□龍、李全、楊□、曹本、郝勳、王奉、譚宗、閻萬、苗利、王充朝、李相、沈誥、王楝、張文、王忠、李洪、張盛、劉進、王守、董洪、李順、魏臣、張從善、李成、崔真。

錦衣信官：孫顯祖、王瑞、印樑、楊惟魯、馮欽、張朝、盧景大、章文表、李光先、常思孝、鄒桓、謝釗、劉寅、李登、李楝。

翊坤宫宫人□：于景科女、孫清秀女。

信女：□永□。□□、□氏、范氏、伏氏、李氏。

在會過去處士：□自謙、周妙智、程得付、譚勳。

大明萬曆二十七年四月吉日立。

京 4154《板橋畫蘭》

乾隆丁巳四
月游杭州放浪於
西子湖頭索書畫者殆
無虚日昨自買舫歸來適有
敂堂居士出紙索畫遂寫嶠壁蘭以應之
題云峭壁一千尺蘭花在空碧亦有
采樵人伸手持不得　板橋鄭燮

京 4154《板橋畫蘭》

# 板橋畫蘭

年代:清乾隆二年(1737)六月(原畫題年,非立石年)
原址:西城區鼓樓西大街鴉兒胡同廣化寺
拓片尺寸:碑陽高 120、寬 66 釐米
書體:行書
撰人:鄭燮
書人:鄭燮
《目录》:頁 453
拓片編號:京 4154
拓片錄自:《北京圖書館藏中國歷代石刻拓本匯編》第 69 卷 20 頁

【碑陽】

碑文:

乾隆丁巳四 1 月游杭州,放浪於 2 西子湖頭。索書畫者殆 3 無虛日。昨自買舫歸來,適有 4 啟堂居士出紙索畫,遂寫嶠壁蘭以應之。5

題云:峭壁一千尺,蘭花在空碧。亦有 6 采樵人,伸手持不得。

板橋鄭燮 7(下繪蘭花)

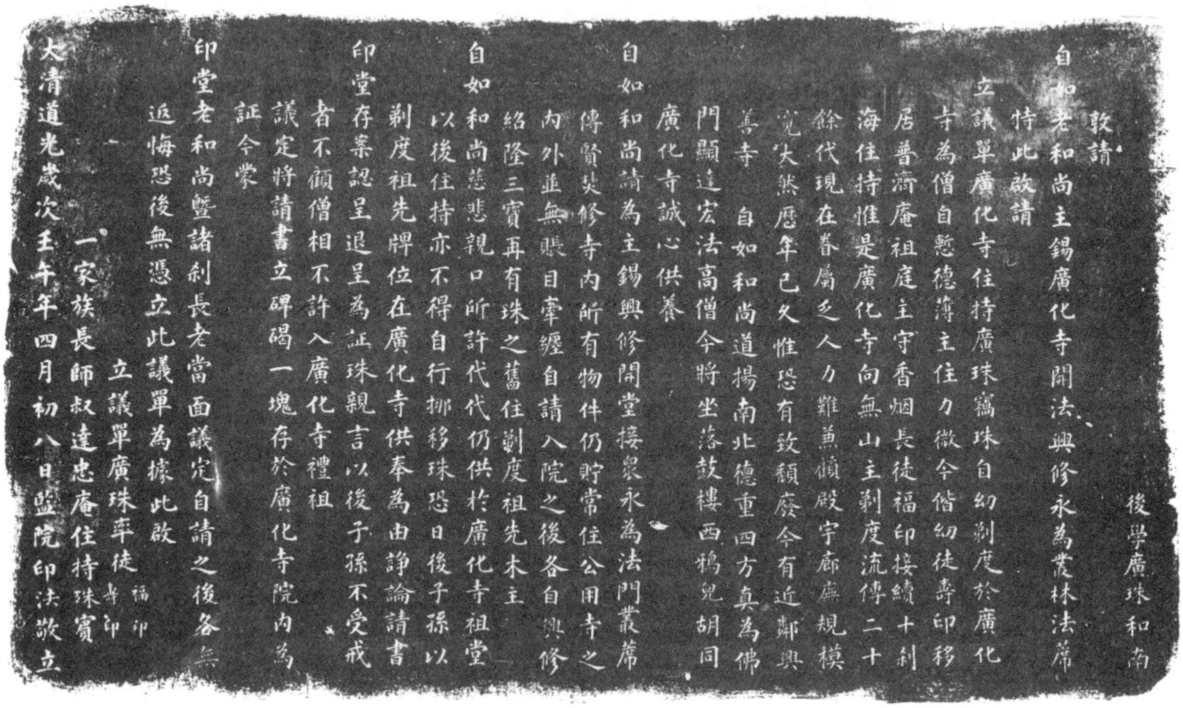

後學廣珠和南
自如老和尚主錫廣化寺開法、興修永為叢林法席
敦請
特此敦請
立議單廣化寺住持廣珠竊珠自幼剃度於廣化
寺為僧自愍德薄主住乃徵今偕幼徒壽印移
居普濟庵祖庭主守香烟長徒福印接續十剎
海住持惟是廣化寺向無山主剃度流傳二十
餘代現在眷屬乏人乃難兼顧殿宇廊廡規模
寬大然歷年已久惟恐有致頹廢今有近鄰興
善寺　自如和尚道揚南北德重四方真為佛
門顯達宏法高僧今將坐落鼓樓西鴉兒胡同
廣化寺誠心供養
自如和尚請為主錫興修開堂接衆永為法門叢席
傳賢斐修寺內所有物件仍貯常住公用寺之
內外並無賬目牽纏自請入院之後各自興修
紹隆三寶再有珠之舊住剃度祖先木主
自如和尚慈悲親口所許代代仍供於廣化寺祖堂
以後住持亦不得自行挪移珠恐日後子孫以
剃度祖先牌位在廣化寺供奉為由諍論請書
印堂存案認呈退呈為証珠親言以後子孫不受戒
者不顧僧相不許入廣化寺禮祖
議定將請書立碑碣一塊存於廣化寺院內為
証今蒙
印堂老和尚暨諸剎長老當面議定自請之後各無
返悔恐後無憑立此議單為據此啟
立議單廣珠率徒壽印 福印
一家族長師叔達忠庵住持珠實
大清道光歲次壬午年四月初八日監院印法敬立

京 593《廣化寺敦請自如和尚住持疏》

後學廣珠和南

敦請

自如老和尚主錫廣化寺開法興修永爲叢林法席

特此啟請

立議單廣化寺住持廣珠竊珠自幼剃度於廣化寺爲僧自慚德薄主住力微今偕幼徒壽印移居普濟庵祖庭主守香烟長徒福印接續十剎海住持惟是廣化寺向無山主剃度流傳二十餘代現在眷屬乏人力難兼顧殿宇廊廡規模寬大然歷年已久惟恐有致穨廢今有近鄰興善寺　自如和尚道揚南北德重四方真爲佛門顯達宏法高僧今將坐落鼓樓西鴉兒胡同

廣化寺誠心供養

自如和尚請爲主錫興修開堂接衆永爲法門叢蓆

傳賢焚修寺内所有物件仍貯常住公用寺之内外並無賬目牽纏自請入院之後各自興修紹隆三寶再有珠之舊住剃度祖先木主

自如和尚慈悲親口所許代代仍供於廣化寺祖堂以後住持亦不得自行挪移珠恐日後子孫以剃度祖先牌位在廣化寺供奉爲由諍論請書

印堂存案認呈退呈爲證珠親言以後子孫不受戒

者不顧僧相不許入廣化寺禮祖

議定將請書立碑碣一塊存於廣化寺院内爲

證今蒙

印堂老和尚暨諸剎長老當面議定自請之後各無

返悔恐後無憑立此議單爲據此啟

立議單廣珠率徒 福印 壽印

一家族長師叔達忠庵住持殊賓

大清道光歲次壬午年四月初八日監院印法敬立

京593《廣化寺敦請自如和尚住持疏》

# 廣化寺敦請自如和尚住持疏

年代：清道光二年（1822）
原址：西城區鼓樓西大街鴉兒胡同
拓片尺寸：高 57、寬 98 釐米
書體：楷書
《目录》：頁 521
拓片編號：京 593
拓片錄自：《北京圖書館藏中國歷代石刻拓本匯編》第 79 卷 27 頁

【碑陽】

碑文：

後學廣珠和南 1 敦請 2 自如老和尚主錫廣化寺，開法興修，永爲叢林法蓆，3 特此啟請。4 立議單廣化寺住持廣珠。竊珠自幼剃度於廣化 5 寺爲僧，自慙德薄，主住力微，今偕幼徒壽印移 6 居普濟庵祖庭，主守香烟，長徒福印接續十剎 7 海住持。惟是廣化寺向無山主剃度，流傳二十 8 餘代，現在眷屬乏人，力難兼顧，殿宇廊廡，規模 9 寬大，然歷年已久，惟恐有致頹廢。今有近鄰興 10 善寺自如和尚道揚南北，德重四方，真爲佛 11 門顯達宏法高僧。今將坐落鼓樓西鴉兒胡同 12 廣化寺誠心供養 13 自如和尚，請爲主錫興修。開堂接衆，永爲法門叢蓆，14 傳賢焚修。寺內所有物件仍貯常住公用。寺之 15 內外，並無賬目牽纏。自請入院之後，各自興修，16 紹隆三寶。再有珠之舊住剃度祖先木主，17 自如和尚慈悲，親口所許，代代仍供於廣化寺祖堂。18 以後住持亦不得自行挪移。珠恐日後子孫以 19 剃度祖先牌位在廣化寺供奉爲由諍論，請書 20 印堂存案認呈，退呈爲證。珠親言，以後子孫不受戒 21 者，不顧僧相，不許入廣化寺禮祖。22 議定將請書立碑碣一塊，存於廣化寺院內爲 23 證。今蒙 24 印堂老和尚暨諸剎長老當面議定，自請之後，各無 25 返悔。恐後無憑，立此議單爲據。此啟。26

立議單廣珠率徒福印，壽印。27

一家族長師叔達忠庵住持殊賓。28

大清道光歲次壬午年四月初八日監院印法敬立。29

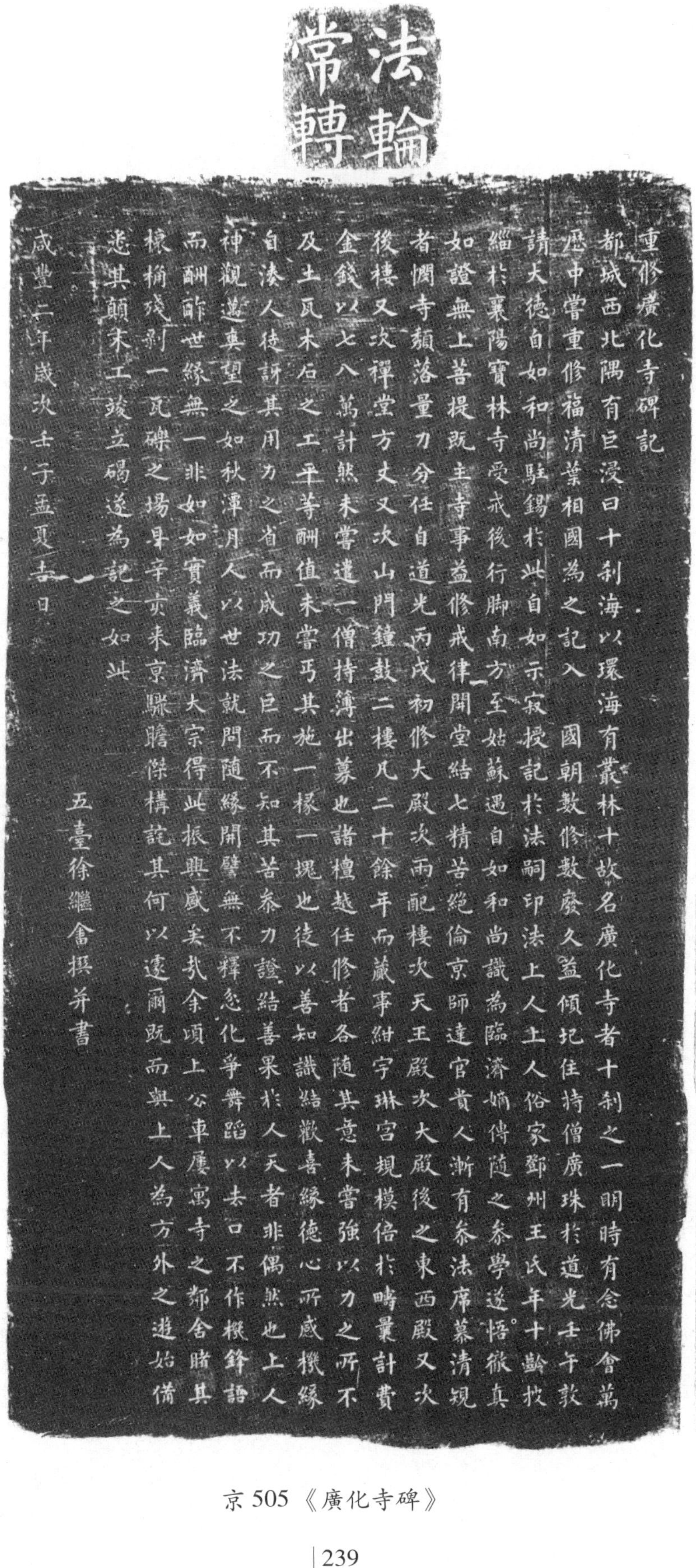

法輪常轉

重修廣化寺碑記

都城西北隅有巨浸曰十剎海以環海有叢林十故名廣化寺者十剎之一明時有念佛會萬
歷中嘗重修福清葉相國為之記入 國朝數修數廢久益傾圮住持僧廣珠於道光壬午款
請大德自如和尚駐錫於此自如示寂授記於法嗣印法上人上人俗家鄧州王氏年十齡投
緇於襄陽寶林寺受戒後行脚南方至姑蘇遇自如和尚識為臨濟嫡傳隨之參學遂悟徹真
如證無上菩提既主寺事益修戒律開堂結七精苦絕倫京師達官貴人漸有參法席慕清規
者憫寺頹落量力分任自道光丙戌初修大殿次兩配樓次天王殿次大殿後之東西殿又次
後樓又次禪堂方丈又次山門鐘鼓二樓凡二十餘年而蕆事紺宇琳宮規模倍於疇曩計費
金錢以七八萬計然未嘗遣一僧持簿出募也諸檀越任修者各隨其意未嘗強以力之所不
及土瓦木石之工平等酬值未嘗丐其施一椽一塊也徒以善知識結歡喜緣德心所感機緣
自湊人徒詡其用力之省而成功之巨而不知其苦參力證結善果於人天者非偶然也上人
神觀邁爽望之如秋潭月人以世法就問隨緣開譬無不釋忿化爭舞蹈以去口不作機鋒語
而酬酢世緣無一非如如實義臨濟大宗得此振興盛矣哉余頃上公車屢寓寺之鄰舍睹其
榱桷殘剝一瓦礫之場自辛亥來京驟瞻傑構詫其何以遽爾既而與上人為方外之遊始備
悉其顛末工竣立碣遂為記之如此

五臺徐繼畬撰并書

咸豐二年歲次壬子孟夏吉日

京505《廣化寺碑》

法輪常轉

重修廣化寺碑記

都城西北隅有巨浸曰十刹海以環海有叢林十故名廣化寺者十刹之一明時有念佛會萬曆中嘗重修福清葉相國爲之記入　國朝數修數廢久益傾圮住持僧廣珠於道光壬午敦請大德自如和尚駐錫於此自如示寂授記於法嗣印法上人上人俗家鄧州王氏年十齡披緇於襄陽寶林寺受戒後行腳南方至姑蘇遇自如和尚識爲臨濟嫡傳隨之參學遂悟徹真如證無上菩提既主寺事益修戒律開堂結七精苦絶倫京師達官貴人漸有參法席慕清規者憫寺頹落量力分任自道光丙戌初修大殿次兩配樓次天王殿次大殿後之東西殿又次後樓又次禪堂方丈又次山門鐘鼓二樓凡二十餘年而蕆事紺宇琳宫規模倍於疇曩計費金錢以七八萬計然未嘗遣一僧持簿出募也諸檀越任修者各隨其意未嘗強以力之所不及土瓦木石之工平等酬值未嘗丐其施一椽一塊也徒以善知識結歡喜緣德心所感機緣自湊人徒訝其用力之省而成功之巨而不知其苦參力證結善果於人天者非偶然也上人神觀邁爽望之如秋譚月人以世法就問隨緣開譬無不釋忿化爭舞蹈以去口不作機鋒語而酬酢世緣無一非如如實義臨濟大宗得此振興盛矣哉余頃上公車屢寓寺之鄰舍睹其榱桷殘剝一瓦礫之場耳辛亥來京驟瞻傑構詫其可以遽爾既而與上人爲方外之遊始備悉其顛末工竣立碣遂爲記之如此

五臺徐繼畬撰并書

咸豐二年歲次壬子孟夏吉日

京505《廣化寺碑》

# 廣化寺碑

額題:法輪常轉
首題:重修廣化寺碑記
年代:清咸豐二年(1852)四月一日
原址:西城區鴉兒胡同
拓片尺寸:碑陽高166、寬87釐米;額高22、寬20釐米
書體:楷書
撰人:徐繼畬
書人:徐繼畬
《目錄》:頁348
拓片編號:京505
拓片錄自:《北京圖書館藏中國歷代石刻拓本匯編》第82卷36頁

【碑陽】

額題:法輪常轉

碑文:

重修廣化寺碑記 1

都城西北隅,有巨浸曰十刹海,以環海有叢林十故名。廣化寺者,十刹之一。明時有念佛會,萬 2 曆中嘗重修,福清葉相國爲之記。入國朝,數修數廢,久益傾圮。住持僧廣珠於道光壬午,敦 3 請大德自如和尚駐錫於此。自如示寂,授記於法嗣印法上人。上人俗家鄧州王氏,年十齡披 4 緇於襄陽寶林寺,受戒後行脚南方。至姑蘇,遇自如和尚,識爲臨濟嫡傳,隨之參學,遂悟徹真 5 如,證無上菩提,既主寺事,益修戒律,開堂結七,精苦絕倫。京師達官貴人漸有參法席,慕清規 6 者,憫寺頹落,量力分任。自道光丙戌,初修大殿,次兩配樓,次天王殿,次大殿後之東西殿,又次 7 後樓,又次禪堂方丈,又次山門、鐘鼓二樓。凡二十餘年而蕆事,紺宇琳宮,規模倍於疇曩,計費 8 金錢以七八萬計,然未嘗遣一僧持簿出募也。諸檀越任修者各隨其意,未嘗強以力之所不 9 及。土瓦木石之工,平等酬值,未嘗丐其施一椽一塊也。徒以善知識結歡喜緣,德心所感,機緣 10 自湊。人徒訝其用力之省而成功之巨,而不知其苦參力證,結善果於人天者非偶然也。上人 11 神觀邁爽,望之如秋譚月人,以世法就問,隨緣開譬,無不釋忿化爭,舞蹈以去。口不作機鋒語,12 而酬酢世緣,無一非如如實義。臨濟大宗,得此振興盛矣哉。余頃上公車,屢寓寺之鄰舍,睹其 13 榱桷殘剝一瓦礫之場耳。辛亥來京,驟瞻傑構,詫其何以遽爾。既而與上人爲方外之遊,始備 14 悉其顛末。工竣立碣,遂爲記之如此。15

五臺徐繼畬撰并書 16

咸豐二年歲次壬子孟夏吉日 17。

粤自禪門宗旨植基原在夙根佛法真機造極惟持戒律必悉空夫六蘊乃㪚進於三乘也謹按
吾師上魁下一元公老和尚籍隸山左濟甯直隸州劉化屯村趙氏生於道光癸未歲髫齡慧異羣拔
羣童迨夲靈根夙具者惟幼而多病遂依本村關帝廟禮上慶下餘師祝髮為僧於道光二十年
在本州玉露菴上克下嚴和尚座下圓具行脚諸方皆未駐錫後遊京師廣化寺以為可以止參
寺蓋古刹也雖經前賢規復而年湮代遠復就荒蕪且殿宇廊廡多未善備吾師執事數載百廢
俱興時與上豁下然先老和尚心法相印參合俱授洞貫無遺悉能信證乃於咸豐二年十二月
初八日嗣法焉自是愈加脩謹數越寒暑於咸豐八年十一月二十日繼席住持本刹同治十三
年立願創建大悲壇又楹西娘娘殿三楹文昌殿五楹西北房三楹更費願敬收守紙楚建燎鐘
光緒三年建主東院齋堂五楹抱廈三楹東西配房六楹開首傳戒初壇戒得戒弟子一百三十
八人光緒四年又建立戒堂十楹東西配房六楹光緒五年傳第二壇戒得戒弟子一百零六人
光緒六年傳第三壇戒得戒弟子一百三十四人光緒十四年又建立北邱壇五楹是年傳第四
壇戒得戒弟子一百四十二人光緒十五年因大雄寶殿年久剝落復施藻采金碧煥然垣裝飾
佛像金身計前後十餘年間始終不倦悲心規畫創建大工費金甚鉅雖有衆善贊法資助繁多
而撙節經營皆公一人之力也凡此者誠為祇園有慶佛地增輝所以公之得享永年道法日長
有由來矣爰謹述顛末用勒貞珉以示後之來者願繼續於無窮焉是為幸

繼席門人顯亭
嗣法門人顯性 頂禮敬立

賜進士出身
文淵閣校理 京察一等 記名道府用詹事府右春坊右中允加五級大興王祖光拜書
光緒十六年歲次庚寅孟冬月穀旦

京588《廣化寺戒壇碑》

芳徽遠振

粵自禪門宗旨植基原在夙根佛法真機造極惟持戒律必悉空夫六蘊乃得進於三乘也謹按
吾師上魁下一元公老和尚籍隸山左濟甯直隸州劉紀屯村趙氏生於道光癸未歲髫齡慧異萃拔
群童迨本靈根夙具者惟幼而多病遂依本村關帝廟禮上慶下餘師祝髮爲僧於道光二十年
在本州玉露庵上克下巖和尚座下圓具行腳諸方皆未駐錫後遊京師廣化寺以爲可以止參
寺蓋古刹也雖經前賢規復而年湮代遠復就荒蕪且殿宇廡廊多未善備吾師執事數載百廢
俱興時與上豁下然先老和尚心法相印參合俱投洞貫無遺悉能信證乃於咸豐二年十二月
初八日嗣法焉自是愈加修謹數越寒暑於咸豐八年十一月二十日繼席住持本剎同治十三
年立願創建大悲壇五楹西娘娘殿三楹文昌殿五楹西北房三楹更發願敬收字紙甃建燎鑪
光緒三年建立東院齋堂五楹抱厦三楹東西配房六楹開首傳戒初壇戒得戒弟子一百三十
八人光緒四年又建立戒堂十楹東西配房六楹光緒五年傳第二壇戒得戒弟子一百零六人
光緒八年傳第三壇戒得戒弟子一百三十四人光緒十四年又建立比邱壇五楹是年傳第四
壇戒得戒弟子一百四十二人光緒十五年因大雄寶殿年久剥落復施藻采金碧煥然并裝飾
佛像金身計前後十餘年間始終不倦悉心規畫創建大工費金甚鉅雖有衆善護法資助繁多
而撙節經營皆公一人之力也凡此者誠爲祇園有慶佛地增輝所以公之得享永年道法日長
有由來矣爰謹述顛末用勒貞珉以示後之來者願繼續於無窮焉是為幸

繼席門人顯亭
嗣法門人顯性修玄頂禮敬立

賜進士出身
文淵閣校理　京察一等　記名道府用詹事府右春坊右中允加五級大興王祖光拜書
光緒十六年歲次庚寅孟冬月穀旦

京588《廣化寺戒壇碑》

# 廣化寺戒壇碑

年代:光緒十六年(1890)十月
原址:西城區鴉兒胡同
拓片尺寸:碑陽高121、寬83釐米;額高30、寬22釐米
書體:楷書
書人:王祖光
《目録》:頁366
拓片編號:京588
拓片録自:《北京圖書館藏中國歷代石刻拓本匯編》第86卷第152頁

【碑陽】

額題:芳徽遠振(篆書)

碑文:

粵自禪門宗旨,植基原在夙根;佛法真機,造極惟持戒律。必悉空夫六蘊,乃得進於三乘也。謹按 1 吾師上魁下一元公老和尚,籍隸山左濟甯直隸州劉紀屯村趙氏,生於道光癸未歲。髫齡慧異,萃拔 2 群童。迨本靈根夙具者,惟幼而多病,遂依本村關帝廟禮上慶下餘師祝髮爲僧,於道光二十年 3 在本州玉露庵上克下巖和尚座下圓具。行腳諸方,皆未駐錫。後遊京師廣化寺,以爲可以止參。4 寺蓋古刹也,雖經前賢規復,而年湮代遠,復就荒蕪。且殿宇廡廊,多未善備。吾師執事數載,百廢 5 俱興。時與上豁下然先老和尚心法相印,參合俱投,洞貫無遺,悉能信證。乃於咸豐二年十二月 6 初八日嗣法焉。自是愈加修謹,數越寒暑,於咸豐八年十一月二十日繼席住持本刹。同治十三 7 年,立願創建大悲壇五楹,西娘娘殿三楹,文昌殿五楹,西北房三楹,更發願敬收字紙,甃建燎鑪。8 光緒三年建立東院齋堂五楹,抱厦三楹,東西配房六楹。開首傳戒初壇戒,得戒弟子一百三十 9 八人。光緒四年又建立戒堂十楹,東西配房六楹。光緒五年傳第二壇戒,得戒弟子一百零六人。10 光緒八年傳第三壇戒,得戒弟子一百三十四人。光緒十四年又建立比邱壇五楹。是年傳第四 11 壇戒,得戒弟子一百四十二人。光緒十五年因大雄寶殿年久剥落,復施藻采,金碧煥然,并裝飾 12 佛像金身,計前後十餘年間,始终不倦,悉心规畫,創建大工,費金甚鉅。雖有衆善護法資助繁多,13 而撙節經營皆公一人之力也,凡此者誠爲祇園有慶,佛地增輝,所以公之得享永年,道法日長,14 有由來矣。爰謹述顛末,用勒貞珉,以示後之來者,願繼續於無窮焉。是爲幸。15

繼席門人顯亭,嗣法門人顯性、顯修、顯玄頂禮敬立。16

賜進士出身 17 文淵閣校理京察一等記名道府用詹事府右春坊右中允加五級大興王祖光拜書 18

光緒十六年歲次庚寅孟冬月穀旦 19

重修廣化寺碑記

　　　　資政大夫特進光祿大夫侯官郭則澐撰書勒石

蓋聞元化所甄能移夫天地百緣之應靡異於聖凡是以浮圖九
級興自信心法堂萬萬闡其實相礨石憑乎衆力布金發乎大盈
其間物變循環劫塵起滅天眼見蓮金之幻佛光出檀火之餘無
毀無成識莊嚴之不二以日以賠資功德而毋忘廣化寺者建於
北都是鄰西海爲朱明十剎之一坐樹競投開山莫考金輪結會
偈傳廣雪之遺石闕摩碑事備福唐之記華旛繞佛蓮燼施幽七
貴翩臨衆流縱萃蓋自萬曆己盛游觀閱時爾年寖傷陵替迨於
盛清值降世之文殊將合模於太乙大啓儒治兼崇釋宗宣瀾願
海既揚龍樹之源布憓福衢益楷鷲山之蹟於是印法禪師者心
燈仰紹慧鏡式周不假度施纏謀締構樓殿嶙隱增華嶺之七重
旛蓋燿煇儼忉利之三攝是爲道光丙戌重修之役既而法座遞
易喜園漸蕪而魁一禪師者攫勝構之就湮秉孤願而奮起彤壇
授法甘露之場始開寶殿上梁神光之樹彌燦度白聊三千之衆
煥金容丈六之身日下盛傳春坊載紀是爲同治甲戌以後迭次
增修之役維時朝崇白業衲有雅流禪臺之瓶蓋俱清藩邸之輧
軿屢降萬退樹喔則貝典持宣蒐古石渠則芸函借度楸陰承幔
恍披花雨之香荷蕩繞門便擬潮音之岸禪棲一拂人海千塵梟
社潛移蒼林無恙獅王踞坐若脫廢興鷲子開堂兼通絃誦玉像
未淪於宮釧銅華猶拱於御床惟是綿曆星霜積凋風雨失時金
碧總隨壞色之衣得氣蘿蕍欲掩譚空之席清時墜夢過客驚心
合肥王公領節鎮於朔方契鉢緣於西土慨懷名蹟數枉高軒爰
與殷君桐聲林君志可紆營謀新匃工度始首完層殿繼整山門
乃至鐘鼓二樓東西諸閣悉勞營繕復覩奐輪初地蕭寒彈指華
嚴之界諸天環沓游心琨瑞之山神功緣累甃而成佛力賴操組
之引蓋谿住持僧大修者志堅摶鏡道軼糠瓢六度恒疑十方□
照瀷高振鐸人如指月之標合力轉輪佛有拈花之笑英彥感而
赴響岳牧因以翹心是知道興在人誠至動物法性本無殊覺功
行端屬總持雖阿育佛圖毗邪實蓋方其毅心不是過也猥以凡
俗獲結眇因諮度逮於山衣讚歎宣夫法樂現天龍之八部同具
福緣翔雲鶴於三樓欣從膜唄青梯可引請探梅子之禪白耳□
施願綴松枝之話嗟乎今覺往覺等見心而覓心大成小成類因
物而付物龍象護法視此靈山樫柏發願悅茲化宇際天劫燹淨
域有再造之功閱世風燈樂樹有長垂之蔭永言悟感著於斯文
是役承工事者杜君雨亭督工事者劉君南策劉君世銘擘畫促
成其事者王君牒溥君叔明并緣藁習共效精誠十善洽於聲聞一
義衷於真實胥可紀也用附書之

共和三十有一年歲次壬午仲夏之月

《重修廣化寺碑記》

# 重修廣化寺碑記

年代:民國三十一年(1942)
現址:西城區鴉兒胡同廣化寺東廊壁上
書體:正書
碑文錄自:實地

碑文:

重修廣化寺碑記 1

資政大夫特進光祿大夫侯官郭則澐撰書勒石 2

蓋聞元化所甄,能移夫天地;百緣之應,靡異於聖凡。是以浮圖九 3 級,興自信心;法堂萬萬,闡其實相。礨石憑乎衆力,布金發乎大盈。4 其間物變循環,劫塵赴滅。天眼見蓮金之幻,佛光出檀火之餘。無 5 毀無成,識莊嚴之不二;以目以皓,資功德而毋忘。廣化寺者,建於 6 北都,是鄰西海,爲朱明十剎之一。坐樹競投,開山莫考。金輪結會,7 偈傳廣雪之遺;石闕摩碑,事備福唐之記。華旛繞佛,蓮爐施幽,七 8 貴翩臨,衆流縱萃。蓋自萬曆,已盛游觀。閱時皕年,寖傷陵替。迨於 9 盛清,值降世之文殊,將合模於太乙。大啓儒治,兼崇釋宗。宣瀾願 10 海,既揚龍樹之源;布憓福衢,益楷鷲山之蹟。於是印法禪師者,心 11 燈仰紹,慧鏡式周,不假度施,緟謀締構。樓殿嶙隱,增華嶺之七重;12 旛蓋燿煇,儼忉利之三攝。是爲道光丙戌重修之役。既而法座遞 13 易,喜園漸蕪。而魁一禪師者懼勝構之就湮,秉孤願而奮起。彤壇 14 授法,甘露之場始開;寶殿上梁,神光之樹彌燦。度白聊三千之衆,15 煥金容丈六之身。日下盛傳,春坊載紀。是爲同治甲戌以後,迭次 16 增修之役。維時朝崇白業,衲有雅流。禪臺之瓶盞俱清,藩邸之輜 17 軿屢降。薦遐樹幄,則貝典持宣;蒐古石渠,則芸函借庋。楸陰承幔,18 恍披花雨之香;荷蕩繞門,便擬潮音之岸。禪棲一拂,人海千塵。桌 19 社潛移,薝林無恙。獅王踞坐,若睨廢興;鶖子開堂,兼通絃誦。玉像 20 未淪於宮釧,銅華猶拱於御床。惟是綿曆星霜,積凋風雨。失時金 21 碧,總隨壞色之衣;得氣蘿薾,欲掩譚空之席。清時墜夢,過客驚心。22 合肥王公,領節鎮於朔方,契鉢緣於西土。慨懷名蹟,數枉高軒。爰 23 與殷君桐聲、林君志可,紆榮謀新,勼工度始。首完層殿,繼整山門。24 乃至鐘鼓二樓、東西諸閣,悉勞營繕,復覩奐輪。初地蕭寒,彈指華 25 嚴之界;諸天環沓,游心琨瑞之山。神功緣累甓而成,佛力賴操組 26 之引。蓋繇住持僧大修者志堅塼鏡,道軼糠瓢,六度恒疑,十方□27 照。甈高振鐸,人如指月之標;合力轉輪,佛有拈花之笑。英彥感而 28 赴響,岳牧因以翹心。是知道興在人,誠至動物。法性本無殊覺,功 29 行端屬總持。雖阿育佛圖、毗邪寶蓋,方其毅心,不是過也。猥以凡 30 俗,獲結眇因。諮度逮於山衣,讚歎宣夫法樂。現天龍之八部,同具 31 福緣;翔雲鶴於三樓,欣從膜唄。青梯可引,請探梅子之禪;白耳□32 施,願綴松枝之話。嗟乎!今覺往覺,等見心而覓心;大成小成,類因 33 物而付物。龍象護法,視此靈山;樫柏發願,悅茲化宇。際天劫燹,淨 34 域有再造之功;閱世風燈,欒樹有長垂之蔭。永言悟感,著於斯文。[35]是役承工事者，杜君雨亭。督工事者，劉君南策、劉君世銘。擘畫促[36]成其事者，玉牒溥君叔明。并緣薰習，共效精誠。十善洽於聲聞，一[37]義衷於真實。胥可紀也，用附書之。[38]

共和三十有一年歲次壬午仲夏之月。[39]

# 興善寺

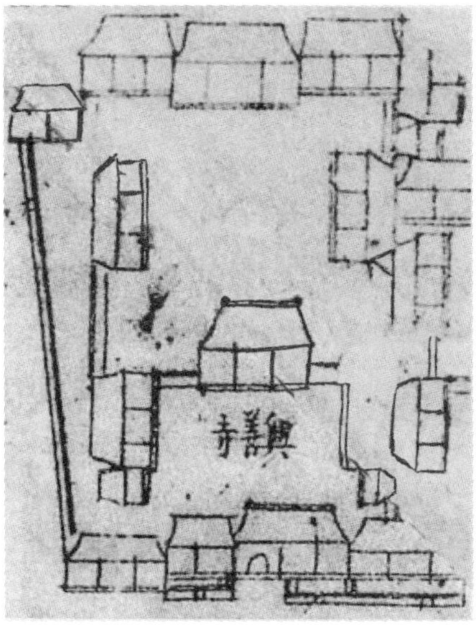

興善寺，原址約在今西城區鴉兒胡同甲二十三號，寺廟建築現已不存。《日下舊聞考》、《宸垣識略》等文獻中載興善寺中有明崇禎七年（1634）《獎諭司禮監太監曹化淳詩碑》，然碑文未見。

興善寺始建年代不詳，《日下舊聞考》載其位於鴨兒胡同，廣化寺之右，然不見於清《雍正廟冊》。至《乾隆廟冊》中登記爲大僧廟，住持融元[1]。從乾隆《京城全圖》上看，此廟位於鴨兒胡同路北，坐東北朝西南，爲兩進院落。首有山門三間，由最左一間出入，左右兩座小耳房，東三間、西二間。山門前一所小窄院，分成三段，每段均開隨墻門通向鴨兒胡同。山門西頭還有南房三間；山門北爲正殿三間，前東西配殿東向各三間並各帶一南耳房，正殿左右繚以墻垣，墻上開門通往後院；後院有後殿三間，東西兩座北配房各三間，前也有東西配殿各三間。山門進入後西轉，經一狹長通道可入西跨院，其最北端有小房似兩間。

據立於廣化寺中清道光二年（1822）《廣化寺敦請自如和尚住持疏》載，興善寺自如老和尚，傳禪宗，因德重四方曾被敦請主錫日漸衰敗的廣化寺，永爲法門叢林。可見當時興善寺曾香火旺盛[2]。然其後無考。

2006年調查時，興善寺已不存，寺廟原址爲私人二層住宅，院門緊閉，附近居民對此廟亦無記憶。

---

〔1〕參見《日下舊聞考》卷五十四城市·内城北城，頁八百七十九至八百八十。

〔2〕參見清道光二年（1822）《廣化寺敦請自如和尚住持疏》，《北京圖書館藏中國歷代石刻拓本匯編》，京593，卷七十九，頁二十七。

# 海會庵

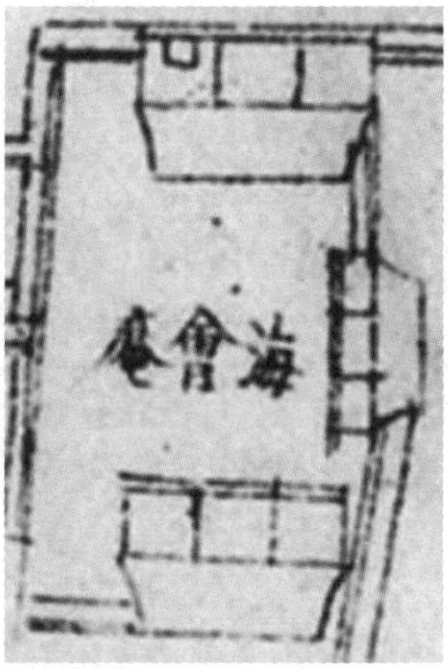


海會庵,原址約在今西城區鴉兒胡同後六號,寺廟建築現已不存。

海會庵始建年代不詳,《日下舊聞考》中稱其位於鴨兒胡同内廣化寺之左[1]。清《雍正廟冊》記其爲尼僧廟,有殿宇六間、禪房六間,住持貴璽,規模較小。至《乾隆廟冊》登記時仍爲尼僧修行之處,住持尼爲了然。據乾隆《京城全圖》,此廟位於鴨兒胡同路南,坐南朝北,略偏東向,爲一進院落,有山門三間、正殿三間、東配殿三間。規模與《雍正廟冊》記載相類。

在清代文獻《宸垣識略》、《光緒順天府志》,以及民國文獻《北平廟宇通檢》、《燕都叢考》中,對此廟記載均與《日下舊聞考》相同,僅寥寥數字[2]。此後廟再無考,似久已傾圮。

2006年調查時,海會庵已無存,寺廟原址爲警務工作站,附近有拆除現場,當代作家蕭軍舊宅就在此原址之南。

〔1〕參見《日下舊聞考》卷五十四城市·内城北城,頁八百七十九至八百八十。

〔2〕參見《宸垣識略》卷八·内城四,頁一百五十五;《光緒順天府志》京師志十六·寺觀一·内城寺觀,頁五百零二至五百零三;《北平廟宇通檢》上編·内城·内五區,頁六十七;《燕都叢考》第六章·内五區各街市,頁四百零三。

# 三元庵

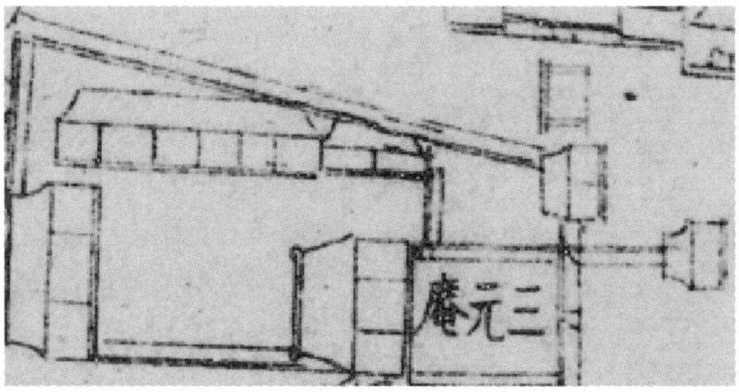


三元庵，亦稱三聖庵、三元林、三元林廟、三元林家廟，原址爲內五區北官坊口十九號（約在今西城區後海南沿二十二號），現存部分寺廟建築。

三元庵始建年代不詳，民國時寺廟住持稱其爲清乾隆年間私建，然實際《雍正廟冊》中已有記載，其時登記名爲"三聖庵"，有殿宇六間、禪房八間，爲尼僧廟，住持法號際詳。《乾隆廟冊》中登記名改爲"三元庵"，仍爲尼僧廟，住持了善。從乾隆《京城全圖》上看，三元庵規模與《雍正廟冊》中記載幾乎無異。它位於南官房胡同北頭，坐西朝東，兩進院落，無山門，僅在東牆上開一小門，廟門前似有小殿一間；第一進院內有正殿三間，北側院牆開門以連通北跨院；第二進院落西南角有後殿照房三間、北房六間、東小房兩間，亦北向。

據20世紀30年代初國立北平研究院的調查記錄，三元庵乃德公府家廟，由崔德成管理，僅北房三間、北殿三間[1]。然而僅數年後，北平市社會局登記的廟主就換成了吳源清與吳源濬兩兄弟，他二人聲稱，此廟本係吳家先祖私建，向雇有尼僧在內焚修，民國六年（1917）尼僧圓寂後無人照管，遂由吳家自行管理，稱作三元林家廟。原有六間殿房僅剩零磚斷瓦，廟內無佛像神像，亦無法器經典。其餘南北房共十三間，作爲分戶出租之用[2]。三元庵家廟性質未變，但登記廟主身份卻由德公府換成吳氏，若非記錄有誤，則可能二者之間有某种關係。

〔1〕參見國立北平研究院《三元庵》，西四199。

〔2〕參見北京市檔案館藏《北平市社會局寺廟類·內五區三元林廟吳源泉濬登記廟產的呈文及社會局的批示（附寺廟登記表）》，自1932—1936年，檔案號J2-8-712，頁二十七至二十九。

1947 年以後登記檔案中再不見三元林，應已轉爲民居，不復寺廟之用。此外，據附近老街坊回憶，此院曾是原北京市委書記李錫銘的住宅。

2006 年調查時，三元庵僅存朝南的筒瓦頂老房三間。

後海南沿三元庵（2012 年 10 月曉松攝）

# 永壽庵

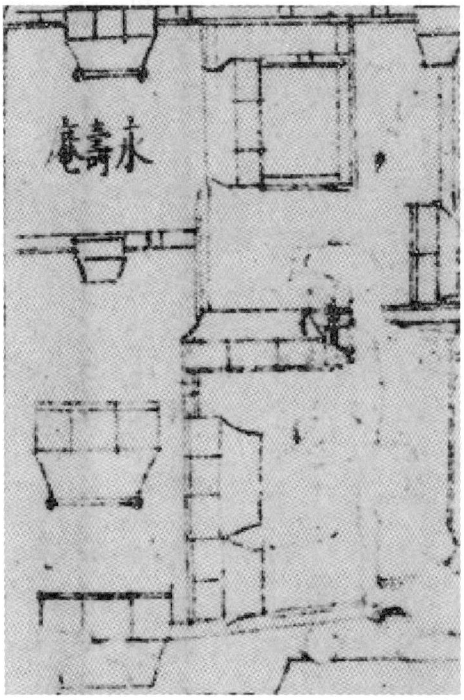


永壽庵，原址約在今西城區北官房胡同十號，寺廟建築現已不存。

永壽庵始建年代不詳，但在清《雍正廟冊》中已有記載，稱“永壽庵，在銀定橋，爲關內尼僧廟，有殿宇二十四間、禪房十二間，住持明德”。至乾隆時期，雖《京城全圖》中標畫了此廟的具體位置和名稱，而《乾隆廟冊》中卻未予以登記。按圖所繪，此廟位於金銀絲條胡同路北、北官房胡同路南，坐南朝北，爲三進院落，第一進首有前殿三間，不通行，兩旁墻垣上開門。後有短墻一段，將院落隔成兩部分，正中小殿一間，東側開隨墻門出入；墻後乃正殿三間、後殿三間，東墻上有門進入東院，門南有西向配房兩座，南二間、北三間；東院内也爲兩進，無山門，北墻開門出入，東北端有臨街鋪面若干，有一間房在墻院内；次之有西房三間，前有圍垣，自成一統，從北墻開門與外院通；再南有東房小兩間，南有圍牆，隔開前後院；後院中僅有南向北房一座三間，餘皆空地，甚爲寬敞。

乾隆朝之後，此廟再無文獻可考。2008年調查時遇到的老住戶說，此庵原爲家廟，20世紀初已經破敗，房屋無人居住，廟旁有空地。後國光藥店在空地建房，同時佔用廟房，修建南房三間。公私合營之後，國光藥店轉爲國營，將三間南房用作庫房。1970年代，此廟被拆蓋爲東西排房，作爲藥店職工宿舍使用至今。

# 槐寶探海寺

槐寶探海寺,亦稱槐寶庵、探海寺,不見於乾隆《京城全圖》,原址爲内五區什刹海槐寶庵五號(今西城區大金絲胡同三十三號、三十五號)。現存部分寺廟建築。

槐寶探海寺始建於明天啓年間,初名淨海寺。據民國三十年(1941)調查檔案中記載,寺内原有鐵鼎一口,可證明此寺初建時間,然今已不存[1]。内曾有古槐一株,樹貌奇特,據《燕都叢考》援引《燕京訪古録》云:"其幹南傾而枝北向,樹心已空,葉猶茂盛,其勢蜿蜒,宛若龍蟠。上繫鐵鏈如綆,詢諸土人云,因達天參修時,此樹嘗爲人祟,故製巨鏈以制之,今仍存。"[2]此寺俗稱槐寶寺,即由此而來。

此寺在清雍正、乾隆年間住持幾變,清《雍正廟冊》中登記爲關内尼僧廟,有殿宇三間、禪房六間,住持名祖智。在《乾隆廟冊》中轉記爲大僧廟,住持法名啓瑞。清光緒十六年(1890),寺廟由黄姓轉爲劉姓家廟,用於時廟主劉玉祥供佛祝願醫病之用[3]。

20世紀30年代,槐寶探海寺仍爲劉姓家廟,廟主劉曉泉曾任内宫監炭。寺門東向,有北殿三間,殿内正供南海觀音,前有小佛一尊,旁侍童子、韋陀,左右龕内供奉菩薩兩尊。另有東西廂房各三間、南房三間,被雙龍泉掛麵工廠佔用,廟由一婦人看管[4]。民國三十年看廟人爲一男子,寄居男女七戶共二十五口常住廟中,廟内古槐樹及樹身鐵鏈仍存[5]。1947年,登記廟主變爲

〔1〕參見北京市檔案館藏《北平市社會局寺廟類·内五區槐寶探海寺劉金禄送寺廟登記表及社會局的批示》,1941年,檔案號J2-8-1317,頁十六。

〔2〕參見《燕都叢考》,頁四百一十一。

〔3〕參見北京市檔案館藏《北平市社會局寺廟類·内五區槐寶探海寺劉金禄送寺廟登記表及社會局的批示》,1941年,檔案號J2-8-1317,頁十九。

〔4〕參見國立北平研究院《探海寺》,西四198。

〔5〕參見北京市檔案館藏《北平市社會局寺廟類·内五區槐寶探海寺劉金禄送寺廟登記表及社會局的批示》,1941年,檔案號J2-8-1317,頁十六。

楊玉棠[6]。

2008年調查時,據附近老街坊的回憶,此廟正門原爲南向,爲尼姑廟,1952年賣給私人,拆除了原有的神像後作爲住宅之用。《中國文物地圖集》中載,1985年調查時,槐寶探海寺坐北朝南,山門東向,仍存有前殿三間、正殿三間及東西配殿各三間,保存相對完整[7]。2001年,寺前殿已拆建新房,後殿三間及東西配殿三間尚存,爲民居[8]。2006年調查時,寺廟爲兩進院落,前殿不見,後殿尚存,爲私房,作旅遊參觀之用。2012年回訪時,惜槐樹業已不存。

槐寶探海寺大殿(2012年10月曉松攝)

[1]參見《北京寺廟歷史資料》,頁七百。

[2]參見《中國文物地圖集·北京分冊(下)》,頁七十九。

[3]參見什刹海研究會編《什刹海志》,北京:北京出版社,2003年,頁二百七十三。

# 豐泰庵

豐泰庵，不見於乾隆《京城全圖》，原址爲内五區李廣橋十一號（今西城區後海南沿三十六號），寺廟建築今存。

豐泰庵始建年代不詳，清《雍正廟冊》載"豐泰庵在稻地池"，爲大僧廟，有殿宇十間、禪房十二間，住持法號心安。至乾隆時期，廟冊仍登記爲大僧廟，但地址改爲官防口[1]，住持變爲廣林。清光緒二十五年（1899）九月，豐泰庵僧人了常將寺廟香火轉讓給尼僧緒靜，自此，豐泰庵由大僧廟轉化爲尼僧廟。

從民國時期的寺廟登記檔案看，尼僧緒靜對豐泰庵的管理一直持續到她病故的民國十七年（1928）左右。豐泰庵作爲子孫廟，歷來採取師徒相傳的繼承方式。緒靜門下衹收有一徒法名本源，但緒靜圓寂之時，本源尚在幼沖之齡，不能理事，故衹得將廟務暫時交與本源的師伯——時任三教寺胡同二號天仙庵住持的緒常代爲管理。緒常年老多病，至民國二十年（1931）時，對繁重的廟務已難以支應，遂將住持一職交還給本源。然因本源年幼，住持一職在她和幾位師伯、師兄間推諉，乃至其娘家生父參與管理，至民國二十七年，方纔推讓給時居天津雙善堂、且一同在拈花寺受戒的尼僧法煜[2]。至民國三十年（1941），法煜對此廟進行了一次規模較大的修繕，除對原有失修建築進行拆砌抹灰之外，還更改並加高了廟門[3]。至 20 世紀 30 年代調查時，此庵建築仍屬完整，有前殿三間，分別供有韋陀、關帝及藥王三尊泥像；南殿三間，中奉南海觀音，左右爲地藏和文殊菩薩；東西房各三間，東南、西南隅有房各二[4]。1949 年時，此廟有殿房十八間，其中大殿七間，其餘租出，月入房租五百三十元，並無地產，住持法煜等尼僧三人居於廟中，依靠做針線活爲

〔1〕即"官房口"的異寫。

〔2〕參見北京市檔案館藏《北平市社會局寺廟類·内五區豐泰庵尼僧法參登記廟產的呈文及社會局的批示（附寺廟登記表）》，1932—1941 年，檔案號 J2-8-674，頁十至十二。

〔3〕同上，頁一百三十六至一百三十七。

〔4〕參見國立北平研究院《豐泰庵》，西四 200。

生[1]。1952 年時，豐泰庵内有尼僧四人，住持仍爲法煜，庵内出租廟房，月收入約爲二十五萬元[2]。

根據 1960 年左右搬到此院居住的老住户回憶，豐泰庵原是金姓家廟，1958 年以前還有尼姑，約有三位，都住在東西房。此廟原爲筒瓦頂，2001 年因屋漏嚴重换爲現在的片瓦。據説，原來的廟匾現存文物局。

2001 年時，豐泰庵爲民居，坐南朝北，前臨什刹海後海，有山門三間、正殿三間及東西配殿各三間，格局變動不大[3]。

據 2008 年調查，豐泰庵存大殿三間帶東西耳房各兩小間、西配房三間、東配房三間，山門三間帶東耳房兩間、西耳房一間，旁開小門，建築保存基本完整。2012 年回訪時，僅有建築結構與部分構件保存，其餘均已翻修過。

豐泰庵臨街門（2012 年 10 月曉松攝）

〔1〕参見北京市檔案館藏《北平市民政局民族事務科·本市寺廟查詢記録》，1949 年，檔案號 196-1-4，頁十二。

〔2〕参見北京市檔案館藏《北京市民政局民族事務科·西四區僧、尼寺廟登記表》，1952 年，檔案號 196-1-18。

〔3〕参見《什刹海志》，頁二百五十七。

# 三排八段

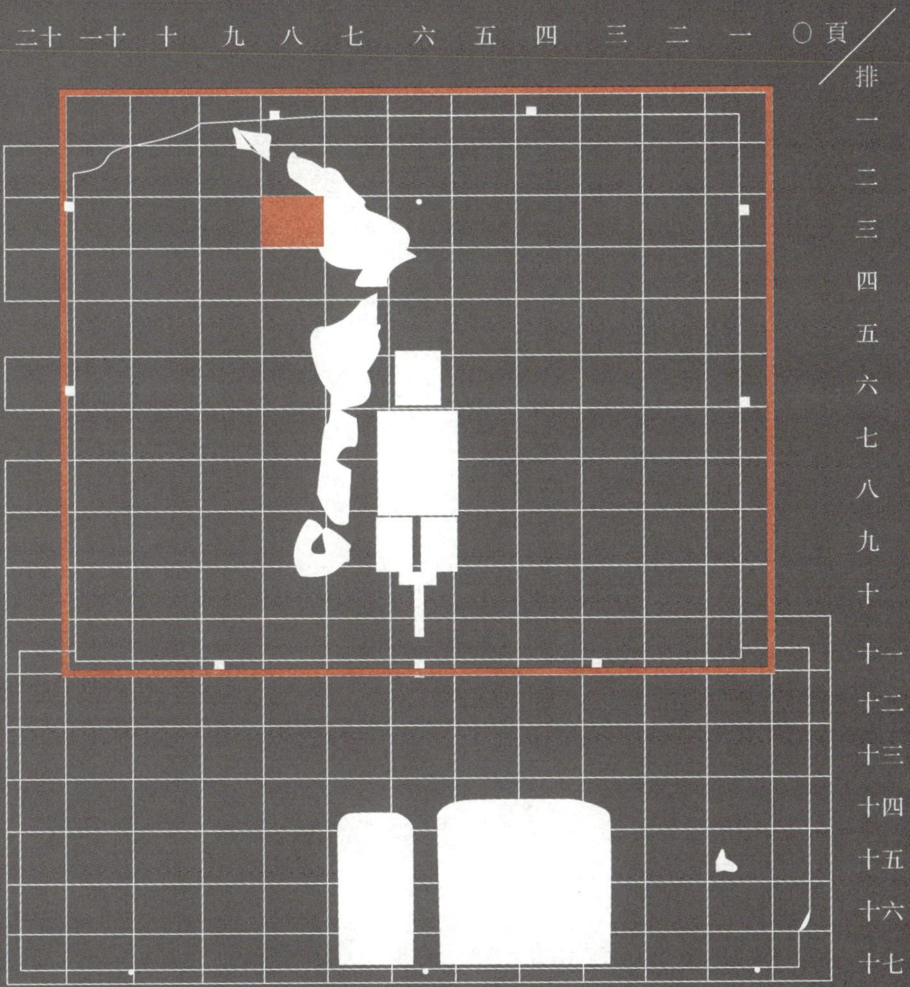

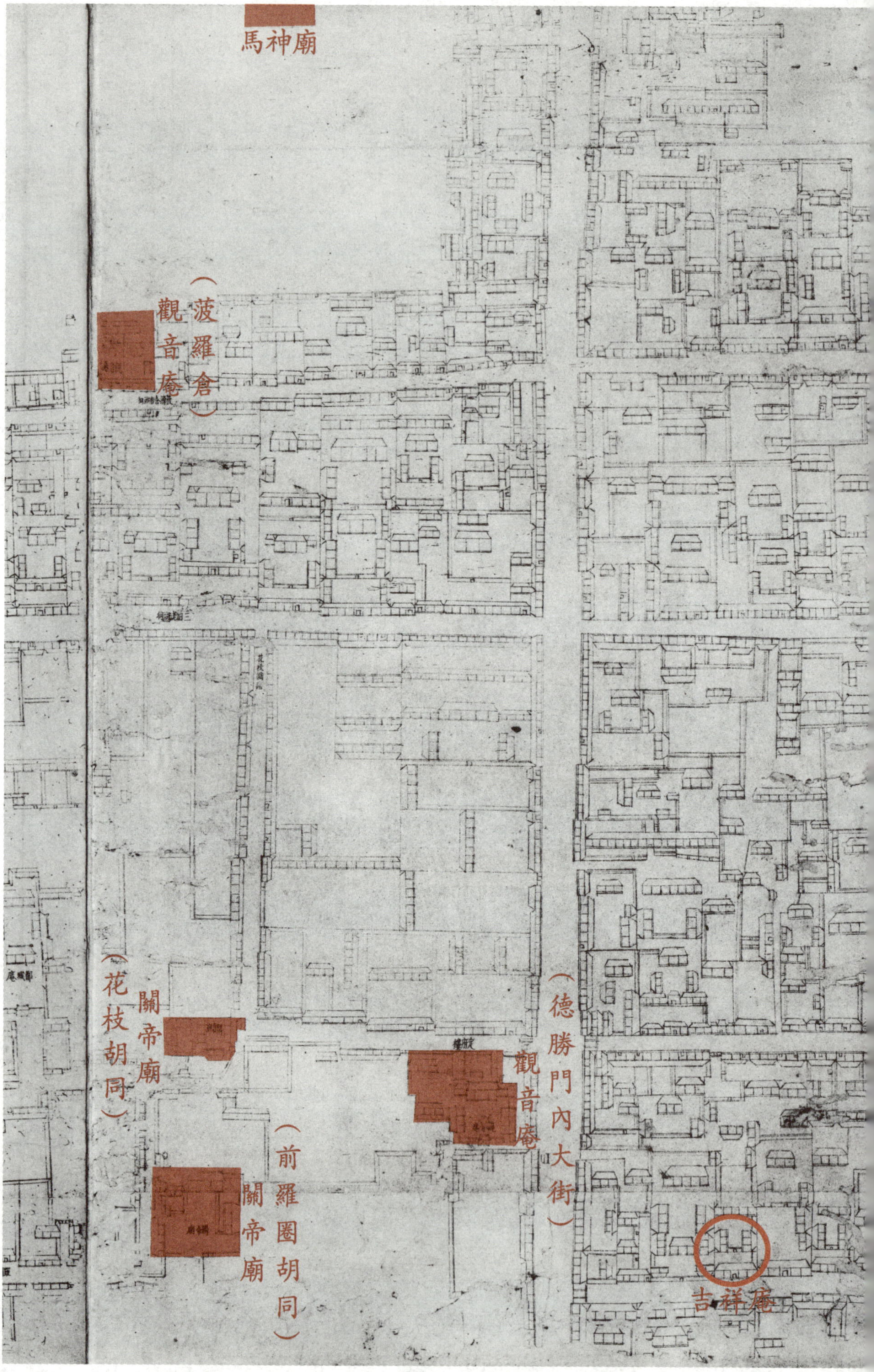

馬神廟
（菠羅倉）
觀音庵
（花枝胡同）
關帝廟
（前羅圈胡同）
關帝廟
觀音庵
（德勝門內大街）
吉祥庵

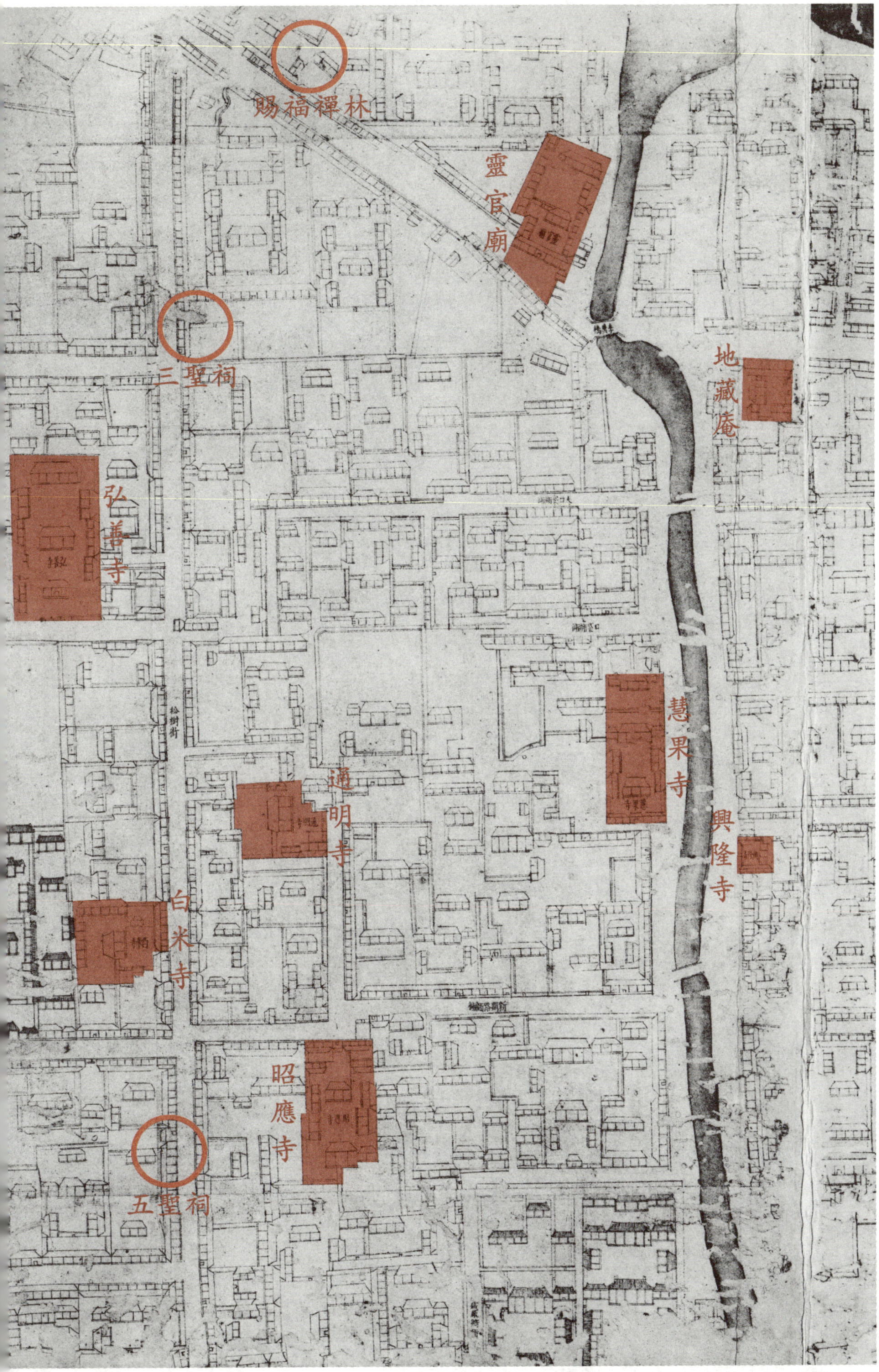

賜福禪林
靈官廟
三聖祠
地藏庵
弘善寺
慧果寺
通明寺
興隆寺
白米寺
昭應寺
五聖祠

# 靈官廟

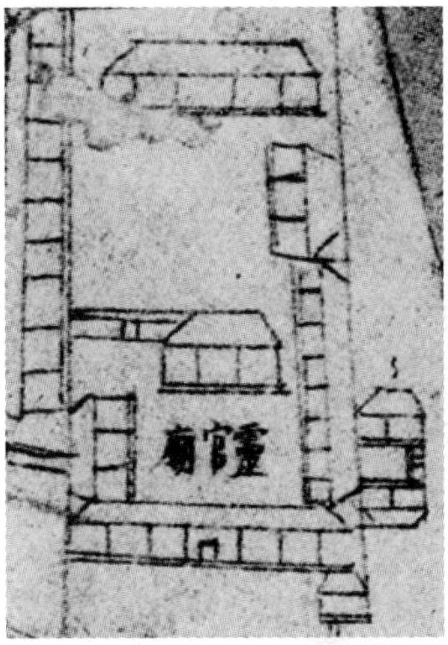


靈官廟，俗稱馬靈官廟，原址爲内五區羊房胡同三號（今西城區羊房胡同五號），現存部分寺廟建築。

民國時住持慈一根據靈官供桌上鐵磬的鑄字，認爲此廟當建於明萬曆年間[1]。但據《宛署雜記》記載，馬靈官廟爲弘治年間太監李廣建[2]，可能萬曆時廟曾重修添建。至清《雍正廟冊》登記時，靈官廟爲大僧廟，寺内有殿宇八間、禪房十二間，住持明瑞。《乾隆廟冊》登記時，靈官廟住持換成了源常。從清乾隆《京城全圖》上看，靈官廟位於李廣橋西北，坐北朝南，略偏西向，主體建築爲兩進院落。首有南房七間，正中一間開門，其東南方有南向小房一座；前殿三間，前有西配殿三間，東僧舍一排八間，前殿西北有院墻一道，上開小門以進入第二進院落；第二進院落内有後殿五間，東配殿三間，西僧舍一排十間。在主體建築的東南側，另有小院一座，内有南房、北房各兩間，相對而立，東墻上開小門，難以判斷是否屬於廟產。廟内曾有乾隆四十八年（1783）鑄鐵磬一口，原在前殿之内，爲當時信衆誠獻。清嘉慶十一年（1806），臨濟宗僧人心柱買下此廟，其後歷代師徒相傳，直至20世紀中期。

民國十七年（1928），僧人慈一從先師手中同時接任本廟與銀錠橋海潮

〔1〕參見北京市檔案館藏《北平市社會局寺廟類·内五區馬靈官廟僧人慈一登記廟産發放憑照的呈文及社會局的批示》，1930—1936年，檔案號J2-8-576，頁五。

〔2〕參見《宛署雜記》卷十九，頁二百三十三。另據《什刹海志》記載，馬靈官廟始建於明嘉靖年間，清乾隆年間重修。此説與寺廟住持慈一所稱相同，然仍有待考證。參見《什刹海志》，頁二百六十五。

庵[1]兩廟之住持，由於平時在海潮庵内居住，他將本廟委託給租戶鞋匠潘榮信照管[2]。此時靈官廟的建築格局與《京城全圖》所繪未有很大變動。其山門南向，石額曰“馬靈官廟”，前殿三間，内供馬靈官一尊，神像高逾六尺，北平市社會局的調查人員讚其“相貌偉岸，衣紋逼真，甚有美術上之價值”[3]，旁立配像六尊、小鬼三像。據警察局的調查人員稱，馬靈官像貌似關帝，而六侍者均相貌猙獰，手持風火輪、印、令旗等[4]；後仍北殿五楹，木額爲董殿邦[5]手書“慈雲普覆”四字，内供娘娘三尊、童子二人，旁祀配像十二尊，但多有殘缺；殿前東西配房各三間，時爲住房，均租與小本營業人居住[6]。廟旁廟前亦有房十三間，租與北源泰油鹽店，慈一月收租金十元[7]。

至1950年調查時，慈一仍爲寺廟住持，廟内僧人增加至四人[8]。1952年登記時，廟產總數雖未減少，但殿宇衹剩四間，每月租金收入約三十萬，除住持慈一外，廟内僧人清海還靠種地二畝以維持生計[9]。

2001年，此廟山門已拆除，其餘殿房改建歸單位使用[10]。

2008年調查時，馬靈官廟坐北朝南，正殿三間、後殿五間及東西廂房尚存。2012年回訪時，原有格局尚保留，但建築全部重建。附近的老街坊對先前廟内活動不熟悉，卻均說此廟是老道廟。

---

〔1〕參見本書三排六段“海潮庵”條。

〔2〕參見北京市檔案館藏《北平市社會局寺廟類·内五區馬靈官廟僧人慈一登記廟產發放憑照的呈文及社會局的批示》，1930—1936年，檔案號J2-8-576，頁二十二至三十二。

〔3〕同上，頁三十一至三十二。

〔4〕參見首都圖書館藏《北平寺廟調查一覽表》，民國三十四年（1945）手抄本，頁二十六。

〔5〕董殿邦（1655—1739），内務府正黄旗人，以“從龍華胄”襲替二等輕車都尉，歷會計、營造兩司員外郎、郎中，康熙五十五年（1716）以慎刑司郎中代内務府總管。歷康、雍、乾三朝，前後六十餘年，被譽爲“三朝之碩輔，一代之偉人”。參見劉小萌《清代北京旗人社會》，北京：中國社會科學出版社，2008年，頁五百一十四。

〔6〕參見國立北平研究院《馬靈官廟》，西四142。

〔7〕參見北京市檔案館藏《北平市社會局寺廟類·内五區馬靈官廟僧人慈一登記廟產發放憑照的呈文及社會局的批示》，1930—1936年，檔案號J2-8-576，頁九至十。

〔8〕參見北京市檔案館藏《北平市民政局·北平市寺廟總登記簿》，1950年，檔案號J3-1-203，頁三十九。

〔9〕參見北京市檔案館藏《北京市民政局民族事務科·西四區僧、尼寺廟登記表》，1952年，檔案號196-1-18，頁九十五。

〔10〕參見《什刹海志》，頁二百六十五。《中國文物地圖集·北京分册（下）》，頁一百零四。

# 地藏庵

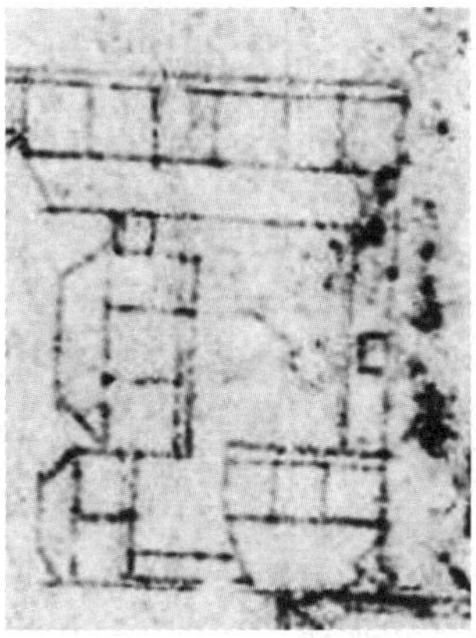

地藏庵,原址約在今西城區柳蔭街八號,寺廟建築現已不存。

此庵始建年代不詳,清乾隆《京城全圖》上此處字跡有脱蠹,根據清《雍正廟冊》和《乾隆廟冊》判斷其廟名爲"地藏庵"。據《雍正廟冊》記載,庵在李廣橋,爲大僧廟,有殿宇十間、禪房九間,住持法號明玉。《乾隆廟冊》登記時住持换成了續融。從《京城全圖》上看,地藏庵位於李廣橋東南,坐西朝東,爲一進院落,無山門,僅在院牆上開一小門,有大殿三間、南配殿三間,大殿南有小房兩間,北有北向順山房六間。與《雍正廟冊》所記相比,規模已大不如前。

此後,地藏庵再不見諸記錄,2008年調查時,地藏庵已蹤影全無,原址上爲某中央機關單位。

# 觀音庵（菠蘿倉）

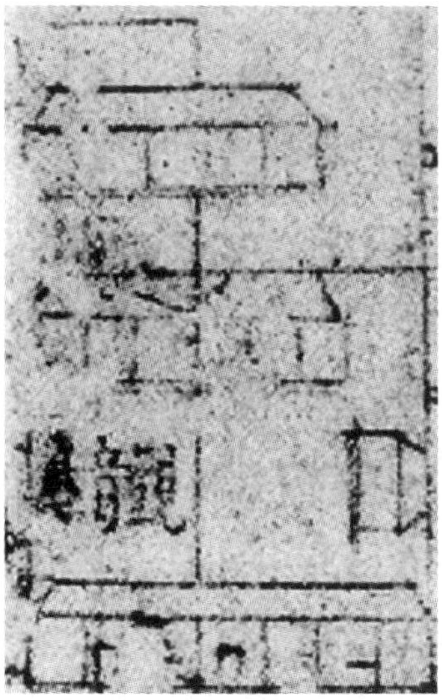

觀音庵，亦稱護國紫竹禪林、紫竹林，原址爲内五區菠蘿倉十一號（今西城區菠蘿倉二十一號），現存部分寺廟建築。

觀音庵始建年代不詳，民國時住持隆慧稱其於乾隆辛未年（1751）募化十方創建，但實際清《雍正廟冊》中已有記載，“觀音庵在波羅倉胡同”，爲尼僧廟，有殿宇六間、禪房四間，住持寶涼。從清乾隆《京城全圖》上看，觀音庵位於菠蘿倉胡同路北，坐北朝南，爲兩進院落，第一進院落南有順山房七間，居中開門，前殿六間，東配殿一間；第二進院落内有後殿五間。乾隆十六年（1751）間，廟可能曾重修，其正殿木額上有文字記曰：“大清乾隆歲次辛未癸巳月丁酉日”，此或即隆慧稱其乾隆始建之由來。

至《乾隆廟冊》登記時，觀音庵仍爲尼僧廟，住持尼爲法如。清嘉慶十五年（1810），僧人廣智接廟，從此觀音庵由尼庵改爲僧人住持，廟名之改似也自此始。清道光三年（1823）九月，廟内外衆善信集資捐款鑄大鐵磬一口，確切言明獻於“紫竹林廟財神殿”内。清光緒十八年（1892），冒清以二百元的價格從僧人信安手中買下此廟，其後師徒相傳，並屢有添建法物之舉。據其弟子說，清光緒二十六年（1900），住持零星在小市内購得鐵磬等法物，廟内曾有清順治十一年（1654）孟夏造鐵五供一份，可能即爲此時購得。至清光緒二十八年（1902），隆慧接替其師冒清法座，其後他一直在廟内住持到 20 世紀 50 年代[1]。

民國年間，寺廟格局未有太大變化。1930 年代時，山門南向，石額“紫竹

〔1〕參見北京市檔案館藏《北平市社會局寺廟類·内五區紫竹林僧人隆惠呈請登記廟產及社會局的批示通知》，1930—1936 年，檔案號 J2-8-305，頁一至二十九。

禪林”，前殿三間，時已無佛像，全是住宅；正殿三間，木額曰“慈航普渡”，内供木像金身南海觀音坐像一尊，旁有小童立像侍立，其左側有泥塑關帝坐像並周倉、關平二人，右側有木製小佛四尊，正殿前有西配房二間，也爲住宅；正殿後有北房三間、西小房一間；東院前有北房三間帶穿堂門、西房三間，以上房間均爲住宅；僅後院三間北房爲禪房，内供佛像，還有小木五供、銅磬等[1]。至民國二十五年（1936），廟内人口略有增加，除住持隆慧之外，還有徒碧峰、寶峰兩人，月入房租十元上下[2]。

隆慧住廟七十餘年，附近街坊均對他印象深刻，他們說，廟内奉神雖多，但殿門常閉，老和尚一人住偏殿，常出門應承佛事。這一説法得到了檔案證明，1949 年民政局調查記録顯示，此廟殿房二十八間中，除大殿三間、自住三間外，其餘全都租出，月入房租玉米麵三十餘斤。住持隆慧一人居於廟中，以應酬佛事爲生[3]。但老住戶對廟内神像的記憶卻與檔案記載略有出入，他們說，廟内神像甚多，山門内有周倉，正殿供關帝與周倉、關平，偏殿内供子孫娘娘等神像三尊。

據稱，至 2001 年時，此廟正殿尚存，爲民居[4]。

2005 年調查時，觀音庵原址爲居民住家院落，院落格局基本未變，但除東北方位的偏殿三間尚未翻修外，山門三間、正殿三間、西房兩間、偏殿前西房三間均已翻修，故偏殿目測最高，看似正殿。

---

〔1〕參見國立北平研究院《紫竹禪林》，西四 161。

〔2〕參見北京市檔案館藏《北平市社會局寺廟類·内五區紫竹林僧人隆惠呈請登記廟産及社會局的批示通知》，1930—1936 年，檔案號 J2-8-305，頁四十三至四十六。

〔3〕參見北京市檔案館藏《北平市民政局民族事務科·本市寺廟查詢記録》，1949 年，檔案號 196-1-4，頁十四。

〔4〕參見《什刹海志》，頁二百七十。《中國文物地圖集·北京分册（下）》也稱“僅存正殿”，參見此書頁八十。

# 弘善寺

弘善寺，亦寫作宏善寺。原址爲内五區弘善寺胡同三號（今西城區德勝門内弘善胡同九號），寺廟建築現已不存。

《日下舊聞考》、《宸垣識略》、《光緒順天府志》和《燕都叢考》等文獻中，都有類似記載："弘善寺在德勝橋東弘善寺街，建於明成化七年（1471），有敕建碑。"[1]1915年周肇祥訪寺時，還曾親眼看見此碑，時已仆地[2]。1931年國立北平研究院的調查者稱其爲"無字倒碑，龍頭箱座分置，下面聞亦無字"[3]。今碑石已不存，且未見拓片傳世。

廟内有明弘治壬子年（1492）鑄銅鐘一口，極爲貴重，據周肇祥記載，其鐘"舞鐫二十八宿，鼓鉦間鐫元始天尊說北方真武妙經，銑奇篆蟠屈蛇蚓，不合六書"[4]。因其内容爲道家言，故周肇祥揣其非寺物，然時任寺廟住持之乘參卻堅稱"鐘磬係各檀越贈送本寺"，並以此鐘銘文爲依據，認定弘善寺始建於明弘治年間[5]。

自入清以後，《雍正廟冊》中亦有弘善寺，稱"弘善寺在松樹街"，爲大僧廟，有殿宇二十六間、禪房九間，住持化成。《乾隆廟冊》登記時，弘善寺仍

---

〔1〕《宸垣識略》卷八·内城四，頁一百五十八；《日下舊聞考》卷五十三城市·内城西城四，頁八百四十二、八百八十五；《光緒順天府志》京師志十六·寺觀一，頁五百零二至五百零三；《燕都叢考》第六章·内五区各街市，頁三百二十七、三百四十，頁四百零六至四百零七、四百零八。

〔2〕〔4〕參見《琉璃廠雜記》，頁一百七十九。

〔3〕參見國立北平研究院《弘善寺》，西四155。

〔5〕參見北京市檔案館藏《北平市社會局寺廟類·内五區弘善寺僧人乘參登記廟產的呈及社會局的批示》，1390—1940年，檔案號J2-8-505，頁二十三。

爲大僧廟,住持法寬。從清乾隆《京城全圖》上看,弘善寺位於弘善寺胡同路北,坐北朝南,爲三進院落,佈局規整,繞以周垣。第一進院内有山門一座,前殿三間,西配殿三間並耳房一間;第二進院落内有中殿三間,東西配殿各三間;第三進院落内有後殿五間,東西配殿各三間,與正殿東西配殿之間,各以四間僧房相連。清道光時,寺廟屢有捐贈添建,廟内多鐵鐘鐵磬銅鐘等,均爲此時所鑄。清咸丰辛亥年(1851),北京西山卧佛寺住持自籌經費,購下此廟並重修,從此,弘善寺成爲卧佛寺下院,由上院住持委任監院在廟内看管〔1〕。

周肇祥訪廟時,見寺内鐘樓封鎖且去梯,寺僧稱,鐘樓爲明時建築,上有巢鴿,不時有兒童爬上去找鳥蛋,故而將其封閉,二十餘年間未曾一啓〔2〕。至民國十九年(1930),弘善寺格局較清時並無大改,然在本巷内及石虎胡同還有附屬房屋四所共二十五間。此時山門南向,石額"敕賜弘善寺",東西開二便門通往院内配房,除北平市公安局民衆學校第十二校坐落其中外,還有包做畫木油漆爐竈的張宅和北平藝曲公會也寓廟内。入山門後,東西鐘鼓樓各一,前殿三間,前有二尺餘小石獅兩頭,内供木像彌勒坐像、小泥佛五尊,後立韋馱木像一尊。旁祀娘娘,左右壁各二尊,均爲泥塑,小童侍者環立;北殿三楹,内供八尺餘三世佛木像三尊,"高座莊嚴"〔3〕,旁有小木塔四座,内皆有佛像。兩壁塑木胎泥像羅漢十八尊。殿前東西配殿各三間,時均爲教室,弘治年間大銅鐘即懸於此處廊下,無字碑也撲於此院中。正殿東西夾道内各有東西房四間,東爲教員室,西爲傳達室,後殿五楹,内供南海大士坐像一尊,木像金身,旁有銅佛小童等。周肇祥曾記此大士像前有木几,几上木龕一鋪,"層列三十餘龕,龕各一佛坐巖石中。木雕漆繪,非近代所有"〔4〕。然此時該龕也不知去向。殿前東西配房各三間,殿後有東小跨院一所,内有北房三間;西小跨院一所,北房三間寓藝曲公會,木額爲江朝宗所題。

卧佛寺雖爲此廟上院,然弘善寺卻似經濟獨立、自負盈虧。據寺僧説,院内房屋均租賃以敷日用,除院中公安局民衆學校外,餘房月收租金二十元上下。而民國二十四年(1935),寺内修建工程用費缺乏,住持誠一還將本巷四號的附屬住房一所計瓦房八間、院子一所、磚井一眼,作爲抵押典與他人〔5〕。實際上,弘善寺歷任住持如誠一、乘参等,常年住在卧佛寺,極少來此,唯有監院大定一人常住廟内,代爲管理廟務。

民國三十年(1941),乘参將廟房三十五間全部借與中國佛教學院,招收尼僧學員。至1949年,佛教學院代理院長能智又在廟内創辦職業學藝所,不收房租,廟内園地亦由學員耕種,房屋修理由各住戶負責〔6〕。可能由於廟内開設尼僧學院之故,1950年民政局登記時,住持换成了尼僧心安,有學員六人,但仍認卧佛寺爲上院,廟内附屬房產三處,均由心安之俗家姑母——也住在廟内的崇蘭亭代管〔7〕。1951年上半年,四十四間廟房分别爲第四區軍屬安老所、第四區軍屬製鹼廠、第四區軍屬生產小組和第四區區委會被服廠所用〔8〕。1952年時,弘善寺收歸清管局管理,内住尼僧二

〔1〕參見北京市檔案館藏《北平市社會局寺廟類·内五區弘善寺僧人乘参登記廟產的呈及社會局的批示》,1930—1940年,檔案號J2-8-505,頁二十二至二十五。

〔2〕參見《琉璃廠雜記》,頁一百七十九。

〔3〕〔4〕此四字讚語見《琉璃廠雜記》,頁一百七十九。

〔5〕參見北京市檔案館藏《北平市社會局寺廟類·内五區弘善寺僧人乘参登記廟產的呈及社會局的批示》,自1930—1940年,檔案號J2-8-505,頁三十五至三十七。

〔6〕參見北京市檔案館藏《北平市民政局民族事務科·本市寺廟查詢記録》,1949年,檔案號196-1-3。

〔7〕參見北京市檔案館藏《北平市民政局·北平市寺廟總登記簿》,1950年,檔案號J3-1-203,頁三十八。

〔8〕參見北京市檔案館藏《北京市民政局民族事務科·本市寺廟、僧道情況統計表》,1951年,檔案號196-1-11。

人，住持尼爲妙光[1]。這段歷史老住戶們還能清楚回憶，細節略有出入。他們説，此廟原爲五臺山和尚來京的歇腳處，常來的和尚姓恭，1945 年左右變成尼姑廟。1950 年代，尼姑到順義鞋廠工作而離廟，廟内於是先後開設模型廠和文具廠，當時廠門的東側有兩層的方形小樓（即鐘樓），西側有兩進院落。1978 年左右，該廟建築被全部拆除。

據《什刹海志》記載，2001 年時，寺廟原址已爲單位用房，寺内建築無存，文物已不得見[2]。

2008 年調查時，弘善寺原址爲天弘善賓館。

〔1〕參見北京市檔案館藏《北平市民政局民族事務科·西四區僧、尼寺廟登記表》，1952 年，檔案號 196-1-18，頁九十五。

〔2〕參見《什刹海志》，頁二百六十二。

# 慧果寺

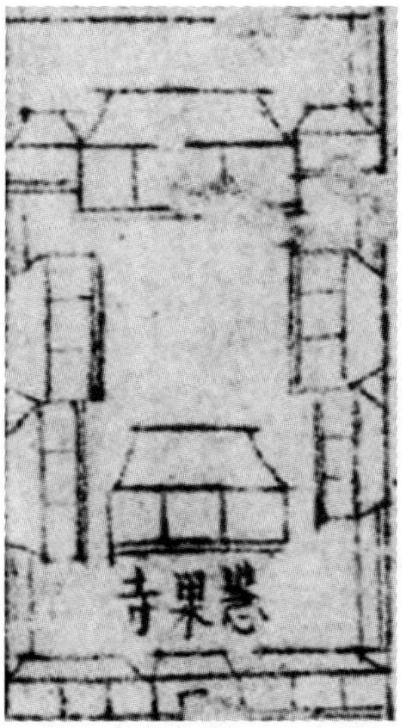


慧果寺,原址爲内五區李廣橋西街六號(今西城區柳蔭街十七號),寺廟建築現存。

慧果寺始建年代不詳,在清《雍正廟冊》中已有記載,稱“慧果寺在李廣橋”,爲大僧廟,有殿宇八間、禪房二十三間,住持照受。《乾隆廟冊》中仍登記爲大僧廟,住持僧通壽。從清乾隆《京城全圖》上看,慧果寺位於李廣橋南路西,坐北朝南,爲兩進院落,有山門一間,山門東、西兩側各有房屋三間,前殿三間,東、西配殿各三間,後殿三間並東、西耳房各一間,東、西配殿各三間,殿後有後院。

清乾嘉間學者、詩人法式善(1752—1813)在《續西涯雜詠十二首》中,有《慧果寺》一首,詩曰“佛閣聳溪頭,夜深燈火斷。時聞梵唄聲,清切語天半”。依其詩意,羅聘(1733—1799)繪《續西涯十二詠畫冊》,翁方綱(1733—1818)爲其題作《續西涯十二詠題兩峰爲梧門畫冊集刻十首》,内《慧果寺》一首云:“慈恩紀遊後,詩諦有僧緣。借問麓堂集,誰參無畫禪。”據《翁方綱年譜》記,時當嘉慶三年(1798)[1]。從其詩意,可見當時慧果寺佛閣高聳、梵唄時聞、香火不斷,寺僧與詩人似有來往,誠一方之名刹。然而其後歷代地方志與政府檔案中均不再見慧果寺記載,堪稱憾事。

2008年調查時,在柳蔭街十七號,即《京城全圖》上所繪慧果寺的地方,尚有一處筒瓦建築院落。它坐北朝南,有正房五間,東、西配房各三間,南房三間。但詢諸里人,無人知其是廟,可能其建築雖存,然香火斷絕已久,今其早已爲居民住家院落。

〔1〕參見沈津《翁方綱年譜》,臺北“中央研究院”中國文哲研究所,2002年,頁三百六十四。

慧果寺原址上的筒瓦建築(2005 年 1 月如意攝)

# 通明寺

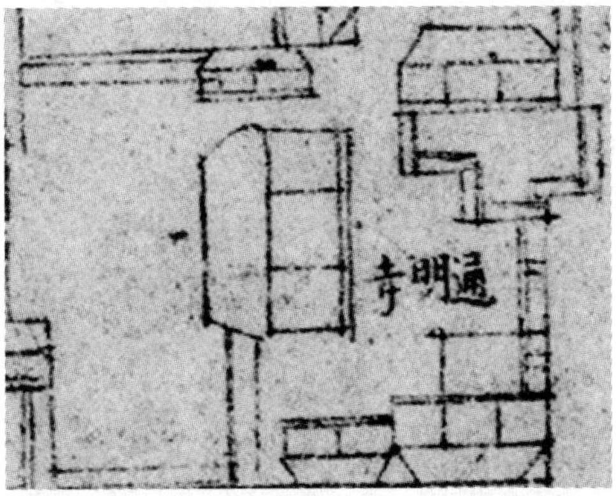


通明寺，明時稱真武廟，民國年間亦稱通明庵，原址爲内五區小新開路十五號（今西城區小新開胡同十號），寺廟建築現已不存。廟内原有刻立於明成化十年（1474）和隆慶元年（1567）碑刻兩通，均名《真武廟碑》。

通明廟始建於明景泰初，據明成化十年的《真武廟碑》記載，景泰三年（1452）春正月，朝廷爲供上用，在都城内建織染所，命司設監左少監來福涖其事。期年之間，來公建北極真武廟於所内西偏以祝聖壽，不日鳩工，殿庭輪奐，福佑天下。成化十年甲午，來公已逝，楊公旺繼任其職，事畢拜謁廟宇，感來公好善之誠，嘆殿宇年久失修，遂重修廟宇，並立碑以記[1]。此後真武廟東跨金河，景氣清勝，殿宇恢宏。至隆慶元年，尚衣監太監李鉞掌織染所，往來顧瞻，見廟第傴圮，深恐未盡事神之誠，遂首捐俸金若干，經營重修之舉，後御馬監太監張偉率同志輻輳之，資集工鳩，謀合材聚，拓其基而廣其制。重修後，此廟正、配殿宇各增爲三間，正祀玄聖（即真武），左奉本境土地，右奉本所已往諸公神牌。至明萬曆九年（1581），又有尚寶監、御馬監、尚膳監、司設監、御用監、内官監、織染所等處太監並官員輻輳捐資，同修寺廟，其姓名都刻在隆慶元年《真武廟碑》碑陰上，此時，與織染所有關的内官監諸所均已以通明寺爲聖地[2]。

至清代，《乾隆廟冊》中稱“通明庵在新開路”，爲大僧廟，住持通穩。從

〔1〕參見明成化十年（1474）《真武廟碑》，《北京圖書館藏中國歷代石刻拓本匯編》，京585，卷五十二，頁一百一十五至一百一十六。

〔2〕參見明隆慶元年（1567）《真武廟碑》，《北京圖書館藏中國歷代石刻拓本匯編》，京584，卷五十六，頁一百四十七。

乾隆《京城全圖》上看,通明廟位於松樹街路東,坐西朝東,爲一進院落,無山門,僅在東牆上開一小門,旁開便門,院內有正殿三間,南、北配殿各三間,南配殿以西還有耳房兩間,北配殿繞有院牆,自成一統。正殿以北另有北小房兩間,南向,殿西有空院一所。

至民國年間,通明寺已成尼僧廟。民國十六年(1927),宛平常寶珍、法號常和的尼僧接任住持,在廟內開設婦嬰專科診所,自己親自坐堂施診。此時山門仍東向,石額"通明庵",正殿內供真武一尊,木像金面,外加泥塑。左側龕內有三世木佛三尊,均爲坐像。右有娘娘坐像九尊、小童四人,王奶奶配祀。除此之外,殿內還供有小木佛七尊、木彌勒一尊、韋馱二尊、小關帝一尊等。殿外南北有房各三間,與正殿形成四合院之勢,明代二碑便在院中正殿門前,恰在槐樹、丁香與棗樹的掩映之下。正院後還有小院一所,內有棗樹多株[1]。至民國十九年(1930)社會局登記時,通明庵還另有附屬地產約一畝、房產九間。殿宇供佛修行,餘房出租[2]。

1947年,此廟住持已更換爲尼僧隆興[3]。至1949年,通明庵共有殿房二十七間,除三間大殿與自住三間外,餘皆出租,其中,兩間月收小米四十斤,三間每月共給一百元,其餘全爲五十元一間,除房租外,廟內兩尼僧還以紡綫或織綿爲業[4]。1952年時,庵內尚有房產十三間半,月收入爲二十二萬元[5]。據現住院內的老住戶回憶,當時通明庵內的老尼姑已七十多歲,她於1952年去世後,人們陸續搬入廟內居住,石碑被埋入地下,佛殿變成民房。

據《什刹海志》記載,2002年時,通明庵大殿尚存,時爲民居[6]。

2005年調查時,通明庵坐西朝東,仍存正殿三間、北殿三間、南殿三間,爲居民住家院落。但2008年回訪時,院內房屋正在全部翻蓋,原有建築已不存。

通明寺(2005年1月如意攝)

〔1〕參見國立北平研究院《通明庵》,西四150。

〔2〕參見北京市檔案館藏《北平市社會局寺廟類·內五區通明庵尼僧常和呈請登記廟產並發放憑照及社會局的批示》,自1930—1936年,檔案號J2-8-244,頁十七至三十三。

〔3〕參見《北京寺廟歷史資料》,頁七百零一。

〔4〕參見北京市檔案館藏《北平市民政局民族事務科·本市寺廟查詢記錄》,1949年,檔案號196-1-3,頁十三。

〔5〕參見北京市檔案館藏《北平市民政局民族事務科·西四區僧、尼寺廟登記表》,1952年,檔案號196-1-18,頁九十五。

〔6〕參見《什刹海志》,頁二百六十一。另見《中國文物地圖集·北京分冊(下)》,頁七十九。

京585《真武廟碑》陽

京 585《真武廟碑》陰

# 建織染所真武廟記

織染所真武廟記
景泰三年春正月
朝廷
敕有司於都城内相地建名曰織染所以需
上用既而
命司設監左少監來公福以涖其事期年之間事集而政（下剝落）
北極真武廟於所内西偏蓋將以祝
聖壽延景貺於無窮也不日訖工而殿庭門廡輪焉奐焉（下剝落）
以古檜又置斗室擇士之處於奉神者供灑掃香火之（下剝落）
籍
真武之神掌握樞機斡運洪化覆而爲雲澤而爲雨鼓之爲（下剝落）
拯災愈疾其神之貺於天下不淺淺矣成化十年甲午（下剝落）
奉
□命繼其任公事畢敬謁拜廟宇周歷遍覽喟然爲（下剝落）
楊公旺曰昔之來公若是好善之誠用心之（下剝落）
盍假名筆識其顛末庶來公雖逝泉壤（下剝落）
来公創始之仁而又重韋公不沒人善（下剝落）
成化十年夏五朔旦禮部尚書郎前（下剝落）
中書舍人東吳魏祐記並書篆。（下剝落）
監工内使沈明李海（下剝落）

京585《真武廟碑》陽

典史

□房

施大端
鄭師卿
趙懷正
周俊
張景
張鋭
□堂
羅昇
胡恭靖
余□

管事

卞紀
陳玘
吳杲
吉隆
張能
卲匆
張定
徐海
方堂
孫□
盧茂
柳辟
王俊
卞傑

京585《真武廟碑》陰

# 真武廟碑

首題：織染所真武廟記
年代：明成化十年（1474）五月一日
原址：西城區小新開路通明寺
拓片尺寸：碑陽、陰均高 182、寬 77 釐米
書体：楷書
撰人：魏祐
書人：魏祐
《目錄》：頁 218
拓片編號：京 585
拓片錄自：《北京圖書館中國歷代石刻拓本匯編》第 52 卷 115—116 頁

【碑陽】

額題：建織染所真武廟記（篆書）

碑文：

織染所真武廟記 1

景泰三年春正月，2 朝廷 3 敕有司於都城内相地建，名曰織染所，以需 4 上用。既而 5 命司設監左少監來公福以蒞其事。期年之間，事集而政（下剝落）6 北極真武廟於所内西偏。蓋將以祝 7 聖壽，延景貺於無窮也。不日訖工，而殿庭門廡輪焉奐焉。（下剝落）8 以古檜，又置斗室擇士之處，於奉神者供灑掃香火之（下剝落）9 籍 10 真武之神掌握樞機，斡運洪化，覆而爲雲，澤而爲雨。鼓之爲（下剝落）11 拯災愈疾。其神之貺於天下不淺淺矣。成化十年甲午（下剝落）12 奉 13□命繼其任。公事畢，敬謁拜廟宇，周歷遍覽，喟然爲（下剝落）14 楊公旺曰：昔之來公若是好善之誠，用心之（下剝落）15 盍假名筆，識其顛末。庶來公雖逝，泉壤（下剝落）16 来公創始之仁而又重韋公不沒人善。17 成化十年夏五朔旦，禮部尚書郎前（下剝落）18 中書舍人東吳魏祐記並書篆。（下剝落）19 監工内使沈明、李海（下剝落）。20

【碑陰】

碑文：

（題名，已剝落多處，尚存以下若干）

典吏，□房（下泐）

施大端、鄭師卿、趙懷正、周俊、張景、張鋭、□堂、羅昇、胡恭靖、余□。

管事：卞紀、陳玘、吳杲、吉隆、張能、卲匇、張定、徐海、方堂、孫□、盧茂、柳辟、王俊、卞傑。

京 584《真武廟碑》陽

京584《真武廟碑》陰

# 真武廟重修碑記

真武廟重修碑記
廟在織染所内所在都城西北隅南瞻
玉闕東跨金河碧流經門縈帶千頃誠虚一生水之象也景象清勝規址闃深是宜神宇屹然官衙邃爾肇自景泰之初迄
今蓋有年矣隆慶改元
尚衣監太監李公鉞拜
命掌所事往來顧瞻恒以廟第偪圯未足以盡事神之誠首捐俸金若干經營重修之舉於是
御馬監太監張公偉竭盡心力倡率同志而輻輳之貲集工鳩謀合材聚拓其基而廣其制正殿配殿各增而爲三間正祀
玄聖如故左奉本境土地右奉本所已往列位諸公神牌門楣廊廡垣牆樹株增美增新既輪既奐李公復顧瞻曰事神之道
心貴其誠地貴其潔也如此雖非所擬紫陽玉虛然而宏敞潔齋吾人一念精虔固可以少藉矣曷記之於石用詔將來
乃狀其所以如左欲余有以次第之余受命北望稽首而言曰
玄聖威德在四極萬邦千禩百代自昔王者必郊郊而群祀類從建祠之義寔宗之而今之祠薄際海宇咸以澤國福民爲禱
矧此建在都下之公所宜其福澤顯庇我
國家以副君子崇敬之心歟余聞創始者爲先太監來公福嗣是有王公昇者嘗倣修舉之倡不能終其志而李公等繼志
趾美乃遂其成於今日夫即此事神之誠則事君必能盡匪躬之節即此修飾之舉則修己必能盡自新之道至於祝
皇釐熙景運則君子之素心而神之必爾昭鑒者矣於戲李公等之德又將與廟貌相爲無斁耶銘曰
燦燦天樞位正北極治世福神豐功偉績
赫赫廟貌崇奉公所
玉虛威靈金鑪香火國有賢臣飾美增新克盡誠敬昭致精禋
聖壽祈延
皇祚陰翊四序順調萬邦寧謐神安民福伊誰之功後賢繼志百禩其崇
隆慶元年歲次丁卯孟春之吉立
正議大夫資治尹前工部右侍郎直
文淵阁同修　國史　玉牒兩侍　經筵官　賜一品服昌黎王槐撰并書篆

京584《真武廟碑》陽

萬古

芳名

萬曆十九年歲次辛卯季冬吉日

尚寶監奉御 劉成禄
御馬監右監丞 王用
御馬監右監丞 [莊]時用
尚膳監太監 汪憲
司設監左少監 金鑾
尚衣監左少監 張幹
司設監太監 王舉賢
奉御 崔騰
御用監太監 王拱
御用監太監署所 黃朝用
掌所事奉御 潘[清]
内官監奉御掌所事 蔡景
織染所掌所事 朱文龍

長隨 李騰
奉御 李用
尚膳監太監 楊昇
奉御 李玉
長隨 薛朝

鐫字 趙祥
庫役 □元
庫役 王詔
作頭 張明
寫字 張忠
庫役 張端
寫字 魏文
作頭 楊文炳
庫役 柳賓
六科[廊]作頭 劉坤
寫字 關保

京584《真武廟碑》陰

# 真武廟碑

首題:真武廟重修碑記
年代:明隆慶元年(1567)正月
原址:西城區小新開路通明寺
拓片尺寸:碑陽、陰均高 182、寬 78 釐米
書體:楷書
撰人:王槐
書人:王槐
《目録》:頁 238
拓片編號:京 584
拓片録自:《北京圖書館藏中國歷代石刻拓本匯編》第 56 卷 147 頁

【碑陽】

額題:真武廟重修碑記(篆書)

碑文:

真武廟重修碑記 *1*

廟在織染所内,所在都城西北隅,南瞻 *2* 玉闕,東跨金河,碧流經門,縈帶千頃,誠虚一生水之象也。景氣清勝,規址閫深,是宜神宇屹然,官衙邃爾。肇自景泰之初,迄 *3* 今蓋有年矣。隆慶改元,*4* 尚衣監太監李公鉞拜 *5* 命掌所事,往來顧瞻,恒以廟第偪圮,未足以盡事神之誠,首捐俸金若干,經營重修之舉。於是,*6* 御馬監太監張公偉竭盡心力,倡率同志而輻輳之。貲集工鳩,謀合材聚,拓其基而廣其制,正殿、配殿各增而爲三間。正祀 *7* 玄聖如故,左奉本境土地,右奉本所已往列位諸公神牌。門楣,廊廡,垣牆,樹株,增美增新,既輪既奐。李公復顧瞻曰,事神之道,*8* 心貴其誠,地貴其潔也。如此雖非所擬紫陽玉虚,然而宏敞潔齋,吾人一念精虔,固可以少藉矣。曷記之於石,用詔將來。*9* 乃狀其所以如左,欲余有以次第之。余受命北望,稽首而言曰:*10* 玄聖威德,在四極萬邦,千禩百代。自昔王者必郊,郊而群祀類從,建祠之義寔宗之。而今之祠,薄際海宇,咸以澤國福民爲禱。*11* 矧此建在都下之公所,宜其福澤顯庇我 *12* 國家,以副君子崇敬之心歟。余聞創始者爲先太監來公福嗣,是有王公昇者,嘗作修舉之倡,不能終其志。而李公等繼志 *13* 趾美,乃遂其成於今日。夫即此事神之誠,則事君必能盡匪躬之節;即此修飾之舉,則修己必能盡自新之道。至於祝 *14* 皇釐熙景運,則君子之素心,而神之必爾昭鑒者矣。於戲!李公等之德,又將與廟貌相爲無斁耶。銘曰:*15* 燦燦天樞,位正北極。治世福神,豐功偉績。*16* 赫赫廟貌,崇奉公所。*17* 玉虚威靈,金鑪香火。國有賢臣,飾美增新。克盡誠敬,昭致精禋。*18* 聖壽祈延,*19* 皇祚陰翊。四序順調,萬邦寧謐。神安民福,伊誰之功。後贤繼志,百禩其崇。*20*

隆慶元年歲次丁卯孟春之吉立。*21* 正議大夫資治尹前工部右侍郎直 *22* 文淵阁同修國史玉牒两侍經筵官賜一品服昌黎王槐撰并書篆。*23*

【碑陰】

額題:萬古芳名(篆書)

碑文:

萬曆十九年歲次辛卯季冬吉日。

尚寶監奉御劉成祿、御馬監右監丞王用、御馬監右監丞莊時用、尚膳監太監汪憲、司設監左少監金鑾、尚衣監左少監張幹、司設監太監王舉賢、奉御崔騰、御用監太監王拱、御用監太監署所黄朝用、掌所事奉御潘清、内官監奉御掌所事蔡景、織染所掌所事朱文龍。

長隨李騰,奉御李用,尚膳監太監楊昇,奉御李玉,長隨薛朝。

鐫字:趙祥。

庫役:□元。庫役:王詔。作頭:張明。寫字:張忠。庫役:張端。寫字:魏文。作頭:楊文炳。庫役:柳賓。六科廊作頭:劉坤。寫字:關保。

# 興隆寺

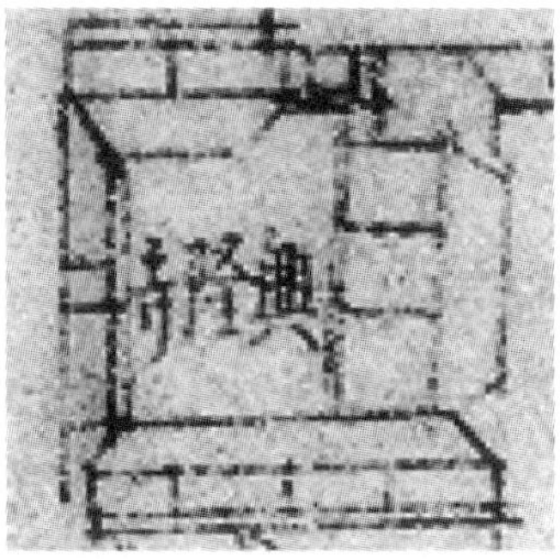


興隆寺,也名興隆庵,原址在内五區李廣橋南街(今西城區柳蔭街甲十二號),寺廟建築今已不存。

興隆寺始建年代不詳,清《雍正廟冊》中登記爲興隆庵,在李廣橋,爲大僧廟,有殿宇三間、禪房三間,住持正興。但《乾隆廟冊》中卻不見其登記。從清乾隆《京城全圖》上看,興隆寺位於李廣橋路東,坐東朝西,爲一進院落,無山門,僅在院牆上開一小門,院内有正殿三間,其南有南房四間、北有北房兩間北向,似非廟房。

此後,興隆寺再無考,似傾圮已久。

2008 年調查時,興隆寺原址爲北京少軍餃子館。

# 白米寺

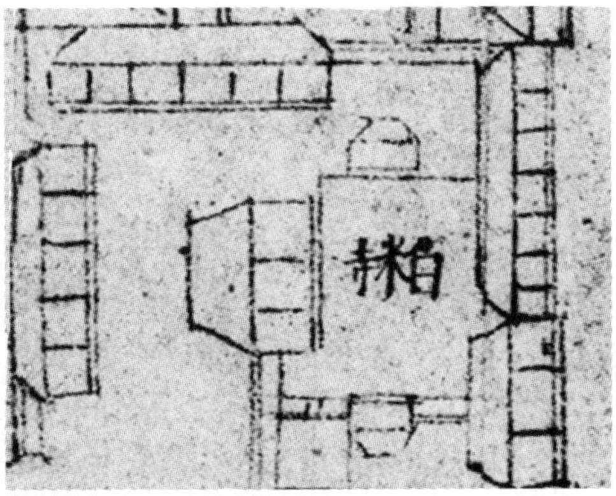


白米寺，原址爲内五區松樹街（今西城區松樹街十九號和二十號），寺廟建築已不存。

白米寺始建年代不詳，關於該寺的最早記錄，見明代張爵《京師五城坊巷胡同集》，但衹記名稱，無其他信息[1]。清《雍正廟冊》和《乾隆廟冊》中對此廟亦無記載。從清乾隆《京城全圖》上看，白米寺位於松樹街路西，坐西朝東，爲一進院落，有正殿三間，南、北配殿各一間，南墻上開一小門以便出入，院落東側還有臨街房兩座，分别爲三間和七間。此後，正如清《日下舊聞考》、民國《燕都叢考》和《北平廟宇通檢》中所説，白米寺再"無考"[2]。

2008年調查時，白米寺不存，寺廟原址爲北京師範大學宿舍。

〔1〕參見《京師五城坊巷胡同集》，頁十九。

〔2〕參見《日下舊聞考》卷五十三城市·内城西城四，頁八百四十二；《北平廟宇通檢》上編·内城·内五區，頁六十三；《燕都叢考》第五章·内四區各街市、第六章·内五區各街市，頁三百二十七、三百四十、三百九十五、四百零一。

# 昭應寺

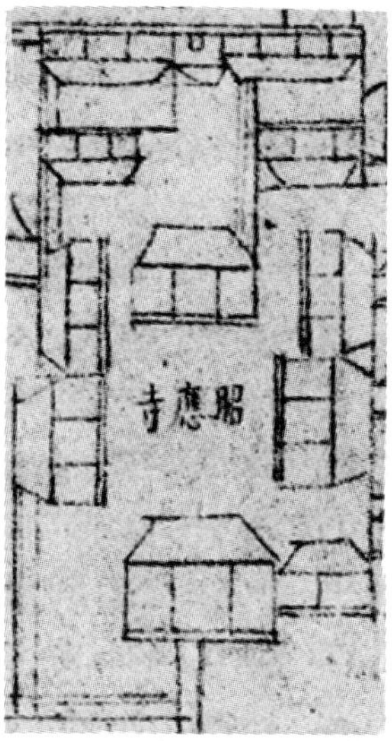


昭應寺,又名照應庵,原址約在今西城區小新開胡同六號左右,寺廟建築已不存。

昭應寺始建年代不詳,清《雍正廟冊》中已有記載,稱"照應庵在新開路",爲大僧廟,有殿宇六間、禪房十六間,住持實理。在《乾隆廟冊》中,照應庵改名昭應寺,爲尼僧廟,住持隆瑞。從清乾隆《京城全圖》上看,昭應寺位於新開路胡同路南,主體建築坐北朝南,然而山門似乎北向,開於北墻中間。山門東西各有跨院一所,東跨院内北有小房四間、南有小房三間,西跨院内有南、北房各三間,均坐南朝北;入山門後,首有前殿三間,坐北朝南,東、西配殿各三間,配殿北各有配房三間; 次則正殿三間並東耳房一座兩間,殿南後院一所,以院牆劃分寺界。

此後,昭應寺再無考,似傾圮已久。

2008年調查時,昭應寺原址爲民居院落。

# 觀音庵（德勝門内大街）

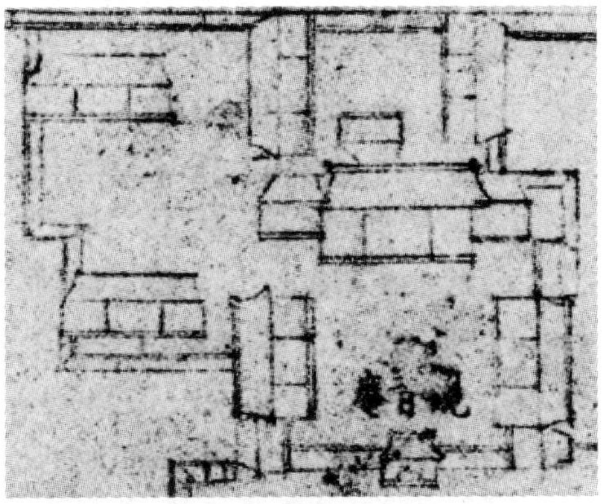


觀音庵，民國時期亦稱守善堂或守善堂王宅家廟，原址爲内五區德勝門内大街一百八十七號（今西城區德勝門内大街二百四十三號），今存部分寺廟建築。

觀音庵始建年代不詳，《雍正廟册》中記爲大僧廟，時有殿宇九間、禪房二間，住持通展。《乾隆廟册》中登記其地址在定府樓，仍爲大僧廟，住持源祥。從清乾隆《京城全圖》上看，觀音庵位於定府樓路南，坐北朝南，首有山門一座一間，似爲歇山頂，正殿三間並東西耳房各一間，前有東配殿三間並南、北耳房各一間，西配殿三間並南耳房一間；正殿後有倒座房一間，東西配殿各三間。寺廟西似還有跨院一所，内有南殿三間、北殿三間。

清宣統三年（1911），王繼禄買下觀音庵，更名守善庵，充作家廟，並委尼僧印存在内焚修住持。廟内鐵燎爐上刻"大清宣統壬子年臘月穀旦造，守善堂王宅家廟"字樣，即爲重修之證[1]。至民國二十二年（1933）時，觀音庵以守善堂王宅家廟爲名在北平市社會局登記，當時廟主王繼禄已歿，其妻寓西四牌樓北紅羅廠中間路北，有廟契爲證。民國二十三年（1934）印存圓寂，王氏遂敦請尼僧性林繼續管理，時廟内殿宇九間、廟房三間、廁所一間，供觀音菩薩泥像一尊，韋陀、關帝、火神、馬王、呂祖、娘娘泥像八尊，銅娘娘像一尊等神像[2]。1945年警察局調查時稱守善堂有殿一層、碑一通，但此碑未見諸其他文獻，也無拓片存世，尚待考證[3]。1947年登記時，守善堂住持更换爲尼僧

〔1〕參見首都圖書館藏《北平寺廟調查一覽表》，民國三十四年（1945）手抄本，頁十四。

〔2〕參見北京市檔案館藏《北平市社會局寺廟類·内五區守善堂王宅家廟印存呈請廟產登記及社會局的批示》，1933—1936年，檔案號J2-8-815，頁一至六十五。

〔3〕參見首都圖書館藏《北平寺廟調查一覽表》，民國三十四年（1945）手抄本，頁十四。

淨然[1]。1949年時，守善堂廟内共有殿房十六間，除殿宇七間、尼僧住用二間外，其餘租出。然廟内尼僧五人，租金不敷日用，故二尼僧織綫爲生，其餘三人織襪子做小買賣度日。廟主王寶恒仍住大紅羅廠内[2]。

翻修後的觀音庵山門與西配殿（2012年10月曉松攝）

净然之侄孫女現仍住廟内，據她回憶，廟内正殿供奉觀音與如來，東殿供關帝，西殿奉送子娘娘。正殿前原有香爐一座，與山門同高，大煉鋼鐵時被熔化。根據《什剎海志》的記載，2001年時，守善堂除山門外其餘建築尚存，時爲民居，清宣統年間鑄造的鐵香爐已無存[3]。

2005年調查時，守善堂爲居民住家院落，尚存朝南的正殿三間，東、西耳房各一間，東、西配房各三間，山門一座，其"守善堂王宅家廟"石額猶存，額題有"宣統三年立"字樣。約在2007年，德勝門内大街拓寬，東配房被拆除，其餘建築全部翻修。

原觀音庵山門石額（2005年1月如意攝）

〔1〕參見《北京寺廟歷史資料》，頁六百八十二。

〔2〕參見北京市檔案館藏《北平市民政局民族事務科·本市寺廟查詢記錄》，1949年，檔案號196-1-3。

〔3〕參見《什剎海志》，頁二百八十一。

# 關帝廟（花枝胡同）

關帝廟，亦稱漢壽亭侯廟、天佑重興寺、重興寺或崇興寺，原址爲内五區花枝胡同十四號（今西城區花枝胡同十七號），寺廟建築現已不存。廟内原有碑刻一通，爲清康熙十九年（1680）的《漢壽亭侯廟碑》。

關帝廟始建年代不詳，《漢壽亭侯廟碑》中稱其“經始月日不可考”。根據此碑記載，漢壽亭侯廟在京師順天府治西北隅[1]，廟内曾有黄道士修行，名噪一時。至康熙時已年久失修，不足以妥神靈而爲民祈福，廟内僧人遂持缽募金，得銀若干，鳩工鼎新，半載而工成，並勒石以記。從碑陰開列的衆善題名看，當時此廟的焚修住持爲僧真度，其徒爲法慧，參與捐助此次重修廟宇的信士、信官共計二十三人，還有信女兩人[2]。其後廟還曾增添法物，前殿内鐵五供即造於康熙二十二年（1683）十月。中殿前懸小鐵鐘一口，鑄於清雍正元年（1723）。至《雍正廟冊》登記時，定武樓[3]關帝廟爲大僧廟，有殿宇六間、禪房五間，住持福穩。《乾隆廟冊》中稱“關帝廟在花枝兒胡同”，時已爲尼僧廟，住持尼法號通意。從清乾隆《京城全圖》上看，關帝廟位於花枝胡同南口，坐西朝東，有殿宇三層。山門東向，開於廟院東南墻上；前殿三間西向、中殿三間東向，前有南配殿兩間；後殿三間，繚以周垣。前殿以東有小房一所，但難以判斷是否屬於廟産。

清光緒九年（1883），僧人大願將寺廟更名入冊，在僧錄司立有手本。光緒二十八年（1902），大願將此廟傳與師弟榮光。至民國二十五年（1936），榮

〔1〕實際應爲順天府宛平署治西北隅。

〔2〕參見清康熙十九年（1680）《漢壽亭侯廟碑》，《北京圖書館藏中國歷代石刻拓本匯編》，京454，卷六十三，頁一百四十。

〔3〕定武樓爲定府樓之異寫，即花枝胡同南今後羅圈胡同。

光圓寂，其徒本純接任住持。此時寺廟格局較之乾隆時期幾無二致，廟仍東向，山門已無，前殿三間即山門，木額曰"古刹天佑重興寺"，内供關帝坐像一尊，周倉、關平等四像分立，神前有大鐵磬一口，原爲清道光二十二年（1842）宣武門内手帕胡同信衆獻於關帝廟之法物，不知何故移入此廟内；西爲中殿三間，内供南海大士木像金身，坐高五尺，達摩一尊，均有二小童侍立。殿前南房三間、殿左石碑一通；後殿三間，内供泥塑娘娘坐像三尊、彌勒佛一尊、關帝一尊、吕祖及小童共七尊，像皆泥塑[1]。民國二十八年（1939），重興寺南瓦房三間房頂滲漏，檁木損壞，東山牆坍塌，本純遂向北平市社會局提出申請，挑頂抽換房檁，改建陽瓦灰梗，修砌山牆[2]。

至1949年，廟内殿房十二間尚存，除住持本純及僧二人自住一間外，其餘借出，僧以作佛事爲生，本純還有焊鐵壺的技術，可以之爲業[3]。1952年時，重興寺内僅剩僧人二名，本純已入中央燃料部石油總局工作[4]。2005年調查時所遇老人告訴我們，他乃住持之侄，深諳此廟歷史。他稱大願之四子乃奎林，同時也是榮光的徒弟，當年大願與榮光爲把兄弟，榮光本欲將廟傳與大願之三子，奈其早逝，故由弟子奎林接替。按，據民國二十年（1931）社會局檔案，榮光之徒確名奎林，而非後之本純，可能奎林本純實爲一人，法號不同而已。老人並稱，廟山門懸匾上曾有"同治年間"字樣，揣此廟可能曾於當時重修。1949年，前殿倒塌，奎林拾其磚土建成南房三間，供其家眷居住。1961年，北京市政府寺廟管理組提出以廟養僧，允許該廟出租，街道委員會故借廟房二間辦公，但後來再未歸還。1962年，寺廟管理組拉走廟中銅像，將泥像埋入院中。1976年大地震時，院内建築全部倒塌，故現在格局與當年截然不同。奎林後來還俗，一段時間内曾管過西城廟產，廟中石碑上交，但碑座仍埋在房屋底部。

據《什刹海志》記載，2001年時，重興寺僅存後殿，時爲民居[5]。而《中國文物地圖集》稱廟已無存[6]。

2005年調查時，關帝廟建築已全部重建，其原址爲居民住家院落。

---

〔1〕參見國立北平研究院《重興寺》，西四157。

〔2〕參見北京市檔案館藏《北平市社會局寺廟類·内五區重興寺僧人榮光登記廟產的呈及社會局的批示》，1931—1939年，檔案號J2-8-345，頁五十七至六十三。

〔3〕參見北京市檔案館藏《北平市民政局民族事務科·本市寺廟查詢記錄》，1949年，檔案號196-1-3。

〔4〕參見北京市檔案館藏《北平市民政局民族事務科·西四區僧、尼寺廟登記表》，1952年，檔案號196-1-18，頁九十五。

〔5〕參見《什刹海志》，頁二百六十九。

〔6〕參見《中國文物地圖集·北京分冊（下）》，頁八十八。

京 454《漢壽亭侯廟碑》陽

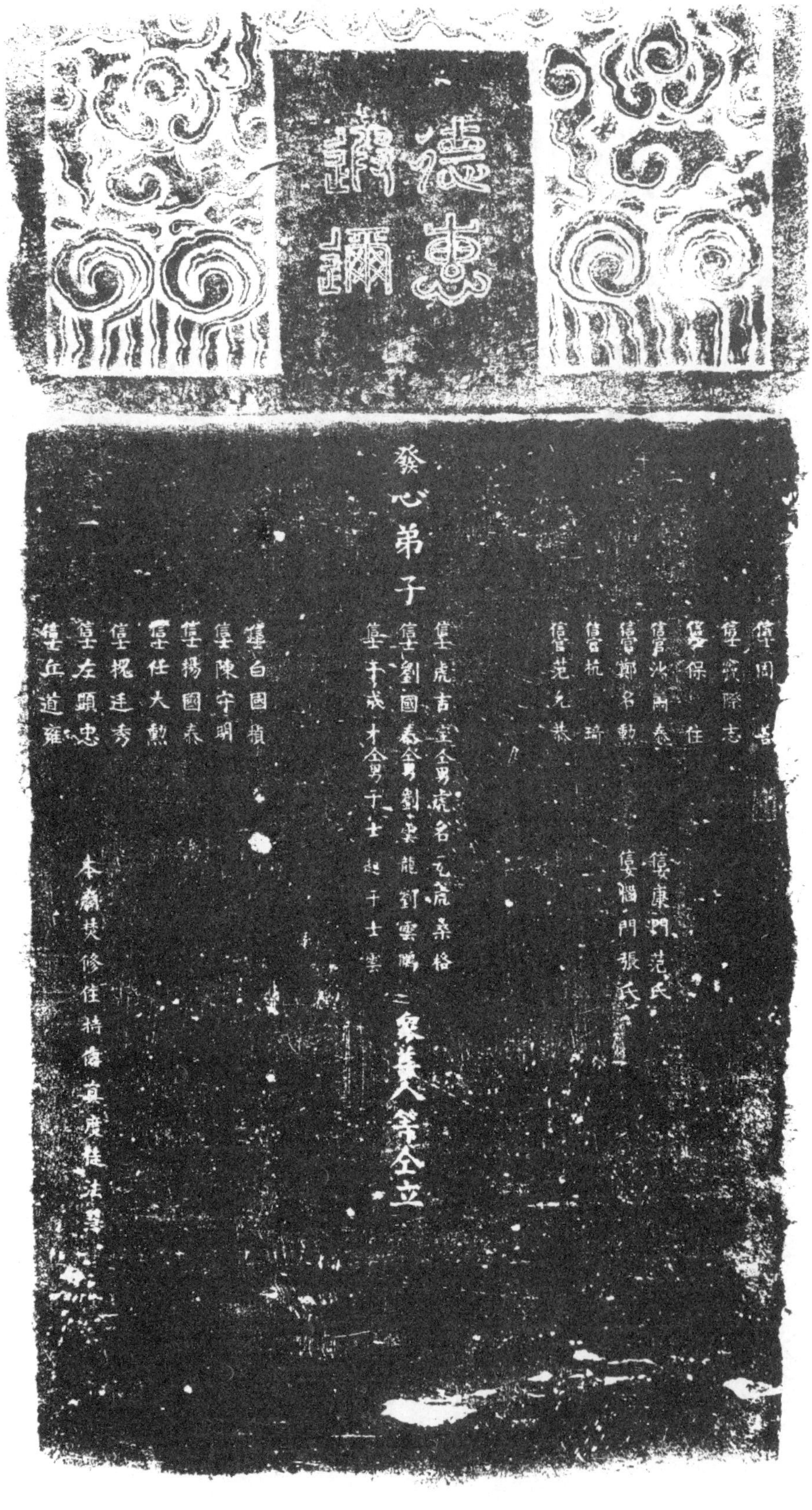


京 454《漢壽亭侯廟碑》陰

神威普護

重修漢前將軍漢壽亭侯廟碑文

日講官起居注左春坊左庶子兼翰林院侍讀京江張玉書拜撰並書

京師順天府治西北隅舊建漢前將軍漢壽亭侯廟經始月日不可考相傳有道士黃□修真廟中至今人以道士名其巷蓋在當時亦一名勝地也歲時歷久營垣地勢堙塞而廟基日益庳霪潦□集經旬不竭甚至汩入祠座如是者數年於兹矣僧倚真目擊心動謂非所以妥神靈而爲民祈福者也持鉢募金得若干兩於是鳩工鼎新視舊址高丈計閱半載工成□構□煥肖像莊嚴來遊來觀者無不斂衽屏息肅禮於庭廡之下矣立石於左俾垂永久而屬余識其始末余既嘉僧之勤又幸都人士之克其成厥事也於是爲之記曰從來祠廟載在祀典而通天下皆得有事者惟侯之廟□然自通邑大都以迄荒陬僻壤無問縉紳士夫與夫閭巷婦□莫敢不敬侯之靈秩侯之祀即或頑暴桀驁之徒容有刃鋸□□不能禁□之事而其睹室屋漏一聞侯之名輒懼然神悚凜然□□□若侯之威□有以洞燭其隱而陰擊其魄者何其□也豈非忠義正氣永昭塞於天壤而人心之秉彝不至澌滅者雖當陷溺□亡之□猶可以感發而興起也哉余願入斯廟者咸齊栗儆省而不徒以牲牢薦饗爲敬神之具則幾矣

康熙十九年歲次庚申孟夏月吉日立石

京454《漢壽亭侯廟碑》陽

德惠遐邇

發心弟子

信士 周善
信士 竇際志
信士 保住
信官 沙爾泰
信官 鄭名勳
信官 杭琦
信官 范允恭

信女 康門范氏
信女 惱門張氏

信士 虎吉寶 同男 虎名元 虎桑格
信士 劉國泰 同男 劉雲龍 劉雲鵬
信士 于成才 同男 于士起 于士雲

眾善人等同立

信士 白國楨
信士 陳守明
信士 楊國泰
信士 任大勳
信士 槐廷秀
信士 左顯忠
信士 丘道雍

本廟焚修住持僧真度徒法慧

京 454《漢壽亭侯廟碑》陰

# 漢壽亭侯廟碑

首題：重修漢前將軍漢壽亭侯廟碑文
年代：清康熙十九年（1680）四月
原址：西城區德勝門內大街花枝胡同天佑重興寺
拓片尺寸：碑陽、碑陰均高 130 釐米、寬 64 釐米
書體：楷書
撰人：張玉書
書人：張玉書
《目錄》：頁 274
拓片編號：京 454
拓片錄自：《北京圖書館中國歷代石刻拓本匯編》第 63 卷 140 頁

【碑陽】

額題：神威普護（篆書）

碑文：

重修漢前將軍漢壽亭侯廟碑文 1

日講官起居注左春坊左庶子兼翰林院侍讀京江張玉書拜撰並書。2

京師順天府治西北隅舊建漢前將軍漢壽亭侯廟，經始月日不可考。3 相傳有道士黃□修真廟中，至今人以道士名其巷，蓋在當時亦一名 4 勝地也。歲時歷久，營垣地勢堙塞，而廟基日益庳，霪潦□集，經旬不竭，5 甚至汩入祠座。如是者數年於茲矣。僧倚真目擊心動，謂非所以妥神 6 靈而爲民祈福者也，持鉢募金，得若干兩。於是鳩工鼎新，視舊址高丈，7 計閱半載工成。□構□煥，肖像莊嚴。來遊來觀者無不斂袵屏息，肅禮 8 於庭廡之下矣。立石於左，俾垂永久。而屬余識其始末。余既嘉僧之勤，9 又幸都人士之克共成厥事也，於是爲之記曰：從來祠廟載在祀典，而 10 通天下皆得有事者，惟侯之廟□然。自通邑大都，以迄荒陬僻壤，無問 11 縉紳士夫與夫閭巷婦□，莫敢不敬侯之靈，秩侯之祀。即或頑暴桀驁 12 之徒，容有刃鋸□□不能禁□之事，而其睹室屋漏，一聞侯之名，輒懼 13 然神悚，凜然□□□若侯之威□有以洞燭其隱而陰擊其魄者。何其 14 □也。豈非忠義正氣永昭塞於天壤，而人心之秉彝不至澌滅者。雖當 15 陷溺□亡之□，猶可以感發而興起也哉。余願入斯廟者，咸齊栗儆省，16 而不徒以牲牢薦饗爲敬神之具則幾矣。17

康熙十九年歲次庚申孟夏月吉日立石。18

【碑陰】

額題：德惠遐邇（篆書）

碑文：

發心弟子

信士虎吉賓,同男虎名元、虎桑格。信士劉國泰同男劉雲龍、劉雲鵬。信士于成才,同男于士起、于士雲。

信士周善、信士竇際志、信士保住、信官沙爾泰、信官鄭名勳、信官杭琦、信官范允恭。

信士白國楨、信士陳守明、信士楊國泰、信士任大勳、信士槐廷秀、信士左顯忠、信士丘道雍。

信女康門范氏、信女惱門張氏。

衆善人等同立。

本廟焚修住持僧真度、徒法慧。

# 關帝廟(前羅圈胡同)

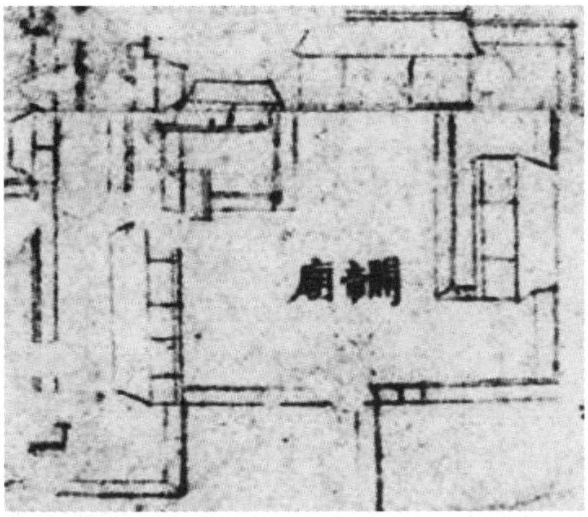


關帝廟,民國時改稱繼宅家廟,原址爲内五區前羅圈胡同十一號(今約爲西城區前羅圈胡同八號),寺廟建築現已不存。

關帝廟始建年代不詳,清《雍正廟冊》中已有記載,時爲大僧廟,有殿宇三間、禪房三間,住持淨旺。《乾隆廟冊》登記時,住持换成了淨環。從清乾隆《京城全圖》上看,關帝廟位於羅圈胡同東頭,坐北朝南,似僅有坐北朝南的大殿三間,坐西朝東殿宇五間。正殿前有東西兩所跨院,東跨院内有東房三間、西跨院内有北房二間、西房一間,但均難以斷定是否屬於廟房。

1931年調查時,關帝廟已改名爲繼宅家廟,門西向,院内有北殿三間,又北房三間,但並無佛像,爲閻宅置買,有雀姓住户在此居住[1]。至於繼宅、閻宅、雀姓之間是何關係,今已不可考。據住在附近的老街坊回憶,民國時期,關帝廟原在地是交通銀行一位銀行家的私宅,1953年以後變爲中國交通銀行宿舍,“文革”後交由房管局管理。

2008年調查時,關帝廟已不存,十幾年前改建爲小樓。

〔1〕參見國立北平研究院《繼宅家廟》,西四165。

# 馬神廟

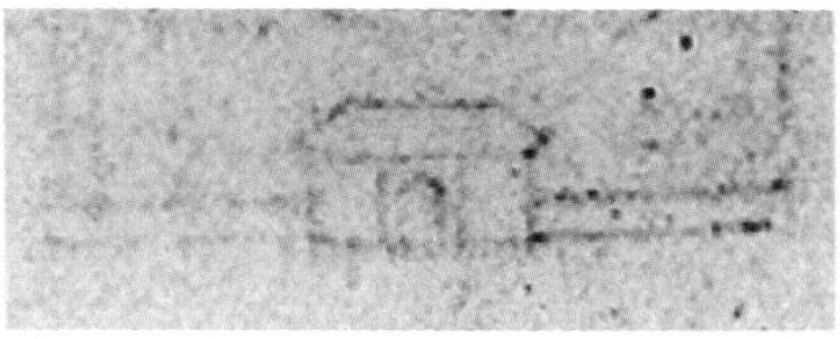

馬神廟，亦稱馬王廟，或也曾稱萬善關帝廟，民國時期又稱大慈九陽宫，建築似已繪在清乾隆《京城全圖》上，然恰處兩排段交界處，全貌模糊並廟名均無。原址爲内五區草廠大坑十號（今西城區邱家胡同甲二號和二號），寺廟建築現已不存。

馬神廟始建年代不詳，廟内曾有明嘉靖五年（1526）銅鐘一口，清《雍正廟冊》中已有確切記載，稱"馬神廟在草廠"，爲大僧廟，有殿宇九間、禪房六間，住持源耀。《乾隆廟冊》中，馬神廟仍登記爲大僧廟，住持僧續祥。清乾隆《京城全圖》上僅能辨認出它坐北朝南，繞以周垣，有山門三間。

有清一代，馬神廟一直爲僧廟，且似與其他佛寺交往密切。清嘉慶十二年（1807）四月，弘慈寺住持真傳虔心誠造鐵寶鼎一口，立於山門内照壁前。此後本廟可能一度改名爲"關帝廟"。廟内曾有木製廟額，立於清道光十三年（1833），題曰"萬善關帝廟"。但道光十六年（1836）心宗從前任住持手中接廟，並在僧録司登記入冊時，仍報廟名爲"馬神廟"[1]。

至民國時期，《燕都叢考》中雖記載了"馬神廟"這一地名，但對此廟的具體情況並未加以詳細描述[2]。民國十三年（1924），宛平縣知縣劉鳳鳴從寺僧省澈手中買下此廟，更名"九陽宫"，並贈與道教龍門派道人尚元陽住持。劉鳳鳴與尚元陽都是遼寧人，尚元陽曾是軍界人士，住持馬神廟之後也常年不在北京，僅有他的弟子幾人維持廟務[3]。此時馬神廟山門南向，石額"大慈九陽宫"，山門外有照壁及大槐樹四株。院牆之東另開一便門，木額"衆妙之門"，内掛木牌，爲"北平義務學校籌備委員會"；院内有前殿三間，

〔1〕參見北京市檔案館藏《北平市社會局寺廟類·内五區大慈九陽宫道士尚元陽登記廟產的呈文及社會局的批示》，1932—1939年，檔案號J2-8-689，頁六十八至八十九。

〔2〕參見《燕都叢考》，頁四百一十二。

〔3〕參見北京市檔案館藏《北平市社會局寺廟類·内五區大慈九陽宫道士尚元陽登記廟產的呈文及社會局的批示》，1932—1939年，檔案號J2-8-689，頁六十八至八十九。

爲馬王殿，内正供泥塑馬王一尊，配祀神像衆多，泥像有財神、土地、炮神各一尊及陪侍童子，木像有文昌、藥王、關帝及其陪侍。殿後還堆置殘缺南海觀音一尊、佛像五尊；正殿三楹爲關帝殿，内供金面關帝一尊，關平、周倉並馬童侍立，三世佛木坐像三尊，又木質、泥質佛像、塑像十二尊，殿内綠琉璃五供一份，殿前小柏樹二株、棗樹多株；後殿三楹爲呂祖殿，内正供呂祖一尊、童像二，均泥塑，殿前東西廂房各三間，院内槐樹一株；殿後東西跨院各一所，東跨院内無房，僅北有棚一座，西跨院内有北房五間，其餘夾道内尚有小房十數間〔1〕。

民國二十八年（1939），尚元陽决意離京，故呈請社會局和道教協會，由他的徒弟李禮志代理住持。他的申請很快得到了批復。但李禮志也同樣常年不在廟内，九陽宮遂讓與三位道姑居住。然而幾位道姑的宗教信仰似有混雜，1945 年警察局調查時，將她們登記爲尼僧，而此時廟内又增加了王奶奶、胡三爺和傻哥哥的神像，看來她們也同時信仰四大門〔2〕。

至 1949 年，李禮志仍任住持，除九間殿堂外，所有房屋均爲俗家信徒居住，不言租賃，但每月定時給廟中供養，三位道姑靠此生活，同時也做針線活爲生〔3〕。老街坊們很多還記得此廟，説它廟門三間，兩邊各有小耳房，山門外栽滿丁香花，門内有大香爐（即上文所説之嘉慶寶鼎），前殿供有三隻眼睛的馬王爺。但寺廟建築約於 1954 年被拆除，道士道姑相繼離開，香爐神像均不知去向〔4〕。

2005 年調查時，馬神廟已完全不存，寺廟原址現爲東街小學分校。

〔1〕參見國立北平研究院《九陽宮》，西四 159。

〔2〕參見首都圖書館藏《北平寺廟調查一覽表》，民國三十四年（1945）手抄本，頁一。

〔3〕參見北京市檔案館藏《北平市民政局民族事務科·本市寺廟情況查詢紀録》，1949 年，檔案號 196-1-4，頁十四。

〔4〕《中國文物地圖集·北京分册（下）》中稱，此廟尚存清代建築，原有山門三間、前殿三間、後殿三間及東西配殿各三間，未記調查時間，可能是 1950 年代初期的調查記録。見該書頁八十二。

# 賜福禪林

賜福禪林，亦稱賜福寺、福祥林、古刹贈福禪林，原址爲内五區羊房胡同十號（今西城區羊房胡同十七號）[1]，寺廟建築現已不存。

賜福禪林始建年代不詳，不見於清乾隆《京城全圖》，清《雍正廟冊》中登記松樹街有興福寺，時爲大僧廟，有殿宇十五間、禪房十九間，住持明成，有可能即賜福禪林的前身。後此廟卻不見諸《乾隆廟冊》。

清光緒二十二年（1896），能德任賜福寺住持，在僧錄司更名入冊。民國七年（1918），仁慶由先師能德手中接過此寺法座。此時山門南向，石額“古刹賜福禪林”，北殿三間，無佛像，爲住宅，前有小房一間[2]。仁慶并不以奉佛爲事，而靠拉洋車爲生，廟内所有殿房均出租給住戶商民使用，月收房租十元上下[3]。

民國二十九年（1940）五月間，仁慶向社會局提出申請，懇請批准僧人量源接充賜福禪林住持。原來，仁慶素患肺疾，醫藥罔效難痊，而賜福禪林殿堂日漸頹圮，住持無力修葺，亦無弟子法徒承繼，祇能坐視荒廢，故心中憂念，遂擬讓廟於其先師、受戒祖廟拈花寺的量源和尚，由其擔負賜福禪林整理焚修之責，然量源空許仁慶讓廟費用七百元，而一直拖欠未付。六月間，仁慶再次致函社會局，懇請其委託北京佛教會代爲選擇戒行高深、聲望隆重之大和尚擔任住持，以保寺廟而維香火。七月初，佛教會選定僧人實淮，擬於八月接座，而此月底，年僅三十一歲的仁慶便在貧病交加中去世了[4]。實淮上任後，爲整理廟務、重興禪林，要求寺内住戶騰退廟房。廟内租戶如協力煤鋪鋪掌于家潤，曾於民國十二年（1923）十月間租得該廟前院及西跨院空地；再如溥華峰，於民國十三年（1924）二月間租得該廟後院空地一段，自建住

---

〔1〕據羊房胡同内新近所立歷史簡介刻石稱，賜福禪林今爲羊房胡同三十六號，而本叢書認爲三十六號原是中藥王廟（參見《北京內城寺廟碑刻志》第二卷頁七百四十八），待考。

〔2〕參見國立北平研究院《賜福禪林》，西四 144。

〔3〕參見北京市檔案館藏《北平市社會局寺廟類·内五區賜福禪林仁度登記廟產的呈文及社會局的批示》，1931—1940 年，檔案號 J2-8-652，頁一至頁三十三。

〔4〕同上，頁四十三至頁六十、頁一百二十二至一百三十。

房五間，此時租約均未到期，故難接受實淮之要求，以至訟至社會局。經社會局與佛教協會出面調停，民國三十一年（1942）十一月，社會局終以仁慶與于家潤、溥華峰等人所立租字及借款字據圖章不同，且溥華峰要求建築養贍各費過昂爲由，指令二人遷讓搬離廟房，並由賜福禪林現任住持實淮在可能範圍内貼補二人搬家費用[1]。

賜福禪林的廟產之爭不僅存在於僧、俗之間，僧人之間也同樣夾纏不清。按佛教協會公推之住持爲實淮，然而1950年民政局登記時，寺廟住持卻仍爲拈花寺量源，廟名也報爲"福祥林"，並注明此廟已移交清管局，故從寺廟名錄中銷去[2]。

2001年時，此廟已爲民居[3]。

2008年調查時，賜福禪林原址爲北京市公安局一處用房。

〔1〕同上，頁六十一至頁一百二十一。

〔2〕參見北京市檔案館藏《北平市民政局·北平市寺廟總登記簿》，1950年，檔案號J3-1-203，頁四十一。

〔3〕參見《什刹海志》，頁二百七十三。此書稱賜福禪林建於清光緒二十二年（1896），實際此爲能德接廟之日期，非廟始創日。

# 三聖祠

三聖祠,不見於清乾隆《京城全圖》,原址爲内五區松樹街甲十六號(今西城區松樹街八號南側),寺廟建築今已不存。

本祠始建年代不詳,清雍正、乾隆《廟冊》和歷代文獻中均無記載。1930年代調查時,見此處有廟房一間,西向,門楣有光緒年間所立"三聖神祠"木額,祠内供三聖小泥塑像三尊,高僅尺餘,並有鉛鐵方香爐一鼎[1]。1945年警察局調查時,記其爲當街廟,同治年間重修,内奉五道、土地、山神三聖。據此推斷,此廟可能在同、光年間有較大重修或改建[2]。附近老街坊說這是小城隍廟,廟門向西對着石虎胡同,内供城隍爺爺。農村有土地爺爺,城裏有城隍爺爺,都能保一方平安。大約上世紀50年代初時,這座一間的小廟即已坍塌。

2008年調查時,三聖祠已不存,寺廟原址爲松樹街與石虎胡同交界處空地。

〔1〕參見國立北平研究院《三聖祠》,西四0148。

〔2〕參見首都圖書館藏《北平寺廟調查一覽表》,民國三十四年(1945)手抄本,頁四。

# 五聖祠

五聖祠，原址爲内五區松樹街三十三號（約在今西城區松樹街與尚勤胡同路口的西南側），寺廟建築現已不存。

五聖祠始建年代不詳，不見於清乾隆《京城全圖》以及清代廟冊、北京地方史志文獻。其最早可查歷史，爲清光緒十九年（1893）尹德豐（别號尹潤田）由祁禮庭手置買住房一所，此廟即隨房所有。從民國年間寺廟檔案推斷，可能尹氏買下房産後，捐出一間用作香會會址，供附近善信燒香敬神。因其廟房雖僅爲東向一間，然有木額曰"五聖祠，宣統三年（1911）六月十三日建，會末公立"，可見其公建之性質[1]。而尹氏又確有房産契約，證其屬於私産，故有此推斷。廟内供五聖小泥佛五尊，分别爲關帝、財神、藥王、龍王和土地，均有黄袍加身，坐高僅一尺餘，另有周倉、關平陪侍[2]。

1945 年警察局調查時，此廟仍登記殿房一間，土地、關帝等神像六尊[3]。據老街坊回憶，此廟坐西朝東，高約一米五左右，墻爲紅色，廟内供有小泥像，似爲關帝，廟門前有水井一眼。1950 年代末期此廟廟房尚存，但已無人管理。

2002 年時，五聖祠已無存[4]。

2008 年調查時，原廟址爲空地。

---

〔1〕參見國立北平研究院《五聖祠》，西四 153。

〔2〕參見北京市檔案館藏《北平市社會局寺廟類·外三區内五區五聖祠管理人送寺廟登記表及社會局的批示》，1931—1936 年，檔案號 J2-8-1112，頁十三至頁三十六。

〔3〕參見首都圖書館藏《北平寺廟調查一覽表》，民國三十四年（1945）手抄本，頁十一。

〔4〕參見《什刹海志》，頁二百七十二。

# 吉祥庵

吉祥庵,不見於清乾隆《京城全圖》,原址爲内五區尚勤胡同十一號(今西城區尚勤胡同二十一號),寺廟建築現存部分。

關於吉祥庵的始建時間,民國時寺廟住持月潭認爲應爲清康熙六年(1667),緣其廟内後廊下鐵鐘一口鑄於當時。此說雖不可全信,但清《雍正廟冊》中確已有此廟記載,登記地址在張皇親胡同,時爲大僧廟,有殿宇十間、禪房二十四間,住持修沐。《乾隆廟冊》登記住持換成了雲慶。清道光十六年(1836),十方衆善輻輳捐資、協力修廟,正殿大梁上記下了此次重修竣工的確切時間:道光十六年正月二十七日。至清光緒年間,鑒海由永壽手中接任法座,繼任住持,而永壽畫像一直被供奉在廟内,與另一位啓宗和尚像掛於一處。蓋從此時起,吉祥庵成爲西郊八大處四平臺香界寺的下院,傳賢首宗。

民國九年(1920),香界寺住持月潭接廟,此時吉祥庵山門南向,石額"古刹護國吉祥庵",兩旁還有小字曰"諸惡莫作、衆善奉行"。山門三間即前殿,内奉泥塑關帝坐像一尊,周倉、關平侍立,配像四尊;正殿爲地藏殿,正供地藏菩薩銅像一尊,左右十殿閻君十尊,均泥塑,像前木五供上有木龕,内奉菩薩三尊。殿前東配房三間,東夾道内東房三間、西房兩間;後殿爲三世佛殿五間,東一間爲方丈,西一間爲司房,正中奉三世佛三尊,均爲木像金身,後帶神龕,前有木泥銅等小佛像十尊。殿東配房三間爲禪堂,西配房三間爲客堂,時均瀕臨坍塌[1]。

民國二十五年(1936)八月,月潭圓寂,其徒德福同時接任香界寺、寶珠洞、三山庵和吉祥庵住持。1947年,住持更換爲静遠[2]。至1949年,吉祥庵仍有殿房二十七間,其中佛殿九間,出租十二間,其餘借出,月收房租五千餘元。住持静遠時已考入革命大學,故廟内無僧人焚修,但每月房租仍由其收取[3]。據老住戶回憶,當時由於廟房空置,附近居民常由居委會組織在此開

〔1〕參見國立北平研究院《吉祥庵》,西四163。

〔2〕參見《北京寺廟歷史資料》,頁七百。

〔3〕參見北京市檔案館藏《北平市民政局民族事務科·本市寺廟查詢記録》,1949年,檔案號196-1-4,頁十二。

會議事，佛像均用簾子遮住，但直至1957年左右，木泥神像尚存。廟門原爲紅色圓門，後被封住，改建爲住房。

2008年調查時，吉祥庵現存前殿三間、後殿三間、東西配房各三間。後殿屋頂仍爲筒瓦，前殿屋頂爲片瓦，係2007年房管局整修時更換。現爲居民住家院落。

吉祥庵 臨街門（2005年10月如意攝）

吉祥庵後殿（2005年10月如意攝）

# 三排九段

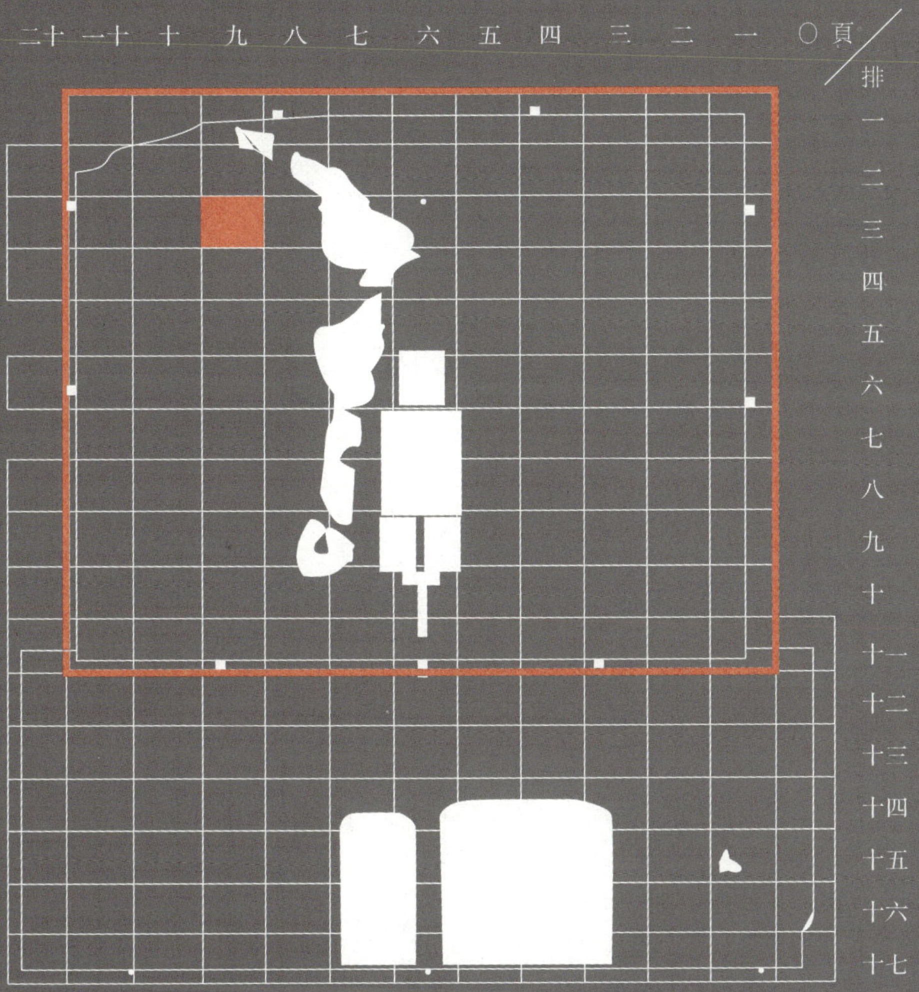

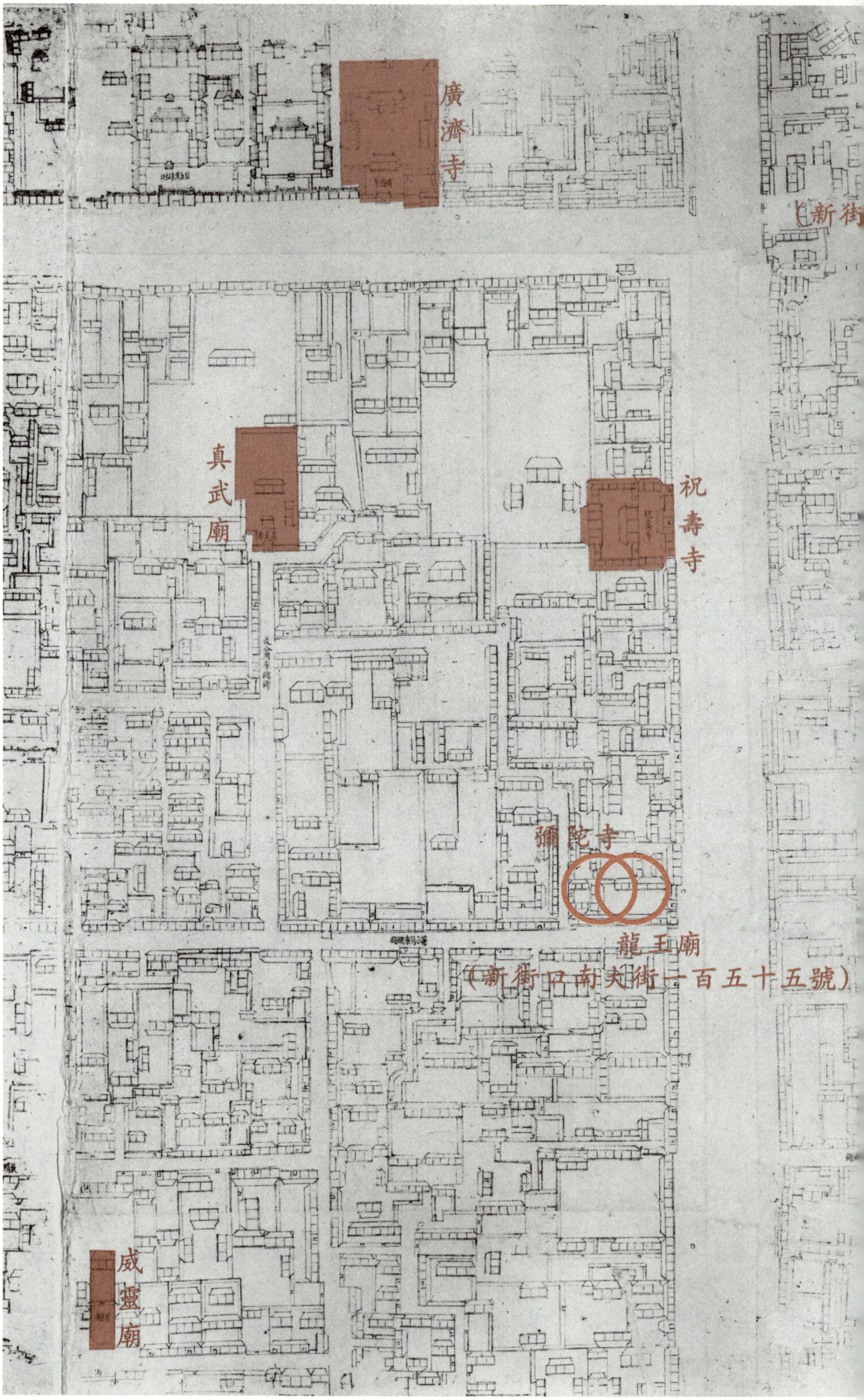

廣濟寺
真武廟
祝壽寺
彌陀寺
龍王廟
（新街口南大街一百五十五號）
威靈廟

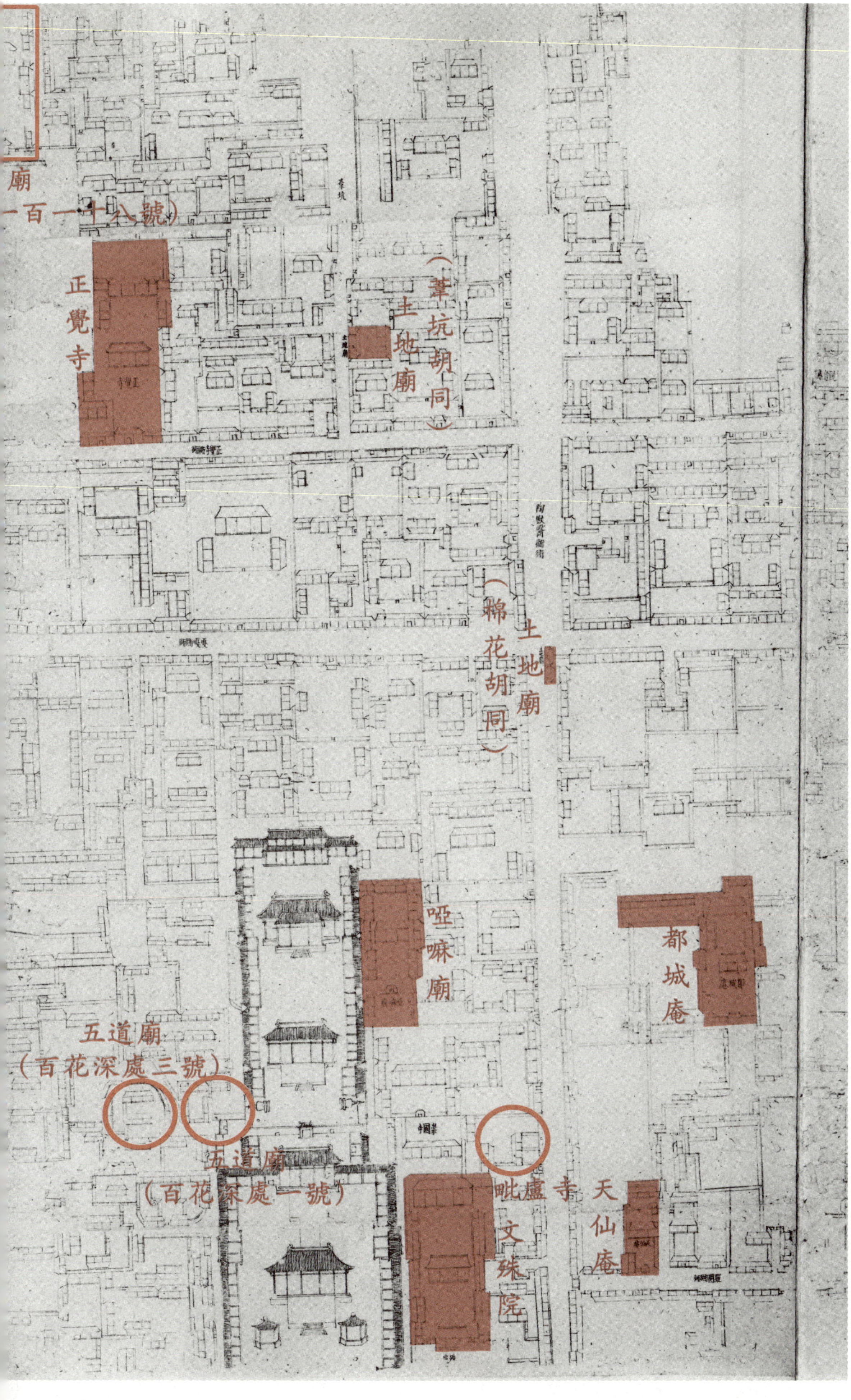
廟
一百一十八號）
正覺寺
土地廟
（葦坑胡同）
（棉花胡同）
土地廟
啞嘛廟
都城庵
五道廟
（百花深處三號）
五道廟
（百花深處一號）
毗盧寺
文殊院
天仙庵

# 廣濟寺

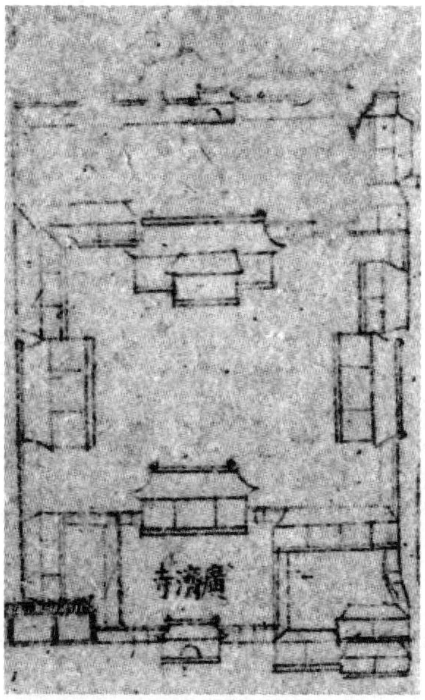


廣濟寺，亦稱北廣濟寺，原址爲内四區新街口西大街十九號（今西城區西直門内大街甲四十三號，後院在新街口頭條十號），寺廟建築現已不存。廟内原有碑刻兩通，一爲都穆撰、吳寬跋《梅樂禪師小傳》，今已不得見；一爲明正德九年（1514）大勛撰《廣濟寺碑》，拓片尚存，但字跡多處漫漶不清。

廣濟寺的始建年代説法不一。明代文獻《宛署雜記》中稱“廣濟寺，弘治年創，正德丁卯（1507）太監馬永成奏請，敕賜今名。沙門定錡大勛記”[1]。根據這一説法，該廟應建於弘治年間，正德年間得賜今名，並立碑以紀。而清代文獻《日下舊聞考》、《宸垣識略》、《光緒順天府志》，以及民國文獻《燕都叢考》《北平廟宇通檢》、《北京市志稿》中則稱，該廟爲明正德九年（1514）僧梅樂禪師敕建，有二碑爲證[2]。據明大勛《廣濟寺碑》，廣濟寺確爲梅樂大師所創。梅樂時任僧錄司左善世，兼任大興隆寺[3]住持，明弘治甲子年（1504）間遇貴人，生建廟之心。次年，明孝宗遣靈臺太監相地擇日，司禮監、御用監、内官監、御馬監、司設監、尚衣監、印綬監、惜薪司、錦衣指揮史等各部太監幾十人輻輳捐資，在都城西直門裏新街口建廣濟寺，最終工竣於明正德九年。梅樂之師弟，即時任僧錄司右講經的大勛和尚任開山第一任住持，並撰

〔1〕參見《宛署雜記》卷二十，頁二百二十四。

〔2〕參見《日下舊聞考》卷五十二城市·内城西城三，頁八百四十；《宸垣識略》卷八·内城四，頁一百六十一；《光緒順天府志》京師志十六·寺觀一·内城寺觀，頁四百九十六；《燕都叢考》第五章·内四区各街市，頁三百七十五、三百七十八；《北平廟宇通檢》上編·内城·内四區，頁五十三；《北京市志稿·宗教志》卷二·釋教二，頁五十七。

〔3〕可能是元豫順坊（即今西直門樺皮廠一帶）内大興隆寺，參見本排段“正覺寺”條内註釋。

碑爲記[1]。由此可見,《宛署雜記》與清代其他文獻的記載差異,在於廣濟寺始建時在"初創"和"竣工"之間的時間差[2]。

明代寺内添鑄法物甚多,入清以後,清康熙六十年(1721),爲賀聖壽,禮部、刑部、國子監、光禄寺、鴻臚寺尚書祭酒卿以下諸臣在此寺内建經棚誦經[3]。《雍正廟冊》中記載廣濟寺在新街口,爲大僧廟,廟内有殿宇十七間、禪房四十一間,住持際平。《乾隆廟冊》登記住持名漫漶,僅能辨認首字爲"普"。從清乾隆《京城全圖》上看,廣濟寺位於新街口路北,坐北朝南,有三層殿宇。首有山門一座,東西隨墻各開院門;前殿三間,東、西各有跨院,東跨院中有北房一座四間,南房三座,每座各兩間,東牆開一小門。西跨院内有西房一座三間;北爲正殿三間帶抱廈,東、西配殿各三間,其北各帶小配房兩間和三間,正殿北墻外院牆一道,艮方開門,其東、西兩頭各有北房三間;院牆之後還有後院一所,正北設山門,似爲歇山獸脊建築,東順山牆上開東房兩間。其後,廣濟寺一直在臨濟宗僧人手中傳承,直到民國末年,寺廟住持手中還存有自乾隆二十三年(1758)、嘉慶六年(1801)以來的歷次僧錄司登記手本。

清光緒二十五年(1899),慧明接任住持,此後他管理廟務四十多年。到 20 世紀 30 年代,廣濟

康熙《萬壽盛典初集》中的廣濟寺[4]

〔1〕參見明正德九年(1514)《廣濟寺碑》,《北京圖書館藏中國歷代石刻拓本匯編》,京 358,卷五十四,頁十三至十四。

〔2〕何孝榮釋讀該碑拓片後也有同樣的看法,認爲廣濟寺爲弘治十八年(1505)孝宗新建,宦官戴義、劉輔、王瑞等助建。參見何孝榮《明代北京佛教寺院修建研究》,天津:南開大學出版社,2007 年,頁四百四十一、頁六百九十二。

〔3〕(清)康熙《萬壽盛典圖》,見(日)瀧本弘之編《清朝北京都市大圖典》,東京:遊子館,2002 年,頁七十九至八十。

〔4〕圖片來自清康熙《萬壽盛典初集》四庫全書版,下同。

康熙《萬壽盛典初集》中廣濟寺細部

寺山門南向，木額“廣濟禪寺”，山門内有榮興大白廠，設雙軸葷磨麵；北爲天王殿三間，内供彌勒佛坐像，四大天王殘像陪立，後爲韋馱站像，也已殘破。殿内另有大小泥佛數十尊，同時設有“益善誠修戒煙公所”；北殿三間，爲大雄寶殿，内供釋迦佛坐像，背有座光，國立北平研究院的調查人員讚其“光刻工細”。佛像兩側有泥塑羅漢十八尊，前爲木質密供一堂。殿内還配祀馬王泥像一尊，殿柱上雲端有小佛兩尊。正殿後繪有壁畫，爲墨龍在水之圖，栩栩如生。殿前東配殿三間帶左右耳房各兩間，内供薰黑殘像三尊，不辨神格。西配殿三間也帶左右二耳房，内供達摩等泥像三尊。明正德碑就立在大雄殿左側，附近槐樹二株、柏樹二株，是廟内最重要的院落；經正殿東西夾道可達北殿，夾道内有東西房五間，北殿三楹，東頭客堂，西頭禪房，殿内供三世佛，奉於龕内，上刻龍馬等各種獸類。左觀音、右地藏，均爲泥塑。東西房各五間，爲住宅。後院内花木繁茂、法物衆多，多爲嘉靖、乾隆年間遺物，慧明對其極爲重視，稱之“與歷史美術上有關係”[1]，西北隅有北房三間，大香池二處，一刻龍，一光面，南有碑座一方，然碑石已無存，應即《梅樂禪師小傳》碑原在地[2]。

到民國三十三年（1944），慧明圓寂，留下遺囑將廣濟寺傳與年僅十九歲的弟子昌教任住持，並邀請慈恩寺本凱來寺監護，然此舉竟惹來官司，其間僧俗夾纏、母子爭訟，一波三折，民國時期宗教生態之複雜，從中可見一斑。按，慧明去世之際，社會局查得昌教並不在廟，而在西四弘慈廣濟寺[3]内掛單，並擬入弘慈學院深造。同時，昌教師弟昌法，聯合昌教生母王鄧氏、生父王生上訴，以昌教年齡尚未成年，且幼年已有婚約爲由，不同意他接任住持。社會局調查發現，此事原來與廣濟寺内租戶普濟念書佛會會長姜子原有關。姜某欲用廟產，但遭昌教反對，故一面逼昌教離廟，一面使昌法爭廟、昌教之俗家父母上訴。最後，昌法繼任代理住持，約定三年後還廟於昌教，後者雖不服上訴，但最終未予批准[4]。

〔1〕參見北京市檔案館藏《北平市社會局寺廟類·内四區北廣濟寺僧人慧明登記廟產的呈文及社會局的批示》，1930—1944年，檔案號J2-8-438，頁二十二。

〔2〕國立北平研究院《廣濟寺》，西四29。

〔3〕參見六排九段“廣濟寺”。

〔4〕參見北京市檔案館藏《北平市社會局寺廟類·内四區北廣濟寺僧人慧明登記廟產的呈文及社會局的批示》，1930—1944年，檔案號J2-8-438，頁四十二至頁一百五十。

直到1947年登記時，昌法仍任住持[1]。1949年更換爲昌教，但他自是年2月已回懷柔縣俗家，僅有其師弟昌德一人住廟並代管廟務。廟内佛殿僧房中，五十七間由普仁小學佔用，十七間由普濟佛學會佔用，僧人自住兩間，後門六間留給慧明之侄董福榮居住[2]。1950年登記時，廣濟寺注明銷去[3]。據老住戶回憶，這是因爲當時廣濟寺已改建新街口小學，很多當年的小學生都見過廟裏的泥胎神像。

2005年調查時，廣濟寺僅存原配房若干，寺廟原址上大部爲音響花園，後院爲居民住家院落。2008年，廣濟寺附近舊房已拆除殆盡，唯老槐樹二株仍存。

待拆除中的廣濟寺（2004年1月如意攝）

待拆除中的廣濟寺院内（2004年1月如意攝）

〔1〕參見《北京寺廟歷史資料》，頁六百七十四。

〔2〕參見北京市檔案館藏《北平市民政局民族事務科·本市寺廟查詢記錄》，1949年，檔案號196-1-4。

〔3〕參見北京市檔案館藏《北平市民政局·北平市寺廟總登記簿》，1950年，檔案號J3-1-203，頁二十八。

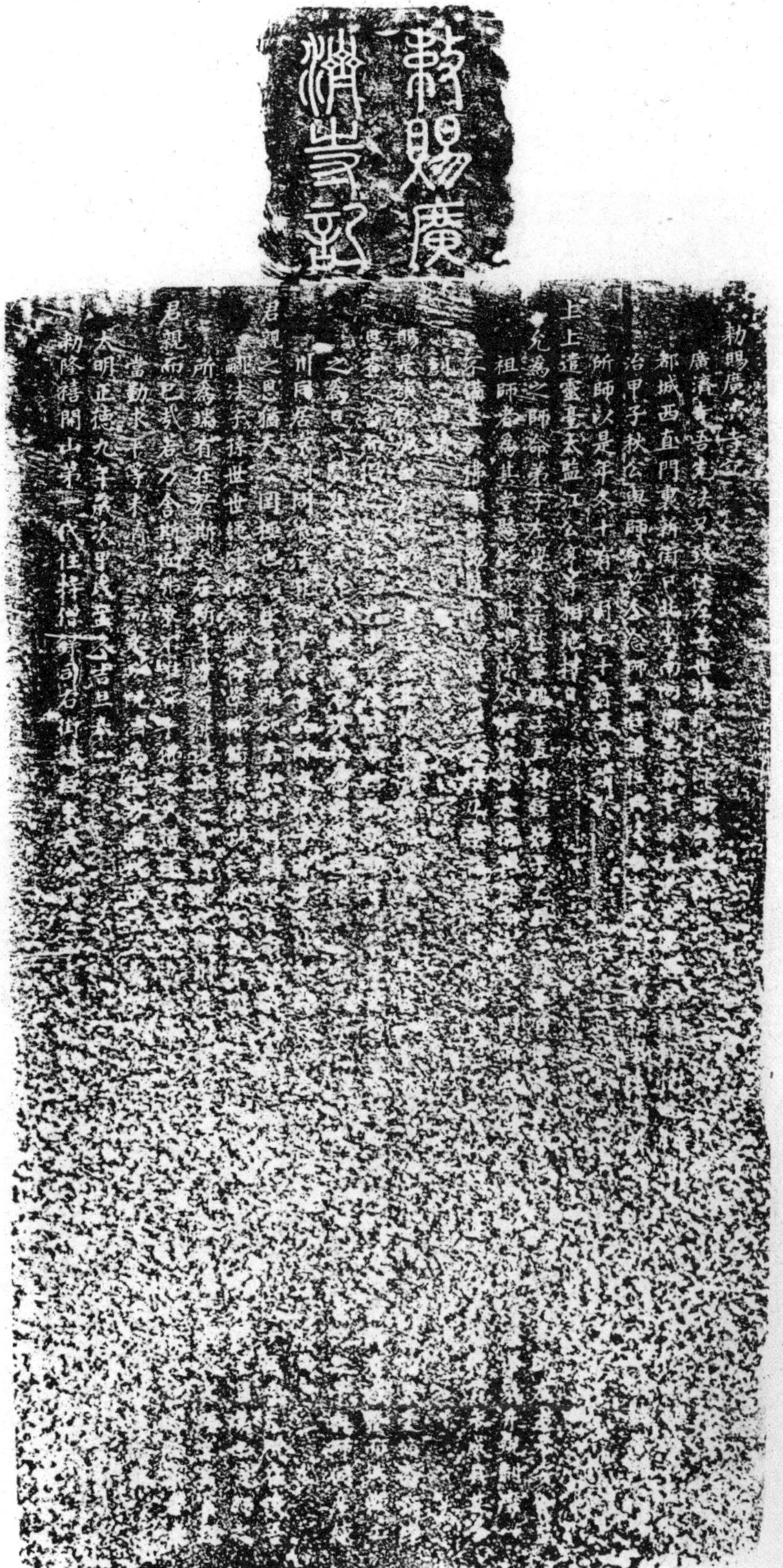


京358《廣濟寺碑》陽

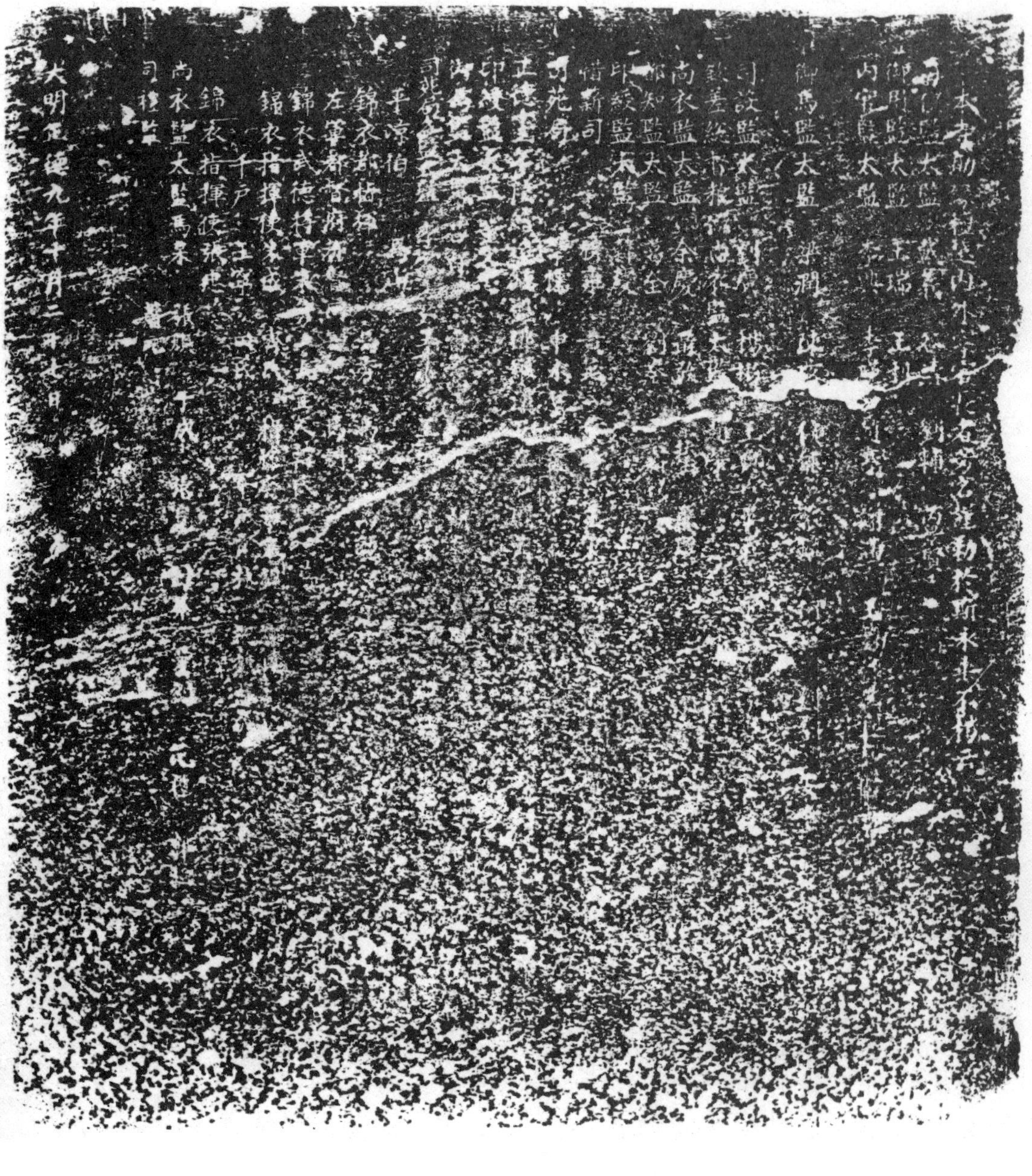

京358《廣濟寺碑》陰

# 敕賜廣濟寺記

敕賜廣濟寺記

廣濟寺吾先法兄致於左善世□塵大□□□（下泐）

都城西直門裏新街口北坐南□□□□□（下泐）

治甲子秋公與師會□□師□□□住□（下泐）

所師以是年冬十有一月二十有五日□於（下泐）

上上遣靈臺太監江公亨等相地擇日

允為之師命弟子左覺義宗鉢□□□置□經始□□（下泐）

祖師者爲其堂懸鐘設鼓嗚法令□□□□□□（下泐）

不備□□佛□□□□（下泐）

創□由□（下泐）

賜是額□（下泐）

恩□之□而□（下泐）

之爲□八（下泐）

川同居京刹同□法□□十□□□□（下泐）

君親之恩猶天之罔極也□臣子有難□盡（下泐）

嗣法子孫世世繩（下泐）

所爲端有在於斯矣居斯寺者苟（下泐）

君親而已哉若乃舍斯而弗求不□□乎佛之大道（下泐）

當勤求平等未濟之□而□□既濟爲（下泐）

大明正德九年歲次甲戌孟冬吉旦奉

敕隆禧開山第一代住持僧錄司右街講臣□□（下泐）

京 358《廣濟寺碑》陽

本寺助緣檀越内外□官□者芳名謹勒於斯，永垂不朽云

司禮監太監　戴義　谷清　劉輔　芮景賢

御用監太監　王瑞　王利

内宮監太監　李興　李□　趙□　謝滿　王□（下泐）

御馬監太監　梁潤　陳文（下泐）

司設監太監　劉廣　楊□　王□（下泐）

欽差總督糧□尚衣監太監　趙榮（下泐）

尚衣監太監　佘慶　聶□（下泐）

都知監太監　葛全　劉全（下泐）

印綬監太監　韓慶（下泐）

惜薪司　□□　黄□（下泐）

司苑局　□儒　申□（下泐）

正德□□□□□□□□（下泐）

印綬監太監（下泐）

御馬監太　（下泐）

司苑局□監太監　李□（下泐）

平涼伯　馬□（下泐）

錦衣都指揮　□秀　馬□（下泐）

左軍都督府都督（下泐）

錦衣武德將軍朱□□□□韓氏（下泐）

錦衣指揮使朱成　□氏（下泐）

千戶　王寧　□氏（下泐）

錦衣指揮使張忠（下泐）

尚衣監太監馬杲　張□　于成　張□（下泐）

司禮監　□□（下泐）

大明正德九年十月二十七日

京358《廣濟寺碑》陰

# 廣濟寺碑

首題:敕賜廣濟寺記
年代:明正德九年(1514)十月二十七日
原址:西城區西直門內大街
拓片尺寸:碑陽高 146、寬 83 釐米,額高 32、寬 27 釐米;碑陰高 97、寬 83 釐米
書體:楷書
《目錄》:頁 228
拓片編號:京 358
拓片録自:《北京圖書館藏中國歷代石刻拓本匯編》第 54 卷 13—14 頁

【碑陽】

額題:敕賜廣濟寺記(篆書)

碑文:

敕賜廣濟寺記 1

廣濟寺吾先法兄致於左善世□塵大□□□(下泐) 2 都城西直門裏新街口北,坐南□□□□□(下泐) 3 治甲子秋,公與師會□□□師□□□住□(下泐) 4 所。師以是年冬十有一月二十有五日□於(下泐) 5 上上遣靈臺太監江公亨等相地擇日 6 允爲之師。命弟子左覺義宗鉢□□□置□經始□□(下泐) 7 祖師者。爲其堂懸鐘設鼓鳴法令□□□□□□(下泐) 8 不備□□佛□□□□(下泐) 9 創□由□(下泐) 10 賜是額□(下泐) 11 恩□之□而□(下泐) 12 之爲□八(下泐) 13 川同居京刹,同□法□□十□□□□(下泐) 14 君親之恩,猶天之罔極也。□臣子有難□盡(下泐) 15 嗣法子孫,世世繩(下泐) 16 所爲端有在於斯矣。居斯寺者苟(下泐) 17 君親而已哉。若乃舍斯而弗求不□□乎。佛之大道 (下泐) 18 當勤求平等未濟之□而□□既濟爲(下泐) 19

大明正德九年歲次甲戌孟冬吉旦奉 20 敕隆禧開山第一代住持僧録司右街講臣□□ (下泐)。21

【碑陰】

碑文:

本寺助緣檀越内外□官□者芳名謹勒於斯,永垂不朽云。1
司禮監太監:戴義、谷清、劉輔、芮景賢。2
御用監太監:王瑞、王利 3
内宮監太監:李興、李□、趙□、謝滿。王□(下泐) 4
御馬監太監:梁潤、陳文(下泐) 5
司設監太監:劉廣、楊□、王□(下泐) 6

欽差總督糧□尚衣監太監：趙榮（下泐）7
尚衣監太監：余慶、聶□（下泐）8
都知監太監：葛全、劉全、（下泐）9
印綬監太監：韓慶（下泐）10
惜薪司：□□、黄□（下泐）11
司苑局：□儒、申□（下泐）12
正德□□□□□□□□□（下泐）13
印綬監太監（下泐）14
御馬監太（下泐）15
司苑局□監太監：李□（下泐）16
平涼伯馬□、（下泐）17
錦衣都指揮：□秀、馬□（下泐）18
左軍都督府都督（下泐）19
錦衣武德將軍朱□□□□□、韓氏（下泐）20
錦衣指揮使：朱成、□氏（下泐）21
千戶：王寧、□氏（下泐）22
錦衣指揮使張忠（下泐）23
尚衣監太監馬杲、張□、于成、張□（下泐）24
司禮監□□（下泐）25
大明正德九年十月二十七日。26

# 土地廟（葦坑胡同）

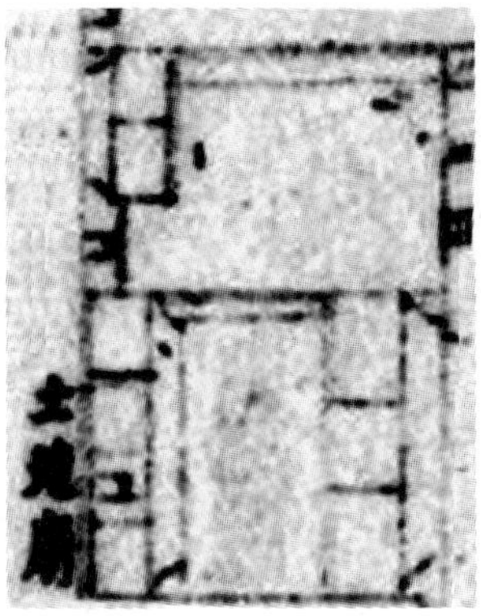


土地廟，原址爲今葦坑胡同七十一號，寺廟建築現已不存。

土地廟始建年代不詳，清《乾隆廟冊》中記正覺寺胡同（即葦坑南東西向胡同）中有福德天仙庵，“福德”常爲“土地”之別稱，故揣此二廟應有關聯。從清乾隆《京城全圖》上看，土地廟位於葦坑路東，坐東朝西，爲一進院落，前有西房四間，南側第二間上開門，其東有正殿三間。

除此之外，此土地廟再不見記載，似早已傾圮。

2008 年調查時，土地廟原址爲古園旅館，附近居民對此廟亦無記憶。

# 正覺寺

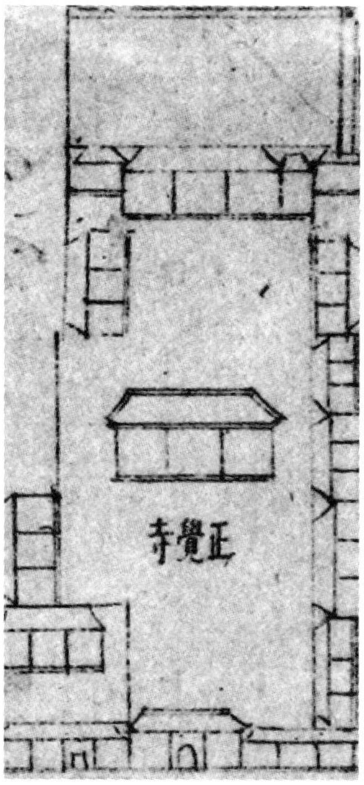


正覺寺，原址在內四區正覺寺胡同五號（今西城區正覺胡同甲九號），現存部分寺廟建築。廟內原有石碑兩通，分别是明成化四年（1468）的《正覺寺碑》和明嘉靖元年（1522）的《華嚴勝會碑》，今均存有拓片。《北京圖書館藏中國歷代石刻拓本匯編》中載，元至元六年（1340）的《歲數碑》也立於新街口正覺寺內，但歷代地方文獻、文物調查及寺廟檔案均未記載此碑，且據碑文所言，此碑原爲豫順坊內大興隆寺興創轉經道場、佑祖先同登覺岸之證。按元豫順坊在今西直門樺皮廠一帶，與正覺寺相去甚遠，若所載無誤，此碑可能爲後移入之物[1]。

按明清地方文獻的一般説法，正覺寺始建於明成化四年（1468）[2]。成化三年（1467）春，御馬監太監韓諒捨宛平縣發祥坊宅院一所於善人鄭道明，創建佛殿、天王殿、伽藍殿、東西方丈、齋堂、禪堂、鐘鼓樓、僧舍等三十餘間，菜圃果樹數百株，義井二口。成化四年（1468）奏聞皇帝，得敕賜額曰“正覺禪寺”，請淨壽禪師爲開山第一代住持[3]。到了嘉靖年間，一境衆善如信官張義

〔1〕按，北京石刻藝術博物館中現存元至正二十四年（1364）的《興隆寺置地碑》，據當年的文物調查記錄，此碑乃拆除明城牆時出土，碑文記載寺原在“豫順坊一隅”，故知其與《歲數碑》均爲同廟之物，而此元時大興隆寺，很可能已在修明城墻時被拆毁。另，《長安客話》記“慶壽寺亦名大興隆寺，在禁墻西。嘉靖間，廢爲射所”。然非此豫順坊大興隆寺也。參見（明）蔣一葵《長安客話》，北京：北京古籍出版社，1982年，頁二十三。

〔2〕參見《宸垣識略》卷八·内城四，頁一百四十八；《日下舊聞考》卷五十三城市·内城西城四，頁八百四十七至八百四十八；《北京市志稿·宗教志》卷二·釋教二，頁五十五；《光緒順天府志》京師志十六·寺觀一·内城寺觀，頁四百九十八；《燕都叢考》第五章·内四區各街市，頁三百四十一。

〔3〕參見明成化四年（1468）《正覺寺碑》，《北京圖書館藏中國歷代石刻拓本匯編》，京350，卷五十二，頁六十三至六十四。

等，每歲出資獻供，請正覺寺第三代住持覺深並僧衆啓建華嚴勝會道場，上爲國家祝釐，下爲生民祈福。顧經所撰《華嚴勝會碑》中，記載了會衆姓名百餘個，包括七十餘名官員和近五十名女性，女性信衆多以“某氏妙某”或“某氏善某”爲名，可見她們之間已有一定的組織化程度[1]。

至清代，《雍正廟冊》中對此寺亦有記載，稱“正覺寺在新街口”，爲大僧廟，寺内有殿宇十五間、禪房十三間，住持法空。至《乾隆廟冊》中，正覺寺仍登記爲大僧廟，且所在胡同因寺得名正覺寺胡同，住持換爲海實。他正是原住持法空之徒，足見當時正覺寺爲師傳徒受的子孫廟。從清乾隆《京城全圖》上看，正覺寺位於正覺寺胡同路北，殿宇三層。首有山門三間；次則正殿三間，西配房三間；後殿三間並東側一小間，兩邊各帶一小耳房，前有東西配殿各三間；山門西有跨院一所，内有南房四間、北房三間。殿宇僧房數恰合《雍正廟冊》之記載，二十年間正覺寺似未有改建。直到清嘉慶十四年（1809），住持了重率衆寺僧重修了正殿等建築，立殿額記其事，這次重修也被記載在《北平廟宇通檢》中[2]。八年後，廟中鑄鐵磬一口，懸於正殿之後。至清末宣統三年（1911），原廟主圃鑫將廟内香火讓與福天、壽天焚修，福天於兩年後正式登記繼任住持[3]。

民國初年，正覺寺乃在理教會址所在地。1916年初，周肇祥訪廟至正覺寺，見前殿前尚有龍石座一雙，然碑已久佚，不知所載之碑爲何。殿外悉賃民居，皆戒煙酒，蓋多半爲在理教信徒，以此廟爲會所[4]。

民國十六年（1927），住持洗塵退讓，僧人護日接廟，他也是正覺寺最後一任住持。此時正覺寺南向，前殿三間即山門，石額“敕賜正覺禪寺”，本有天王像四尊，但當時已被移入正殿，故前殿空置。正殿額曰“正覺光明”，内供西方接引佛立像一尊，木像漆身，四正莊嚴，後有三世佛坐像三尊，泥塑漆金身，除前殿原奉之四大天王外，殿内還有火神坐像一尊。東配殿三間，爲伽藍殿，正供關帝，左伽藍、右財神，均爲泥塑，然而刻工極細，配以瓷器五供，更覺精緻。西配殿三間，爲祖師堂，内供一紙牌位，上書“第一代普濟和尚，傳臨濟宗”，可能是清末名僧普濟，或爲此廟改歸臨濟宗的首任住持，亦或爲大興隆寺開山住持、《歲數碑》之刻立者慈雲普濟大師，現已無法得知。明代二碑分列院中殿前東西；第三層殿爲西方接引殿，1931年國立北平研究院調查時正在拆蓋，據寺廟住持呈報，殿内除接引佛外，可能還有木質靈官與泥質三財神像。殿前有東西配殿各三間；最後一層爲北房三間，時爲住房，左右各二間小耳房，東西配房各二間[5]。

和大多數寺廟一樣，正覺寺也將多餘房舍出租，月收房洋十五六元上下，除寺僧日用外，每月還捐助内四區二十段自治平民學校洋伍分，助二十段電話費洋伍角。護日經營廟務甚勤，不僅將寺内坍塌房屋一一修繕，還將殿宇禪房全部重漆，並改建寺内擁擠逼仄之平房[6]。至1949年，廟内僧人已達七名，有房屋六十三間，其中大殿十三間，出租二十四間。廟產也不少，除德外北頂娘娘廟義道口有塋地一處共八畝九分外，本區界内草料鋪地方三號甲三號還有房兩處，均租出，但據護日説，廟内外租戶均不給房租，僧人靠開磨房磨麵維生[7]。至少到1952年，正覺寺廟内磨房仍在營

[1] 參見明嘉靖元年（1522）《華嚴勝會碑》，《北京圖書館藏中國歷代石刻拓本匯編》，京351，卷六十，頁一百三十五至一百三十六。

[2] 參見《北平廟宇通檢》上編·内城·内四區，頁四十四至四十五。

[3] 參見北京市檔案館藏《北平市社會局·内四區正覺寺僧人護日關於登記廟產的呈請及社會局的批示》，1930—1936年，檔案號J2-8-399，頁九至十一。

[4] 參見《琉璃廠雜記》，頁一百六十五。

[5] 參見國立北平研究院《正覺寺》，西四34。

[6] 參見北京市檔案館藏《北平市社會局·内四區正覺寺僧人護日關於登記廟產的呈請及社會局的批示》，1930—1936年，檔案號J2-8-399，頁四十四至七十。

[7] 參見北京市檔案館藏《北平市民政局民族事務科·本市寺廟查詢記錄》，1949年，檔案號196-1-4，頁二十四。

業,收入供住持護日及其他常住人口九人花銷[1]。

據廟內老住戶回憶,正覺寺殿宇内原供奉菩薩和彌勒佛,“文革”期間正殿曾爲青年宫俱樂部,前殿改作食堂,故佛像被砸。《中國文物地圖集》記,正覺寺現存建築面積有970平方米,保留民國時重修風格[2]。

2005年調查時,正覺寺原址爲北京市西城區職業技術學校。山門朝南,前院現存前殿三間,東、西廂房各一間;後院現存正殿三間並耳房兩間,東、西廂房各一間,院内還有柏樹兩株。2008年回訪時,正覺寺内原有建築已被全部重新裝修,原大殿、後殿及後院廂房爲古園賓館二部,2011年回訪,賓館已更名爲覺品酒店。

翻修後的正覺寺後殿(2012年10月曉松攝)

〔1〕參見北京市佛教協會藏《北平市民政局民族事務科·西四區僧、尼寺廟登記表》,1952年,檔案號196-1-18,頁十九。

〔2〕參見《中國文物地圖集·北京分册(下)》,頁八十五。

京 350《正覺寺碑》

# 敕賜正覺禪寺

敕賜正覺禪寺碑記

賜進士及第翰林國史修撰儒林郎太子講讀官直　文　華　殿　古吳陳鑑撰文

奉天翊衛推誠宣力武臣特進榮祿大夫掌左軍都督府事總兵官柱國武靖侯趙輔書丹

賜同進士出身都察院湖　廣　道　監　察　御　史　洮陽曹英篆額

國王大臣昔秉靈鷲山之囑扶持教法以翼唐虞之治而陰翊

皇化勸民爲善而共享天下之太平良有以也惟我

聖朝若御馬監太監韓公諒誠忠節義文物剛正操履端莊而尤夙慕西來的意了悟大乘以志弘接物利生之我

聖恩思無以補報將原賜宅舍一所在於順天府宛平縣發祥坊之處施與善人鄭道明於成化三年春開山□□□

刹一所次第營修中蓋佛殿天王殿左右伽藍之殿以及廊廡東西方丈齋堂禪堂鐘樓鼓樓庖湢僧舍總□□

餘間垣墻周匝不啻四百餘丈田園蔬圃栽種果木數百餘株義井二口則具大方叢林之體而正殿裝塑□□

佛陀難□□壁□□□□□後并接引彌陁佛閣丈室三大士相伽藍祖師之相各所設相則皆即非色相□□

名色相而於殿宇則皆金碧莊嚴而是名莊嚴而於鐘樓之類幡幢座榻之屬悉皆俱全金碧交輝淇□□□

成果滿本年秋太監韓諒奏聞

皇上特賜額曰正覺禪寺仍今住持淨公壽禪師爲第一代開山之職領衆焚修光輝祖道則鄭公道明請予記述□

開山之始末以昭千載之下晨夕仰祝延我

聖天子之聖壽齊年民豐物泰而公以盡心焉庶莫負前謂

國王大臣受靈山之記以扶教之意二公施修報效之誠菩薩之行功行必得人天之福報無窮則當永傳於□

之不朽可謂之記

成化四年冬十一月上澣吉日住山沙門淨壽　同善人鄭道明　立石登仕郎工部□官□□□□陸祥鐫

京350《正覺寺碑》

# 正覺寺碑

首題:敕賜正覺禪寺碑記
年代:明成化四年(1468)十一月上澣
原址:西城區正覺胡同
拓片尺寸:碑陽高 198、寬 88 釐米,額高 33、寬 24 釐米;碑陰高 134、寬 33 釐米
書體:楷書
撰人:陳鑑
書人:趙輔
刻工:陸祥
《目錄》:頁 216
拓片編號:京 350
拓片錄自:《北京圖書館藏中國歷代石刻拓本匯編》第 52 卷 63—64 頁

【碑陽】

額題:敕賜正覺禪寺(篆書)

碑文:

敕賜正覺禪寺碑記 1

賜進士及第翰林國史修撰儒林郎太子講讀官直文華殿古吳陳鑑撰文。2

奉天翊衛推誠宣力武臣特進榮祿大夫掌左軍都督府事總兵官柱國武靖侯趙輔書丹。3

賜同進士出身都察院湖廣道監察御史洮陽曹英篆額。4

國王大臣昔秉靈鷲山之囑,扶持教法,以翼唐虞之治,而陰翊 5 皇化,勸民爲善,而共享天下之太平,良有以也。惟我 6 聖朝若御馬監太監韓公諒,誠忠節義,文物剛正,操履端莊,而尤夙慕西來的意,了悟大乘。以志弘接物利生之我 7 聖恩,思無以補報,將原賜宅舍一所在於順天府宛平縣發祥坊之處施與善人鄭道明,於成化三年春開山□□□8 剎一所,次第營修。中蓋佛殿、天王殿、左右伽藍之殿,以及廊廡、東西方丈、齋堂、禪堂、鐘樓、鼓樓、庖湢、僧舍,總□□9 餘間,垣墻周匝,不啻四百餘丈。田園蔬圃,栽種果木數百餘株,義井二口,則具大方叢林之體。而正殿裝塑□□10 佛陀難□□壁□□□□□後并接引彌陁佛閣丈室,三大士相,伽藍祖師之相,各所設相,則皆即非色相□□11 名色相。而於殿宇則皆金碧莊嚴,而是名莊嚴。而於鐘樓之類、幡幢座榻之屬,悉皆俱全。金碧交輝,淇□□□□12 成果滿。本年秋,太監韓諒奏聞 13 皇上,特賜額曰:正覺禪寺。仍今住持淨公壽禪師爲第一代開山之職,領衆焚修,光輝祖道。則鄭公道明請予記述□14 開山之始末,以昭千載之下晨夕仰祝延我 15 聖天子之聖壽齊年,民豐物泰,而公以盡心焉。庶莫負前謂 16 國王大臣受靈山之記以扶教之意。二公施修報效之誠菩薩之行,功行必得人天之福報無窮。則當永傳於□17 之不朽,可謂之記。18

成化四年冬十一月上澣吉日,住山沙門淨壽,同善人鄭道明立石。登仕郎工部□官□□□□陸

祥鎸。19

【碑陰】

已漫漶，可辨識者僅“□[熙]九年十月二十二日”等字。

京 351《華嚴勝會碑》陽

京351《華嚴勝會碑》陰

# 華嚴勝會碑記

敕賜正覺寺每歲啓建華嚴勝會碑

奉議大夫通政使司右參議致政　東□顧經撰文

徵仕郎中書舍人　雲間□□□書

將仕佐郎鴻臚寺序班直仁智殿　江右□□□篆

夫佛者西方之聖人也蓋自漢唐以前遵崇以迄於今則化人爲善之教也洪惟我

朝敕建寺宇亦以崇奉之典斯寺始自成化戊子道人鄭道明募緣創建金璧交輝人心欽仰

具請於

上賜額曰正覺感一境衆善信官張公義等特發虔誠每歲出資獻供命本山住持僧衆啓建華

嚴勝會道場祈

佛光普照上爲

國家祝釐下爲生民祈福於是則衆善之美譽芳名不可無文勒石信官張公具述其由來徵

予一言以垂千載不朽之意予按之請爰叙其事使後之覽者有所啓敬云係之辭曰

華嚴勝會名顯揚　晨昏鐘鼓羅幡幢　祝我

聖皇壽無疆　再祈風雨順時昌　佑其衆善富而康　善心耿耿百年香

恭□香火赫然彰　居民仰瞻來四方　佛力顯化降禎祥　勒斯真珉永流芳

□□□年三月初七日立

京351《華嚴勝會碑》陽

萬古流芳

華嚴勝會衆善（下泐）

王銘 郭瑾
劉珍 張明 陶倫
劉紀 吳謙 徐昂
張聰 郭威 高獻
王寰 王雄 周泉
鄭英 馬洪 孫福
張傑 桂興 任祥
徐永寧 郭名 王學
信官張義等 劉原 杜全
陶愷 □□ 顧玘
來永 尹讚 張敬
閻鎮 顧宣 徐欽
于富 張鏞 孫堂
張明 楊清 張宣
薛珍 劉鑒 劉成
甯璽 劉堂 成文學
韋本成 趙進

廖氏淑能 □氏□□
□氏妙安 □氏□□ （下泐）
王氏 韓氏□□
□氏妙進 □□□□
□□□□ 蔣氏妙安 □氏
□□□□ 張氏□□ □氏
□氏妙□ □氏□□ □□
顧氏妙祥 尚氏妙□ □氏
信女趙氏妙成 蕭氏□□ 劉氏
何氏惠□ □氏妙安 □氏菩□
謝氏妙傑 □氏□□ 王氏□□
□氏 楊氏□□ □□
□氏善喜 □氏□□ □□
□氏□清 □氏 亞氏□□
魏氏善□ 陳氏□□ 耿氏二姐
魏氏善祥 □氏□□ 解氏善□
魏氏 徐氏□□

第三代主持覺深

京351《華嚴勝會碑》陰

# 華嚴勝會碑

首題：敕賜正覺寺每歲啓建華嚴勝會碑
年代：明□□九年三月七日
原址：西城區正覺胡同正覺寺
拓片尺寸：碑陽、陰高 178、寬 86 釐米，額高 30、寬 25 釐米
書體：楷書
撰人：顧經
書人：（已磨泐）
《目録》：頁 261
拓片編號：京 351
拓片録自：《北京圖書館藏中國歷代石刻拓本匯編》第 60 卷 135—136 頁

【碑陽】

額題：華嚴勝會碑記（篆書）

碑文：

敕賜正覺寺每歲啓建華嚴勝會碑 1

奉議大夫通政使司右參議致政東□顧經撰文。2

徵仕郎中書舍人雲間□□□書。3

將仕佐郎鴻臚寺序班直仁智殿江右□□□篆。4

夫佛者，西方之聖人也。蓋自漢唐以前遵崇以迄於今，則化人爲善之教也。洪惟我 5 朝，敕建寺宇，亦以崇奉之典。斯寺始自成化戊子，道人鄭道明募緣創建。金璧交輝，人心欽仰。6 具請於 7 上，賜額曰正覺。感一境衆善信官張公義等，特發虔誠，每歲出資獻供，命本山住持僧衆啓建華 8 嚴勝會道場，祈 9 佛光普照。上爲 10 國家祝釐，下爲生民祈福。於是則衆善之美譽芳名，不可無文勒石。信官張公具述其由來，徵 11 予一言以垂千載不朽之意。予按之請，爰叙其事，使後之覽者有所啓敬云。係之辭曰：12 華嚴勝會名顯揚，晨昏鐘鼓羅幡幢。祝我 13 聖皇壽無疆，再祈風雨順時昌。佑其衆善富而康，善心耿耿百年香。14 恭□香火赫然彰，居民仰瞻來四方。佛力顯化降禎祥，勒斯真珉永流芳。15

□□□年三月初七日立。16

【碑陰】

額題：萬古流芳

碑文：

華嚴勝會衆善（下泐）

信官：王銘、劉珍、劉紀、張聰、王寰、鄭英、張傑、徐永寧、張義、陶愷、來永、閻鎮、于富、張

明、薛珍、甯璽、韋本成等，郭瑾、張明、吳謙、郭威、王雄、馬洪、桂興、郭名、劉原、□□、尹讚、顧宣、張鏞、楊清、劉鑒、劉堂、趙進、陶倫、徐昂、高獻、周泉、孫福、任祥、王學、杜全、顧玘、張敬、徐欽、孫堂、張宣、劉成、成文學。

信女：廖氏淑能、□氏妙安、王氏、□氏妙進、□□□□、□□□□、□氏妙□、顧氏妙祥、趙氏妙成、何氏惠□、謝氏妙傑、□氏、□氏善喜、□氏□清、魏氏善□、魏氏善祥、魏氏、□氏□□、□氏□□、韓氏□□、□□□□、蔣氏妙安、張氏□□、□氏□□、尚氏妙□、蕭氏□□、□氏妙安、□氏□□、楊氏□□、□氏□□、□氏、陳氏□□、□氏□□、徐氏□□、（下泐）□氏、□氏、□□、□氏、劉氏、□氏菩□、王氏□□、□□、□□、亞氏□□、耿氏二姐、解氏善□。

第三代主持覺深。

京 8318 《歲數碑》

歲數碑銘

□□元國大都在咸宜坊居□（下殘）

明爲祖先父母諦信三寶□□（下殘）

之快樂福明忽然想念幻化之□（下殘）

悉爲過去富貴之資糧報今生爲人之（下殘）

天地蓋載日月照臨國王水土之恩生身父母（下殘）

由是特發誠心□善捨施中統寶鈔貳阡伍百貫

又今於本京豫順坊大興隆寺梵刹於每歲九月

□□二十一日降誕添壽之日普轉五大部金經

□□供佛齋僧壹堂毛詩云哀哀父母生我劬勞

欲報深恩昊天罔極願布施已後滿宅貴眷諸佛祐

□□念祖先三代同出遊八難三塗同登覺岸爲

此中間年深後代住持恐忘記不行供佛筵僧特

立□□記耳　開山住持慈雲普濟大師願吉祥勸緣

至元六年庚辰乙亥日夏□有二記耳

京 8318 《歲數碑》

# 歲數碑

首題：歲數碑銘
年代：元至元六年（1340）十月二十二日
原址：西城區新街口正覺寺
拓片尺寸：碑陽高 69、寬 45 釐米
書體：楷書
《目錄》：頁 503
拓片編號：京 8318
拓片錄自：《北京圖書館藏中國歷代石刻拓本匯編》第 49 卷 201 頁

【碑陽】

碑文：

歲數碑銘 *1*

□□元國大都在咸宜坊居□（下殘）*2* 明爲祖先父母諦信三寶□□（下殘）*3* 之快樂福明，忽然想念幻化之□（下殘）*4* 悉爲過去富貴之資糧報今生爲人之（下殘）*5* 天地蓋載，日月照臨，國王水土之恩，生身父母（下殘）*6* 由是特發誠心，□善捨施中統寶鈔貳阡伍百貫，*7* 又今於本京豫順坊大興隆寺梵刹，於每歲九月 *8*□□二十一日降誕添壽之日，普轉五大部金經 *9*□□供佛齋僧壹堂，毛詩云：哀哀父母，生我劬勞。*10* 欲報深恩，昊天罔極。願布施已後，滿宅貴眷，諸佛祐 *11*□。□念祖先三代，同出遊八難三塗，同登覺岸。爲 *12* 此中間年深，後代住持恐忘記，不行供佛筵僧，特 *13* 立□□記耳。開山住持慈雲普濟大師願吉祥勸緣。*14* 至元六年庚辰乙亥日夏□有二記耳。*15*

# 祝壽寺

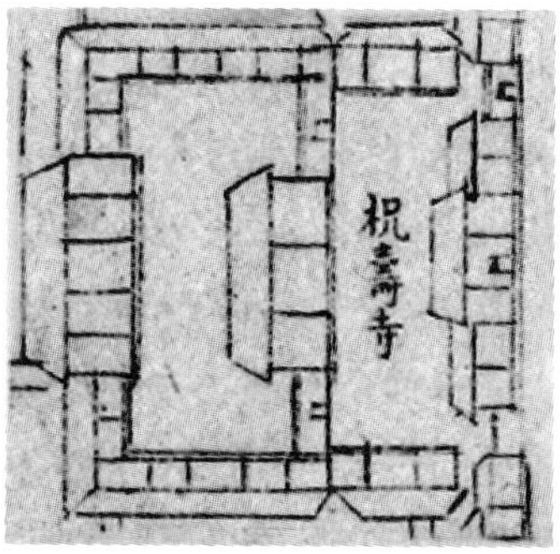


祝壽寺，亦稱響鈴寺、普慶寺，原址在内四區新街口南大街一百三十一號（今西城區新街口南大街十三號、二十一號），現存部分寺廟建築。20 世紀 30 年代國立北平研究院調查時，曾發現廟前院中有殘碑一通，時僅存額，餘皆脫落。此碑不見諸記載，亦尚未見拓片，碑文内容缺失。

祝壽寺元時已存，時名普慶寺[1]。據《宛署雜記》載："祝壽寺，古名普慶。正德八年，上微疾，太監吳亮、焦寧重建，禱之。上聞，賜今名。編修孫清記。"[2]故知明正德八年（1513）時經太監重建，敕賜"祝壽"之名。然張爵撰《京師五城坊巷胡同集》中，將其稱爲響鈴寺[3]。據《日下舊聞考》考證，"祝壽"爲今名，而"響鈴"係舊稱，"俗猶仍其名"而已。故推測，可能在明正德八年爲祝聖壽而重修寺廟之前，該廟還曾有過改建更名之事，"響鈴"一稱即源於當時，然此名卻沿用至民國時期。民國十年（1921）廟内新鑄鐵爐，仍銘文曰"響鈴寺信敕"。又及，沈榜將祝壽寺歸入河槽西坊，而張爵將之放入鳴玉坊下，《日下舊聞考》等書沿張爵之說[4]。

至清代，清康熙六十年（1721），兵、工二部尚書以下諸臣建慶祝經壇於寺内，賀康熙六旬聖壽[5]。《雍正廟冊》記此廟爲大僧廟，有殿宇二十一間、

〔1〕非"大承華普慶寺"，此乃四排九段"寶禪寺"之前身。然二寺常混，如《京師坊巷志稿》"寶禪寺胡同"條中稱："寶禪寺元爲承善普慶寺，明改名寶禪，亦稱祝壽寺，西有正法寺"。即將二廟等同，然實不確。見《京師坊巷志稿》，頁一百四十二至一百四十三。

〔2〕參見《宛署雜記》，第十九卷，頁二百二十四。

〔3〕參見《京師五城坊巷胡同集》，頁十二。

〔4〕參見《日下舊聞考》，卷五十一·内城西城二；卷五十二·内城西城三，頁八百零四、頁八百三十九至八百四十。

〔5〕（清）康熙《萬壽盛典圖》，見《清朝北京都市大圖典》，頁七十四至七十五。

禪房二十七間，住持然福。《乾隆廟冊》中登記住持爲際輝。從乾隆《京城全圖》上看，祝壽寺位於新街口南路西，坐西朝東，前後兩進院落三層建築，前院内有山門三間並南、北耳房各兩間，北耳房北側院牆上還開有一小門；正殿三間，南、北配殿各三間，正殿南、北兩側亦有院牆，上開兩小門以進入後院；後院内有後殿五間，南、北兩側均有順山排房，共計十四間。清乾隆十六年（1751）及光緒十五年（1889），廟曾兩次重修，廟内正殿木額記其事，民國地方文獻亦有記載[1]。祝壽寺可能還是新街口油漆行的行會祭祀地，因廟内祖師殿中除供達摩祖師外，還供有油漆祖師普安泥像。

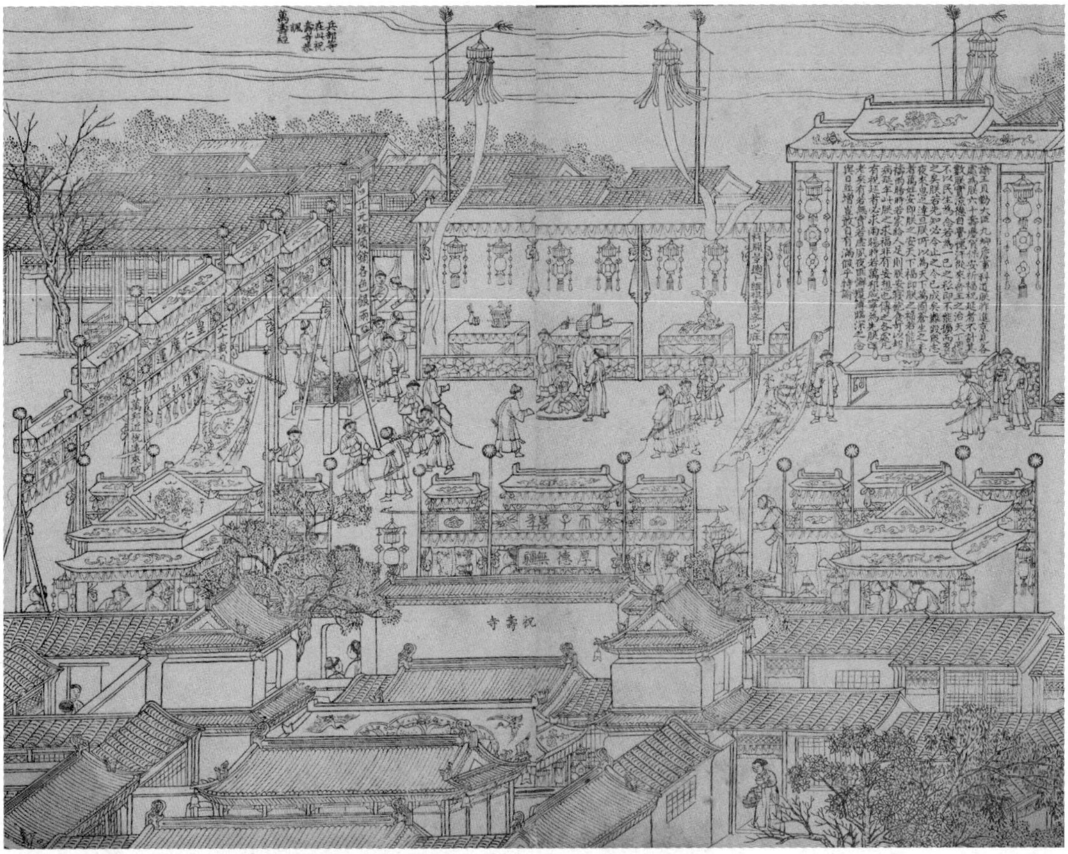


康熙《萬壽盛典初集》中的祝壽寺

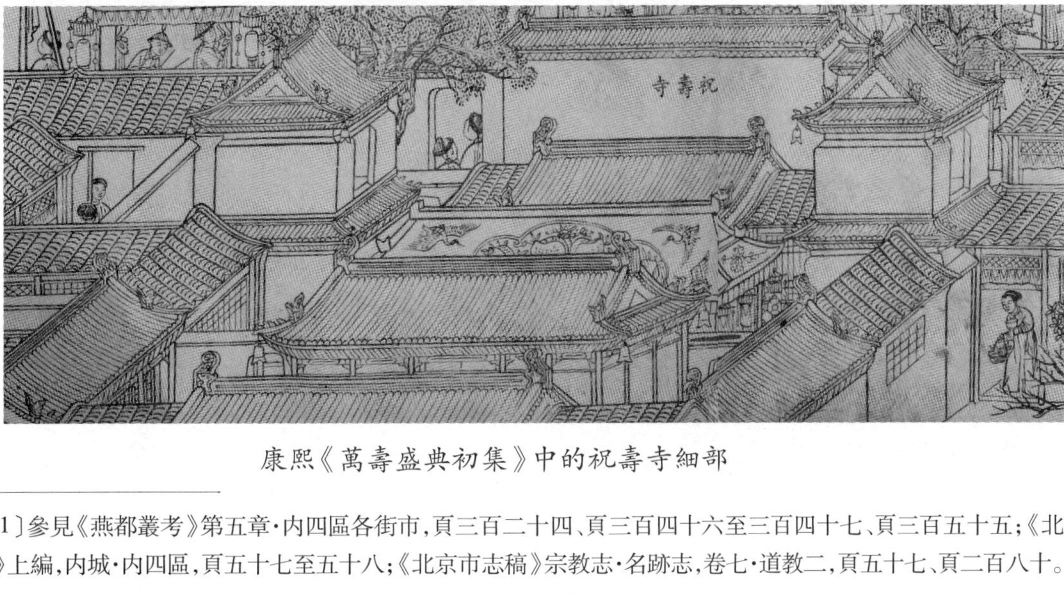


康熙《萬壽盛典初集》中的祝壽寺細部

〔1〕參見《燕都叢考》第五章·内四區各街市，頁三百二十四、頁三百四十六至三百四十七、頁三百五十五；《北平廟宇通檢》上編，内城·内四區，頁五十七至五十八；《北京市志稿》宗教志·名跡志，卷七·道教二，頁五十七、頁二百八十。

民國十年（1921），平西北安河村蓮花寺住持傅崇安購下此廟，從檔案記載來看，傅崇安傳道教霍山派，爲太監道士。他除了新鑄鐵爐、增添法物外，並未改變廟内格局，仍以供奉佛像爲主。此時祝壽寺山門仍東向，無寺額佛像；前殿三間，内供關帝坐像，周倉、關平侍立。殿前南北有鐘鼓樓各一座，均二層；前殿西爲三大士殿三間，木額“普光明殿”，内供三世佛三尊，阿難、迦葉侍立兩旁，十八羅漢分列兩廂，正殿之北真武殿三間，内供真武泥像。南配殿三間，爲油祖殿，内供達摩祖師與油漆祖師普安和尚；後殿五間爲藥師殿，木額“最上一乘”，南北各有耳房一間，殿内供四手佛像一尊，其外木龕頗爲細緻，供彌勒佛泥像一尊。後殿之南三間爲火神殿，内供火神塑像，北三間爲住房。廟内開設商鋪甚多，山門内設德勝齋鞋店，前殿北二間爲門面房，内寓永順德鮮果局；後殿南也有門面房兩間，爲寶興齋老香店[1]。這家香燭店與傅崇安關係匪淺，傅道士不在廟時，就由其鋪掌代收信件並代管廟務[2]。

民國二十四年（1935）七月，傅崇安羽化，弟子韓續旺接任住持。民國二十六年（1937）一月，因電綫不良，祝壽寺不戒於火，燒燬火神殿三間，損失神像數尊、法物若干。民國三十五年（1946）二月，韓續旺羽化，經本宗公推，寺内擬請太監道士邊緒瑞繼充住持，但邊未及接廟便於五月故去，韓續旺弟子張修德遂接充祝壽寺住持[3]。

至1949年，祝壽寺内有房倉約五十一間，其中，寶興齋香蠟鋪租用三間，月給住持八十斤小米爲房租。太監道士張修德仍任祝壽寺住持，平日居於西山蓮花寺，廟務由寶興齋代爲管理[4]。1950年調查時，祝壽寺已註明“銷去”[5]。但老街坊仍對它印象深刻，説其正殿南向，内奉娘娘，頗爲靈驗。

據稱，2001年時，觀音殿五間保存尚好，被某單位使用[6]。但2005年調查時，祝壽寺原址爲居民大雜院及新街口商店，存前殿三間、正殿三間、後殿五間。

祝壽寺俯瞰（2004年5月如意攝）

〔1〕參見國立北平研究院《祝壽寺》，西四33。

〔2〕參見北京市檔案館藏《北平市社會局寺廟類·内四區祝壽寺道士傅崇安登記廟産的呈文及社會局的批示》，1930—1936年，檔案號J2-8-690，頁五至六。

〔3〕同上，頁七十一至九十。

〔4〕參見北京市檔案館藏《北平市民政局民族事務科·本市寺廟查詢記錄》，1949年，檔案號196-1-3。

〔5〕參見北京市檔案館藏《北平市民政局·北平市寺廟總登記冊》，1950年，檔案號J3-1-203，頁三十至三十一。

〔6〕參見《什刹海志》，頁二百六十三至二百六十四。《中國文物地圖集·北京分冊（下）》，頁七十八。

# 真武廟

真武廟，原址在今西城區八道灣乙五號，寺廟建築現已不存。

真武廟始建年代不詳。《雍正廟冊》登記地址在公用庫（真武廟山門正對之南北向胡同），時有殿宇四間、禪房四間，住持海旺。《乾隆廟冊》中真武廟仍爲大僧廟，住持界誨。從清乾隆《京城全圖》上看，真武廟位於後公用庫胡同北頭，坐北朝南，三層建築，繞以周垣。首有山門一座，北爲前殿一間，又正殿三間，東配殿三間。與《雍正廟冊》所記完全一致。

除此之外，真武廟再無考，應早已傾圮。

2005 年調查時，真武廟原址爲拆遷現場，2012 年回訪時，仍爲一片瓦礫的拆遷工地。

# 土地廟（棉花胡同）

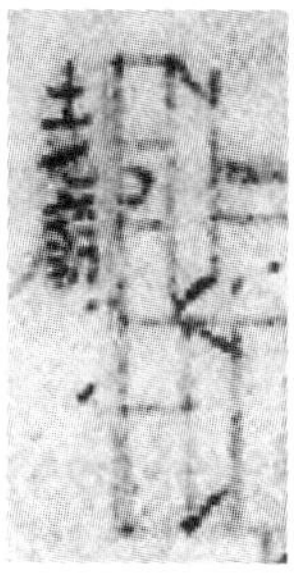

土地廟，亦名土地祠、福德祠，民間傳説中有稱之爲嚴嵩廟者。原址爲内四區棉花胡同二十八號（今西城區棉花胡同二十二號），寺廟建築現已不存。據20世紀30年代的文物調查記録，廟前曾有石碑一通，當時已經剥蝕不可讀，今碑石並拓片均缺失。

土地廟始建年代不詳，民國時寺廟住持稱其始建於清乾隆年間[1]。從乾隆《京城全圖》上看，土地廟位於棉花胡同與三伯老胡同交界處東南角，坐東朝西，無院落，僅有正殿三間、南配房兩間。而《乾隆廟冊》中記三白老胡同（即三伯老胡同之異寫）有福德祠，時爲大僧廟，住持通給。福德祠常爲土地廟之别名，故二者可能是同一座寺廟。清同治辛未年（1871），廟曾重修，門額記其事。

直到20世紀初，此寺廟再次出現在政府檔案中，此時土地祠爲當街廟，山門西向，門額"土地祠"，門内僅小殿一間，供土地夫婦泥塑坐像二尊，然除二陪侍小童外，還有小鬼像二尊。殿南耳房一間，任文海住内管廟[2]。

此廟雖名不見經傳，在北京民間傳説中，卻與明代權相嚴嵩有關。20世紀80年代搜集的北京民間故事中有一則《拿着金碗討飯的人》，説嚴嵩倒臺之後，皇帝賜金碗一隻，讓其在北京城内乞討爲生。人見之知爲佞臣，無有施捨者，不久，嚴嵩便餓死於三不老胡同（即三伯老胡同之異稱）口東南角小廟中。從其描述位置來看，彼之"嚴嵩廟"正是此土地廟[3]。

據附近的老街坊回憶，這小土地廟位於十字路口，可能爲闔街公建，常有無家可歸之人借廟暫棲，並代爲管廟。20世紀40年代中期時，神像已無存，廟内棲身之人常年在門口擺攤賣紅薯。50年代，廟房被收歸國有，後改爲他用。

2008年調查時，土地祠已不存，寺廟原址現爲變電站。

---

〔1〕參見《北京寺廟歷史資料》，頁三百零二。

〔2〕參見首都圖書館藏《北平寺廟調查一覽表》，民國三十四年（1945）手抄本，頁五。另見國立北平研究院《土地祠》，西四189。

〔3〕參見《北京西城區民間文學故事集成（第三集）》，油印本，頁十七。

# 都城庵

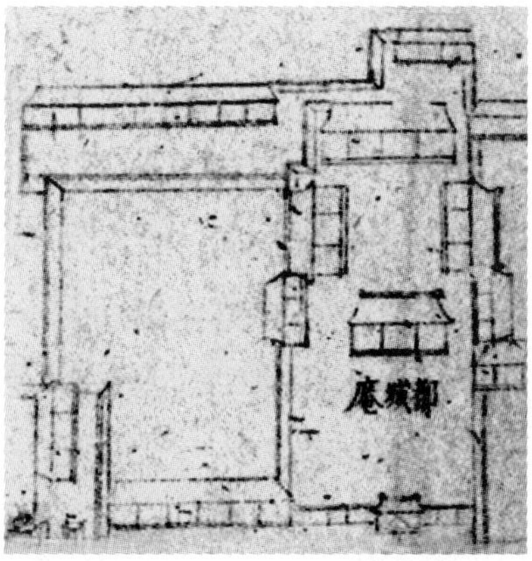


都城庵，可能曾是城隍廟，原址在今西城區後羅圈胡同十三號北、棉花胡同五十二號大院内，寺廟建築現已不存。

都城庵始建年代不詳，《雍正廟冊》中記羅圈胡同内有城隍廟，有殿宇八間、禪房十間，住持爲僧人湛正。《乾隆廟冊》中，城隍廟住持爲寂通。此城隍廟與《京城全圖》上都城庵名義相近、地址相符、規模相當，有可能是同一座寺廟。

從清乾隆《京城全圖》上看，都城庵位於羅圈胡同以北，坐北朝南，主體建築有三層，首有山門一座，兩側似爲圍垣或柵欄；北則正殿三間；繼之爲後殿四間，東、西配殿各三間，配殿南側各有東西配房三間；後殿以北，整座廟院的東北角有房三間。除此之外，都城庵無考，似早已傾圮。

2008 年調查時，寺廟原址爲中國工商銀行北京市支行某分理處。

# 啞嘛廟

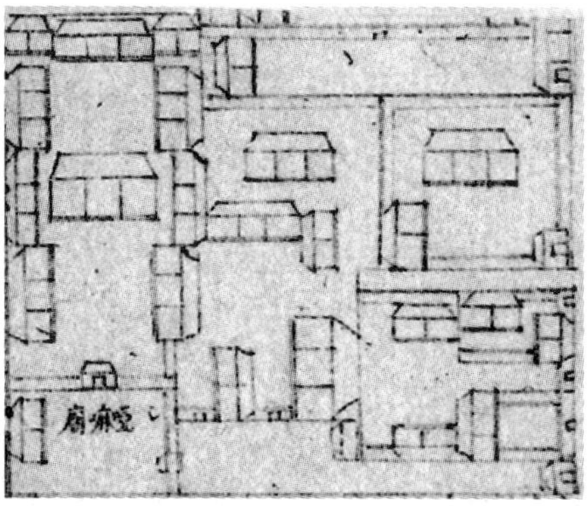


啞嘛廟，亦稱嗎哈噶拉廟，原址在今西城區護國寺東巷七號，寺廟建築現已不存。

啞嘛廟始建年代不詳，因其爲藏傳佛教寺廟，不屬僧錄司管轄之故，清《雍正廟冊》和《乾隆廟冊》中均無記載。從清乾隆《京城全圖》上看，啞嘛廟位於護國寺東廊，坐北朝南，山門南向、殿宇兩層。正殿三間，東西配殿各三間，正殿東西均有過道，内有東西配房各三間；後殿三間，左右各帶一座兩間的小耳房，前也爲東西配殿各三間。整座寺廟由墻垣圍起，格局井然，山門外東西向過道通往棉花胡同，過道口還有大門一座。

根據《北京市志稿》的記載，民國時期，啞嘛廟亦稱嗎哈噶拉廟，在護國寺夾道，即護國寺後殿東墻外之後面，原屬護國寺。舊殿二進，均圮爲平地，僅存西配殿三間，改爲僧寮，額定喇嘛七名[1]。

2005 年調查時，啞嘛廟已不存，寺廟原址爲護國寺小學。

〔1〕參見《北京市志稿》宗教志·名跡志，卷五·喇嘛教二，頁二百五十四。

# 天仙庵

天仙庵，亦稱關帝廟，原址爲内五區德勝門裏前羅圈胡同七號（今西城區前羅圈胡同十七號、後羅圈胡同十七號），現存部分寺廟建築。

天仙庵始建年代不詳，但在清《雍正廟冊》中已有記載，稱天仙庵在羅圈胡同，爲尼僧廟，有殿宇三間、禪房七間，住持照立。《乾隆廟冊》中仍登記爲尼僧廟，住持尼僧澄照。從清乾隆《京城全圖》上看，天仙庵位於羅圈胡同路北，坐北朝南，繞以周垣，三層殿宇。首有山門一座，形制略小，西配房兩間，相較甚大；正殿三間；北房三間，北房之南有三間東房，然此房東向，似不直接相通廟院。房北短垣上開門，通向羅圈胡同北側南北向小胡同内。結合《雍正廟冊》記載的寺廟規模，此房應不屬廟産。

清末至民國，天仙庵多次在尼、僧、喇嘛間轉手，廟名也隨之多變。清同治十三年（1874）七月二十九日，住持僧心然爲廟内鑄鐵鼎時，此廟尚名天仙庵，此鼎銘文明確言稱："天仙庵，護國寺中間棉花胡同内前羅圈胡同。"民國三年（1914），喇嘛白雲成買下本廟並重修，將其更名爲"關帝廟"。名義雖改，奉神未變，廟内仍主祀天仙聖母。到了民國二十一年（1932），尼僧含真又從白雲成手中購得廟産，爲彰其尼庵之性質，乃呈報社會局，重新沿用"天仙庵"之名[1]。

含真接廟之初，天仙庵山門南向，前有兩尊二尺高的殘破小石獅。山門東有便門一座，内寓盧記木作；北殿三間，正供娘娘九尊、配像六尊，均泥塑。另

〔1〕參見北京市檔案館藏《北平市社會局寺廟類·内五區關帝廟尼僧含真呈廟産登記的聲請書及社會局的批示》，1933年，檔案號J2-8-812，頁五十至五十三。

有泥塑金身釋迦佛一座、金剛菩薩立像一座，以及韋馱一尊[1]。含真一人在廟，將殿宇四間半用作供神，其餘六間出租。此後，她在廟内隙地不斷添物增建、重修殿宇、改换匾額、增鑄法物[2]。至1949年時，天仙庵的殿房數量已經增至十八間，其中大殿九間，出租六間。另有兩處附屬房產，一在蔣養房三十七號，共有鋪面房六間，另一在甲三十七號，有門面房三間，年收入租金人民券三百五十元[3]。1952年時，含真仍住廟内出租廟房，月入租金五十八萬元[4]。附近的老街坊都對此廟記憶猶新，與含真相熟的老人説，她是東北人，父母早亡，隨兄嫂度日，因關係不好纔遁入空門。50年代以後她離開此廟，曾在正覺寺[5]修行生活過一段時間。

2005年調查時，天仙庵原址爲居民住家院落，分爲前後兩院，前院門牌爲前羅圈胡同十七號，内原有山門一座，以及東西配房，但現均已拆除，山門僅存一小窗戶。後院門牌爲後羅圈胡同十七號，内存正殿三間帶西耳房，東耳房已拆除，東西配房尚存，正殿梁上仍依稀可見“普度”二字。

翻修後的天仙庵正殿側影(2012年10月曉松攝)

---

〔1〕參見國立北平研究院《關帝廟》，西四167。

〔2〕參見北京市檔案館藏《北平市社會局寺廟類·内五區天仙庵住持含真送寺廟登記表及社會局的批示》，1936—1940年，檔案號J2-8-1128，頁十三至三十三。

〔3〕參見北京市檔案館藏《北平市民政局民族事務科·本市寺廟查詢記錄》，1949年，檔案號196-1-4。

〔4〕參見北京市佛教協會藏《北平市民政局民族事務科·西四區僧、尼寺廟登記表》，1952年，檔案號196-1-18，頁十一。

〔5〕參見本排段“正覺寺”條。考慮到正覺寺在20世紀50年代以後的變化，此説可能不確。

# 文殊院

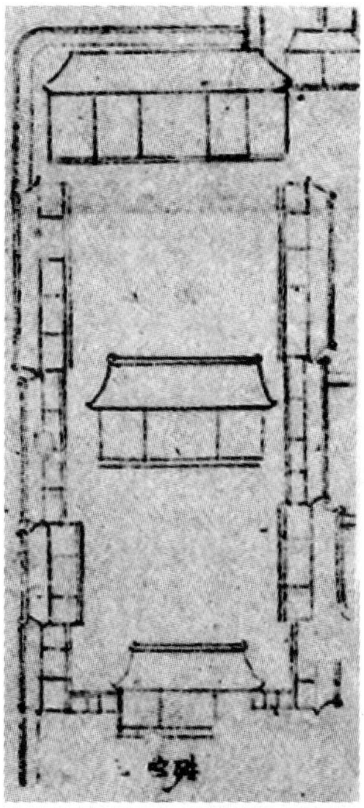

文殊院，亦稱五門廟，原址在内四區護國寺東廊巷十一號（今西城區新街口南大街護國寺東巷十四、十六號左右），寺廟建築現已不存。廟内曾有清康熙六十一年（1722）的《文殊院碑》一通，國家圖書館今存其拓片。

文殊院至少在明時已存，廟内曾有明崇禎二年（1629）夏造鐵磬一口，爲司禮秉筆太監田昭所獻，足見明末時，此廟與當權太監關係匪淺。據《文殊院碑》記載，明崇禎五年（1632）時它爲阿王羅藏習静之所。清順治十七年（1660），世祖章皇帝詔命五臺山，敕封札薩克大喇嘛總理番漢僧人，每歲春秋來覲，即憩息於此院。至康熙二十二年（1683），聖祖臨幸五臺，加封札薩克爲清涼老人，三十七年（1698）又敕封清涼禪師，賜銀印，提督番漢僧衆。康熙五十一年（1712），清涼禪師之職已傳於札薩克大喇嘛的曾孫鼎增監錯，後者見廟院傾圮，發願重修，得聖祖賜白檀香主心大莊嚴佛、藏香、杖、疊衣等，永留精舍。廟成，於康熙六十一年（1722）九月立碑，由當時的住持堅參朋錯勒石爲記[1]。從清乾隆《京城全圖》上看，文殊院位於護國寺東廊，坐北朝南，三層殿宇，廟貌甚規整。前殿即山門，共三間，左右各有耳房三間，似柵欄又似圍垣；正殿三間，東西配殿各三間，配殿南北均有配房，左右對稱，南均三間、北爲四間；正殿後有後殿五間，東西配殿各五間，後殿東北角還有小北房兩間。清宣統二年（1910），五臺山僧人羅藏加參重修寺廟，前殿木額記其事。

20世紀20年代時，廟内因不戒於火，正殿、後殿及後殿東西配殿均被

〔1〕參見清康熙六十一年（1722）《文殊院碑》，《北京圖書館藏中國歷代石刻拓本匯編》，京329，卷六十七，頁一百四十九。

焚。至30年代，文殊院已改稱五門廟，羅藏加參仍爲住持。較之清乾隆年間，此時寺廟格局雖未大變，然增設山門而配房減少。山門南向，内有旗杆兩座；前殿三間，木額“萬古千秋”，内正奉關帝泥像，後爲韋馱坐像。東西配殿各三間，無佛像，時爲售竹帚者居住。東配殿南北各有東房三間、西配殿南北各有西房三間；正殿三間，僅剩殘垣；後殿五間，東西配殿各三間，也僅存基址[1]。據《北京市志稿》記載，清時，凡五臺喇嘛來京者，均寓於此。民國後殿宇雖不存，兩旁尚有僧寮十餘間，供五臺喇嘛來京寄居，額定喇嘛三名駐寺中[2]。

2005年調查時，文殊院爲居民住家院落，然附近居民對此廟並無回憶，可能與其殿宇早已不存有關。

---

〔1〕參見國立北平研究院《文殊院》，西四014。

〔2〕參見《北京市志稿》宗教志·名跡志，卷五·喇嘛教二，頁二百四十八。

京 329《文殊院碑》

# 敕賜重修

蓋聞龍音丕震寧須獅座蜂臺金粟常留豈必珠宮貝闕雖法彌寓縣普施象教於皇所而寺逼宸居獨蒙
呵護於紫禁此文殊院者有明崇禎五年阿王羅藏習靜之所也三明慧室四靜禪杖理闡無雙引檀那歸極
樂之界門闢不二挽黔首入大願之船我
世祖章皇帝順治十七年
詔命往五臺山
敕封扎薩克大喇嘛總理番漢僧人春秋來覲憩息此院大雲譯罷爰錫紫袍墨菊題成爭傳黃服至康熙二十二年
駕幸五臺加封清涼老人　翠華涖止身沾北闕之恩碧落言歸心印西方之偈傳徒羅藏丹月堅參謹持戒律不
愧家風至孫羅藏丹巴慎守箕裘克紹永業於康熙三十七年蒙
皇上敕封清修禪師賜銀印提督番漢僧衆至曾孫鼎增監錯見廟傾圮發願重修於康熙五十一年堵垣偕作棟宇
聿新復蒙
皇上欽賜白檀香主心木莊嚴佛臟香杖疊衣永留精舍招提蘭若廣貯上乘三車闡揚固溯本源於祖德七燈輝映
實借丕冑於
皇仁玆曾孫旦增監錯恭逢寶曆之綿長虔祝弘圖之鞏固爰令元孫等精勤譯誦朝夕梵修庶三千大千法雲
不散皆沐度濟之鴻庥抑萬載億載慧日常昭永享昇平之景福命工刊石奕祀永垂
賜同進士出身翰林院檢討鄭嶹撰並書
康熙六十一年歲壬寅秋九月吉日住持堅參朋錯勒石

京329《文殊院碑》

# 文殊院碑

年代：清代康熙六十一年（1722）九月
原址：西城區護國寺東廊下
拓片尺寸：碑身高 176、寬 91 釐米；額高 28、寬 25 釐米
書體：楷書
撰人：鄭嶹
書人：鄭嶹
《目錄》：頁 289
拓片編号：京 329
拓片錄自：《北京圖書館藏中國歷代石刻拓本匯編》第 67 卷 149 頁

【碑陽】

額題：敕賜重修（篆書）

碑文：

蓋聞龍音丕震，寧須獅座蜂臺；金粟常留，豈必珠宮貝闕。雖法彌寓縣，普施象教於皇所；而寺逼宸居，獨蒙 1 呵護於紫禁。此文殊院者，有明崇禎五年阿王羅藏習靜之所也。三明慧室，四靜禪杖。理闡無雙，引檀那歸極 2 樂之界；門闢不二，挽黔首入大願之船。我 3 世祖章皇帝順治十七年，4 詔命往五臺山，5 敕封扎薩克大喇嘛總理番漢僧人。春秋來覲，憩息此院。大雲譯罷，爰錫紫袍；墨菊題成，爭傳黃服。至康熙二十二年，6 駕幸五臺，加封清涼老人。翠華蒞止，身沾北闕之恩；碧落言歸，心印西方之偈。傳徒羅藏丹月堅參，謹持戒律，不 7 愧家風。至孫羅藏丹巴，慎守箕裘，克紹永業。於康熙三十七年，蒙 8 皇上敕封清修禪師，賜銀印，提督番漢僧衆。至曾孫鼎增監錯，見廟傾圮，發願重修。於康熙五十一年堵垣偕作，棟宇 9 聿新。復蒙 10 皇上欽賜白檀香主心木莊嚴佛、臧香杖、疊衣，永留精舍。招提蘭若，廣貯上乘。三車闡揚，固溯本源於祖德；七燈輝映，11 實借丕冑於 12 皇仁。玆曾孫旦增監錯恭逢寶曆之綿長，虔祝弘圖之鞏固，爰令元孫等精勤譯誦，朝夕梵修。庶三千大千，法雲 13 不散，皆沐度濟之鴻庥；抑萬載億載，慧日常昭，永享昇平之景福。命工刊石，奕祀永垂。14

賜同進士出身翰林院檢討鄭嶹撰並書。15

康熙六十一年歲壬寅秋九月吉日住持堅參朋錯勒石。16

# 威靈廟

威靈廟，原址在今前帽胡同十三號，寺廟建築現已不存。

威靈廟始建年代不詳，清《雍正廟冊》和《乾隆廟冊》對此廟均無記載。從清乾隆《京城全圖》上看，威靈廟位於前帽兒胡同路北，坐北朝南，爲兩進狹長院落，第一進院落内爲空地，無建築，在院牆外東西各有殿房一座，東爲三間、西爲兩間，似爲廟產；第二進院落内無山門，僅在院牆上開一小門，院内有殿房三間，殿前院牆外各有東西房三間，但與院内並不相通。

民國文獻《燕都叢考》援引《宛平王志》，稱“大、小帽兒胡同有威靈廟”[1]。除此之外，威靈廟不見於其他文獻記載。

2005 年調查時，威靈廟已不存，寺廟原址爲民國時期修蓋的二層樓洋房。

〔1〕參見《燕都叢考》第五章·内四区各街市，頁三百四十六至三百四十七、頁三百五十六。

# 龍王廟（新街口南大街一百一十八號）

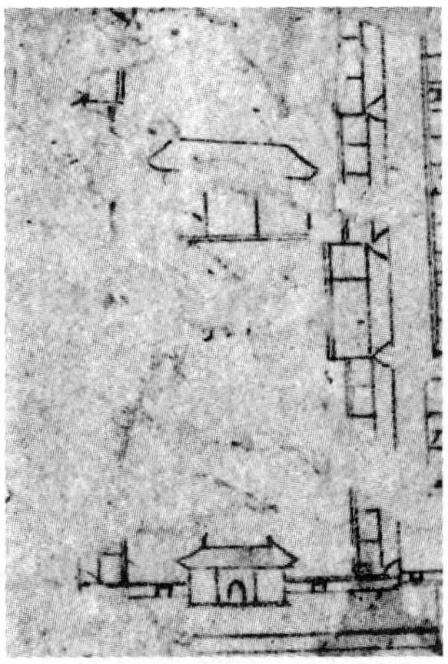

龍王廟，又名神龍祠、龍興洛伽寺，清乾隆《京城全圖》似繪其部分建築，然因有漫漶，廟名並全貌不得見。原址爲内四區新街口南大街一百一十八號（今西城區新街口南大街四號），寺廟建築現存部分。廟前原有民國四年（1915）《安吉陞紀念塔》，現塔已不存，國家圖書館藏其拓片[1]。

據《日下舊聞考》等文獻記載，龍王廟又名神龍祠，在新街口，爲清雍正七年（1729）世宗憲皇帝發帑敕建，乾隆十八年（1753）奉旨易蓋黄琉璃瓦，二十八年（1763）奉敕重修[2]。清《雍正廟冊》中登記此廟爲大僧廟，住持法慧，殿宇和禪房間數闕如，可能是當時廟尚在修建中之故。《乾隆廟冊》仍登記爲大僧廟，並註明官修，住持覺天。至乾隆三十五年（1770）内務府清查官管寺廟時，龍王廟有山門一間、殿宇三間、禪房七間、鋪面房六間，住持僧仍爲覺天，且並無對外租賃，廟貌尚好[3]。

然清末以後，廟漸破敗，民國二十年（1931）住持同泉將前院亭子一間、殿房四間拆去，並將所得之木料及頂瓦，賣與德利木廠，以作修理後院房屋之資[4]。拆後之龍王廟山門東向，東殿三間，正供泥塑龍王坐像一尊，泥童六人

〔1〕民國四年（1915）《安吉陞紀念塔》，《北京圖書館藏中國歷代石刻拓本匯編》，京430，卷九十一，頁六十七至七十四。

〔2〕參見《宸垣識略》卷八·内城四，頁一百六十一；《光緒順天府志》京師志十六·寺觀一·内城寺觀，頁五百零二至五百零三；《燕都叢考》第五章·内四區各街市，頁三百二十四、三百二十六；《北平廟宇通檢》上編·内城·内四區，頁五十四。

〔3〕參見第一歷史檔案館藏《呈報官管寺廟殿宇房間數目清單》，乾隆三十五年五月二十二日，檔案號05-0277-032。

〔4〕參見北京市檔案館藏《北平市社會局·内四區龍王廟僧人悟修登記廟產的呈文及社會局的批示》，1932—1937年，檔案號J2-8-423，頁一百二十五至一百六十五。

立於兩旁，其餘或泥或木小佛九尊，均高不及尺。正殿南北有配房各三間，前有配殿各三間，水井一眼。廟門外有安吉陞紀念塔，爲附近鋪戶商民六百多人合力捐資，爲保衛地方安寧而因公殉職的滿洲正黄旗旗人、右翼翼尉安吉陞所立[1]。然因修廟房，同泉欠下附近水果商人債務，以廟抵之。商人管廟於制不合，於是民國二十三年（1934）後，他先後將廟倒賣給捨飯寺僧人、河北武清縣廟村三義廟住持悟修和北平市自在庵住持志平，以致二僧與商人爲廟產一事，對簿公堂經年之久。法院最後將廟產判給捨飯寺僧人悟修，龍王廟成爲捨飯寺[2]下院。民國三十四年（1945）之後，悟修圓寂後，水果商人遺孀再次爲廟產事與悟修之徒闊光（繼任住持）爭訟，歷時又數年之久，直至民國三十六年（1947），闊光圓寂，其師弟祥光接任住持後，纔再無爭議。

1947年，龍王廟住持更換爲祥光[3]。至1950年，此廟殿房已增至三十七間[4]。1952年時，祥光任清華建築工程學校會計員，不再管理廟務，廟内殿房數量亦未登記[5]。據老住戶回憶，約在20世紀60年代，此廟已完全成爲民居院落。

2008年調查時，龍王廟坐東朝西，現存三間大殿，南北各有兩間小耳房，北耳房已翻修。大殿南側廂房仍存，爲三間。水井已被填平，其址現爲便道。

龍王廟大殿俯瞰（2012年10月曉松攝）

〔1〕參見國立北平研究院《龍王廟》，西四105。

〔2〕參見六排五段“捨飯寺”。

〔3〕參見《北京寺廟歷史資料》，頁七百零四。

〔4〕參見北京市檔案館藏《北平市民政局·北平市寺廟總登記簿》，1950年，檔案號J3-1-203，頁二十七。

〔5〕參見北京市檔案館藏《北平市民政局民族事務科·西四區僧、尼寺廟登記表》，1952年，檔案號196-1-18，頁九十五。

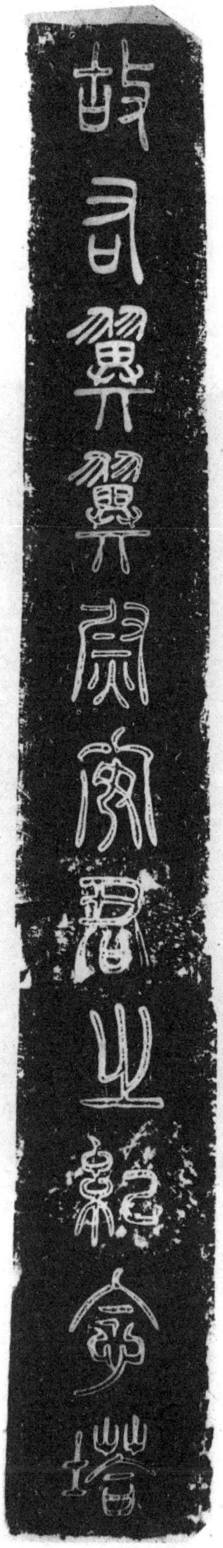

京 430《安吉陛紀念塔》篆題

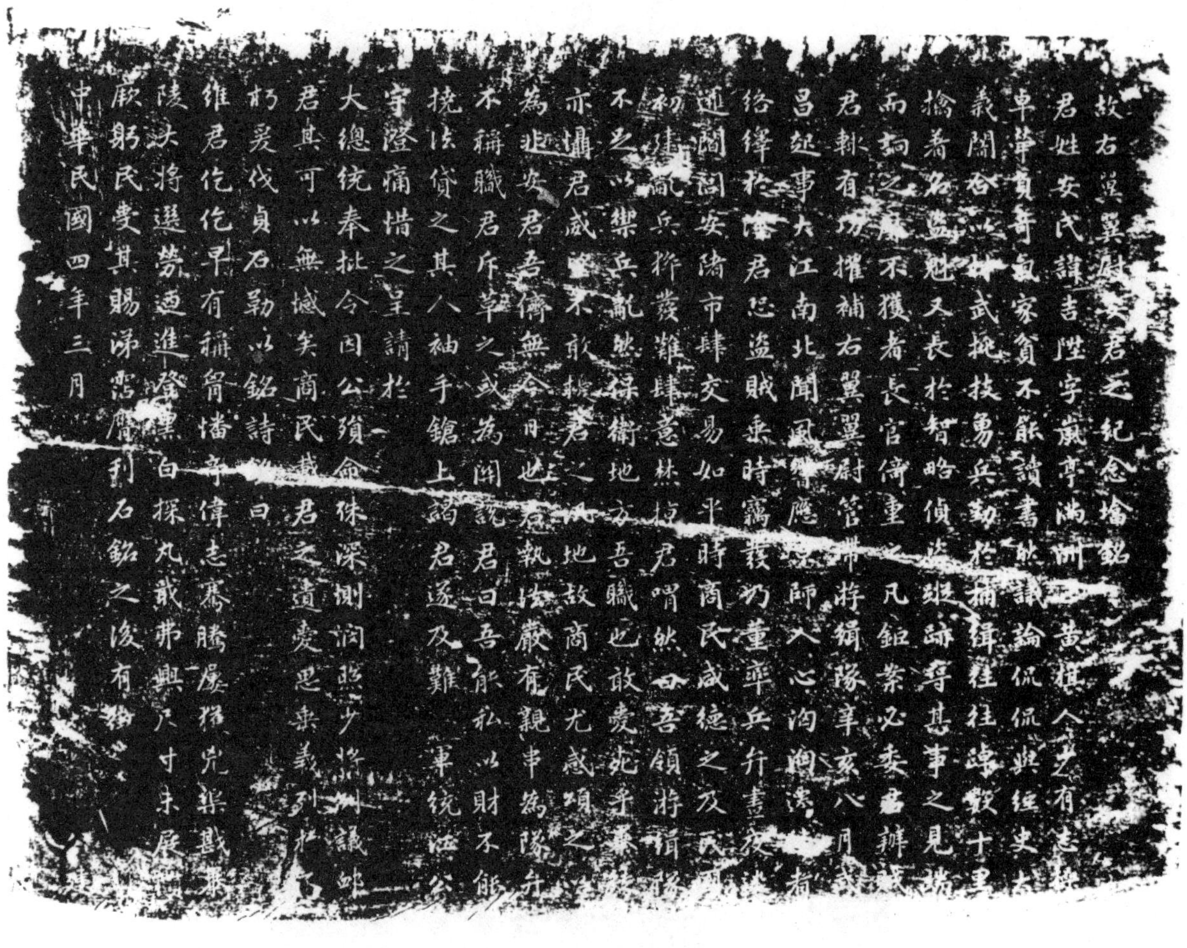

京 430《安吉陞紀念塔》塔銘

京 430《安吉陛紀念塔》題名（一）

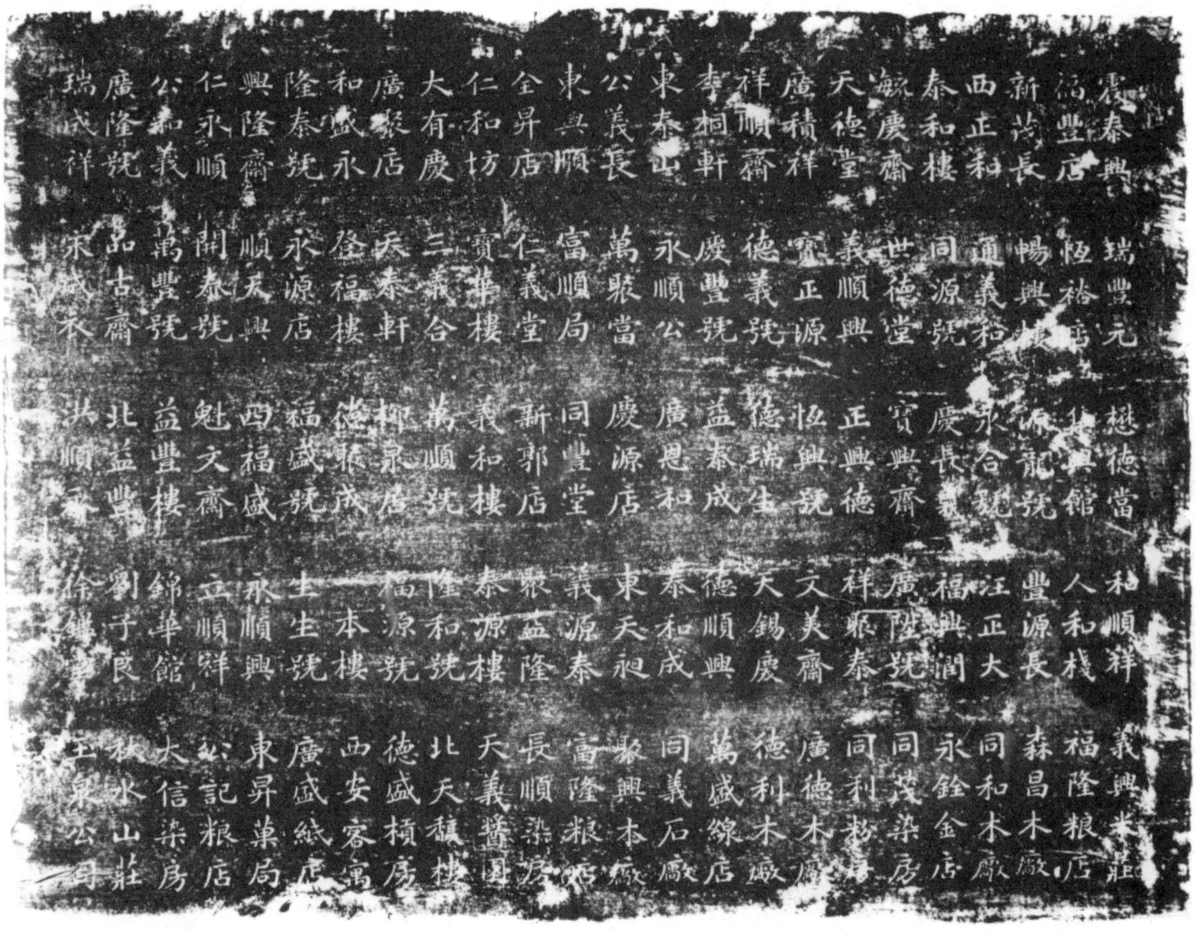

京430《安吉陞紀念塔》題名（二）

京 430《安吉陛紀念塔》題名（三）

京 430《安吉陞紀念塔》題名（四、五、六）

[篆題]

故右翼翼尉安君之紀念塔

[塔銘]

故右翼翼尉安君之紀念塔銘
君姓安氏諱吉陞字嵐亭滿洲正黄旗人少有志操
卓犖負奇氣家貧不能讀書然議論侃侃與經史大
義闇合以材武托技勇兵勤於捕緝往往踔數十里
擒著名盜魁又長於智略偵盜蹤跡尋其事之見端
而詷之靡不獲者長官倚重之凡鉅案必委君辦賊
君輒有功擢補右翼翼尉管帶游緝隊辛亥八月武
昌起事大江南北聞風響應京師人心洶洶□□者
絡繹於□君恐盜賊乘時竊發乃董率兵弁晝夜巡
邏闤闠安都市肆交易如平時商民咸德之及民國
初建亂兵□發難肆意焚掠君喟然曰吾領游緝隊
不足以禦兵亂然保衛地方吾職也敢愛死乎暴徒
亦懾君威望不敢擾君之□地故商民尤感頌之以
爲非安君吾儕無今日也君執法嚴有親串爲隊弁
不稱職君斥革之或爲關說君曰吾能私以財不能
撓法貸之其人袖手鎗上謁君遂及難軍統江公
宇澄痛惜之呈請於
大總統奉批令因公殞命殊深惻憫照少將例議卹
君其可以無憾矣商民戴君之遺愛思垂義烈於不
朽爰伐貞石勒以銘詩銘曰
維君仡仡早有稱胸懦奇偉志騫騰屢穫兇渠戢暴
陵大將選勞迺進登黑白探丸戢弗興尺寸未展□
厥躬民受其賜涕霑膺刊石銘之後有徵
中華民國四年三月

京 430《安吉陞紀念塔》

[題名]

（一）

朱蘭田 福鳳九 瑞錫臣 □□山 楊子□
吳承之 牟濟東 奎仲元 王□珍 張□泉
崇雲峰 胡緒五 王壽山 承□當 寶善當
王善亭 剛潔清 丁頌□ 同□當 永□當
孟堯臣 張建齋 □修之 乾□當 馬鳳宸
郝品珩 瑞寶生 同義祥 敦義永 恒興號
劉振聲 王克三 永和興 慎銘齋 信義成
張西山 郭怡圃 吳殿臣 吳闊亭 寧德久
劉玉亭 德古齋 張樂亭 張梓林 錢靜泉
陳化南 馬久安 蘇子竹 邵彬如 張明山
趙子鶴 瑞公興 梁北泉 趙心田 范□明
康懋廷 永亨號 高靜芝 張德海 王□臣
劉德輔 王遠亭 楊德山 邵壽山 王怡光
王俊山 德健如 聶陶龕 劉子珍 朱雨田
張子厚 柴玉聲 周質卿 王仲權 馬懋臣
王子隆 舒星聯 劉甫臣 許善卿 □世封
孟澤田 張月亭 蘇善□ 塔隆阿 □保
朱壽山 王琴軒 劉友三 常□ □浩
谷子惠 范少卿 英啟 韓子同 □興德
劉古亭 田子衡 英傑 西林布 永義興
萬盛號 萬盛東 隆景和 天吉樓 裕昌德
同和居 仁和堂 人和厚 合義祥 德成號
蘭華齋 永豐德 西廣豐 聚華樓 長盛號
胡子祥 張子衡 王魁卿 玉豐成 萬魁號

（二）

震泰興 瑞豐元 懋德當 和順祥 義興米莊
福豐店 恒裕店 集興館 人和棧 福隆糧店
新茂長 暢興樓 源龍號 豐源長 森昌木廠
西正和 通義和 永合號 汪正大 同和木廠
泰和樓 同源號 慶長義 福興潤 永銓金店
毓慶齋 世德堂 寶興齋 廣陞號 同茂染房
天德堂 義順興 正興德 祥聚泰 同利粉房
廣積祥 寶正源 恒興號 文美齋 廣德木廠
祥順齋 德義號 德瑞生 天錫慶 德利木廠
李桐軒 廣豐號 益泰成 德順興 萬盛線店
東泰山 永順公 廣恩和 泰和成 同義石廠
公義長 萬聚當 慶源店 東天昶 聚興木廠
東興順 富順局 同豐堂 義源泰 富隆糧店
全昇店 仁義堂 新郭店 聚益隆 長順染房
仁和坊 寶華樓 義和樓 泰源樓 天義醬園
大有慶 三義合 萬順號 隆和號 北天馥樓
廣聚店 天泰軒 柳泉居 福源號 德盛槓房
和盛永 登福樓 德聚成 一本樓 西安客寓
隆泰號 永源店 福盛號 生生號 廣盛紙店
興隆齋 順天興 西福盛 永順興 東昇菓局
仁永順 開泰號 魁文齋 立順祥 公記糧店
公和義 萬豐號 益豐樓 錦華館 大信染房
廣隆號 品古齋 北益豐 劉子良 秋水山莊
瑞成祥 宋成衣 洪順永 徐鑑堂 玉泉公司

## 京430《安吉陞紀念塔》

（三）

五香齋 公和長 隋鼎臣 海豐軒 魁順興 十萬春 順興德 天順祥 隆豐和 太和局 和義成 和順成 乾盛公 同和堂 源增局 德義昌 元順長 乾華樓 乾元堂 敏明齋 立愛山 志成當 恒源號 大生號

公和源 公和裕 復興局 隆興泰 信義號 裕興成 廣裕祥 通興永 寶元齋 贊元堂 壽昌號 恒興祥 泰來永 隆盛昌 源興昌 毓美齋 增盛永 永豐德 王子貞 異馥軒 柳星圃 西和豐 和增祥 聚太號

亨記號 公和順 增盛當 大興隆 富增館 正泉永 金昇平 慶馨齋 便宜坊 萬泰昌 普安堂 隆和號 和順祥 聚魁坊 慶雲齋 黃晏之 璞蘊山 李月亭 春澤浦 劉峻亭 公興盛 西蘭英 西鼎和 泰山永

公興裕 公和恒 東海昇 和順公 道德生 大順成 義和號 永成號 信昌恒 聚盛德 異蕙軒 慶星樓 慶發祥 公濟棧 廣三和 柳子溪 鮑宗祥 張獻庭 柳瑞峰 奎闓臣 富慶堂 天合利 天合成 全聚源

臨記洋行 中華飯店 永聚糧店 興華公司 福壽桅廠 德豐米莊 德昌木廠 隆和鐵鋪 同順木廠 永吉木廠 天源油店 日升木廠 全盛果店 廣和爐鋪 和源糧店 同順城店 信成果局 天泰糧店 景元茶店 利源木廠 和順轎鋪 萬成□鋪 天泉木廠 豐盛糧店

（四）

王古□ 王□緣 周桐軒 何善臣 徐□泉 許崇光 □常山 濮長清 王永財 李右文 王□俊 周□王 張琴軒 徐□芝 王興武 王藎卿 張信九 □伯軒 李長藻 道振東 王少權 唐啓昆 劉松壽 王鑑泉 葉德林 李耀增 馮壽齡 陳順 陳明 張培元 和興泰 天興永 德興泰 同興店 長順店 首善第一廠

邢□□ 李秀生 李月橋 黃丹彬 陳□□ 常□勳 胡桂林 張□海 張□□ □海泉 徐善徵 □錫崑 張雲□ 胡子佩 趙禮庭 王潤亭 劉仲賡 王荃 金俊德 王沛田 趙久峰 趙遂安 趙闊亭 王清泉 王鏡秋 席秀山 劉靄亭 楊榮齋 廷厚庵 張□臣 闞子延 李恒 □椿珩 劉蔭闊 金□衡

（五）

新雲齋 通裕隆 四合館 盛順號 金三元 聚泰永 遠馨廠 裕通號 致美齋 永隆泉 廣大欣 瑞興隆 和興任 復興天 泉祥鴻 興茂店 湧源號 錦泉店 □興□ 義順號 興隆館 香薷軒 南永順 泰古棧 義合順 □興號 裕和公 瑞慶龍 佩德永 森源廠 中福盛 增盛源 泰昌店 龍騰長 天豐店 海興成

廣陞厚 同興號 天興益 晉德館 天德公 全增祥 福興齋 文增樓 普安齋 義興成 永亨店 義成號 同和號 瑞鳴齋 懷德堂 富泰祥 利興德 西盛□ 德盛號 東正□ 雙天和 廣順和 義古齋 廣茂號 福華坊 會源永 寶聚源 佩蘭齋 玉川厚 東福盛 湧福坊 永華坊 天連成 源興成 復興和 全聚□

（六）

王子□ 戴錫三 徐峻川 裕華樓 源豐西棧 德興楨房 玉崑嵐 陳錫舟 張彬舫 程啟□ 王聯五 任潤山 特立如 牛輔廷 李雁亭 李達三 楊欽三 謝久山 常春亭 薛翰臣 馬壽臣 李輔亭 楊怡亭 李樂亭 李松山 毓松泉 吳澤芝 夏志齋 田保三 呂蔭田 牟文卿 鮑如山 王輔臣 麻問卿 孫幹臣 張紹文

李墨□ 孫逵甫 □蘊□ □□□ 李月□ 張□臣 王潤軒 劉蘊舫 韓華濃 □宗瀚 劉有三 金琅川 李振聲 吳鎮川 樊善亭 章梅村 邵善甫 吳迪臣 渠祝華 耿漢三 王輔亭 吳怡謙 郭雲圃 趙香久 敬臨莊 樸力田 田獻廷 張毅亭 張吉人 朱棟臣 姜松山 張壽泉 牟竹溪 王藎臣 王春海 邵子言

京 430《安吉陞紀念塔》

# 安吉陞紀念塔

年代：民國四年（1915）三月
原址：西城區新街口大街
拓片尺寸：篆題高 235 釐米，寬 30 釐米；座面高 48 釐米，寬 62 釐米；座側題名高 15 釐米，寬 87 釐米。
書體：正書並篆題
《目錄》：頁 124
拓片編號：京 430
碑文錄自：《北京圖書館藏中國歷代石刻拓本匯編》91 卷 67—74 頁

[篆題]

故右翼翼尉安君之紀念塔

[塔銘]

故右翼翼尉安君之紀念塔銘 1

君姓安氏，諱吉陞，字嵐亭，滿洲正黄旗人。少有志操，2 卓犖負奇氣。家貧不能讀書，然議論侃侃，與經史大 3 義闇合。以材武托技勇兵，勤於捕緝，往往踔數十里，4 擒著名盜魁。又長於智略，偵盜蹤跡，尋其事之見端 5 而詗之，靡不獲者。長官倚重之，凡鉅案必委君辦賊。6 君輒有功，擢補右翼翼尉，管帶游緝隊。辛亥八月，武 7 昌起事，大江南北，聞風響應。京師人心洶洶，□□者 8 絡繹於□。君恐盜賊乘時竊發，乃董率兵弁，晝夜巡 9 邏，閭閻安都，市肆交易如平時，商民咸德之。及民國 10 初建，亂兵□發難，肆意焚掠。君喟然曰："吾領游緝隊 11 不足以禦兵亂。然保衛地方，吾職也，敢愛死乎？"暴徒 12 亦慑君威望，不敢擾君之□地。故商民尤感頌之，以 13 爲非安君，吾儕無今日也。君執法嚴，有親串爲隊弁，14 不稱職，君斥革之。或爲關說，君曰："吾能私以財，不能 15 撓法貸之。"其人袖手鎗上謁，君遂及難。軍統江公 16 宇澄痛惜之，呈請於 17 大總統。奉批令：因公殞命，殊深惻憫。照少將例議卹 18 君。其可以無憾矣。商民戴君之遺愛，思垂義烈於不 19 朽，爰伐貞石，勒以銘詩。銘曰：20

維君仡仡早有稱，胸懵奇偉志騫騰。屢穫兇渠戡暴 21 陵，大將選勞迺進登。黑白探丸戢弗興，尺寸未展□22 厥躬。民受其賜涕霑膺，刊石銘之後有徵。23

中華民國四年三月 24

[題名]

（一）

第一排：朱蘭田、吳承之、崇雲峰、王善亭、孟堯臣、郝品珩、劉振聲、張西山、劉玉亭、陳化南、趙子鶴、康懋廷、劉德輔、王俊山、張子厚、王子隆、孟澤田、朱壽山、谷子惠、劉古亭、萬盛

號、同和居、蘭華齋、胡子祥

第二排：福鳳九、牟濟東、胡緒五、剛潔清、張建齋、瑞寶生、王克三、郭怡圃、德古齋、馬久安、瑞公興、永亨號、王遠亭、德健如、柴玉聲、舒星聯、張月亭、王琴軒、范少卿、田子衡、萬盛東、仁和堂、永豐德、張子衡

第三排：瑞錫臣、奎仲元、王壽山、丁頌□、□修之、同義祥、永和興、吴殿臣、張樂亭、蘇子竹、梁北泉、高靜芝、楊德山、聶陶奩、周質卿、劉甫臣、蘇善□、劉友三、英啟、英傑、隆景和、人和厚、西廣豐、王魁卿

第四排：□□山、王□珍、承□當、同□當、乾□當、敦義永、慎銘齋、吴闊亭、張梓林、邵彬如、趙心田、張德海、邵壽山、劉子珍、王仲權、許善卿、塔隆阿、常□、韓子同、西林布、天吉樓、合義祥、聚華樓、玉豐成

第五排：楊子□、張□泉、寶善當、永□當、馬鳳宸、恒興號、信義成、寧德久、錢靜泉、張明山、范□明、王□臣、王怡光、朱雨田、馬懋臣、□世封、□保、□浩、□興德、永義興、裕昌德、德成號、長盛號、萬魁號

（二）

第一排：震泰興、福豐店、新茂長、西正和、泰和樓、毓慶齋、天德堂、廣積祥、祥順齋、李桐軒、東泰山、公義長、東興順、全昇店、仁和坊、大有慶、廣聚店、和盛永、隆泰號、興隆齋、仁永順、公和義、廣隆號、瑞成祥

第二排：瑞豐元、恒裕店、暢興樓、通義和、同源號、世德堂、義順興、寶正源、德義號、廣豐號、永順公、萬聚當、富順局、仁義堂、寶華樓、三義合、天泰軒、登福樓、永源店、順天興、開泰號、萬豐號、品古齋、宋成衣

第三排：懋德當、集興館、源龍號、永合號、慶長義、寶興齋、正興德、恒興號、德瑞生、益泰成、廣恩和、慶源店、同豐堂、新郭店、義和樓、萬順號、柳泉居、德聚成、福盛號、西福盛、魁文齋、益豐樓、北益豐、洪順永

第四排：和順祥、人和棧、豐源長、汪正大、福興潤、廣陞號、祥聚泰、文美齋、天錫慶、德順興、泰和成、東天昶、義源泰、聚益隆、泰源樓、隆和號、福源號、一本樓、生生號、永順興、立順祥、錦華館、劉子良、徐鑑堂

第五排：義興米莊、福隆糧店、森昌木廠、同和木廠、永銓金店、同茂染房、同利粉房、廣德木廠、德利木廠、萬盛線店、同義石廠、聚興木廠、富隆糧店、長順染房、天義醬園、北天馥樓、德盛槓房、西安客寓、廣盛紙店、東昇菓局、公記糧店、大信染房、秋水山莊、玉泉公司

（三）

第一排：五香齋、公和長、隋鼎臣、海豐軒、魁順興、十萬春、順興德、天順祥、隆豐和、太和局、和義成、和順成、乾盛公、同和堂、源增局、德義昌、元順長、乾華樓、乾元堂、敏明齋、立愛山、志成當、恒源號、大生號

第二排：公和源、公和裕、復興局、隆興泰、信義號、裕興成、廣裕祥、通興永、寶元齋、贊元堂、壽昌號、恒興祥、泰來永、隆盛昌、源興昌、毓美齋、增盛永、永豐德、王子貞、異馥軒、柳星圃、西和豐、和增祥、聚太號

第三排：亨記號、公和順、增盛當、大興隆、富增館、正泉永、金昇平、慶馨齋、便宜坊、萬泰昌、普安堂、隆和號、和順祥、聚魁坊、慶雲齋、黄晏之、璞蘊山、李月亭、春澤浦、劉峻亭、公興盛、西蘭英、西鼎和、泰山永

第四排：公興裕、公和恒、東海昇、和順公、道德生、大順成、義和號、永成號、信昌恒、聚盛德、異蕙軒、慶星樓、慶發祥、公濟棧、廣三和、柳子溪、鮑宗祥、張獻庭、柳瑞峰、奎闊臣、富慶堂、天合利、天合成、全聚源

第五排：臨記洋行、中華飯店、永聚糧店、興華公司、福壽桅廠、德豐米莊、德昌木廠、隆和鐵鋪、同順木廠、永吉木廠、天源油店、日升木廠、全盛果店、廣和爐鋪、和源糧店、同順城店、信成果局、天泰糧店、景元茶店、利源木廠、和順轎鋪、萬成□鋪、天泉木廠、豐盛糧店

（四）

第一排：王古□、王□緣、周桐軒、何善臣、徐□泉、許崇光、□常山、濮長清、王永財、李右文、王□俊、周□王、張琴軒、徐□芝、王興武、王藎卿、張信九、□伯軒、李長藻、道振東、王少權、唐啓昆、劉松壽、王鑑泉、葉德林、李耀增、馮壽齡、陳順、陳明、張培元、和興泰、天興永、德興泰、同興店、長順店、首善第一廠

第二排：邢□□、李秀生、李月橋、黄丹彬、陳□□、常□勳、胡桂林、張□海、張□□、□海泉、徐善徵、□錫崑、張雲□、胡子佩、趙禮庭、王潤亭、劉仲賡、王荃、金俊德、王沛田、趙久峰、趙遂安、趙闊亭、王清泉、王鏡秋、席秀山、劉靄亭、楊榮齋、廷厚庵、張□臣、闞子延、李恒、□椿珩、劉蔭闊、金□衡

（五）

第一排：新雲齋、通裕隆、四合館、盛順號、金三元、聚泰永、遠馨廠、裕通號、致美齋、永隆泉、廣大欣、瑞興隆、和興任、復興天、泉祥鴻、興茂店、湧源號、錦泉店、□興□、義順號、興隆館、香藁軒、南永順、泰古棧、義合順、□興號、裕和公、瑞慶龍、佩德永、森源廠、中福盛、增盛源、泰昌店、龍騰長、天豐店、海興成

第二排：廣陞厚、同興號、天興益、晉德館、天德公、全增祥、福興齋、文增樓、普安齋、義興成、永亨店、義成號、同和號、瑞鳴齋、懷德堂、富泰祥、利興德、西盛□、德盛號、東正□、雙天和、廣順和、義古齋、廣茂號、福華坊、會源永、寶聚源、佩蘭齋、玉川厚、東福盛、湧福坊、永華坊、天連成、源興成、復興和、全聚□

（六）

第一排：王子□、戴錫三、徐峻川、裕華樓、源豐西棧、德興槓房、玉崑嵐、陳錫舟、張彬舫、程啟□、王聯五、任潤山、特立如、牛輔廷、李雁亭、李達三、楊欽三、謝久山、常春亭、薛翰臣、馬壽臣、李輔亭、楊怡亭、李樂亭、李松山、毓松泉、吳澤芝、夏志齋、田保三、呂蔭田、牟文卿、鮑如山、王輔臣、麻問卿、孫幹臣、張紹文

第二排：李墨□、孫逵甫、□蘊□、□□□、李月□、張□臣、王潤軒、劉蘊舫、韓華濃、□宗瀚、劉有三、金琅川、李振聲、吳鎮川、樊善亭、章梅村、邵善甫、吳迪臣、渠祝華、耿漢三、王輔亭、吳怡謙、郭雲圃、趙香久、敬臨莊、樸力田、田獻廷、張毅亭、張吉人、朱楝臣、姜松山、張壽泉、牟竹溪、王藎臣、王春海、邵子言

# 龍王廟（新街口南大街一百五十五號）

龍王廟，不見於清乾隆《京城全圖》，原址爲内四區新街口南大街一百五十五號（今西城區新街口南大街五十一號），寺廟建築現已不存。

龍王廟始建年代不詳，歷代文獻中無考。1930年代調查記録稱，龍王廟有廟房一間，東向，内供龍王、土地、財神塑像三尊，坐高二尺餘，童像四尊高尺餘，均已殘。廟前有井一口，井蓋有鎖[1]。至1945年，龍王廟仍存殿一間，内供龍王[2]。從調查得知，此龍王廟實因彌陀寺[3]廟前水井而建，因山東水夫依井賣水，故設廟祀神，其原址即在彌陀寺正殿之東，南小房一間乃此龍王廟，北配房三間即水夫居所[4]。

2008年調查時，龍王廟已不存，原址上後蓋平房，但已從彌陀寺廟院中隔出。

〔1〕參見國立北平研究院《龍王廟》，西四32。

〔2〕參見首都圖書館藏《北平寺廟調查一覽表》，民國三十四年（1945），手抄本頁三十四。

〔3〕〔4〕參見本排段“彌陀寺”條。

# 彌陀寺

彌陀寺，明清時期原稱龍泉庵或龍泉寺，不見於清乾隆《京城全圖》，原址在内四區新街口南大街一百五十六號（今西城區新街口南大街五十一號），現存部分寺廟建築。

明代文獻《宛署雜記》稱："龍泉庵，一在鳴玉坊，嘉靖三十五年錦衣衛千戶李廣建。"[1]則此寺可能始建於明嘉靖三十五年（1556）。

至清代，《雍正廟冊》中稱龍泉庵在新街口，爲大僧廟，有殿宇五間、禪房十八間，住持德瑞。《乾隆廟冊》中仍登記爲大僧廟，住持月輝。至於自"龍泉"至"彌陀"更名之始，民國時寺廟住持月珠聲稱，龍泉庵原係尼庵，早經廢弛，清光緒年間慈因寺接管後乃更名[2]。實際上，清康熙六十年（1721），都察院、通政司、太僕寺、順天府六科及宛平大興兩縣五城兵馬司諸臣在廟内建壇念經賀聖壽時，寺尚名"龍泉"[3]。而到了清嘉慶五年（1800）正月，頭等護衛格同青等衆善人等，合力同修寺廟並立西殿門額時，已記廟名爲"報恩彌陀寺"，故知月珠説法爲誤，寺名之更乃在雍乾期間。

清光緒三十二年（1906），住持吉安登記爲彌陀寺住持，此時它已是宫門口慈因寺[4]下院。後因吉安年老体衰，傳位於徒月珠，民國二十年（1931），月珠再傳於法徒慧明。此時彌陀寺山門東向，木額"彌陀寺"，門内首有水井一眼；西殿五間，内供泥塑金身阿彌陀佛坐像，南達摩，北關帝、土地等三尊；北房三間係住宅[5]。月珠、慧明均不住在廟内，另有看廟人住廟管理。直至1952年，彌陀寺的廟産數量一直保持未變[6]。

---

〔1〕《宛署雜記》，頁二百三十。

〔2〕參見北京市檔案館藏《北平市社會局寺廟類·内四區彌陀寺僧人月珠登記廟産的呈文及社會局的批示》，1930—1936年，檔案號J2-8-434，頁四至五。

〔3〕（清）康熙《萬壽盛典圖》，見《清朝北京都市大圖典》，頁七十三。

〔4〕參見六排十段"慈因寺"。

〔5〕參見國立北平研究院《彌陀寺》，西四30。

〔6〕參見北京市檔案館藏《北平市民政局民族事務科·西四區僧、尼寺廟登記表》，1952年，檔案號196-1-18，頁九十五。

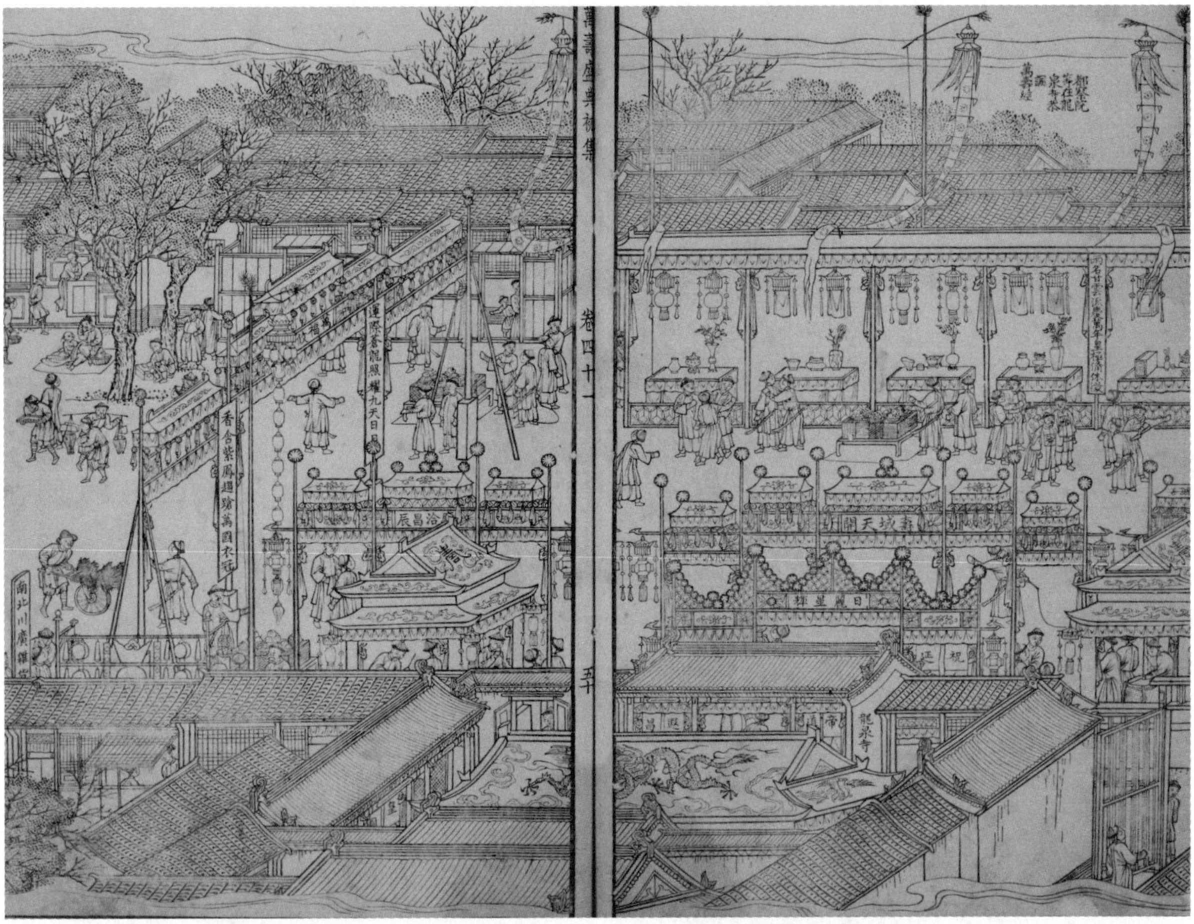

康熙《萬壽盛典初集》中的彌陀寺（時名龍泉寺）

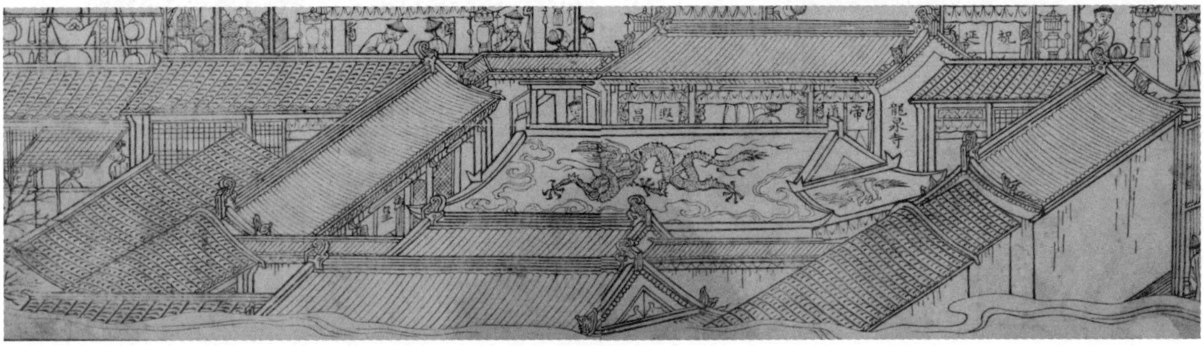

康熙《萬壽盛典初集》中的彌陀寺細部

據老住戶説，20世紀50年代，彌陀寺大門毗鄰天德堂藥鋪，院内有大殿三間，南北各帶一小耳房。大殿正中供佛坐像，左右兩排立像，殿前南側有水井一眼，餘爲空地。僧人少來，王姓山東人因租用水井賣水爲生，故住廟内三間北廂房，並負責看管廟務。1958年，佛像被拉走，大殿屋頂翻蓋。至60年代中期，水井被填埋，但水夫後人並未搬離[1]。

2008年調查時，彌陀寺仍存，坐西朝東，爲一進院落，内有大殿三間並耳房兩間，但屋頂已翻蓋，北廂房三間，水井房一間。2011年回訪時，廟仍原貌，然建築損毁日甚。

〔1〕參見本排段“龍王廟（新街口南大街一百五十五號）”條。

彌陀寺鳥瞰圖（2012 年 10 月曉松攝）

# 毗盧寺

毗盧寺，又稱毗盧庵，不見於清乾隆《京城全圖》，原址爲内四區護國寺棉花胡同四十二號（今西城區棉花胡同五十三號），現存部分寺廟建築。

毗盧寺始建年代不詳，可能明時已有，蓋廟内原有明崇禎元年（1628）孟秋鑄鐵磬一口。至清《雍正廟冊》中寺有明確記載，稱"毗盧庵，在綿花胡同"，爲大僧廟，有殿宇三間、禪房六間，住持道增。至《乾隆廟冊》仍登記爲大僧廟，住持傳福。《京城全圖》中雖無毗盧寺，然清代以來它一直添建不斷，廟内原有康熙五十八年（1719）鐵磬一口、乾隆五年（1740）鐵鼎二座、清道光十年（1830）鐵鐘一口。清光緒十七年（1891）廟又重修，時任翰林院檢討的蔣式芬親自題寫山門及大殿額匾。

重修後十四年，即光緒三十一年（1905），僧人微元接廟，在僧錄司立有手本。此後二十餘年，他的後任澄修於民國十七年（1928）將香火轉給了外三區石板胡同十五號興隆關帝廟的住持寶山[1]。此時毗盧寺東向，前殿三間即山門，木額"毗盧寺"，殿内供泥塑金身關帝坐像一尊；正殿三楹爲毗盧殿，内供木胎金身毗盧佛一尊，左右阿難、迦葉侍立，像則木質，五供藍瓷。東間供呂祖一尊，左站紀小唐、右站柳仙。院内南北配房各三間，均帶兩間東耳房；後院北房三間，堂屋内供木胎金身千手佛，左右二護法，一爲伽藍關帝、一爲韋馱，均爲木胎金身。右邊一間爲禪堂；西跨院内還有北房三間、西房三間[2]。

民國二十一年（1932）年初，寶山染病亡故，臨危之時將寺廟傳與唯一的法徒露祥。露祥此時尚未成人，其俗家生母史蔡氏幫同辦理廟務，法親笑祖塔院住持靈岩[3]、廣善寺住持慧三及戒親清化寺住持顯瑞負監督之責。但僅僅數日後，露祥就以"年歲尚幼，正在習學經卷，深恐廢弛廟務"爲由，將毗盧寺及興隆關帝廟兩廟住持讓與師叔祖萊山接充。民國二十五年

〔1〕參見北京市檔案館藏《北平市社會局寺廟類·内四區毘盧寺僧人寶山登記廟產的呈及社會局的批示》，1930—1936年，檔案號J2-8-355，頁五至七。

〔2〕參見國立北平研究院《彌陀寺》，西四188。

〔3〕靈岩同時兼任柳巷朝陽庵住持，參見本書三排十段"朝陽庵"條。

(1936),萊山圓寂,二十一歲的露祥重新成爲毗盧寺住持[1]。到1952年登記時,毗盧寺内有僧三人,除本廟廟房外,還在西海北河沿十四號有附屬民房十一間、淨業寺夾道三號有附屬民房九間,另在西郊馬哈拉廟有附屬墳地六畝六分[2]。

老住户對廟内神像記憶猶新,他們説正殿供奉大佛爺和毗盧佛,東房供奉關公,上世紀40年代末時,衹有一位老和尚每日焚香修行,以此爲家。至50年代初,陸續有住户搬入廟内居住,後漸演變成民居院落。

2005年調查時,毗盧寺正殿及東、西廂房尚存,院内還有棗樹四株,爲居民住家院落,約有居民三十户。

毗盧寺外景(2012年10月曉松攝)

毗盧寺正殿(2012年10月曉松攝)

〔1〕參見北京市檔案館藏《北平市社會局寺廟類·内四區毘盧寺僧人寶山登記廟產的呈及社會局的批示》,1930—1936年,檔案號J2-8-355,頁二十二至三十、頁七十八至九十九、頁一百零二至一百一十九。

〔2〕參見北京市檔案館藏《北平市民政局民族事務科·西四區僧、尼寺廟登記表》,1952年,檔案號196-1-18,頁九十五。此處馬哈拉廟疑爲"瑪哈嘎拉"廟之異寫。

# 五道廟（百花深處一號）

五道廟，不見於清乾隆《京城全圖》，原址爲内四區百花深處一號（今西城區百花深處十七號），寺廟建築現已不存。

五道廟始建年代不詳，歷代文獻中均無考。1930 年代初國立北平研究院調查時，見百花深處胡同有廟房一間，南向，廟門上方有木額曰“五道神祠”，廟内供小泥佛像五尊[1]。1945 年警察局調查稱，五道神祠屬當街廟，内供武財神、藥王、土地各一尊[2]。附近居民對此廟説法不一，有人認爲此廟曾是火神廟，也有人説此處原來有一座小塔。

2008 年調查時，五道廟已不存，寺廟原址現爲居民住宅。

〔1〕參見國立北平研究院《五道廟》，西四 193。

〔2〕參見首都圖書館藏《北平寺廟調查一覽表》，民國三十四年（1945）手抄本，頁十二。

# 五道廟（百花深處三號）

五道廟，不見於清乾隆《京城全圖》，原址爲内四區百花深處三號（今西城區新太平胡同二號旁門），寺廟建築現已不存。

五道廟始建年代不詳，20世紀30年代國立北平研究院的調查人員曾經見過，當時也祇小殿一間，内無神像。據老街坊回憶，上世紀50年代以前，此廟位於胡同東北角路口，原坐南朝北，僅有一間一米高左右的廟房，附近居民家裏有人去世，舉行“接三”儀式時都要到這個小廟裏“報廟”、燒紙[1]。

2008年調查時，五道廟已不存，寺廟原址爲居民住家。

---

〔1〕接三，也叫“迎三”，指上界神、佛對亡靈的接引。舊京滿、漢兩族死了人，第三天之夕有“接三”之舉，謂之“初祭”，是喪禮中的大典。參見常人春《紅白喜事——舊京婚喪禮俗》，北京：北京燕山出版社，1994年，頁二百六十一。

# 三排十段

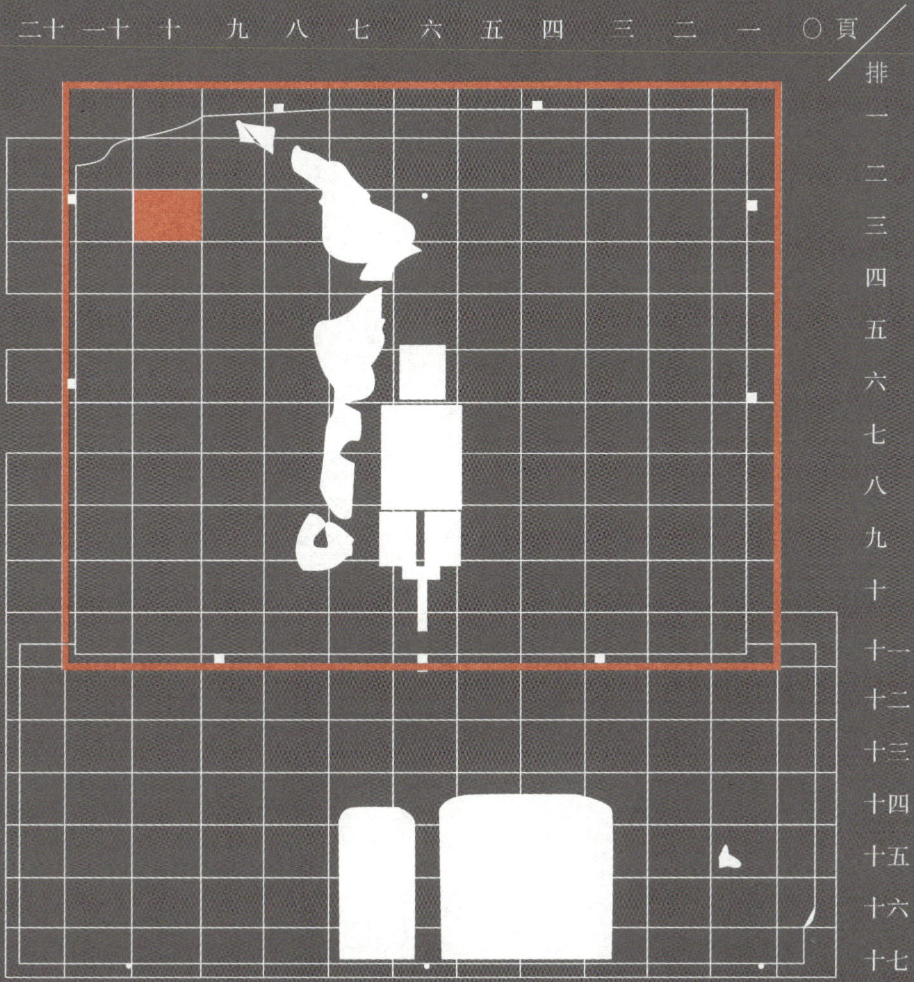

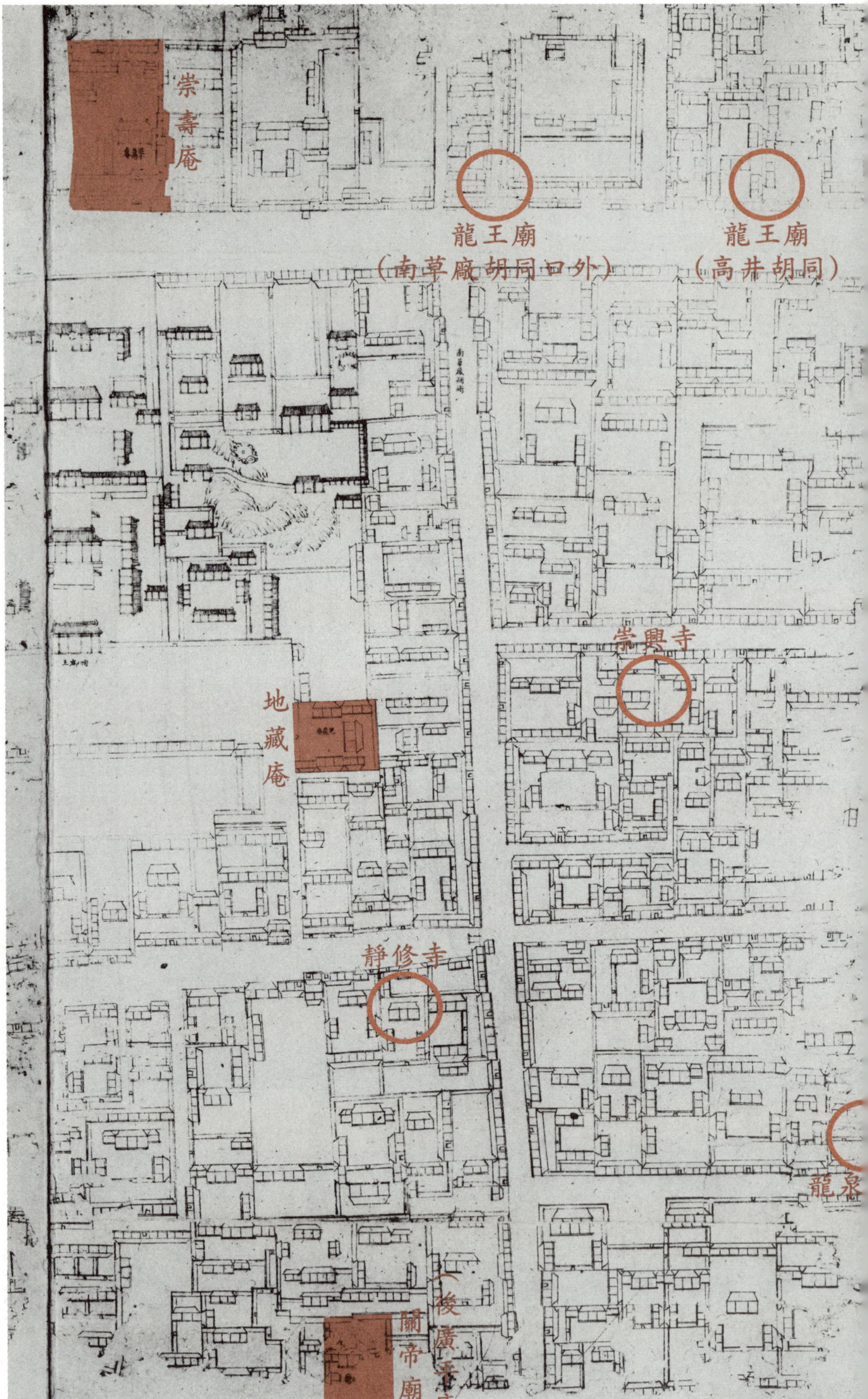
崇壽庵
龍王廟
（南草廠胡同口外）
龍王廟
（高井胡同）
崇興寺
地藏庵
靜修寺
關帝廟
（後廣平庫）
龍泉

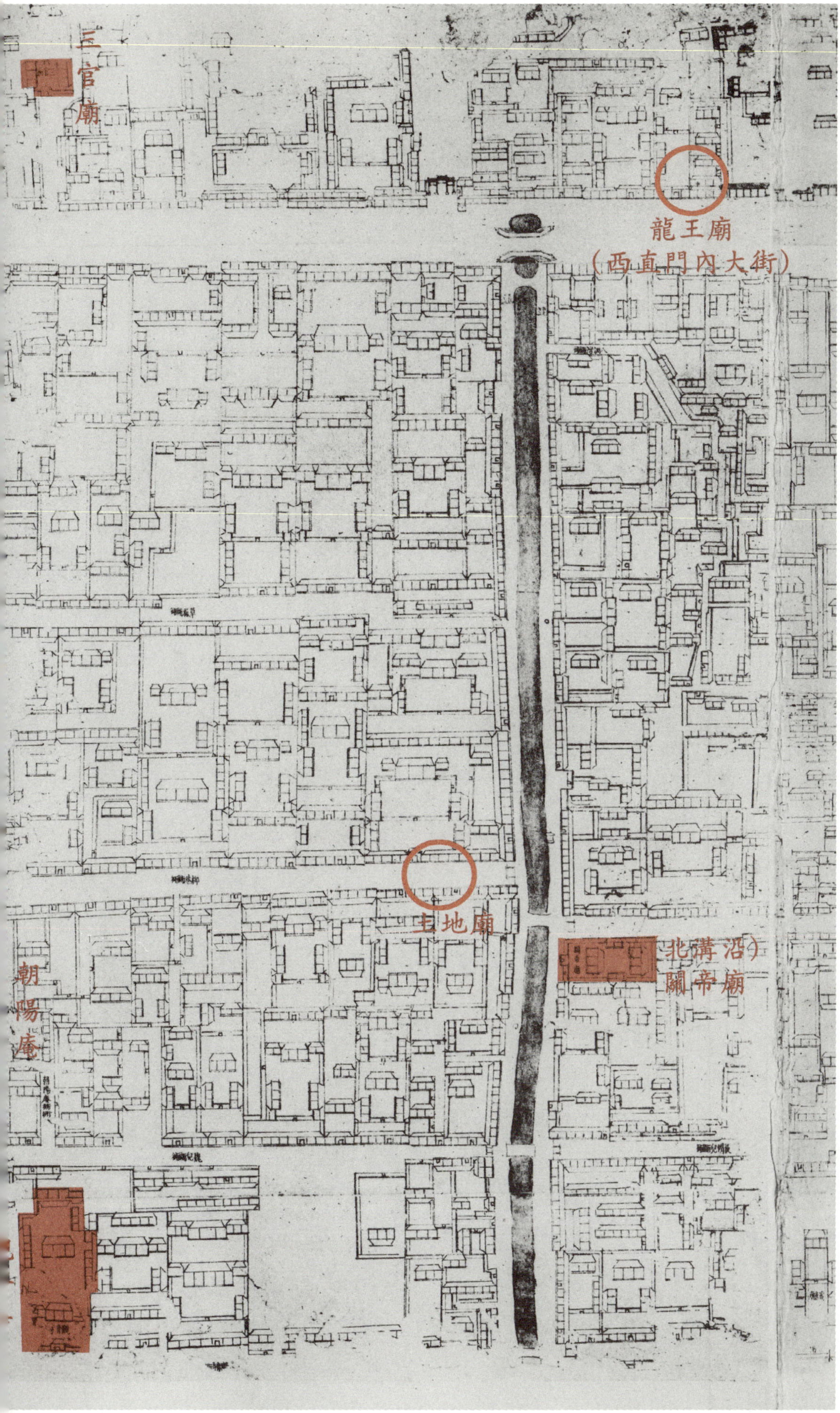
三官廟
龍王廟
（西直門內大街）
土地廟
（北溝沿）
關帝廟
朝陽庵

# 三官廟

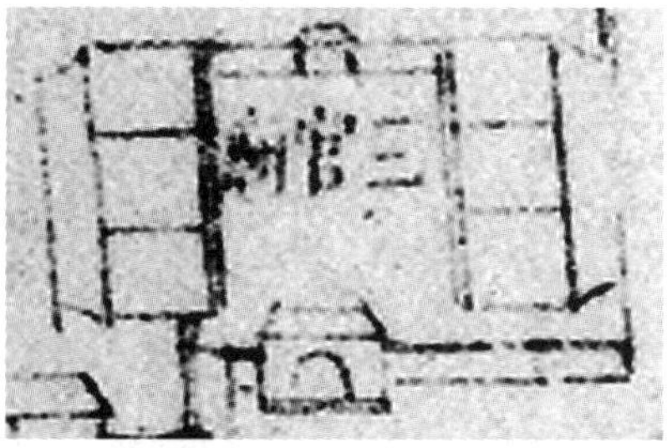


三官廟，亦稱東三官廟，原址爲内四區三官廟胡同（今西城區西章胡同口内路西），寺廟建築現已不存。

三官廟始建年代不詳，但康熙朝時已存。清康熙《萬壽盛典初集》中記：“（西直門内）路左有廟曰東三官廟，有大理寺、太常寺卿以下諸臣建慶祝經壇於内。”[1]從乾隆《京城全圖》上看，它位於西直門大街路北，山門南向，爲一進院落，有山門一座，東、西大殿各三間，後墻上還有後門一座。除此之外，再無此廟記載。

據老住户回憶，20世紀三四十年代，此處有小院一所，三間臨街門面房，院内住一位老婦及其親戚。婦人即房主，常年修行，附近人皆言此爲她家廟。其外甥在臨街房中開設店鋪，經營香燭紙馬。後來，三間門面房被租出，開設紙張文具店。1995年改建西直門内大街時，此院被拆除無存。

2008年調查時，三官廟原址爲地鐵站工地。2012年，此處已是地鐵4號線新街口站出口。

〔1〕（清）康熙《萬壽盛典圖》，見《清朝北京都市大圖典》，頁八十四至八十五。

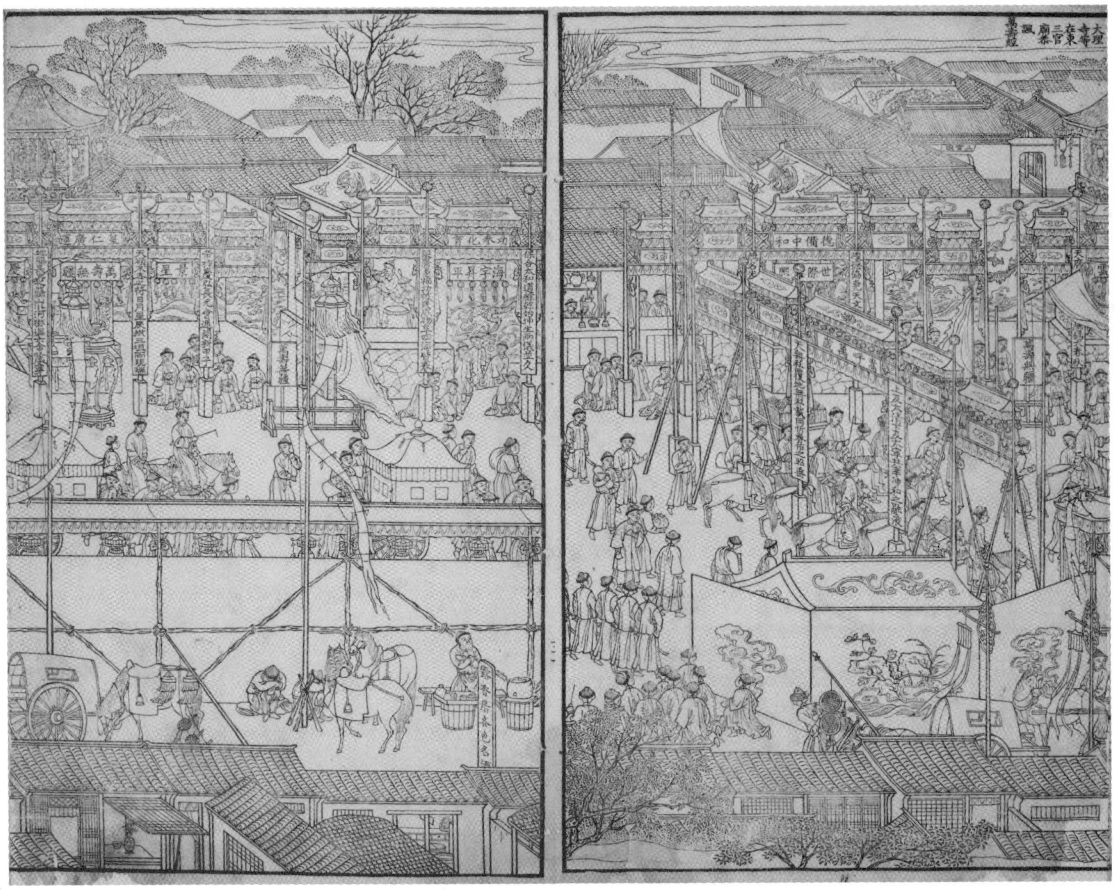

康熙《萬壽盛典初集》中的三官廟

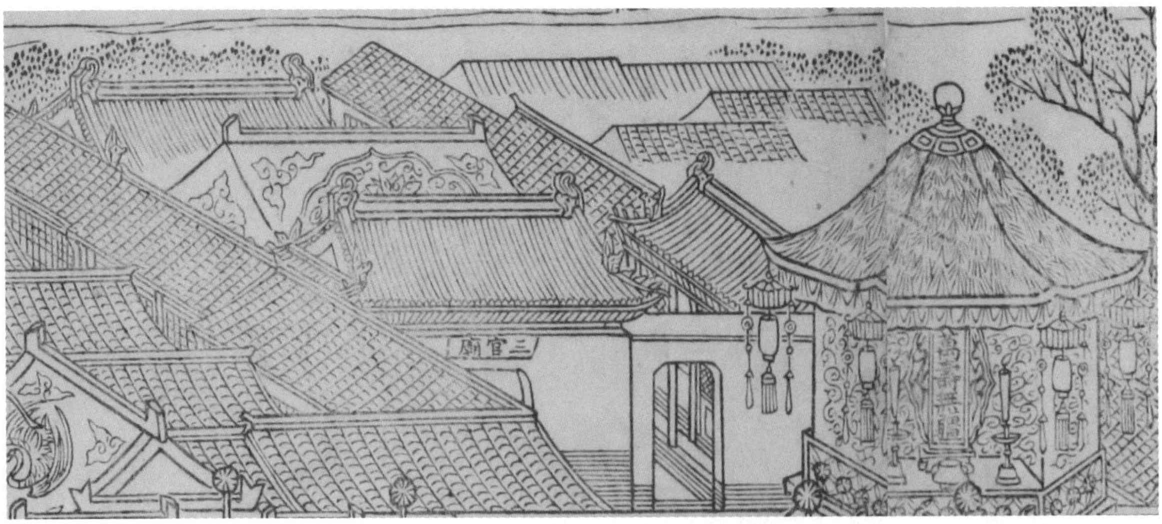


康熙《萬壽盛典初集》中的三官廟細部

# 崇壽庵

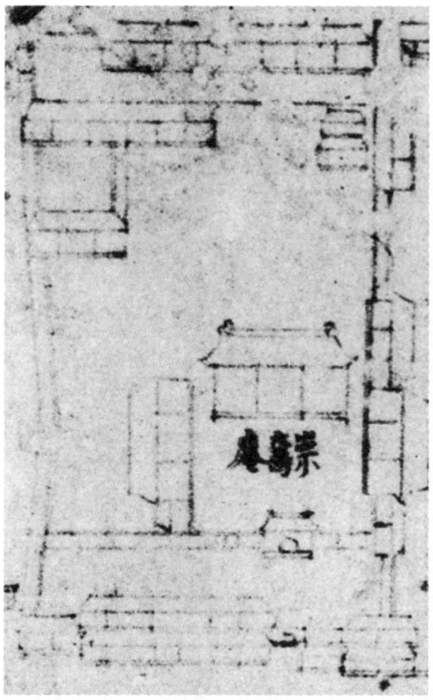


崇壽庵，亦稱崇壽寺，原址爲内四區西直門大街路北五十六號（今西城區西直門内大街甲二百五十五號，即西直門内大街與馬相胡同交叉處的東南口），寺廟建築現已不存。

據《宛署雜記》載，西城朝天日中坊崇壽庵，始建於明嘉靖三十四年(1555)[1]。歷代史志文獻均有記載，然皆僅言其在西直門内大街，其餘情況語焉不詳[2]。清康熙六十年(1721)，寧壽宮太監等在此寺内建壇誦經，慶賀康熙六旬聖壽，康熙《萬壽盛典初集》圖中有記[3]。《雍正廟冊》記載其爲大僧廟，有殿宇四間、禪房三十五間，住持僧淨安。這與乾隆十五年(1750)成圖的《京城全圖》中所繪大致相似。從此圖上看，崇壽庵位於西直門大街路北，坐北朝南，似有三進院落。臨街山門略小，左右均有兩層排房，後爲外院。外院與内院之間另有山門一座，形制略大，兩側各開角門一座；正殿三間，東西配房各三間，東配房帶南耳房二間，其北還有小房三間，西配房帶南耳房一間，正殿以北爲大片空地；第二進院内有排房八間，東北角小北房兩座共兩間、西北角有小跨院一所，内南房三間；第三進院内亦有排房八間，西牆上開小門出入。至《乾隆廟冊》登記時，崇壽寺已成爲官修寺廟。據乾隆三十五年(1770)内務府檔案記載，當時寺内已有山門一間、殿宇

〔1〕參見《宛署雜記》卷十九，頁二百二十九。

〔2〕參見《宸垣識略》卷八·内城四，頁一百六十二。《燕都叢考》第五章·内四區各街市，頁三百七十五、三百七十八。《北平廟宇通檢》上編·内城·内四區，頁四十九。《北京市志稿》宗教志·名跡志，頁一百二十。

〔3〕(清)康熙《萬壽盛典圖》，見《清朝北京都市大圖典》，頁九十。

十七間、禪房十二間，住持僧德祥將禪房中的十間租出[1]。

清嘉慶三年（1798），寺僧購置附近旗人多隆武民房，擴充寺基，當年房產紅契一直被寺僧保留到20世紀中期。清道光二十五年（1845）、二十六年（1846）間，殿宇又曾重修，寺内多處匾額對聯均言其事。至光緒二十年（1894）、光緒三十年（1904），寺僧多次購置房產，崇壽寺規模也不斷擴大[2]。

民國二年（1913）八月，岫明和尚從能像手中買得崇壽寺，後於民國十五年（1926）傳給了僧人慧三。此時崇壽寺山門南向，山門前有古槐二株，慧三說其樹齡尚在創廟之前；前殿三間，綠琉璃檐瓦，其下三方木額，均立於道光二十五、二十六年間。殿前木聯爲讚頌關帝之語，文曰："當時僅定三分未伸隱志，今日得觀一統丕振英威。"殿内正供關帝像，周倉、關平侍立，配祀財神、火神等，又有騎馬關帝塑像一尊，與正位坐像等高，後有韋馱立像；再北爲大雄殿三楹，内供釋迦佛木像金身坐像一尊，南海觀音與土地神像旁祀。殿前東西配房各三間，時爲住宅。東夾道内有東房二間、南頭東房一間，西夾道内有西房二間；北殿五楹，分上下兩層，下層爲藥師殿，内供葯師佛坐像一尊，銅像金身，手執經卷，下有石座，刻成蓮花形，每花上有一佛字。上層僅一閣樓，無佛像，時均住人。殿前東西配房各三間，南有東西房各一間；西配房西還有北房三間，松柏槐樹若干，樹蔭間蓮花池一石，分四層，最上層池形呈八角形，下座六角，刻工極細，再下襯以荷葉一片，最底爲六角座。歷次政府登記，慧三均因白蓮花石槽的精美而特別提及[3]。

慧三同時是西四寶禪寺胡同内廣善寺[4]住持，他熱心教育，先於廣善寺内開辦民衆學校，因經費困難停辦後，又於民國二十三年（1934）在崇壽寺内創辦聖化學校，僧俗兼收。然慧三常年住在廣善寺内，另由看廟人趙恩榮代爲看管崇壽寺。月入房租十四五元上下，大半用於補助聖化學校經費[5]。

1949年，崇壽寺住持變更爲護雲，廟内的五十二間殿房有四十一間租出，月收房租小米四十餘斤。廟内僧人僅有住持一人，由於其原係木匠，故重操故業，以維持生活，直至1952年[6]。

據曾住廟内的住戶回憶，日本佔領北平期間，崇壽庵香火仍盛，後殿下層供藥王，上層奉經書。從慧三的登記來看，這些經書大多殘舊，有《楞嚴經》、《藥師經》、《彌陀經》與《金剛經》各一部[7]。後殿藥王甚靈驗，嘗有年幼體弱之孩童認廟僧爲師，做"跳墻和尚"，可保身體康健、順利長大。老住戶們說，慧三和尚的師弟叫慧隆，是本廟監院，武藝高強，還去過懷仁堂表演，20世紀50年代初結婚還俗。廟内白蓮花池、東跨院内水井，都在松樹、竹子與丁香的掩映之中。每届春至，和尚們把夾竹桃、石榴等從殿内搬至院中，其廟貌之美，至今讓老住戶津津樂道。

1995年改造西直門内大街時，崇壽寺纔最終拆除。2008年調查，崇壽庵已不存，原址爲大街便道。

---

〔1〕參見中國第一歷史檔案館藏《呈報官管寺廟殿宇房間數目清單》，乾隆三十五年五月二十二日，檔案號05-0277-032。

〔2〕參見北京市檔案館藏《北平市社會局寺廟類·内四區崇壽寺僧人慧三登記廟產的呈文及社會局的批示》，自1930—1936年，檔案號J2-8-468，頁五至六。

〔3〕參見國立北平研究院《崇壽寺》，西四21。另參見北京市檔案館藏《北平市社會局·内四區崇壽寺僧人慧三登記廟產的呈文及社會局的批示》，自1930—1936年，檔案號J2-8-468，頁二十四至三十。

〔4〕見四排九段"寶禪寺"。

〔5〕參見北京市檔案館藏《北平市社會局寺廟類·内四區崇壽寺僧人慧三登記廟產的呈文及社會局的批示》，自1930—1936年，檔案號J2-8-468，頁三十七至四十八。

〔6〕參見北京市檔案館藏《北平市民政局民族事務科·本市寺廟查詢記錄》，1949年，檔案號196-1-3；另见北京市檔案館藏《北平市民政局民族事務科·西四區僧、尼寺廟登記表》，1952年，檔案號196-1-18，頁九十五。

〔7〕同上，頁二十四至二十五。

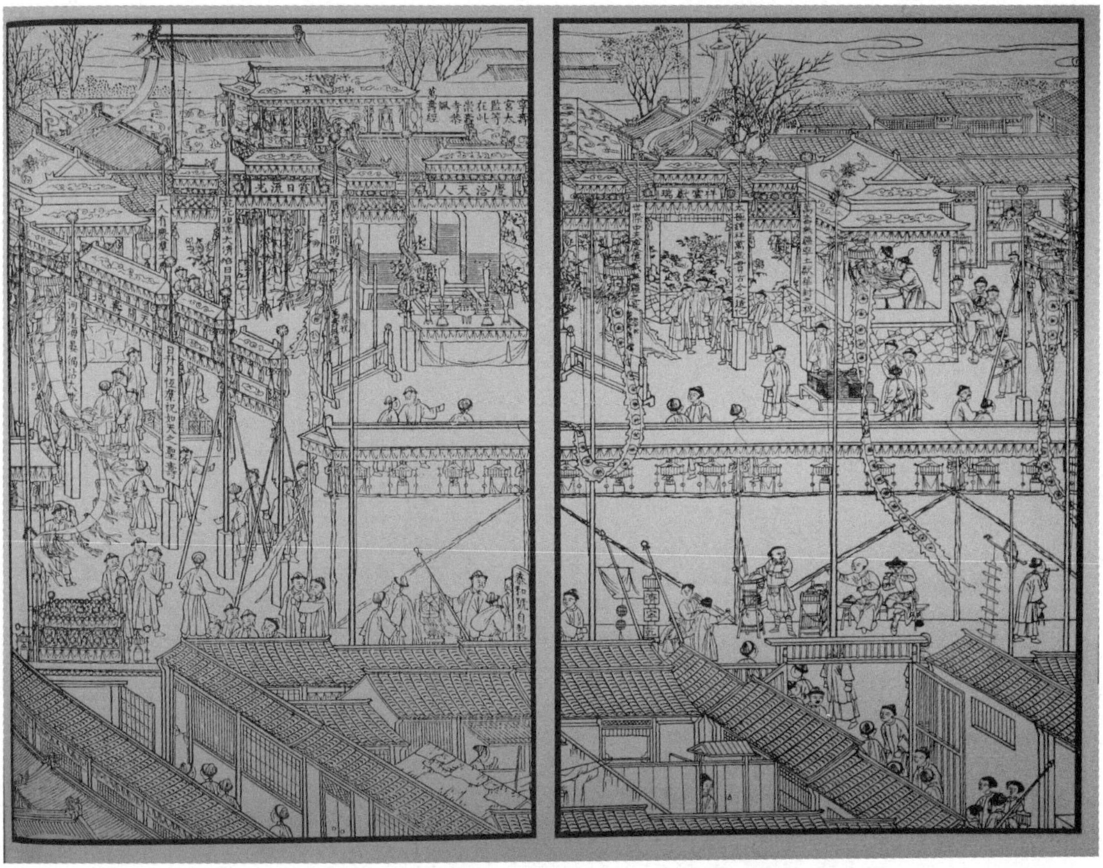

康熙《萬壽盛典初集》中的崇壽庵

康熙《萬壽盛典初集》中崇壽庵細部

# 地藏庵

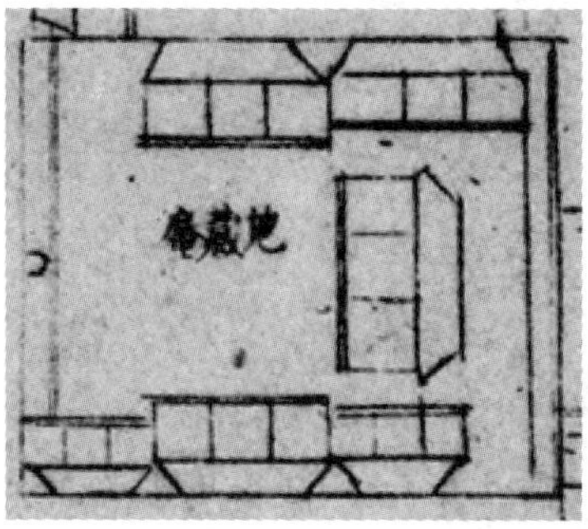


地藏庵，原址爲内四區老虎廟東口（今西城區前半壁街一號樓），寺廟建築現已不存。

地藏庵始建年代不詳。從清乾隆《京城全圖》上看，地藏庵位於半壁街路北、南草場胡同西，坐東朝西，爲一進院落，無山門，僅在西院牆上開一小門，院落内有正殿三間、北配殿三間，其東還有配房三間，南配殿三間並東、西配房各三間。

2008 年調查時，地藏庵已不存，寺廟原址爲國家海洋局宿舍樓。

# 關帝廟（北溝沿）

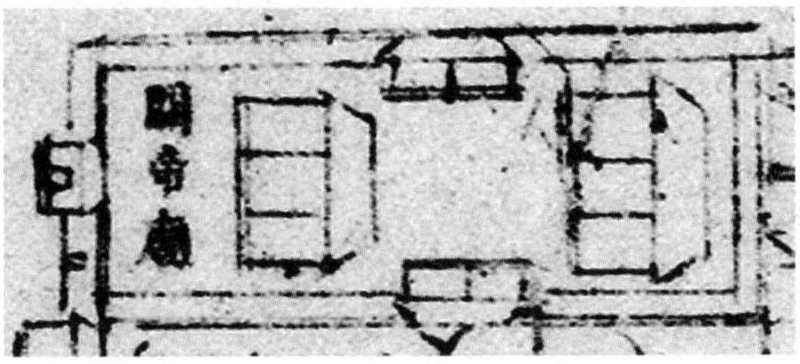


關帝廟，民國時期亦稱法藏寺，原址爲内四區北溝沿七十六、七十七號（今西城區前公用胡同五十、五十二號），現存部分寺廟建築。廟内原有清嘉慶六年（1801）《關帝廟碑》一通，此碑原有陰陽兩面，但碑陰題名多剝蝕，國家圖書館僅存其碑陽拓片，今碑石已不得見。

此關帝廟始建時間不詳，可能爲17世紀初期，因廟内原有鐵磬一口，鑄於明萬曆三十一年（1603），而多份鐵鼎、鐵五供等則造於明泰昌元年（1620）。至清《雍正廟冊》，公用庫西口的關帝廟已有明確記録，登記爲大僧廟，有殿宇六間、禪房六間，住持佛智。《乾隆廟冊》登記住持爲僧人心鑑。從乾隆《京城全圖》上看，關帝廟位於前公用庫胡同西口路南，坐東朝西，爲兩進院落，有山門一間，山門南側院牆上又開一小門，有前殿三間，正殿三間，南、北配殿各兩間。

清嘉慶六年四月，關帝廟住持源喜率徒弟廣城，募化衆人重修寺廟，立碑爲記，即廟中原有之《關帝廟碑》。其後不知何時，關帝廟成爲西山八大處證果寺下院。到清光緒二十年（1894），寬廣接任關帝廟住持，但仍住證果寺内，另有陳世鴻負責看廟[1]。

至民國二十二年（1933）時，關帝廟已更名爲法藏寺，並在北平市社會局進行了廟產登記。此時關帝廟山門西向，木額"古刹法藏寺"，山門平時不開，由南旁小門出入；前殿三楹，木額曰"忠義參天"，《關帝廟碑》即立於殿前，殿内供關帝塑像，旁站赤兔馬，均爲泥塑；正殿三間，木額"慈雲普護"，殿内

[1] 參見北京市檔案館藏《北平市社會局寺廟類·内四區證果寺附屬法藏寺住持寬廣呈請廟產登記及社會局的批示》，1933—1936年，檔案號J2-8-834，頁一至二十五。

正供天仙、眼光與送子娘娘三尊，亦均爲泥塑。其上龕中有三大士木像，左龕中奉南山華祖老爺（一說爲華佗）。正殿南北配房各二間，爲住房[1]。

1947年時，關帝廟住持換成法俊[2]。1950年，關帝廟移交清管局，從寺廟調查表中銷去[3]。老住戶們說，此後廟内曾辦過鐵絲廠，後改爲民居，2005年時，廟房曾重修。

2008年調查時，關帝廟原址爲居民住家院落，院門朝西，現存前殿三間、正殿三間。2012年回訪時，所有建築均已按原樣翻修。

翻修後的關帝廟全景（2012年10月曉松攝）

關帝廟正殿屋頂（2012年10月曉松攝）

〔1〕參見國立北平研究院《法藏寺》，西四185。

〔2〕參見《北京寺廟歷史資料》，頁六百九十九。

〔3〕參見北京市檔案館藏《北平市民政局·北平市寺廟總登記簿》，1950年，檔案號J3-1-203，頁二十八。

京 408《關帝廟碑》

重修碑記

嘉慶六年四月佛誕日立

法輪常轉

關帝廟住持源喜徒廣城
募化衆善人等重修碑記

京408《關帝廟碑》

# 關帝廟碑

年代:清嘉慶四年(1801)四月八日
原址:西城區北溝沿
拓片尺寸:碑身高 98 釐米,寬 67 釐米;額高 15 釐米,寬 16 釐米。
書體:正書
紋飾:周刻花卉
《目錄》:頁 327
拓片編號:京 408
碑文錄自:《北京圖書館藏中國歷代石刻拓本匯編》77 卷 85 頁

【碑陽】

額題:重修碑記

碑文:

嘉慶六年四月佛誕日立 1
法輪常轉 2
關帝廟住持源喜徒廣城 3 募化衆善人等重修碑記 4

# 朝陽庵

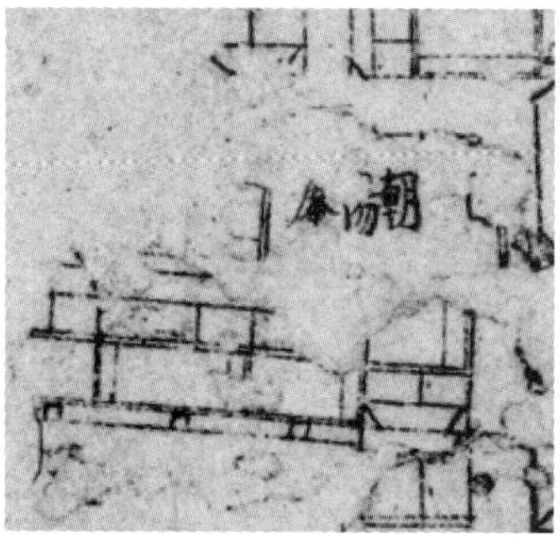


朝陽庵，又稱靈岩寺，原址爲内四區柳巷胡同三十七號（今西城區冠英園西區二十二號附近），寺廟建築現已不存。

據《宛署雜記》中載，朝天日中坊朝陽庵，始建於明萬曆元年（1573）[1]。它原爲明代禪宗臨濟宗大師德寶在京的住處。德寶（1512—1581），字月心，別號笑巖，北京人[2]，俗姓吳，本爲錦衣世家子弟，其父早逝，年幼失學。幼年時隨本邑廣慧寺大寂能和尚爲師，萬曆丁丑（1577）退居柳巷。五年後正月十六懸衣大寂，閲世七十一，坐夏四十八，奉全身塔於西直門外高粱橋北郊。其門人曇芝編集、逝者真景記錄的《月心笑巖寶祖南北集》二卷行世，是晚明重要的臨濟宗禪系傳人、佛教復興的關鍵人物。清世祖福臨曾三次前往其塔院瞻禮[3]。清《雍正廟冊》登記時，朝陽庵有殿宇十五間、禪房八間，住持僧爲戒誦。《乾隆廟冊》中仍登記爲大僧廟，住持通濟。從乾隆《京城全圖》上看，朝陽庵位於朝陽庵胡同路西，但由於圖已漫漶，衹能看到"朝陽庵"的名稱和大致位置，難以分辨其格局規制。廟内曾有鐵磬一口，上刻"宣統二年（1910）十一月初一日立"，可能當時有重修添建之舉[4]。

至民國時期，朝陽庵仍爲西直門外笑祖塔院之下院，但僅存土地九分六釐，佛殿一間、住房半間，供奉泥塑觀音、文殊、普賢菩薩像三尊，住持靈岩於民國二十五年（1936）接任住持，傳臨濟宗，爲子孫廟。1945年警察局調查人

〔1〕《宛署雜記》卷十九，頁二百三十。

〔2〕賴永海主編《中國佛教通史》中稱德寶為江西金台人，然據《日下舊聞考》引《泠然志》曰，"笑巖德寶禪師生長都下，受法於玉泉明聰"，且江西並無金台地名，故此處採"北京人"說。參見《日下舊聞考》卷五十二，頁八百三十六。

〔3〕參見賴永海主編《中國佛教通史》卷十二。南京：江蘇人民出版社，2010年，頁一零二至一零七。

〔4〕參見首都圖書館藏《北平寺廟調查一覽表》，民國三十四年（1945）手抄本，頁四十三。

員稱此廟爲“靈岩寺”，可能就與住持法號有關。1949 年時，靈岩將此廟委託給奎玉氏代表管理[1]。1952 年時，佛殿一間仍由看廟人居住，不收房租，住持靈岩則居於西直門外法親笑祖塔院[2]。老住戶們説，看廟人叫寇家姥姥，他們都認爲此乃家廟，她就在廟中修行。1960 年左右，寺廟被拆除無存。

2008 年調查時，朝陽庵原址爲冠英園西區内的街心花園。

〔1〕參見北京市檔案館藏《北平市民政局民族事務科·本市寺廟查詢記録》，1949 年，檔案號 196-1-4。

〔2〕參見北京市檔案館藏《北平市民政局民族事務科·西四區僧、尼寺廟登記表》，1952 年，檔案號 196-1-18，頁九十五。

# 觀音寺

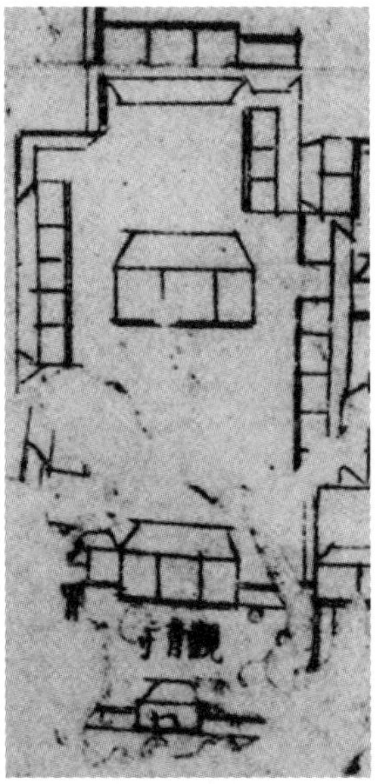

觀音寺，民間亦稱東觀音寺，原址爲内四區北溝沿東觀音寺胡同五號（今西城區東冠英胡同十五號），寺廟建築現已不存。

觀音寺始建年代不詳，民國時住持保泰聲稱，此廟建自明代，曾毁於兵火，至清乾隆年間寺僧接管後，歷代自款重修[1]。不知所言何據。清《雍正廟冊》稱寺在大陳信胡同（即觀音寺以南胡同），爲大僧廟，寺内有殿宇十五間、禪房十六間，住持通璽。至《乾隆廟冊》中，此寺仍爲大僧廟，但地址改爲南草場口東，住持寂惺。從乾隆《京城全圖》上看，觀音寺位於觀音寺胡同路北，坐北朝南，爲三進院落，第一進院落内有山門一座，前殿三間並西耳房兩間，殿東有圍牆；第二進院落内有正殿三間，西配房五間、東配房似爲六間，西配房以南似還有小房一座；第三進院落内有倒座後殿三間並右耳房一間，另有東配房三間。清道光元年（1821），臨濟宗僧人普悟在僧錄司登記爲住持，其後數年間，廟多次重修並增添法物，廟内前殿二方木額，一記爲道光七年（1827），一記爲道光十四年（1834），殿内鐵磬鑄於清道光五年（1825）。至宣統二年（1910），保泰從師叔容然手中接過法座。

至民國十六年（1927），保泰第一次在民國政府中登記廟產。此時觀音寺山門南向，石額“敕賜觀音禪寺”，前殿三間，中供彌勒泥像一尊；次爲三間關帝殿，殿前有柏樹一株，殿中供木質金身關帝坐像一尊，周倉、關平侍立，亦木質金身，刻工均細，四天王旁立，法身甚大。另還有木質達摩、泥質觀音、木質韋陀立像各一尊。殿東耳房二間，西一間，東小院内南房二間，西小

〔1〕參見北京市檔案館藏《北平市社會局寺廟類·内四區觀音寺僧人德泰、玉權呈請登記廟產及社會局的批示》，1930—1941 年，檔案號 J2-8-264，頁三十九。

院南房三間，西房一間；最後爲北殿三間，供三世佛坐像三尊，木質金身，前奉有木八寶八件、木漆五供一份，法物若干。泥塑羅漢十八尊坐於兩側，龕内供小木佛三尊，後供地藏木像一尊，又藥王土地小泥像各一尊。殿内天花板上刻龍，國立北平研究院的調查人員稱其“顔色鮮明，天井之龍尤工細”，殿外東西配房各三間，時爲住宅；東北隅過道一小間，房一小間，西北隅北小房二間，後院空院中有廁所[1]。據保泰呈報，廟内還藏有大乘經典五十餘本[2]。

民國二十九年（1940），保泰年老多病，已無法經營廟務，而此時其徒源成已病故，源悟又身在南京不願接充住持。無奈之下，保泰衹得將子孫相繼改爲十方傳法，由同宗選賢，公推玉璽接任住持。民國三十四年（1945），繼任住持僅六年的玉璽，又以體弱、精神不濟等由，將寺廟交由因成繼承[3]。1947年時，此寺住持更换爲湛恒[4]。直至1952年，玉璽又重新住持本寺，此時寺内共有殿宇房屋五十八間，除佛殿八間、房屋十間由僧人自住外，剩餘四十間皆出租，月收租金十八餘元。而原住持湛恒則搬入東四北小街羊管胡同二十五號[5]，在大雄麻袋廠做工度日[6]。

關於寺廟的拆除年代，老住戶們説法不一。有人説，20世紀50年代，觀音寺改建爲街道燈具工廠，其時建築即已拆除，而有人則稱，廟房全部拆除是在上世紀80年代。

2008年調查時，觀音寺原址上爲教育部宿舍。

---

〔1〕國立北平研究院《觀音寺》，西四87。

〔2〕參見北京市檔案館藏《北平市社會局寺廟類·内四區觀音寺僧人德泰、玉權呈請登記廟産及社會局的批示》，1930—1941年，檔案號J2-8-264，頁三十九。

〔3〕同上，頁三十二至一百一十六。

〔4〕參見《北京寺廟歷史資料》，頁七百零五。

〔5〕即二排二段“吉樂庵”，參見《北京内城寺廟碑刻志》第二卷，二排二段“吉樂庵”條，頁三百四十四至三百四十六。

〔6〕參見北京市檔案館藏《北平市民政局民族事務科·西四區僧、尼寺廟登記表》，1952年，檔案號196-1-18，頁九十五。

# 關帝廟（後廣平庫）

關帝廟，原址爲内四區後廣平庫十二號（今西城區後廣平庫胡同九號），寺廟建築現已不存。

關帝廟始建年代不詳，廟内曾有小鐵鐘一口，上刻“康熙四十八年（1709）三月吉日造”，但不確定這是否是該廟創修之時。至《雍正廟冊》，關帝廟已有明確登記爲大僧廟，有殿宇十三間、禪房十三間，住持通然，《乾隆廟冊》登記住持換成了僧人心泰。乾隆《京城全圖》上此處脱蠹甚多，僅能辨認廟内殿宇三間帶二西耳房，前西配殿若干。關帝廟内香火至少維持到清光緒末年，蓋此時廟内還曾造鐵磬一口，另有鐵香爐一座，刻“大清國庚戊三十六年四月吉日誠造，西直門後廣平庫内關帝廟獻鐵香爐一座”字樣[1]。

至20世紀30年代，廟内已無僧人，變爲内四區第四分所所在地。此時關帝廟坐北朝南，山門三楹即前殿，木額曰“古刹關帝廟”，然門已隔塞，殿内無佛，從東跨院門進入；正殿三間，當中爲大木龕，内供泥金關帝坐像一尊，東間供泥塑藥王坐像，西間供泥塑財神坐像，東西山牆下站武將各二尊，均爲泥彩塑像。原在後殿的木胎蓮座金身觀音與韋馱站像，此時也放置在西間之中。殿前東西配房各三間；後殿仍三楹，時無佛像，已爲學校。殿東西耳房各二間、東西配房各三間，殿東跨院一所，内有北房三間帶東西耳房各一間[2]。

關帝廟中所設學校名爲後廣平庫小學，附近很多居民都曾是此校學生，有人還能記得當年被封存的神像，後來小學合併，此處建築被拆。2012年調查時，關帝廟所在地爲北京市西城經濟科學大學南草廠校區。

[1] 參見首都圖書館藏《北平寺廟調查一覽表》，民國三十四年（1945）手抄本，頁四十。

[2] 參見國立北平研究院《關帝廟》，西四186。

# 龍王廟（西直門内大街）

龍王廟，不見於清乾隆《京城全圖》，原址爲今西直門内大街八十五號，寺廟建築今已不存。

龍王廟始建年代不詳，不見於任何文獻記載。據附近的老街坊回憶，此處原有公用井一眼，井後有龍王廟一所，廟後曾爲大雜院。1949 年以前，拉洋車的窮苦人因無處棲身而寄居廟中，20 世紀 50 年代以後，井廢廟塌，後拆除無存。

2008 年調查時，龍王廟已不存，寺廟原址爲新街口電影院門口空地。

# 龍王廟（高井胡同）

龍王廟，不見於清乾隆《京城全圖》，原址約在今西直門内大街高井胡同南口東側，寺廟建築現已不存。

龍王廟始建年代不詳，20世紀30年代國立北平研究院調查時，曾記新街口西大街二十九號有龍王廟一所，僅一間南向，内供龍王一尊、財神一尊，廟前有三眼井一口〔1〕。1945年警察局調查時，記錄此爲當街廟，内新添土地神像一尊〔2〕。然因時過境遷，井廟不存，難以判斷此二文獻中所記之廟，究竟爲此高井胡同南口東之龍王廟，抑或北草廠胡同口外龍王廟〔3〕。蓋兩廟相距既近、記錄同缺，且規模相當、供奉相同，即附近久居之耆老，亦無法辨清。

據附近住户回憶，此處原有公共水井一眼，井後有龍王廟一座，20世紀50年代以後拆除無存。

2010年調查時，龍王廟已不存，寺廟原址爲空地。

---

〔1〕參見國立北平研究院《龍王廟》，西四28。

〔2〕參見首都圖書館北京地方文獻部藏《北平寺廟調查一覽表》，民國三十四年（1945）手抄本，頁三十四。

〔3〕參見本排段"龍王廟（北草廠胡同）"條。

# 龍王廟（北草廠胡同）

龍王廟，不見於清乾隆《京城全圖》，根據田野調查，此廟原址爲内四區北草廠胡同口外、西直門内大街路北（今西直門内大街二百一十三號附近），寺廟建築今已不存。

龍王廟始建年代不詳，難以同高井胡同南口東之龍王廟區分[1]。

據附近的老街坊回憶，西直門大街多水井，此廟即傍井而興。1949年以前，廟内無人看管，井水任由附近居民無償取用，故街坊自覺維護廟貌乾淨、神像莊嚴。20世紀50年代以後，黄姓二兄弟暫居廟内，依門前空地賣水果爲生。至1958年，北草廠副食商店填平水井、推倒廟房，在原址處新建平房三間作爲店址，龍王廟自此消失無存。

2008年調查時，龍王廟原址爲天福號門店。

〔1〕參見本排段“龍王廟（高井胡同）”條。

附：西直門内大街水井與龍王廟分佈示意圖

（以 1937—1938 年《北京街衢坊巷の概略》地圖爲底圖）

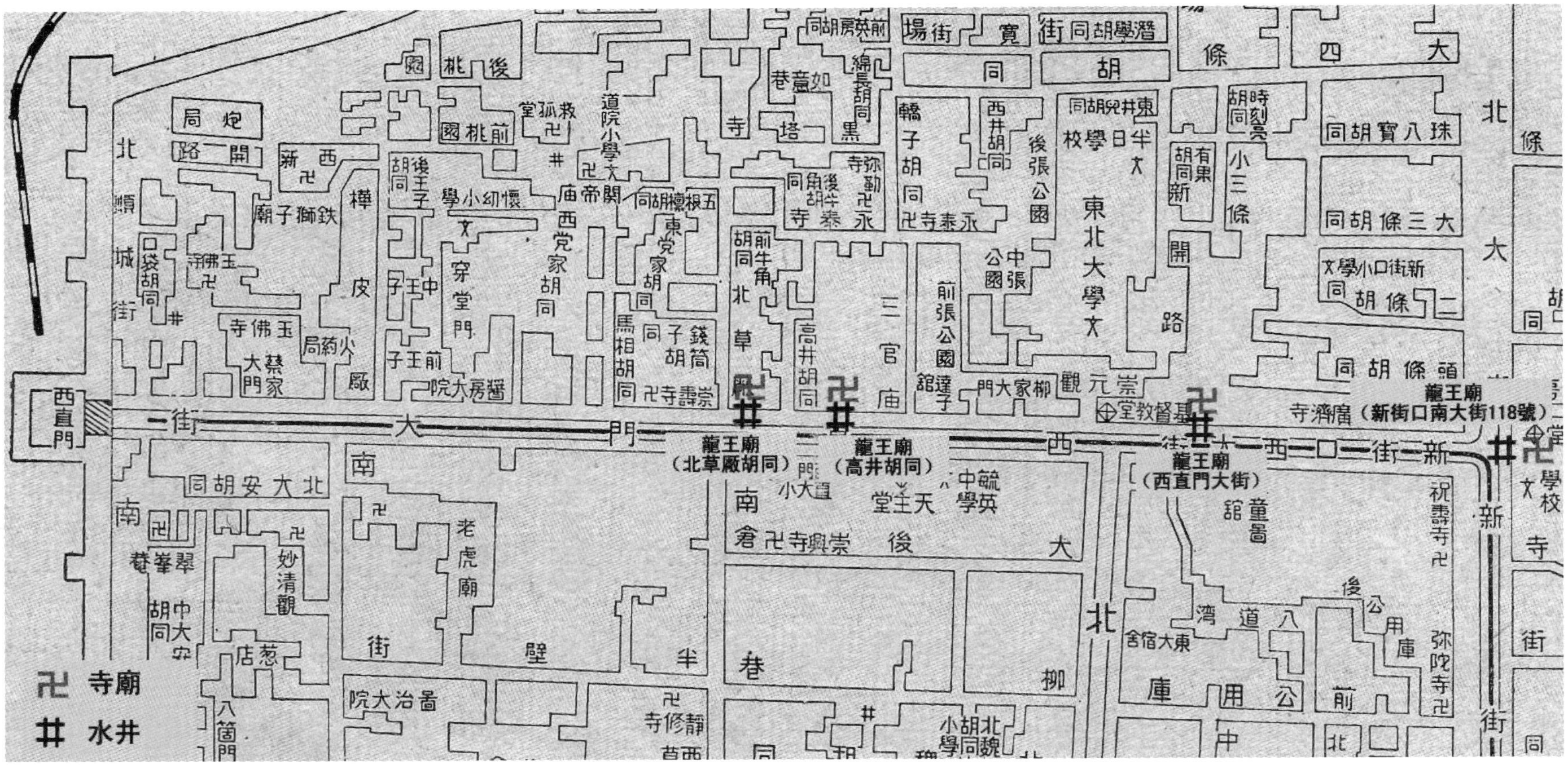

# 崇興寺

崇興寺，不見於清乾隆《京城全圖》，原址爲内四區南草廠内大後倉十五號（今南草場大後倉冠英園六樓1號北門處），寺廟建築現已不存。廟内原有碑刻四通，分别是明嘉靖三十八年（1559）《崇興寺題名碑》、明隆慶四年（1570）《崇興寺二井記》和明萬曆八年（1580）的兩通《崇興寺天王殿碑》。

此廟建築始於清光緒十三年（1887），然其神像、碑石、法物等均由西什庫移來。按，崇興寺原在西什庫内，爲甲乙丙丁戊字、承運、廣盈、廣惠、廣積、贓罰、西香等十餘庫太監興修並管理的敬神之地。其最早始建時間已不可考，明嘉靖三十八年，十庫署庫内事官監太監捐資重修了天王殿、鐘鼓樓、門樓、神路與溝渠等，然贓罰、西香二庫不見題名，而司鑰庫太監位居首列[1]。此後若干年間，十庫太監一直鼎力維持廟貌。隆慶四年，司禮監太監孟春雲因見崇興寺附近、皇城外神路兩旁東西二井年久坍塌，於是捐己重資，與十庫太監協力重修，復加增飾，成二井之新[2]。至明萬曆八年，天王殿已“垣牖頹然，殿閣凋榭，過者睨之，若廢壞然”[3]，於是由御馬監太監何忠等首事，乾清宮、司鑰庫、御馬監等處太監合力，“經之營之，不日成之”，“殿宇華飾，煥然更新”[4]。各庫太監鼎力捐資，重修天王殿宇，更新庫神香火，時任督察院右副都御史的楊成撰碑并記[5]。

入清以後，西什庫崇興寺更直接受到皇家重視。原山門石額本爲康熙所書，刻有“康熙御筆之寶”圖章的條石，在寺址搬遷後仍保存在門額上。康熙

〔1〕參見明嘉靖三十八年（1559）《崇興寺題名碑》，《北京圖書館藏中國歷代石刻拓本匯編》，京434，卷五十六，頁四十二。

〔2〕參見明隆慶四年（1570）《崇興寺二井記》，《北京圖書館藏中國歷代石刻拓本匯編》，京433，卷五十六，頁一百七十。

〔3〕〔4〕參見明萬曆八年（1580）《重興寺天王殿碑》，《北京圖書館藏中國歷代石刻拓本匯編》，京432，卷五十七，頁九十一。

〔5〕參見明萬曆八年（1580）《崇興寺天王殿碑》，京436，據北京大學圖書館藏拓片原件。

帝的尊崇極大地提高了崇興寺的地位，時任内廷供奉翰林院待詔的曹日瑛親自爲後殿題寫木額，落款謙稱爲“貴池弟子”。廟内還有香會活動，康熙五十六年（1717），西什庫合會衆善人等爲廟内敬造鐵鼎一尊。雍正九年（1731），廟内又鑄大寶鼎一座。直至同治年間，崇興寺仍恩榮不衰，同治五年（1866），禮親王府、莊親王府、孚郡王府等衆善人等合力修廟，正殿匾額記其事。

崇興寺最大的轉折發生在清光緒十三年，是年，西庫教堂（北堂）由蠶池口（今府右街北端）遷建至此，崇興寺不得已搬遷至南草廠。信士弟子朱寶常等人出資，購置地基、重建殿宇，將原寺内神像法物等一併移入，新增法物，並延請僧尼住持。因其私建性質，寺廟住持直呼爲“家廟”，崇興寺與明代太監、清代皇家的聯繫自此斷絕。清光緒三十年（1904），尼僧成活繼任住持，在僧録司中更名入冊。成活又名月林，幼時便在本寺中出家，傳曹洞宗，此後住持崇興寺長達四十餘年。

至20世紀30年代時，崇興寺山門一間北向，石額爲光緒年間搬遷時重鐫，曰“敕建崇興寺”，山門上還有一小石，上刻圖章爲康熙御筆之寶。前殿三間，木額“天王庫神殿”，旁述寺改地移址過程，殿内供庫神坐像一尊，四大天王旁立，左配祀者有關帝、藥王、財神、地藏，右有佛像三尊、三世佛三尊、真武，後有韋馱。據尼僧月林呈報，此殿内十尊神像，乃他人寄存於此，非廟原有。殿前東西配房各三間，時爲空房。再南爲正殿五間，殿脊兩角立佛像各一，身帶雙翼，木額曰“金光明品”，旁記各王府信衆名號，内供三世佛三尊，木質金身，旁有大佛一尊、童像二位，後面靈官一尊，泥製立像。殿前二碑，左爲明萬曆八年《崇興寺天王殿碑》，右爲明嘉靖三十四年《崇興寺天王殿碑》。東西配房各五間，爲住房，房前棗杏吐蕊、刺梅噴香、葡萄爬架、榆樹染緑，一片盎然之氣。東配房北有碑，爲明嘉靖三十八年《崇興寺題名碑》，碑後空院甚大，内种田禾。西配房北亦有碑，爲明隆慶四年《崇興寺二井記》，碑後西院内有北房四間，西南隅水井一眼，棗樹多株；最南一層建築爲後殿五間，木額曰“慈雲廣覆”，内供娘娘五尊、童像六位，均爲泥塑。東西配房各三間，植有槐樹、椿樹及丁香二株[1]。廟内神像莊嚴、法物盛多，誠爲一境之勝境，然也招致宵小覬覦。民國二十一年（1932），寺内被竊，盜賊撬開天王殿銅鎖，單取走地藏王神像一尊。此神像木胎金身，站高三尺，頭戴五佛冠，耳墜明月珠，係明代舊物，此番被盜後再無音信[2]。

直到1949年時，月林仍爲崇興寺住持，此時廟内仍有房舍三十九間，其中殿宇十九間。三名在寺尼僧中，有兩名在城外打麻繩以貼補日用[3]。至1952年時，住持換成了正法，而廟内尼僧卻增至四人[4]。

據附近老住戶回憶，上世紀50年代初，崇興寺改成了西城區黨校。1958年，神像被拉到永泰寺[5]統一銷毁，街坊們猶記當日人們奔走相告，“老佛爺遊街了”，眼見昔日壇上莊嚴神佛，成推車上歪七竪八之階下囚。此後不久，崇興寺殿宇也被拆除，西城區黨校搬走。廟内後院中水井一眼，是附近不多的甜水井，尼僧把它租與陳姓山東人經營，西直門大街一區之民大多仰其潤澤。

2008年調查時，崇興寺已不存，原址爲河南漯河市人民政府駐北京聯絡處。

---

〔1〕參見國立北平研究院《崇興寺》，西四74。

〔2〕參見北京市檔案館藏《北平市社會局寺廟類·内四區大後倉崇興寺尼僧月林呈請登記廟產及社會局的批示》，1931—1936年，檔案號J2-8-309，頁三十六至四十六。

〔3〕參見北京市檔案館藏《北平市民政局民族事務科·本市寺廟情況查詢記録》，1949年，檔案號196-1-4，頁十九。

〔4〕參見北京市檔案館藏《北平市民政局民族事務科·西四區僧、尼寺廟登記表》，1952年，檔案號196-1-18，頁一百三十三。

〔5〕參見《北京内城寺廟碑刻志》第二卷，二排十段“永泰寺”條，頁八百一十六至八百一十七。

京 434《崇興寺題名碑》

# 重修天王殿記

大明嘉靖三十八年歲次己未吉日

司鑰庫

甲字等十庫署庫事内官監太監等官重修

護國天王殿鐘鼓樓門樓神路溝渠等處碑記

司鑰庫署庫事内官監太監譚彦等

趙宗吴朝用傅恕□剛白載陸秀李通侯寛甯壽徐朝黄鐸李俊胡保

甲字庫署庫事内官監太監徐登等

荆聚高隆李欽鄭廷張謐王滛李熙趙質程道趙宗張妥趙奉王常楊祿張金張紀盧鼎韋榮

楊林李彦李陳高安韓臻王用王瑀傅鉞姜英吴桂劉柰徐魁張信田祿龐永孫忠韓昇梁遜

孫銘劉忠楊澤劉英

乙字庫署庫事司設監太監王相等

吴昇何恩蘇保丁璞段用王保谷懷賈永蕭安王輦朱保徐用孫進曹保李朝李柯周廷□□□

丙字庫署庫事内官監太監郭進等

李朝譚輔劉存陳用王守恭王忻韓武姜永劉忠張統張謙于保趙知康朝孫福馬金邢用劉□

閻熙于宗賈廷貴王名張保張孜王廣山張祿陳欽孫進孝

丁字庫署庫事内官監太監李朗等

董雄田用李祺冉恩馬尹楊保任洪李昇謝舉張齡楊傑□□進張用劉相丁贇王保劉進忠潘榮

蘇金吴朗劉森王岳劉宗任永程用徐朝李□祚曹瑜徐政王憲

戊字庫署庫事御馬監太監時經等

韓鋼孫慶王穆金梗杜保王鸞馬龍馬得祿

承運庫署庫事司設監太監馬道成等

崔用陳洪劉成張輔王□戴增黄用李□李明邢進張知學張瑤閻昌張漢楊卿彭定吴忠郭德

劉鎮康信吴敬馬厚焦春張志仁劉佐袁近趙璽韓進李密李縉張世安王愛王昇劉然

廣盈庫署庫事尚膳監太監屈朝等

李俊田倫劉□潘靖張成

廣惠庫署庫事司設監太監鄧禎等

劉奉馬興姚美王鐸沈斌吴棟張敬馬臣張德朱進

廣積庫署庫事内官監太監魏賢等

張祿朱朝吕皜萬吉楊雄陶奉昝朝周保何通劉永同用

□□庫署庫事御馬監太監胡保等

劉□秦祿郭□張□李保李成□朝

京 434《崇興寺題名碑》

# 崇興寺題名碑

首題：大明嘉靖三十八年歲次己未吉日司鑰庫甲字等十庫署庫事内官監太監等官重修護國天王殿鐘鼓樓門樓神路溝渠等處碑記
年代：明嘉靖三十八年（1559）
原址：北京市西城區大後倉胡同
拓片尺寸：碑高130、寬66釐米
書體：楷書
《目錄》：頁235
拓片編號：京434
拓片録自：《北京圖書館藏中國歷代石刻拓本匯編》第56卷42頁

【碑陽】

額題：重修天王殿記（篆書）

碑文：

大明嘉靖三十八年歲次己未吉日 1 司鑰庫 2 甲字等十庫署庫事内官監太監等官重修 3 護國天王殿鐘鼓樓門樓神路溝渠等處碑記。4

司鑰庫署庫事内官監太監譚彦等。5 趙宗、吳朝用、傅恕、□剛、白載、陸秀、李通、侯寛、甯壽、徐朝、黄鐸、李俊、胡保。6

甲字庫署庫事内官監太監徐登等。7 荆聚、高隆、李欽、鄭廷、張謚、王涇、李熙、趙質、程道、趙宗、張妥、趙奉、王常、楊禄、張金、張紀、盧鼎、韋榮、8 楊林、李彦、李陳、高安、韓臻、王用、王瑀、傅鉞、姜英、吳桂、劉柰、徐魁、張信、田禄、龐永、孫忠、韓昇、梁遜、9 孫銘、劉忠、楊澤、劉英。10

乙字庫署庫事司設監太監王相等。11 吳昇、何恩、蘇保、丁璞、段用、王保、谷懷、賈永、蕭安、王輦、朱保、徐用、孫進、曹保、李朝、李柯、周廷□、□□。12

丙字庫署庫事内官監太監郭進等。13 李朝、譚輔、劉存、陳用、王守恭、王忻、韓武、姜永、劉忠、張統、張謙、于保、趙知、康朝、孫福、馬金、邢用、劉□、14 閻熙、于宗、賈廷貴、王名、張保、張孜、王廣山、張禄、陳欽、孫進孝。15

丁字庫署庫事内官監太監李朗等。16 董雄、田用、李祺、冉恩、馬尹、楊保、任洪、李昇、謝舉、張齡、楊傑、□□進、張用、劉相、丁贇、王保、劉進忠、潘榮、17 蘇金、吳朗、劉森、王岳、劉宗、任永、程用、徐朝、李□祚、曹瑜、徐政、王憲。

戊字庫署庫事御馬監太監時經等。18 韓鋼、孫慶、王穆、金梗、杜保、王鸞、馬龍、馬得禄。

承運庫署庫事司設監太監馬道成等。19 崔用、陳洪、劉成、張輔、王□、戴增、黄用、李□、李明、邢進、張知學、張瑤、閻昌、張漢、楊卿、彭定、吳忠、郭德、20 劉鎮、康信、吳敬、馬厚、焦春、張志仁、劉佐、袁近、趙璽、韓進、李密、李縉、張世安、王愛、王昇、劉然。21

廣盈庫署庫事尚膳監太監屈朝等。[22]李俊、田倫、劉□、潘靖、張成。[23]

廣惠庫署庫事司設監太監鄧禎等[24]。劉奉、馬興、姚美、王鐸、沈斌、吳棟、張敬、馬臣、張德、朱進。[25]

廣積庫署庫事内官監太監魏賢等。[26]張祿、朱朝、吕皜、萬吉、楊雄、陶奉、昝朝、周保、何通、劉永、同用。[27]

□□庫署庫事御馬監太監胡保等。[28]劉□、秦祿、郭□、張□、李保、李成、□朝。[29]

京 433《崇興寺二井記》

# 重修二井之記

重修二井記

隆慶四年歲次庚午八月丙申吉日

司禮監太監掌內官監事春雲孟公茲因

皇□外神路兩傍東西二井公廨之具年久坍塌以助重資與夫司鑰內府供用甲字等十庫太監等官各捐俸金□□重修復加增飾神人交□

誠應之驗義美而泉甘煥然一新工作完固刻立碑石列名於右乃春雲公之助云耳

司禮監太監掌內官監印孟冲

司鑰庫掌印御馬監太監崔玉

僉書等官魏剛白載陸秀高朝杜朝彭卿侯憲□壽臧神陳寵劉玉劉□高臣李□□□

供用庫掌印御用監太監鄭常

管理等官張春孟仁王禹周銘

甲字庫掌庫事內官監太監鄭廷

王澤李熙趙質袁貴耿道張勳張謙張紹王相楊孝王岳韋□趙良臣陳棟邵旻

馬永王效吳敬閻海賈宗祿王鈿賀世暹王京孫忠朱仲唐保王□邵祿王政張智

乙字庫掌庫事御用監太監王幹

蘇保段用賈永張雄趙欽王鋭趙祥謝□董□宋榮王卿龐倉

丙字庫掌庫事御用監太監李朝

陳用王圻韓武□永馮進蔣超段秀祝尊商純劉忠高洪黃□□貴王廣山□□

孫進孝田忠戴智

丁字庫掌庫事御用監太監馬尹

楊保謝舉張進王綱張信賈維馮貴□□明楊卿□昌高登唐□李緡□□王□□

趙得昇張□傅深孟忠鄭相曹壅

戊字庫掌庫事內官監太監韓鋼

金梗王穆王鸞劉春孫進□春□臣

承運庫掌庫事內官監太監劉成

崔用戴增黃川李官張傑丁宣紀棟王良趙□梁□高寬徐用喬益劉暹蔡□

張保劉然蔡玉王廷張齡

廣益庫掌庫事內官監太監胡和□倫劉賓張□甘月□朝□佑□□

廣惠庫掌庫事御馬監太監馬興

王鐸吳棟張敬馬臣張奈王錫杜萬薛保康筥高朋陳有張□□

廣積庫掌庫事內官監太監魏賢朱朝呂皜賀朝陶奉楊雄

□□庫掌庫事御馬監太監李成孫朝趙騰石成鮑恩

□□□□事作右監丞孫昇

京 433《崇興寺二井記》

# 崇興寺二井記

年代:明隆慶四年(1570)八月
原址:北京市西城區大後倉胡同
拓片尺寸:碑高 138、寬 68 釐米
書體:楷書
《目錄》:頁 506
拓片編號:京 433
拓片錄自:《北京圖書館藏中國歷代石刻拓本匯編》第 56 卷 170 頁

【碑陽】

額題:重修二井之記(篆書)

碑文:

重修二井記 1

隆慶四年歲次庚午八月丙申吉日 2 司禮監太監掌内官監事春雲孟公玆因 3 皇□外神路兩傍東西二井,公廨之具,年久坍塌,以助重資與夫司鑰内府供用甲字等十庫太監等官各捐俸金□□重修,復加增飾。神人交□ 4 誠應之驗,義美而泉甘。煥然一新,工作完固,刻立碑石,列名於右。乃春雲公之助云耳。5

司禮監太監掌内官監印孟冲,6

司鑰庫掌印御馬監太監崔玉,7 僉書等官魏剛、白載、陸秀、高朝、杜朝、彭卿、侯憲、□壽、臧神、陳寵、劉玉、劉□、高臣、李□、□□。8

供用庫掌印御用監太監鄭常,9 管理等官張春、孟仁、王禹、周銘。10

甲字庫掌庫事内官監太監鄭廷、11 王澤、李熙、趙質、袁貴、耿道、張懃、張謙、張紹、王相、楊孝、王岳、韋□、趙良臣、陳楝、邵旻、12 馬永、王效、吳敬、閻海、賈宗祿、王鈿、賀世暹、王京、孫忠、朱仲、唐保、王□、邵祿、王政、張智。13

乙字庫掌庫事御用監太監王幹、14 蘇保、段用、賈永、張雄、趙欽、王鋭、趙祥、謝□、董□、宋榮、王卿、龐倉。15

丙字庫掌庫事御用監太監李朝、16 陳用、王圻、韓武、□永、馮進、蔣超、段秀、祝尊、商純、劉忠、高洪、黄□、□貴、王廣山、□□、17 孫進孝、田忠、戴智。18

丁字庫掌庫事御用監太監馬尹、19 楊保、謝舉、張進、王綱、張信、賈維、馮貴、□□明、楊卿、□昌、高登、唐□、李縉、□□、王□□、20 趙得昇、張□、傅深、孟忠、鄭相、曹壅。21

戊字庫掌庫事内官監太監韓鋼、22 金梗、王穆、王鸞、劉春、孫進、□春、□臣。23

承運庫掌庫事内官監太監劉成、24 崔用、戴增、黄川、李官、張傑、丁宣、紀楝、王良、趙□、梁□、高寬、徐用、喬益、劉暹、蔡□、25 張保、劉然、蔡玉、王廷、張齡。26

廣益庫掌庫事内官監太監胡和、□倫、劉賓、張□、廿月、□朝、□佑、□□。27

廣惠庫掌庫事御馬監太監馬興、28 王鐸、吳棟、張敬、馬臣、張柰、王錫、杜萬、薛保、康筥、高朋、陳有、張□□。29

廣積庫掌庫事内官監太監魏賢、朱朝、呂皜、賀朝、陶奉、楊雄。30

□□庫掌庫事御馬監太監李成、孫朝、趙騰、石成、鮑恩。31

□□□□□事作右監丞孫昇。32

京 432《崇興寺天王殿碑》陽

# 重修天王殿宇碑記

（上殘）有司鑰庫而天財庫（下殘）之門掘二井
（上殘）門者咸□香火事之夫天財何爲而（下殘）
（上殘）翕財用而錢鈔之所給歛者於此乎司馬建天王於前取厥威靈以掌鎮（下殘）
（殘）
英□□□□□亦有歲矣垣牖頹然殿閣凋榭過者睨之若廢壞然由是臨通訪公雖欲（下殘）
□□而隻力未必振舉是以空嗟嗟終未創績耳萬曆八祀餘月上旬署□司鑰庫（下殘）
御馬監太監何公諱忠者乃睹廟而興思捐己俸願重新之同事諸公樂道人善遂
濟亦資而共成之但見經之營之不日成之而殿宇華飾煥然更新噫嘻力足以變（下殘）
詩曰周雖舊邦其命維新此之謂也況天王殿設建
□□內府又
□親近之所苟匪蔚然以文則何以崇壯麗而爲蒸民之觀瞻乎庫藏賴（下殘）
神□以護持者將何以爲誠獻乎茲復新之吾不樂何公交神之誠而深樂（下殘）
國之志同事諸公協義而成固謂□順其美亦不可非何公之同志云
萬曆庚辰仲秋之吉
賜進士出身資政大夫工部尚書侍（下殘）
經□□南京（殘）都察院掌院□□都御史承天曾省吾撰并書

京432《崇興寺天王殿碑》陽

# 崇興寺天王殿碑

年代：明萬曆八年（1580）八月
原址：西城區大後倉胡同
拓片尺寸：碑陽高 153、寬 88 釐米，額高 37、寬 24 釐米；碑陰高 152、寬 89 釐米，額高 30、寬 25 釐米
書體：楷書
撰人：曾省吾
書人：曾省吾
《目錄》：頁 241
拓片編號：京 432
拓片錄自：《北京圖書館藏中國歷代石刻拓本匯編》第 57 卷 91 頁

【碑陽】

額題：重修天王殿宇碑記（篆書）

碑文：

（上殘）有司鑰庫，而天財庫（下殘）之門，掘二井 1（上殘）門者，咸□香火事之，夫天財何爲？而（下殘）2（上殘）翕財用而錢鈔之所給歛者於此乎。司馬建天王於前取厥威靈以掌鎮（下殘）3（殘）4 英□□□□□亦有歲矣，垣牖頹然，殿閣凋榭，過者睨之，若廢壞然。由是臨通訪公雖欲（下殘）5□□而隻力未必振舉，是以空嗟嗟，終未創績耳。萬曆八祀餘月上旬，署□司鑰庫（下殘）6 御馬監太監何公諱忠者，乃睹廟而興思，捐己俸，願重新之。同事諸公樂道，人善遂 7 濟，亦資而共成之。但見經之營之，不日成之。而殿宇華飾，煥然更新。噫嘻，力足以變（下殘）8《詩》曰："周雖舊邦，其命維新。"此之謂也。況天王殿設建 9□□内府又 10□親近之所。苟匪蔚然以文，則何以崇壯麗而爲蒸民之觀瞻乎。庫藏賴（下殘）11 神□以護持者，將何以爲誠獻乎。兹復新之，吾不樂何公交神之誠而深樂（下殘）12 國之志。同事諸公協義而成，固謂□順其美。亦不可非何公之同志云。13 萬曆庚辰仲秋之吉。14 賜進士出身，資政大夫，工部尚書侍（下殘）15 經□□南京（殘）都察院掌院□□都御史承天曾省吾撰并書。16

【碑陰】

額題：萬古流芳（篆书）

碑文：

（碑文磨勒嚴重，無法釋讀）

京436《崇興寺天王殿碑》陽

京436《崇興寺天王殿碑》陰

重修（下泐）

□□□□□□□□□□□□風徐來（下泐）

□□□□□□□□□□□□□□槼（下泐）

□□□□□米庫□□□□□□□甲字等（下泐）

□□軍□而進曰是祠也（泐）有白壁（下泐）

□□□□獲辭乃述之曰赫赫之靈威洋洋之廟貌日深而文餙弗存終焉而（下泐）

□□□□□□喜繼續之多士

內帑之貯積攸在

朝廷之國蓄攸存

威伏西隅

氣蓋乾天

此固王神之獨靈也而事之不可崇乎於是整襟頓足握筆臨碑吐雲烟於筆上篆祠□

於石間餙文詞於素壁忘宴爾之歸還木魚聲動返步愴惶僅

□□□方出覺宇宙之昏黃是略爲碑之絢

□□□□辰秋八月吉日

□進士出身正議大夫資治尹工部左侍郎前奉

巡撫江西贊理軍務督察院右副都御史姑蘇楊成撰并書

京436《崇興寺天王殿碑》陽

（泐）

□□ □□ □□ □□ 閻□ □□ □□ □□ □□ □□ □□ □□ 李□ □□ 王昇 鄭保 趙臣 王□ 董□ □□
□□ □□ 郭用 郭義 李秀 趙進朝 史臣 張進朝 高進朝 陳朝 □□ 張□ 胡柰 郭□ 谷春 劉□ □潤 謝朝 吳敬 □□
□□ 張寵 龔儒 秦征 傅全 趙亨 金海 蘇忠 王保 劉昇 馬錢 袁相 符敬 王佐 李玉 王佐 程明 李朝用 鄧朝 □□
張舉 魏登 楊孝 王奉 屠錦 尚忠 曹通 劉相 張朝 楊和 張寅 □用 郗進忠 陳欽 尚鸞 尚鯨 □□ 劉整 張禮 □□

乙字庫署庫事御用監等衙門太監等官

王幹 劉用 李鑾 張潤 翟官 陳忠 黃受 龐倉 姜秀 王琦 高朝 □仲文 王鉞 劉□ 李成名 郭廷 王林 宋榮 梁英 □□
郝勳 苗利 趙欽 王鋭 趙祥 謝表 董朝 韓朝 王儒 閻壽 白和 郗國禎 龔時 張英 □□禮 張禮 李舉 羅綬 閻奉 □□

丙字庫署庫事御馬監等衙門太監等官

董寧 楊守成 劉偉 郝奎 劉奉 龐成 張臣 崔寬 郭用 杜勳 孫進孝 □相 商經 王□ 段秀 祝壽 劉忠 戴智 辛昇 □□
吳經 曹清 朱朝 郝文 毛祥 楊魁 馮進 高洪 黃潾 劉昇 焦熙 馬禹 李鳳 張祿 張廷 高昇 張□ 劉忠 李明 □□

丁字庫署庫事御馬監等衙門太監等官

高登 張信 李縉 鄭相 曹壅 于添朋 李堂 荀保 金祥 王山 錢永 □騰 張朝 王奉 王成 孟忠 □和 俞隆 李官 □□
季寅 王舉 王進朝 郝江 李良 任佑 許添福 臧朝 徐成 賈貴 商朝 劉榮 崔清 梁杜 張進 王綱 馮貴 潘清 劉祿 □□
邊仁 徐保 高登 薛金 張進暹 趙瀆 黃應璧 劉用 客恩 崔琦

戊字庫署庫事御馬監等衙門太監等官

魏受 祁宗政 王敬 王乾 李昇 馬榮 張朝 劉朝 王宣 王朝 劉奉 謝明 劉成 王玉 王用 王成 □春 □春 趙安 郭□
李寵 劉文成 陳德 周臣 李朝用 常雲

承運庫署庫事御馬監等衙門太監等官

梁忠 蔡欽 丁宣 張齡 陳保 宋朝用 王廷 王憲 張保 朱明 楊忠 暨成 田奉 隨臣 □□忠 □玉 蔡玉 徐州 □□ □□
王玉 魏良 張廷印 李環 郭泰 田雲 李昇 王良 田進朝 李明 王宣 □保 劉昇 趙成 □□ □增 郭朝 劉榮 □□ □□
張朝 宋隆 李朝 李祿 蔡祿 薛貴 鄭朝 劉忠 鄧忠 劉保

廣盈庫署庫事御馬監等衙門右監丞等官

朱臣 郭應 田倫 韓成 甄祿 宋萬 聶進朝 黃用 □玉 李臣 王忠 □仁

廣惠庫署庫事內官監等衙門太監等官

陳靖 康言 張世安 李策 盧保 苑得 高輔 吳棟 張柰 王錫 薛保 王翱 趙用 □萬 □□ □□ 孟卿 □穩 何忠 □□
馮進 陳朝 馬進 石英 劉用 徐忠 李璽 張忠 張敬 杜保 甄進 田還 谷照 胡順 □□ □□ 蔣奉 盧玉

廣積庫署庫事御馬監等衙門太監等官

焦科 崔岱 何永 劉保 □□ □□ 蔣朝 張引 趙印 張相 鄧祿 □獻壽 郭朝 王增壽 □□ 李□ 趙□ 趙□ □□ □□
李騰 李用 張□ □□ □□ □□ □□

贓罰庫署庫事御馬監等（下泐）

王奉 周鸞 孫朝 石成 鮑恩 □□ 李朝 李時 秦朝用

西香庫王禹周銘趙暹

京436《崇興寺天王殿碑》陰

# 崇興寺天王殿碑

首題：重修□□
年代：明嘉靖三十四年（1555）四月
原址：西城區大後倉胡同
拓片尺寸：碑陰、陽高 151、寬 87 釐米
書體：楷書
撰人：楊成
書人：楊成
《目録》：頁 242
拓片編號：京 436
出處：北京大學圖書館藏原拓片

【碑陽】

碑文：

重修（下泐）1

□□□□□□□□□□□□□風徐來（下泐）2□□□□□□□□□□□□□□□樑（下泐）3□□□□□米庫□□□□□□□甲字等（下泐）4□□軍□而進曰：是祠也（泐）有白璧（下泐）5□□□□獲辭，乃述之曰：赫赫之靈威，洋洋之廟貌，日深而文飭弗存，終焉而（下泐）6□□□□□□喜繼續之多士。7內帑之貯積攸在，8朝廷之國蓄攸存。9威伏西隅，10氣蓋乾天，11此固王神之獨靈也，而事之不可崇乎。於是整襟頓足，握筆臨碑，吐雲烟於筆上，篆祠□12於石間，飭文詞於素壁，忘宴爾之歸還。木魚聲動，返步愴惶，僅13□□□方出，覺宇宙之昏黄。是略爲碑之絢14□□□□辰秋八月吉日15□進士出身正議大夫資治尹工部左侍郎前奉16巡撫江西贊理軍務督察院右副都御史姑蘇楊成撰并書。17

【碑陰】

碑文：

（泐）

□□、□□、□□、□□、閻□、□□、□□、□□、□□、□□、□□、□□、李□、□□、王昇、鄭保、趙臣、王□、董□□、□□、□□、□□、郭用、郭義、李秀、趙進朝、史臣、張進朝、高進朝、陳朝、□□、張□、胡柰、郭□、谷春、劉□、□潤、謝朝、吳敬、□□、□□、張寵、龔儒、秦征、傅全、趙亨、金海、蘇忠、王保、劉昇、馬錢、袁相、符敬、王佐、李玉、王佐、程明、李朝用、鄧朝、□□、張舉、魏登、楊孝、王奉、屠錦、尚忠、曹通、劉相、張朝、楊和、張寅、□用、郝進忠、陳欽、尚鸞、尚鯨、□□、劉整、張禮、□□。

乙字庫署庫事御用監等衙門太監等官

王幹、劉用、李鑾、張潤、翟官、陳忠、黄受、龐倉、姜秀、王琦、高朝、□仲文、王鉞、劉□、李成名、郭廷、王林、宋榮、梁英、□□、郝勳、苗利、趙欽、王鋭、趙祥、謝表、董朝、韓朝、王儒、閻壽、白和、郝國禎、龔時、張英、□□禮、張禮、李舉、羅綬、閻奉、□□。

丙字庫署庫事御馬監等衙門太監等官

董寧、楊守成、劉偉、郝奎、劉奉、龐成、張臣、崔寬、郭用、杜勳、孫進孝、□相、商經、王□、段秀、祝壽、劉忠、戴智、辛昇、□□、吴經、曹清、朱朝、郝文、毛祥、楊魁、馮進、高洪、黄潾、劉昇、焦熙、馬禹、李鳳、張禄、張廷、高昇、張□、劉忠、李明、□□。

丁字庫署庫事御馬監等衙門太監等官

高登、張信、李縉、鄭相、曹壅、于添朋、李堂、荀保、金祥、王山、錢永、□騰、張朝、王奉、王成、孟忠、□和、俞隆、李官、□□、季寅、王舉、王進朝、郝江、李良、任佑、許添福、臧朝、徐成、賈貴、商朝、劉榮、崔清、梁柱、張進、王綱、馮貴、潘清、劉禄、□□、邊仁、徐保、高登、薛金、張進暹、趙瓉、黄應璧、劉用、客恩、崔琦。

戊字庫署庫事御馬監等衙門太監等官

魏受、祁宗政、王敬、王乾、李昇、馬榮、張朝、劉朝、王宣、王朝、劉奉、謝明、劉成、王玉、王用、王成、□春、□春、趙安、郭□、李寵、劉文成、陳德、周臣、李朝用、常雲。

承運庫署庫事御馬監等衙門太監等官

梁忠、蔡欽、丁宣、張齡、陳保、宋朝用、王廷、王憲、張保、朱明、楊忠、暨成、田奉、隨臣、□□忠、□玉、蔡玉、徐州、□□、□□、王玉、魏良、張廷印、李環、郭泰、田雲、李昇、王良、田進朝、李明、王宣、□保、劉昇、趙成、□□、□增、郭朝、劉榮、□□、□□、張朝、宋隆、李朝、李禄、蔡禄、薛貴、鄭朝、劉忠、鄧忠、劉保。

廣盈庫署庫事御馬監等衙門右監丞等官

朱臣、郭應、田倫、韓成、甄禄、宋萬、聶進朝、黄用、□玉、李臣、王忠、□仁。

廣惠庫署庫事内官監等衙門太監等官

陳靖、康言、張世安、李策、盧保、苑得、高輔、吴棟、張柰、王錫、薛保、王翱、趙用、□萬、□□、□□、孟卿、□穩、何忠、□□、馮進、陳朝、馬進、石英、劉用、徐忠、李璽、張忠、張敬、杜保、甄進、田還、谷照、胡順、□□、□□、蔣奉、盧玉。

廣積庫署庫事御馬監等衙門太監等官

焦科、崔岱、何永、劉保、□□、□□、蔣朝、張引、趙印、張相、鄧禄、□獻壽、郭朝、王增壽、□□、李□、趙□、趙□、□□、□□、李騰、李用、張□、□□、□□、□□、□□。

贓罰庫署庫事御馬監等（下泐）

王奉、周鸞、孫朝、石成、鮑恩、□□、李朝、李時、秦朝用。

西香庫

王禹、周銘、趙暹。

# 土地廟

土地廟，不見於乾隆《京城全圖》，原址爲内四區柳巷胡同東北口（今冠英園小區北邊的馬路正中），寺廟建築現已不存。

土地廟始建年代不詳，無文獻記載，但附近的很多老街坊都記得此小廟。據他們説，廟僅當街一間，北向，一米左右，内供土地神像。1949年以前，柳巷居民但凡有去世者，家人皆需來此處燒紙"報廟"，故他們對其印象深刻。

2008年調查時，土地廟已不存，寺廟原址爲馬路。

# 靜修寺

靜修寺，亦稱淨修寺，不見於清乾隆《京城全圖》，原址爲内四區南草厰半壁街六十四號（今西城區前半壁街胡同二號），寺廟建築現已不存。

靜修寺始建年代不詳，雍、乾《廟冊》中均無記載。然民國警察局調查時，聽里人傳其爲内監所修。寺内確曾有鐵磬一口，上有“天啓丙寅年造”字樣，即明天啓六年（1626）所鑄[1]，但難以判斷是否即爲廟之始創之時。另，民國時寺廟住持尼僧深參稱，此廟乃清嘉慶年間私建，然廟内除天啓鐵磬外，還有清乾隆十八年（1753）造鐵五供一份，時間皆在嘉慶之前，故此說不確。

目前靜修寺有文獻可查的最早歷史，是光緒二十年（1894）淨修寺立手本一件。民國十三年（1924）深參購下此廟，她本在阜成門外白堆子廣福寺内居住，從此靜修寺成爲廣福寺下院[2]。此時本寺山門北向，當時已隔塞不通行，自西小門入；前殿一間，内供關帝坐像一尊，周倉、關平侍立，馬童各一。其東、西各有北房一間。殿後小院一所，内有南房三間，供千手佛木像一尊，東西耳房各一間，西小棚三間。深參傳曹洞宗，民國二十四年（1935），她將寺廟轉給民人李蔣如理，靜修寺遂成爲家廟。民國三十三年（1944）二月，靜修寺廟主變更爲民人劉蔡重彩，她接管寺廟後進行了一次頗具規模的修繕，將臨街北房四間挑頂换箔刷漿見新，原有西北小門遷移東北，改建過道門半間，彩飾原有殿房，展寬西平臺前檐，另添蓋東平臺三間，此次修繕後，靜修寺内的殿房數量已增至二十一間。兩個月後，經社會局批准，淨修寺繳銷廟照變爲民産，但寺内佛像均在原地供奉保存[3]。

因該廟早已改爲民居，附近住户均對它無甚印象，祇依稀記得其建築約於1987年左右被拆除。

2008年調查時，靜修寺已不存，寺廟原址爲居民住宅樓。

---

〔1〕參見首都圖書館藏《北平寺廟調查一覽表》，民國三十四年（1945）手抄本，頁三十二。

〔2〕參見北京市檔案館藏《北平市社會局寺廟類·内四區靜修寺尼僧深參關於登記廟産的呈文及社會局的批示》，1930年，檔案號J2-8-35，頁九。

〔3〕參見北京市檔案館藏《北平市社會局寺廟類·内四區淨修寺管理人李蔣如理送寺廟登記表主社會局的批示》，1936—1944年，檔案號J2-8-1000，頁一至四十。

# 龍泉禪林

龍泉禪林,亦稱龍泉庵或龍泉寺,不見於清乾隆《京城全圖》,原址爲内四區南草廠北魏兒胡同十五號(今西城區冠英園西區二十七號左右),寺廟建築現已不存。

此廟緣井得名,井即在山門内、前殿前,然廟之始建年代不詳,民國時住持聲稱私建於明代,《宛署雜記》中確實記有“龍泉庵在河漕西坊,嘉靖三十八年(1559)建”[1],但未知是否即該廟。至清代,《雍正廟冊》對此庵亦有記載,時爲大僧廟,有殿宇十一間、禪房十八間,住持照元。然《乾隆廟冊》中卻無登記,《京城全圖》亦未繪此寺,可能當時它曾一度亡廢,後再重建。

清道光二十二年(1842),寺有重修添建之舉,廟内曾有鐵五供一份,言明爲是年仲冬,西直門内溝沿龍泉庵新鑄添建,再有鐵磬一口亦造於當時,五供一份造於次年冬。可能此時即龍泉禪林復興之時。至清光緒三十三年(1907),尼僧思玉從海緒處價購香火,此後經營廟務、管理焚修。民國二十五年(1936),廟内還新添房屋一間[2]。此時門南向,石額曰“重修龍泉禪林”,山門内、前殿前有水井一眼,“龍泉”之名即由此得來。前殿一間爲關帝殿,内供關帝坐像,財神、龍王、山神並土地四神旁祀,周倉、關平並馬童二人並立。殿前東西小房各二間;北殿三間帶東西耳房各一間,内供釋迦佛一尊,木質金身,下有法座兩層、上有背光丈許,左爲彌勒坐像,右爲觀音菩薩,均皆木胎金身。彌勒旁又有十殿閻君小泥像十尊、地藏王小像一尊、木雕觀音兩尊。神像前供桌上立有木龕兩座,各有方石一尊,上刻凸出佛像,取千佛繞毗盧之形,著色甚佳。殿前東西配房各三間,院内大小槐樹各一株;再北爲吕祖殿五間,内正供娘娘九尊、藥王一尊,均爲泥塑,墻上奉吕祖及釋儒三像畫幅一軸。院内丁香多株;東小跨院一所,爲空場[3]。

---

〔1〕參見《宛署雜記》卷十九,頁二百三十。

〔2〕參見北京市檔案館藏《北平市社會局寺廟類·内四區龍泉禪林尼僧思玉登記廟産的呈文及社會局的批示》,1931—1936年,檔案號J2-8-629,頁一至三十七。《北京寺廟歷史資料》,頁六百九十三。

〔3〕國立北平研究院《龍泉寺》,西四79。

1950年,思德接任住持,廟内人口減至兩人[1]。至1952年,住持又更换爲尼僧修果,廟内人口爲三人[2]。對此,老住户們也有回憶。他們説,1949年以前,庵内還有四五位尼僧,三位年長、兩位年輕。她們處世低調,行事謹慎,日日誦經,卻不與普通居民來往,亦不許外人出入。庵門口水井一眼,水質甚好,然唯有尼僧汲水,不見他人取用。"文革"期間,尼僧離開,庵廟廢棄,居民陸續搬入。1995年,此地新修冠英園住宅小區,寺廟建築被徹底拆除。

2008年調查時,龍泉禪林已不存,寺廟原址爲居民住宅小區。

---

〔1〕參見北京市檔案館藏《北平市民政局·北平市寺廟總登記簿》,1950年,檔案號J3-1-203,頁三十二。

〔2〕參見北京市檔案館藏《北平市民政局民族事務科·西四區僧、尼寺廟登記表》,1952年,檔案號196-1-18,頁九十五。

# 三排十一段

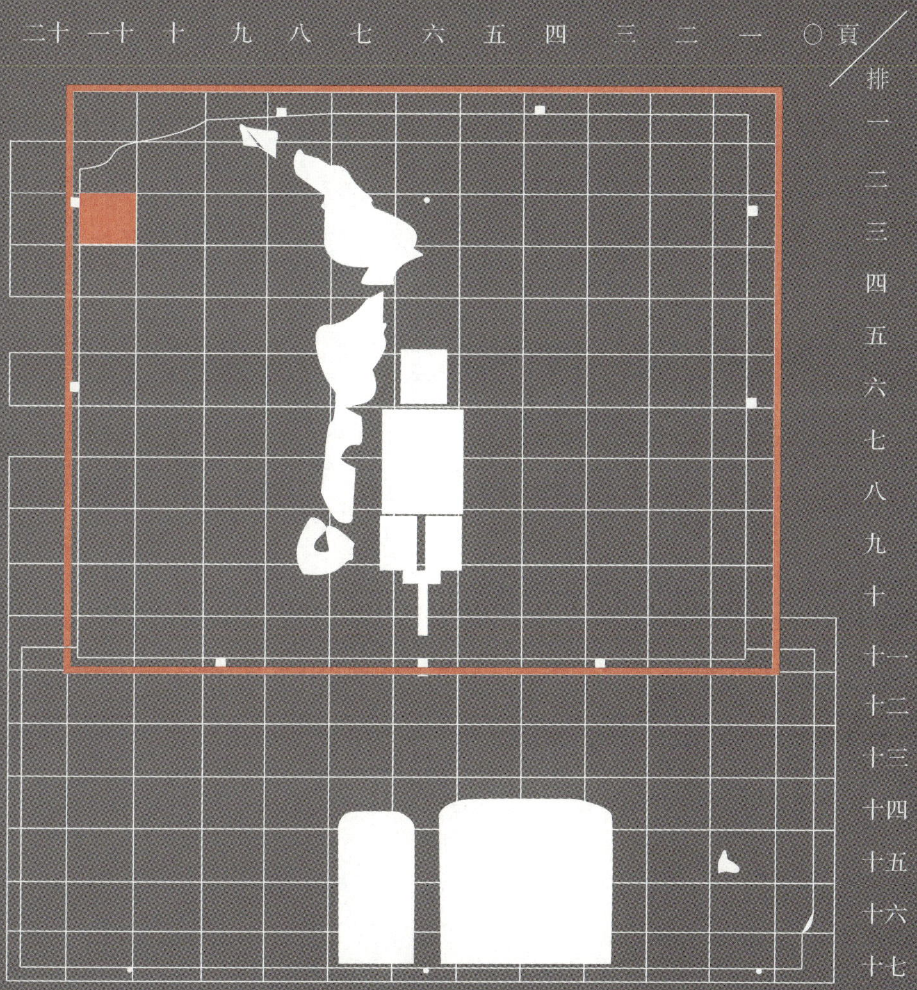

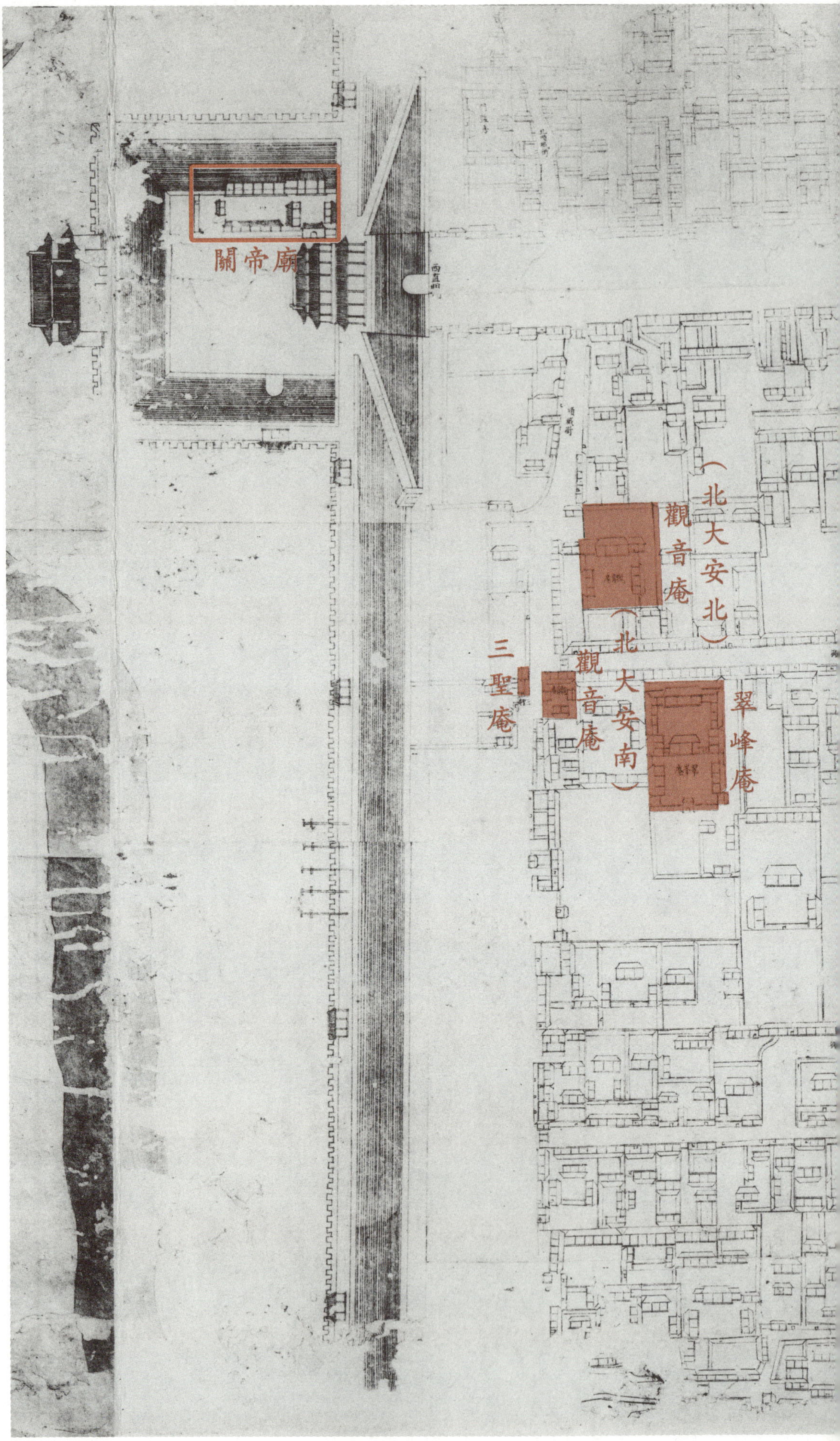

關帝廟
觀音庵
（北大安北）
三聖庵
觀音庵
（北大安南）
翠峰庵

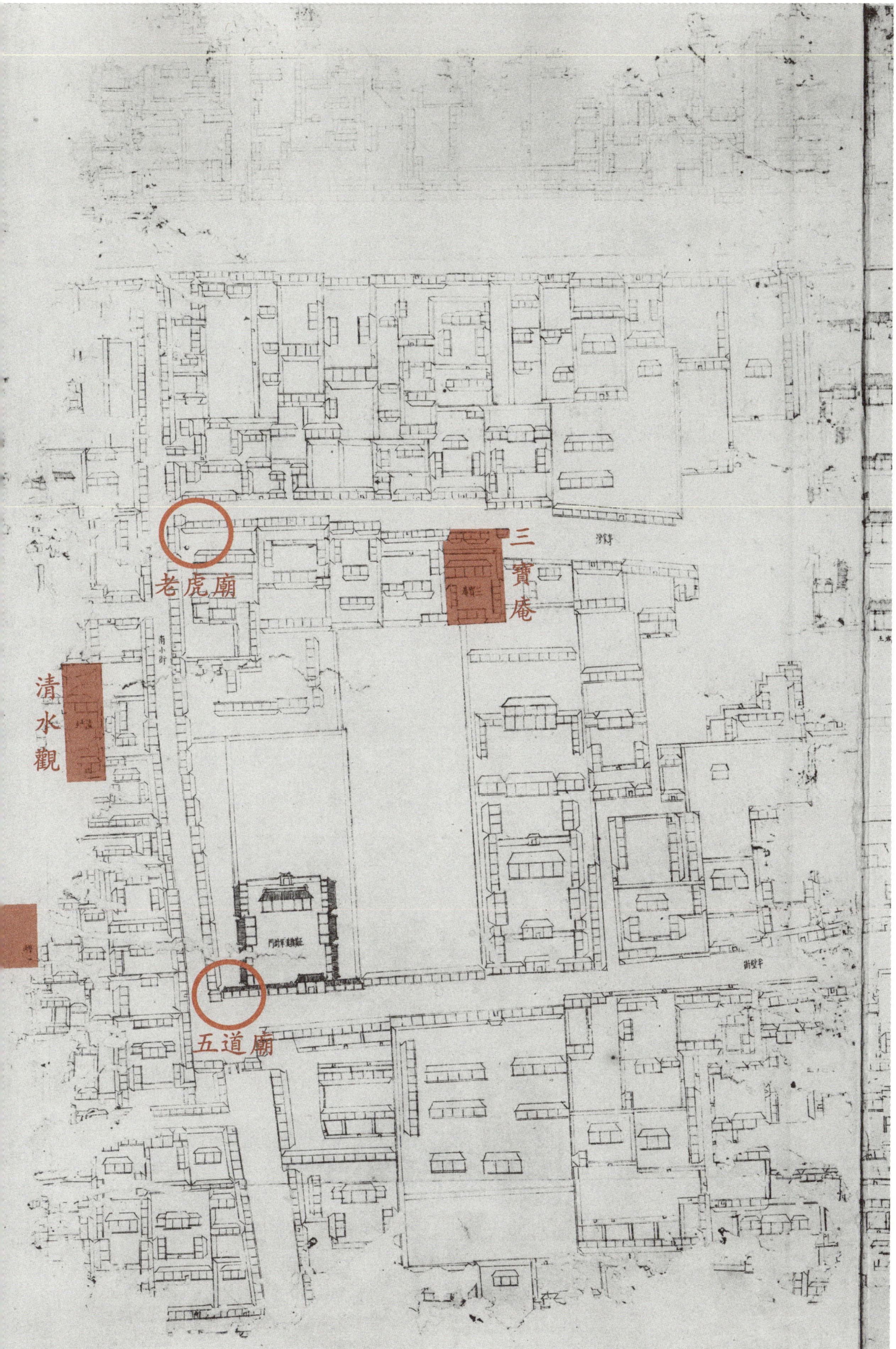
老虎廟
三寶庵
清水觀
五道廟

# 三寶庵

三寶庵，原址在内四區老虎廟（今西城區西直門内後半壁街甲四十六號附近），寺廟建築現已不存。

三寶庵始建年代不詳，但在清《雍正廟册》中已有記載，稱“三寶庵在毛家灣”，爲尼僧廟，有殿宇八間、禪房十三間，住持通來。《乾隆廟册》登記地址爲小街口東，住持改爲尼僧照貴。從清乾隆《京城全圖》上看，三寶庵位於毛家灣路南，坐南朝北，爲一進院落，無山門，僅在院牆上東北角處開一小門，有倒座前殿五間、北向正殿三間、東配殿五間、西配殿三間。在院門之北，還有小房三座共六間，按《雍正廟册》所記寺廟規模，亦應屬於廟産。

此後，再未見三寶庵的相關記載。據附近老住户回憶，自1950—2002年左右，此處一直是煤廠，内有很大的空地，野草很高，故三寶庵至遲在20世紀40年代以前就已無存。

2008年調查時，三寶庵原址爲北京移動通訊西直門營業廳對面的天地自立菜市場。

# 觀音庵（北大安北）

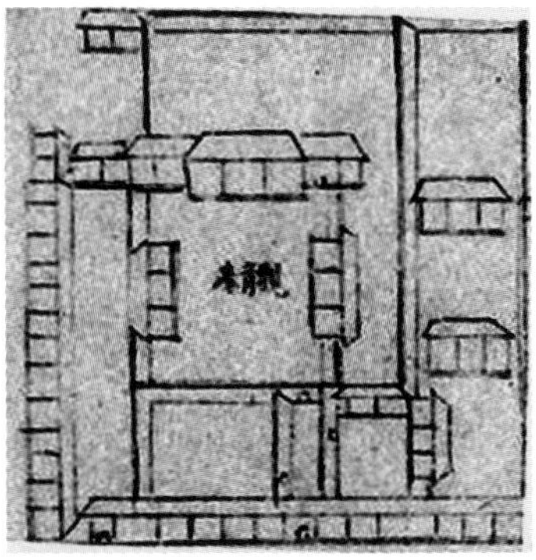


觀音庵，原址在内四區北大安胡同路北（今西城區西直門大街二號），寺廟建築現已不存。

觀音庵始建年代不詳，但在清《雍正廟冊》中已有記載，稱“觀音庵，在北帕兒胡同”，爲大僧廟，有殿宇十間、禪房五間，住持祖善。至乾隆時期，觀音庵已變爲尼僧廟，尼僧照玉任住持。從清乾隆《京城全圖》上看，觀音庵位於北扒兒胡同路北，坐北朝南，爲一進院落，無山門，衹在院牆上開一小門，有正殿三間並東、西耳房各兩間，西耳房西側似還有小房兩間，東、西配殿各三間。此後，再未見觀音庵的相關記載，似乎傾圮已久。

2008 年調查時，觀音庵原址爲成銘大廈。

# 清水觀

清水觀，亦稱妙清觀、真武廟，原址爲内四區妙清觀三號（今西城區西直門南小街十七號），寺廟建築現已不存。觀内原有碑刻一通，爲明景泰七年（1456）的《妙清觀碑》，碑首雙龍交紐，然今僅存拓片[1]。

清水觀始建於明代，然《宛署雜記》僅記其名，未説明始創時間[2]。據《妙清觀碑》記載，司設監太監陳日新奉道虔誠，在所居宅内自建真武堂一所，因慕邵以正真人高德，於正統十年（1445）施宅爲真人所建五華觀下院。景泰二年（1451），經内官監太監阮仁得奏請，上賜額妙清，次年五月與以官料，由内官監太監陳謹[3]董督重建。六年（1455）十一月工竣落成。前有山門、券門、四將殿，中爲三清寶殿，後有玉虛殿，左配殿爲清微殿，右配殿爲正一殿，相隨配房爲長春、顯化二堂，周圍廊廡、鐘鼓二樓、方丈、道房等無不齊備，景泰七年（1456）立石以記，是乃《妙清觀碑》。至明崇禎十一年（1638）六月初二日，安民廠火藥局發生爆炸，方圓數十里無完宇，妙清觀亦被震塌，十二年

---

〔1〕關於其形制，參見《琉璃廠雜記》頁二百零一。

〔2〕《宛署雜記》卷十九，頁二百三十二。

〔3〕景泰年間内官監太監陳謹，乃安南國王宗室，久居北京，奉道虔誠，曾捐己宅興建妙緣觀（參見《北京内城寺廟碑刻志》第一卷，一排七段"妙緣觀"條，頁一百八十二至一百八十三。其又建西山靈應觀、東城玄妙觀。《妙緣觀碑》中記其事跡。《妙清觀碑》《妙緣觀碑》都爲時任國子監祭酒的胡濙所撰（參見《北京内城寺廟碑刻志》第一卷，《妙緣觀碑》，頁一百八十四至一百八十六頁）。胡濙乃明建文至天順六朝名臣，《明史·胡濙傳》稱他曾遍行天下，訪仙人張邋遢。他留心宗教，僅《北京圖書館藏中國歷代石刻拓本匯編》中，就收錄他撰寫的廟碑十九通，另有他篆額的《廣善寺碑》一通。

(1639)六月重修并添置法物[1]。《日下舊聞考》、《宸垣識略》、《光緒順天府志》中均稱,安民廠災後,此廟僅存殿三楹[2]。

入清之後,觀仍殘破。雍正十一年(1733)二月,弘春(康熙帝第十四子允禵之長子)晋封泰郡王,其郡王府即在妙清觀北側(《京城全圖》上註名爲多羅貝勒弘明,蓋繪圖之時弘春已經失勢,此時府邸易主,爲其弟居住)。弘春分府後,即重整妙清觀,將其作爲府中家廟,供奉真武[3]。故《雍正廟冊》中尚無妙清觀登記,而《乾隆廟冊》中,它已記爲尼僧廟,住持尼爲諸誦。從清乾隆《京城全圖》上看,清水觀位於西直門南小街路西,坐北朝南,兩進院落,有山門殿三間、正殿三間,似還有後殿,無奈圖已漫漶,難知其詳,其規模較《妙清觀碑》所述卻已大不如前。

弘明繼弘春之後入主泰郡王府,其後人一直是妙清觀的主人。光緒二年(1876)五月初一,廟内鑄鐵磬一口,言明"西直門内小街妙清觀敬獻真武大帝",與此同時廟名也改爲"妙清觀真武廟"。至清光緒七年(1881),宗室奕年(貝勒弘明長子永忠的後人)、載昌等人重修寺廟,奕年捐資添鑄鐵爐兩座,載昌爲新修後的寺廟提筆書額[4]。雖然妙清觀歷來是其家廟,然而末代廟主金溥式卻聲稱,1912年9月,即將遜位的清隆裕皇太后將妙清觀連同原王府宅院,一同賞給時任宗人府副理的載衍(奕年之子)爲業,有契紙一件,然而妙清觀日益破敗,載衍也無力重修[5]。1916年,周肇祥眼見《妙清觀碑》半陷地中,臥於道旁。妙清觀唯破屋一間,祀真武。"觀基半爲孔道,半淪民居"[6]。

1933年6月[7],載衍病逝,他年僅十三歲的兒子金溥式成爲廟主,他也是妙清觀最後的主人。此時妙清觀南向,僅一間,木額"真武廟",即載昌所書,内供石質真武塑像一尊。東有北房三間,房前鐵鐘兩口、柏樹數株,《妙清觀碑》仍臥於門南十餘丈外[8]。金溥式本人並不住在廟内,殿房除供佛外,餘房出租[9]。至1950年,金溥式仍登記爲廟主,雖廟房只剩一間半,其内卻住了五人。據《尋訪京城清王府》一書所記,載衍側室景氏曾長年主持原泰郡王府,1937年府邸被賣掉後,她在妙清觀内蓋四合房居住,直到1952年9月辭世[10]。據老住户們回憶,上世紀60年代建設九十八中學時,廟房被拆除無存。

2008年調查時,妙清觀原址爲北京市第九十八中學。

---

〔1〕參見明景泰七年(1456)《妙清觀碑》,《北京圖書館藏中國歷代石刻拓本匯編》,京357,卷五十一,頁一百九十八。明崇禎十二年添鑄的鐵鐘一直保存到了民國末年。

〔2〕參見《日下舊聞考》卷五十二·城市·内城·西城三,頁八百三十六、八百三十九;《宸垣識略》卷八·内城四,頁一百四十六;《光緒順天府志》京師志十六·寺觀一·内城寺觀,頁四百九十六。

〔3〕參見馮其利《尋訪京城清王府》,北京:文化藝術出版社,2006年,頁一百四十九。

〔4〕參見國立北平研究院《妙清觀》,西四40。

〔5〕參見北京市檔案館藏《北平市社會局寺廟類·外五區太清觀、内三區崇寧觀、西郊區妙清觀管理人劉宇啓送寺廟登記表及社會局的批示》,1936—1937年,檔案號J2-8-932,頁七十八至一百零二。

〔6〕參見《琉璃廠雜記》,頁二百零一。

〔7〕一說1933年5月,此處按寺廟登記檔案中金溥式的説法,記爲1933年6月。

〔8〕參見國立北平研究院《妙清觀》,西四40。

〔9〕參見北京市檔案館藏《北平市社會局寺廟類·外五區太清觀、内三區崇寧觀、西郊區妙清觀管理人劉宇啓送寺廟登記表及社會局的批示》,1936—1937年,檔案號J2-8-932,頁七十八至一百零二。

〔10〕參見《尋訪京城清王府》,頁一百四十九。

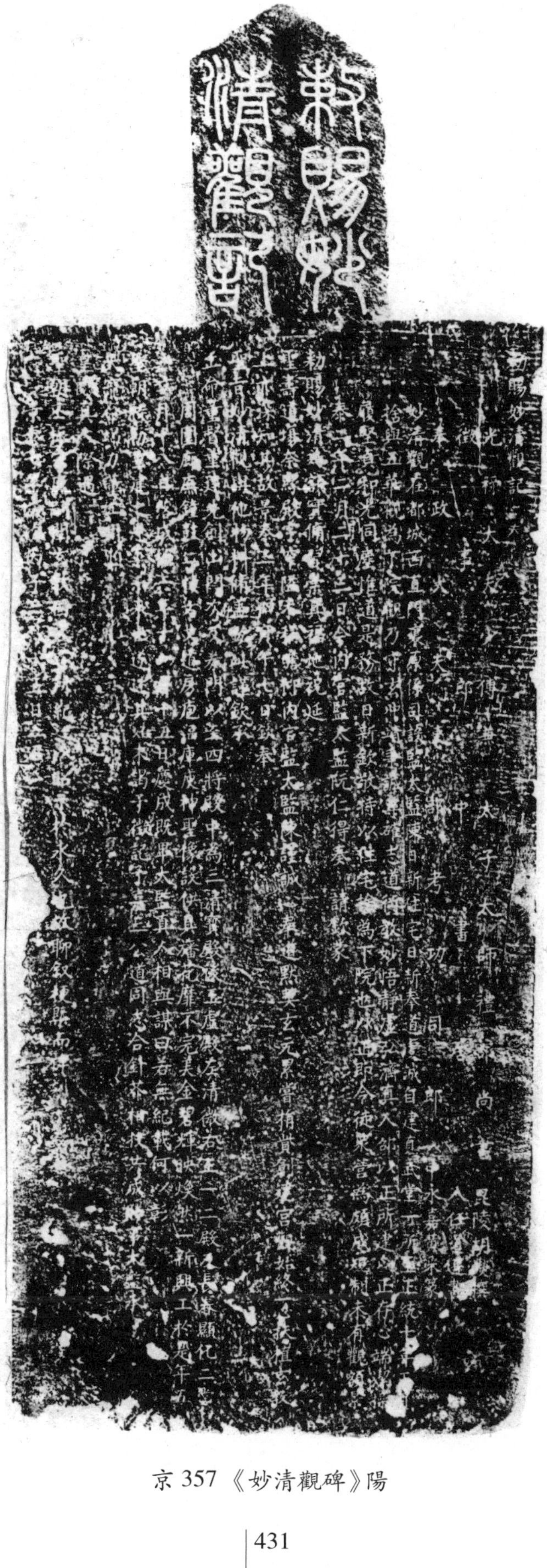


京 357《妙清觀碑》陽

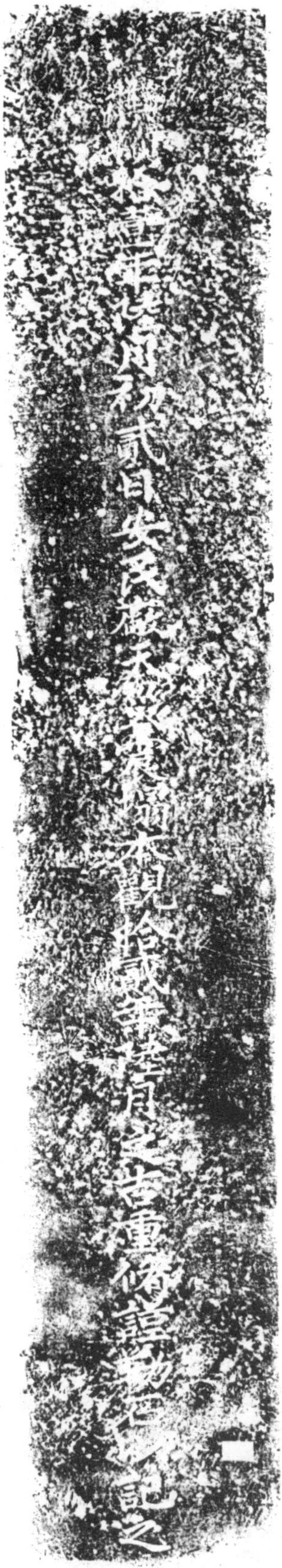

京 357《妙清觀碑》側

# 敕賜妙清觀記

敕賜妙清觀記

光祿大夫少傅兼太子太師禮部尚書毗陵胡濙撰

徵事郎中書舍人任道遜書

奉政大夫吏部考功司郎中永嘉黄采篆

妙清觀在都城西直門裏原係司設監太監陳日新住宅日新奉道虔誠自建真武堂一所至正統十年正月捨與五華觀爲下院觀乃守玄冲靖秉誠專確志道衍教妙悟靜虚弘濟真人邵以正所建以正存心端潔操履堅貞和光同塵惟道是務故日新欽敬特以住宅捨爲下院也以正即令徒衆營爲頗成規制未有觀額景泰二年二月二十三日今内官監太監阮仁得奏請欽蒙

敕賜妙清爲額實修習崇真福地祝延

聖壽道場奈緣殿宇窄隘未稱瞻仰内官監太監陳謹誠心奉道默契玄元累嘗捐貲創建宫觀始終一心扶植玄教

上亦深知其故景泰三年四月十七日欽奉

聖旨妙清觀與他物料修蓋欽此謹欽承

上命董督重建先創山門次及券門以至四將殿中爲三清寶殿後玉虚殿左清微右正一二殿及長春顯化二堂周圍廊廡鐘鼓二樓方丈道房庖湢庫庾神聖像設供具旛花靡不完美金碧輝映煥然一新興工於是年五月十八日落成於六年十一月十五日慶成既畢太監真人相與謀曰若無紀載何以彰

聖朝特敕重建之恩垂示來世遂述其始末謁予徵記予嘉三公道同志合針芥相扶共成勝事太監承

天寵命竭力董工明賴

皇國真人際遇

聖朝丕振宗風嗣闡玄戴□□□所紀□成昭示於永久也故聊叙梗概而俾刻□□□

景泰七年歲次丙子三月十五日立石

京357《妙清觀碑》陽

崇禎拾壹年陸月初貳日安民廠天災震塌本觀拾貳年陸月之吉重修謹勒石以記之

京 357《妙清觀碑》側

# 妙清觀碑

首題：敕賜妙清觀記
年代：明景泰七年（1456）三月十五日
原址：西城區西直門南小街
拓片尺寸：碑陽高 200、寬 90 釐米，額高 54、寬 32 釐米；碑側高 210、寬 34 釐米。
書題：楷書
撰人：胡濙
書人：任道遜正書，黄采篆額。
《目錄》：頁 214
拓片編號：京 357
拓片錄自：《北京圖書館藏中國歷代石刻拓本匯編》第 51 卷 198 頁
附註：碑側刻崇禎十二年（1639）六月重修題記

【碑陽】

額題：敕賜妙清觀記（篆書）

碑文：

敕賜妙清觀記 1

光禄大夫少傅兼太子太師禮部尚書毗陵胡濙撰。2

徵事郎中書舍人任道遜書。3

奉政大夫吏部考功司郎中永嘉黄采篆。4

妙清觀在都城西直門裏，原係司設監太監陳日新住宅。日新奉道虔誠，自建真武堂一所，至正統十年正月 5 捨與五華觀爲下院。觀乃守玄冲靖秉誠專確志道衍教妙悟靜虛弘濟真人邵以正所建。以正存心端潔，操 6 履堅貞，和光同塵，惟道是務。故日新欽敬，特以住宅捨爲下院也。以正即令徒衆營爲，頗成規制，未有觀額。景 7 泰二年二月二十三日今内官監太監阮仁得奏請，欽蒙 8 敕賜妙清爲額。實修習崇真福地，祝延 9 聖壽道場。奈緣殿宇窄隘，未稱瞻仰。内官監太監陳謹誠心奉道，默契玄元，累嘗捐貲，創建宫觀，始終一心，扶植玄教。10 上亦深知其故。景泰三年四月十七日欽奉 11 聖旨：妙清觀與他物料修蓋。欽此。謹欽承 12 上命，董督重建。先創山門，次及券門，以至四將殿。中爲三清寶殿，後玉虚殿，左清微、右正一二殿及長春、顯化二堂。13 周圍廊廡、鐘鼓二樓、方丈、道房、庖湢、庫庾、神聖像設、供具、旛花，靡不完美。金碧輝映，焕然一新。興工於是年五 14 月十八日，落成於六年十一月十五日。慶成既畢，太監、真人相與謀曰：若無紀載，何以彰 15 聖朝特敕重建之恩，垂示來世。遂述其始末，謁予徵記。予嘉三公道同志合，針芥相扶，共成勝事。太監承 16 天寵命，竭力董工。明賴 17 皇國真人，際遇 18 聖朝，丕振宗風，嗣闡玄戟，□□□所紀□成昭示於永久也。故聊叙梗概而俾刻□□□。19

景泰七年歲次丙子三月十五日立石。20

【碑側】

碑文：

崇禎拾壹年陸月初貳日安民廠天災震塌本觀。拾貳年陸月之吉重修。謹勒石以記之。

# 翠峰庵

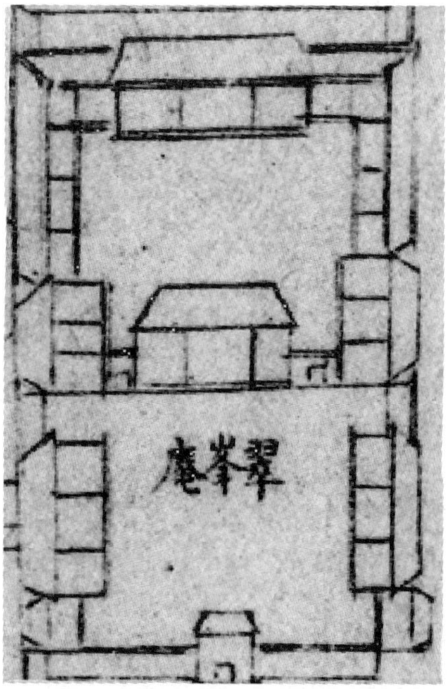


翠峰庵，亦稱翠峰寺，原址在内四區西直門南順城街翠峰庵三號（今西城區西直門大街二號），寺廟建築現已不存。庵内原有碑刻一通，爲明萬曆十九年（1591）的《翠峰庵碑》。

《宛署雜記》記翠峰庵創建於明萬曆十五年（1587）[1]。然據《翠峰庵碑》，它興工於明萬曆十六年（1588），落成於十七年（1589）秋，爲司禮監掌監事太監敬齋張公創立，僧錄司左覺義國慶爲住持。張敬齋除構建精舍外，還於田村置房舍一所、田地二頃多，以供此廟香火[2]。

至清代，《雍正廟冊》中稱"翠峰庵，在北帕兒胡同"，爲大僧廟，有殿宇六間、禪房二十四間，住持自琢。至《乾隆廟冊》中，翠峰庵住持僧爲先安。從清乾隆《京城全圖》上看，翠峰庵位於北扒兒胡同路南，坐北朝南，爲兩進院落，首有山門一間，後爲前殿三間，前有東、西配殿各三間，各帶一小南耳房；前殿左右有夾道，前開二道門，内有東西房各三間；後殿三間，整座後院均以順山群房相圍，左右各五間。從此圖來看，寺廟的整體格局甚爲規整，廟内香火應旺，乾隆十二年（1747）還新鑄鐵鐘一口。

至同治光緒年間，翠峰庵仍有僧人住持，同治十一年（1872），僧人續通還在僧錄司更名入冊。然此時廟内亦創立票房，其時票首爲安壽，工刀馬旦，他演《趕三關》、《銀空山》的代戰公主，引入旗俗，梳兩把頭，穿長旗袍，腳下

[1] 參見《宛署雜記》卷十九，頁二百二十九。

[2] 參見明萬曆十九年（1591）《翠峰庵碑》，《北京圖書館藏中國歷代石刻拓本匯編》，京375，卷五十八，頁十一。

著花盆底旗鞋。據説，此票房出了不少優秀的戲子，如金壽山、德珺如等[1]。

民國十一年（1922），尼僧普修由永旺手中價購此廟，重修廟房，增添法物，廟内曾有大寶鼎一口，銘文紀曰"翠峰庵住持普修率徒演證造"，次年普修又造鐵鐘一座。按其後繼悟隱的説法，翠峰庵本係最小之破廟，全仗尼僧普修所重建[2]。民國十九年（1930），普修病故，其師弟顯觀接其法座成爲此庵住持，時山門南向，《翠峰庵碑》立於東山門之左，山門三間即前殿，内供關帝銅像一尊，金面金身，鑄刻精細，小石彌勒佛一尊，東爲靈官銅像與吕祖像，靈官端坐執鞭，西爲托塔李天王，前奉小泥神像二尊，其中之一爲柳仙，後立韋馱站像，也爲銅像而金身。殿内還有王奶奶等像七小尊，均高不及尺；山門北有正殿三間，正供釋迦銅胎金身佛像，左右二菩薩侍立。另有三世佛金身銅像、小銅接引佛、小彌勒佛各一尊。東配殿三間，時爲僧房，然正面供西方接引佛畫像。西配房三間，也爲住宅，兩邊配房各有南北耳房各一間。院内古槐一株、大寶鼎一口；正殿經夾道通後殿，夾道内有東西房各三間。後殿也三楹，僅供小瓷觀音一尊，時爲飯廳。東西配房各三間。後殿後有東西房各一間[3]。住持説，此廟房屋均不對外出租，靠廟内居士資助香資爲用。根據社會局的調查，當時廟内有女居士七八人，往來無定[4]。

民國二十一年（1932），顯觀將住持之位讓與尼僧悟隱。悟隱本爲前出使瑞典國公使章祖申之夫人，因夫去世，遂看破紅塵，出家爲尼。次年，悟隱遵普修遺囑將此庵捐作十方叢林，公推賢能尼僧住持，爲孚名義，乃改"庵"爲"寺"[5]。民國二十四年（1935），悟隱對此廟進行了大規模的改建，殿房總數增至七十四間，尼僧人數也已增至二十八人，另有女居士八人、僕役一人、男茶役三人寄居寺中。寺内開設念佛堂，供僧俗焚修。民國二十八年（1939）和二十九年（1940），悟隱又對此寺先後進行了兩次修繕。

民國三十二年（1943），悟隱因年老力衰，將住持之位退讓給尼僧通方。通方畢業於江西南昌女子師範學院，四十一歲時依北京淨蓮寺[6]慈舟法師出家，民國二十九年（1940）於北京廣濟寺受戒。但僅兩年後，通方又以經營廟務不善爲由，將住持一職還與悟隱[7]。悟隱繼任住持，直至1947年更换尼僧悟根[8]。1949年時，翠峰寺内共有殿房九十三間半，其中二十四間出租，月收房租四百斤小米、七百元人民幣，另外，廟内還開辦一縫紉工廠，替人織製縫紉洋襪子，所得錢物供寺内尼僧二十九人並居士七人維持日用。至年底，住持悟根因見寺中困難，難以維持，遂不辭出走，不知去向[9]。1952年，通方又重任翠峰寺住持，時有尼僧二十六人，寺内開設翠峰職業補習學校，通方

---

[1]清代旗人喜好聽戲，京城内票房叢立。所謂"票房"，即旗人聚集演唱戲曲的場所。參見劉小萌《清代北京旗人社會》，頁七百零三至七百零九。

[2]參見北京市檔案館藏《北平市社會局寺廟類·内四區翠峰庵尼僧顯觀登記廟産的呈文及社會局的批示》，1930—1933，檔案號J2-8-633，頁五十四至五十五。

[3]參見國立北平研究院《翠峰庵》，西四38。

[4]參見北京市檔案館藏《北平市社會局寺廟類·内四區翠峰庵尼僧顯觀登記廟産的呈文及社會局的批示》，1930—1933，檔案號J2-8-633，頁二十三至二十四。

[5]參見北京市檔案館藏《北平市社會局寺廟類·内四區翠峰庵尼僧顯觀登記廟産的呈文及社會局的批示》，1930—1933，檔案號J2-8-633，頁五十四至五十五。

[6]參見本書三排四段"淨蓮寺"條。

[7]同[5]，頁一至一百五十九。

[8]參見《北京寺廟歷史資料》，頁六百八十四；北京市檔案館藏《北平市民政局·北平市各區寺廟總登記考察簿》，1947—1948年，檔案號J3-1-237，頁三十三。

[9]參見见北京市檔案館藏《北平市民政局民族事務科·本市寺廟查詢記錄》，1949年，檔案號196-1-4，頁十三。

任校長[10]。

附近老住戶對翠峰庵印象頗深，說寺内尼僧衆多，有人通曉醫術，附近女人常去請教偏方治病。20 世紀 60 年代，尼僧多集中於地毯廠做工，故廟改爲地毯廠宿舍，山門對面還開設了地毯廠門市部。"文革"期間，翠峰寺改爲花紗布廠，附近的居民有時會去換布票。當時，尼僧們白日到西直門大街路北街道辦的繡花廠上班，晚上回翠峰寺中居住。1995 年左右，翠峰寺廟房被拆除無存。

2008 年調查時，翠峰寺原址爲成銘大廈。

---

〔1〕參見北京市檔案館藏《北平市民政局民族事務科·西四區僧、尼寺廟登記表》，1952 年，檔案號 196-1-18，頁九十五。

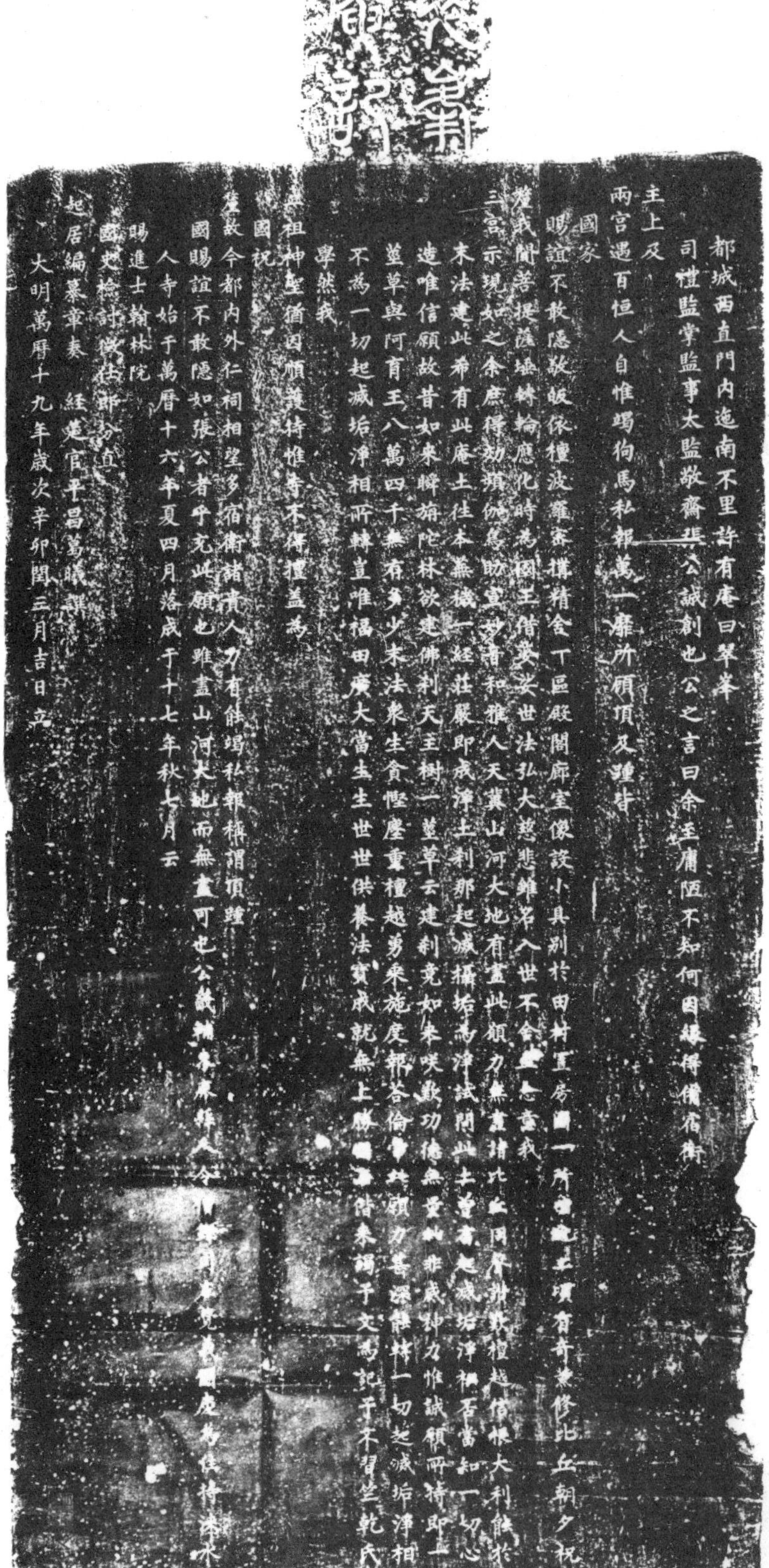

京 375《翠峰庵碑》

# 翠峰庵記

都城西直門内迤南不里許有庵曰翠峰
司禮監掌監事太監敬齋張公誠創也公之言曰余至庸陋不知何因緣得備宿衛
主上及
兩宮遇百恒人自惟竭狗馬私報萬一靡所顧頂及踵皆
國家
賜誼不敢隱敬皈依檀波羅密構精舍一區殿閣廊室像設小具別於田村置房□一所田地二頃有奇兼修比丘朝夕祝
釐我聞菩提薩埵轉輪應化時爲國王借婆娑世法弘大慈悲雖名入世不舍□念意我
三宮示現如之余庶得效頻伽鳥助宣妙音和雅人天冀山河大地有盡此願力無盡諸比丘同聲讚歎檀越信根大利能於
末法建此希有此庵土往本蕪穢一經莊嚴即成淨土刹那起滅攝垢爲淨試問此土曾有起滅垢淨□否當知一切心
造唯信願故昔如來瞬旃陀林欲建佛刹天主樹一莖草云建刹竟如來笑歎功德無量此非威神力惟誠願所持即一
莖草與阿育王八萬四千無有多少末法衆生貪慳塵重檀越勇乘施度報答倫常此願力甚深能轉一切起滅垢淨相
不爲一切起滅垢淨相所轉豈唯福田廣大當生生世世供養法寶成就無上勝因□偕來謁予文爲記予不習竺乾氏
學然我
二祖神聖猶因順護持惟寺不得擅蓋爲
國祝
釐故今都内外仁祠相望多宿衛諸貴人力有能竭私報稱謂頂踵
國賜誼不敢隱如張公者乎充此願也雖盡山河大地而無盡可也公畿輔束鹿縣人今僧錄司左覺義國慶爲住持淶水
人寺始於萬曆十六年夏四月落成于十七年秋七月云
賜進士翰林院
國史檢討徵仕郎分直
起居編纂章奏　經筵官平昌葛曦撰
大明萬曆十九年歲次辛卯閏三月吉日立

京 375《翠峰庵碑》

# 翠峰庵碑

年代：明萬曆十九年（1591）闰三月
原址：西城區翠峰胡同
拓片尺寸：碑陽高 166、寬 84 釐米，額高 26、寬 21 釐米
書體：楷書
撰人：葛曦
《目錄》：頁 245
拓片編號：京 375
拓片錄自：《北京圖書館藏中國歷代石刻拓本匯編》第 58 卷 11 頁

【碑陽】

額題：翠峰庵記（篆書）

碑文：

都城西直門内迤南不里許，有庵曰翠峰，1 司禮監掌監事太監敬齋張公誠創也。公之言曰：余至庸陋，不知何因緣得備宿衛 2 主上及 3 兩宫，遇百恒人。自惟竭狗馬私報萬一，靡所顧頂及踵，皆 4 國家 5 賜，誼不敢隱。敬皈依檀波羅密，構精舍一區。殿閣廊室，像設小具。別於田村置房□一所、田地二頃有奇。兼修比丘，朝夕祝 6 釐。我聞菩提薩埵轉輪應化時爲國王，借娑婆世法，弘大慈悲。雖名入世，不舍□念。意我 7 三宫示現如之。余庶得效頻伽鳥，助宣妙音，和雅人天。冀山河大地有盡，此願力無盡。諸比丘同聲讚歎。檀越信根大利，能於 8 末法，建此希有。此庵土往本蕪穢，一經莊嚴，即成淨土。刹那起滅，攝垢爲淨。試問此土曾有起滅垢淨□否？當知一切心 9 造，唯信願故。昔如來瞬旃陀林，欲建佛刹。天主樹一莖草，云建刹竟。如來笑歎功德無量。此非威神力，惟誠願所持，即一 10 莖草與阿育王八萬四千無有多少。末法衆生，貪慳塵重。檀越勇乘施度，報答倫常。此願力甚深，能轉一切起滅垢淨相，11 不爲一切起滅垢淨相所轉。豈唯福田廣大，當生生世世，供養法寶，成就無上勝因。□偕來謁予文爲記。予不習竺乾氏 12 學，然我 13 二祖神聖，猶因順護持。惟寺不得擅蓋，爲 14 國祝 15 釐。故今都内外仁祠相望，多宿衛諸貴人力。有能竭私報稱謂頂踵 16 國賜誼不敢隱如張公者乎？充此願也，雖盡山河大地而無盡可也。公畿輔束鹿縣人。今僧錄司左覺義國慶爲住持，淶水 17 人。寺始於萬曆十六年夏四月，落成於十七年秋七月云。18 賜進士翰林院 19 國史檢討徵仕郎分直 20 起居編纂章奏經筵官平昌葛曦撰。21 大明萬曆十九年歲次辛卯閏三月吉日立。22

# 觀音庵（北大安南）

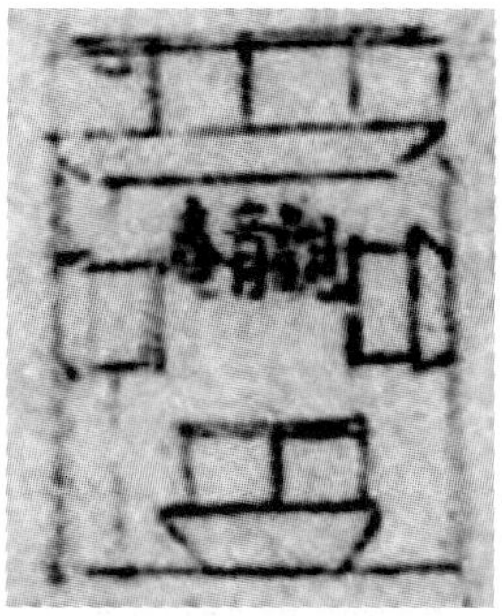

觀音庵，初名海潮庵，原址約在今西直門大街二號，寺廟建築現已不存。

觀音庵始建年代不詳，《雍正廟冊》中記北帕兒胡同有海潮庵，爲尼僧廟，有殿宇五間、禪房七間，住持海住。按北帕兒胡同，《京城全圖》上寫作"北扒兒胡同"，即觀音庵北之東西向胡同，後更名北大安胡同。而《乾隆廟冊》登記時，此廟已更名觀音庵，仍爲尼僧廟，住持照玉。從清乾隆《京城全圖》上看，觀音庵位於北扒兒胡同西南角，坐南朝北，爲一進院落，無山門，有前殿四間，其中最西邊的一間開門，後殿兩間，東、西配房各一間。除此之外，觀音庵無考，應傾圮已久。

2008 年調查時，觀音庵原址爲成銘大廈。

# 三聖庵

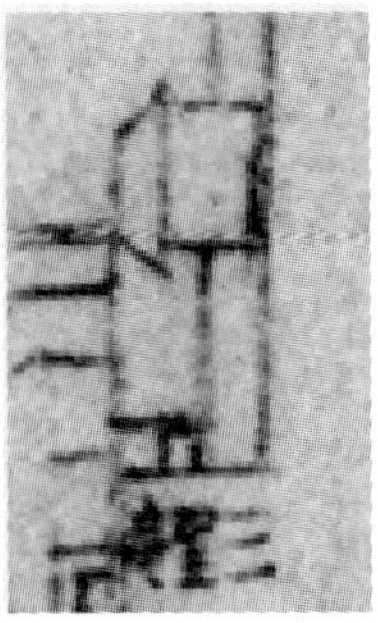

三聖庵，原址在今二環路西直門大街成銘大廈以西處，寺廟建築現已不存。

三聖庵始建年代不詳，僅見於清乾隆《京城全圖》。從圖上看，此廟位於北扒兒胡同與順城街交叉的路口以西，爲一進院落，無山門，在南、北和東墻上各開一小門，院内僅有殿房一間。此後廟再無考，似傾圮已久。

2008 年調查時，三聖庵原址處爲二環路西直門大街。

# 興福庵

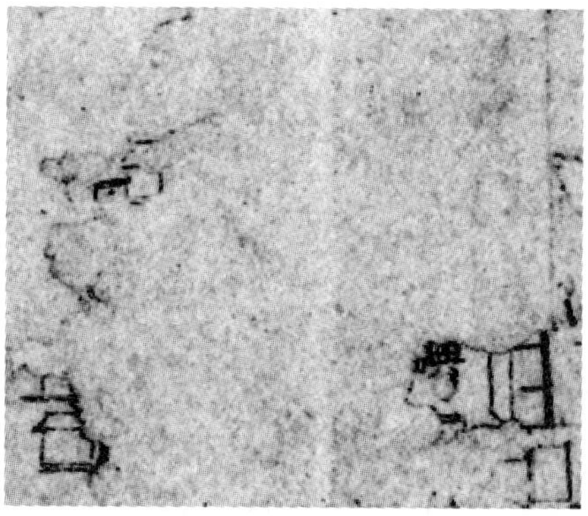

興福庵，本名彌勒庵，清時一度改名興福庵，原址在内四區西直門南小街大南安胡同五號（今西城區中大安胡同口内北側），寺廟建築現已不存。

此庵可能始建於明嘉靖三十三年（1554），初創時即名彌勒庵[1]。廟内曾有明嘉靖四十四年（1565）鐵香爐一口、明天啓四年（1624）鐵磬一口，註明乃“彌勒庵鑄造”。

入清後，廟名曾一度改爲興福庵，《雍正廟冊》中記，扒兒胡同興福庵，爲大僧廟，住持實誠，有殿宇三間、禪房十一間。《乾隆廟冊》登記住持换成了僧人慧燈。清乾隆《京城全圖》上，此廟所在處幾全漫漶，僅能辨認出在中扒兒胡同口内以北有一“興”字。

至清末，庵名仍改回彌勒，清宣統三年（1911）七月，廟曾重修，倡修者可能爲清宗室成員，蓋正殿木聯爲宗室承彦所書。民國二年（1913），尼僧道瑞從其師弟道寬手中買下本廟，除殿宇供佛外，餘房出租。至民國二十五年（1936），彌勒庵内尼僧已增至三人[2]。其時彌勒庵山門南向，石額曰“敕修彌勒庵”，然山門不通，由東小門入；正殿三間爲大雄殿，内供泥塑千佛繞毗盧一尊，南海觀音坐像，東文殊、西地藏，均爲泥塑坐像，另有羅漢十八尊，時已殘缺。東房三間，内供小木彌勒佛一尊。西房三間，時爲住宅。東西各有小跨院一所，内各有北房二間[3]。

［1］參見《宛署雜記》卷十九，頁二百二十九。

［2］參見北京市檔案館藏《北平市社會局寺廟類·内四區彌勒庵尼僧道瑞呈請登記廟産及社會局的批示》，1931—1936年，檔案號J2-8-310，頁四十四至四十七。

［3］參見國立北平研究院《彌勒庵》，西四42。

1947 年時，寺廟住持更换爲德立[1]。至 1949 年，彌勒庵内有殿房十七間，僅有住持德立一人居於廟内，靠縫紉維持生活，另出租房屋十間，月收房租一万七十餘元[2]。1952 年，西四合作社五十分銷處在廟内佔房三間，並與住持德立簽下租約[3]。

2008 年調查時，彌勒庵已不存，整條中大安胡同北側均爲建築工地。

---

〔1〕參見《北京寺廟歷史資料》，頁七百。

〔2〕參見北京市檔案館藏《北平市民政局民族事務科·本市寺廟查詢記録》，1949 年，檔案號 196-1-3。

〔3〕參見北京市檔案館藏《北平市民政局民族事務科·西四區僧、尼寺廟登記表》，1952 年，檔案號 196-1-18，頁九十五。

# 關帝廟

西直門甕城關帝廟，似亦曾名伏魔庵，建築似已繪在清乾隆《京城全圖》上，原址在西郊區西直門甕城一號（今西城區西北二環立交橋處），寺廟建築已完全不存。廟内原有碑刻一通，記康熙年間僧人募資修建一事，然碑石並拓片均不可考[1]。

西直門原爲元大都西垣中門，名和義門。明永樂十七年（1419）修繕城門樓後，更名西直門。明正統四年（1439），建甕城、箭樓、閘樓，關帝廟可能始建於此時[2]。

入清以後，關帝廟在僧人中傳承。康熙年間，寺僧募資建廟，民國時住持廣慧以此爲廟創修之始。清康熙《萬壽盛典初集》圖中清楚描繪了甕城東北角上關帝廟，然額名曰"伏魔庵"[3]。《雍正廟冊》中記載，西直門甕城内關帝廟爲大僧廟，有殿宇三十間、禪房十四間，住持法號際貴。《乾隆廟冊》登記住持換成了僧人心順。從乾隆《京城全圖》上看，關帝廟位於甕城内東北角，山門一座，開在東南巽方；北有正殿三間帶西耳房一間，前東西配殿各三間；正殿之西有殿宇六間，前有西小殿兩間，再南有殿房六間，恰在南墻之下。據乾隆三十五年（1770）内務府呈報，此關帝廟爲官修寺廟，住持僧人性真，有山門三間、殿宇二十間、禪房六間，三間殿宇和全部禪房均租與他人[4]。至清咸

〔1〕參見北京市檔案館《北平市社會局寺廟類·内四區甕城一號關帝廟住持廣慧呈請廟產登記及社會局的批示》，1933年，檔案號J2-8-836，頁十。

〔2〕參見《中國文物地圖集·北京分冊（下）》，頁六十三

〔3〕（清）康熙《萬壽盛典圖》，見《清朝北京都市大圖典》，頁九十六至九十七。

〔4〕參見中國第一歷史檔案館藏《呈報官管寺廟殿宇房間數目清單》，乾隆三十五年五月二十二日，檔案號05-0377-043。

丰七年(1857),僧錄司中仍有關帝廟登記[1]。

清末民初,關帝廟已成房山常樂寺下院。住持僧廣慧,於宣統二年(1910)出家,也是廟内最後一任住持。民國二十二年(1933),關帝廟内房屋毀壞,住持廣慧衹得寄居地安門外宏恩觀[2]廣益小學中。據他呈報,廟内年久失修,十八間殿房中即有十五間坍塌,廟内僅奉木胎關帝一尊,周倉、關平侍立,佛像大小共計六尊,亦殘缺破損[3]。

1950年,西直門甕城被拆,1969年,城樓、箭樓被拆,關帝廟也從此無存。

2006年調查時,關帝廟原在地爲西直門立交橋。

西直門箭樓[4]

〔1〕參見北京市檔案館《北平市社會局寺廟類·内四區甕城一號關帝廟住持廣慧呈請廟產登記及社會局的批示》,1933年,檔案號J2-8-836,頁十二。

〔2〕參見《北京内城寺廟碑刻志》第二卷,二排六段“清淨寺”條,頁五百五十一至五百五十三。

〔3〕參見北京市檔案館藏《北平市社會局寺廟類·西郊區甕城門牌一號關帝廟住持廣慧關於翻修殿宇的呈及社會局的批示》,1933年,檔案號J2-8-829,頁一至十四。

〔4〕參見《尋找老北京城》,頁二十三。

（1）

（2）

（3）

康熙《萬壽盛典初集》中的西直門及甕城關帝廟（時名伏魔庵）

康熙《萬壽盛典初集》中甕城關帝廟細部圖

# 老虎廟

老虎廟,亦稱五聖神祠,民間又稱土地廟,不見於清乾隆《京城全圖》,原址在内四區西直門南小街甲七十號（今西直門内大街後半壁街五十六號）,寺廟建築現已不存。

老虎廟始建年代不詳,明張爵《京師五城坊巷胡同集》中尚無此名,但光緒年間成書的《京師坊巷志稿》中已記“老虎廟”之名[1]。20世紀30年代國立北平研究院調查時,稱其爲五聖神祠,位於老虎廟胡同西口路南,有殿一間,西向,内供泥佛、玄壇、藥王、文財神、土地像共五尊,廟内前有大槐樹一株,槐樹前有石虎一尊,高三尺,色黄黑,門左還有旗杆一根[2]。1945年時,《北平寺廟調查一覽表》中對此廟亦有所記載,稱“廟外有石虎一,係北平傳説‘九龍二虎一統碑’中之二虎之一”[3]。

老虎廟的傳説在西直門内一帶流傳甚廣,1980年代搜集的故事中略稱:

> 南小街土地廟,僅殿房一間、旗杆一根,上懸長方杏黄旗,旗上繡四黑字“保佑一方”。每逢朔望,廟内香火甚旺,廟墙挂滿紅黄布條及還願匾幛。因廟門右邊有漢白玉石老虎一頭,故又名“老虎廟”。某年某月,南小街北口外豬肉鋪時常被盗,其山東掌櫃守夜待賊,至第七夜,乃見白光入店,掌櫃擲刀而傷之。次日,見石虎旁有鮮肉,而背有刀傷。自此,虎不爲祟,而廟香火益盛,然掌櫃卻因傷神而病,至肉鋪歇業。[4]

至2008年調查時,老虎廟的故事在西直門一帶老住户中仍幾乎無人不知,他們説,石虎背上三道傷痕,幼時人們皆曾目睹。然上世紀90年代石虎並小廟均已不存。

2008年調查時,老虎廟原址爲北京移動通訊西直門營業所。

---

〔1〕參見《京師坊巷志稿》頁一百四十八。

〔2〕參見國立北平研究院《五聖神祠》,西四43。

〔3〕參見首都圖書館藏《北平寺廟調查一覽表》,民國三十四年(1945)手抄本,頁十一。

〔4〕參見《北京西城區民間文學故事集成(第一集)》,油印本,頁九至十。

# 土地廟（西直門南小街）

土地廟，不見於清乾隆《京城全圖》，原址爲内四區西直門内南小街三十九號（約在今西城區西直門南小街與中大安胡同交界處東北某處），寺廟建築現已不存。

此廟始建不詳，僅見於1945年警察局調查記錄，内稱此處有小土地廟一所，僅一間房，内供土地夫婦神像，然有僧人照管[1]。此後，土地廟再無考，附近居民亦無記憶。

2012年調查時，整條西直門南小街西側北段均爲工地，無法判斷該土地廟確切位置。

［1］參見首都圖書館藏《北平寺廟調查一覽表》，民國三十四年（1945）手抄本，頁七。

# 龍王廟

龍王廟，亦稱五道廟，不見於清乾隆《京城全圖》，原址在内四區半壁街二十九號（今西直門前半壁街與西直門南小街十字路口東北角），寺廟建築現已不存。

龍王廟始建年代不詳，20 世紀 30 年代國立北平研究院調查時，見半壁街有龍王廟一所，坐北朝南，僅廟房一間，門上有木額曰“德潤萬方”，廟房内供奉龍王、土地、山神泥像三尊，另有童兒站像六尊，分立兩側，廟内法物唯鐵磬一口，爲光緒元年（1875）舊物[1]。廟院内還有小北房四間、旗杆一根、柳樹一株。寺廟管理人爲陳善居。至 1945 年，此廟僅存殿房一間，供奉龍王、土地、山神神像各一尊，其餘房屋、法物全無，寺廟管理人亦不知去向[2]。

據附近老街坊回憶，此廟前原有水井一眼，爲售水的井窩子。但也有人説，這座廟是五道廟，附近有人去世，家人要到此處燒紙報廟。

2008 年調查時，龍王廟已不存，寺廟原址爲前半壁街與西直門南小街交叉十字路口的東北角。

〔1〕國立北平研究院《龍王廟》，西四 41。

〔2〕參見首都圖書館藏《北平寺廟調查一覽表》，民國三十四年（1945）手抄本，頁三十三。

**附錄一**

# 本書未撰寫廟志的寺廟名單

## （共十七座）

| 編號 | 廟名 | 所在排段 | 記載資料 | 簡要情況 |
|---|---|---|---|---|
| 1 | 二聖庵 | 三排四段 | 《雍正廟冊》《東北城關內外寺廟清冊》；<br>《乾隆廟冊》《東北城關內外廟宇僧尼冊本》 | 《雍正廟冊》：二聖庵，頭條胡同，尼僧廟，住持性智，有殿宇八間、禪房三間。<br>《乾隆廟冊》：二聖庵，頭條胡同，大僧廟，住持僧廣興。 |
| 2 | 伏魔庵 | 三排四段 | 《乾隆廟冊》《東北城關內外廟宇僧尼冊本》 | 伏魔庵，土兒胡同，大僧廟，住持僧法璽。 |
| 3 | 白衣庵 | 三排五段 | 《雍正廟冊》《東北城關內外寺廟清冊》 | 白衣庵，順天府，大僧廟，住持來修，有禪房一間、殿宇三間。 |
| 4 | 海潮庵 | 三排六段 | 《雍正廟冊》《西北城關內外寺廟清冊》 | 海潮庵，銀定橋，大僧廟，住持普玉，有禪房十四間、殿宇十四間。 |
| 5 | 地藏庵 | 三排六段 | 《雍正廟冊》《東北城關內外寺廟清冊》 | 地藏庵，鼓樓灣，大僧廟，住持繼受，有禪房四間、殿宇三間。 |
| 6 | 觀音庵 | 三排六段 | 《雍正廟冊》《西北城關內外寺廟清冊》；《乾隆廟冊》《西北城關內外寺廟庵院僧尼清冊》 | 《雍正廟冊》：觀音庵，中心臺，大僧廟，住持普受，有禪房六間、殿宇九間。<br>《乾隆廟冊》：西觀音寺，中心臺，大僧廟，住持心海。 |
| 7 | 關帝廟 | 三排六段 | 《雍正廟冊》《東北城關內外廟宇僧尼冊本》 | 關帝廟，鼓樓東，大僧廟，住持僧源福。 |
| 8 | 七聖祠 | 三排六段 | 《乾隆廟冊》《西北城關內外寺廟庵院僧尼清冊》 | 七聖祠，鐘鼓灣，大僧廟，住持源興。 |
| 9 | 大悲寺 | 三排六段 | 《乾隆廟冊》《西北城關內外寺廟庵院僧尼清冊》 | 大悲寺，鼓樓西，大僧廟，住持廣性。 |
| 10 | 多寶財神廟 | 三排七段 | 《乾隆廟冊》《西北城關內外寺廟庵院僧尼清冊》 | 多寶財神庵，官防口，大僧廟，住持本聚。 |
| 11 | 福善寺 | 三排八段 | 清同治十二年（1873）《福善寺落成紀事詩》，《北京圖書館藏中國歷代石刻拓本匯編》，京 4152，卷八十四，頁四十七，奕訢撰。 | 此廟爲恭王府附屬建築，有恭親王所撰碑刻。 |
| 12 | 無量庵 | 三排八段 | 《雍正廟冊》《西北城關內外寺廟清冊》 | 無量庵，新開路，尼僧廟，住持寂惺，有禪房七間、殿宇三間。 |
| 13 | 三聖庵 | 可能在三排八段 | 《雍正廟冊》《西北城關內外寺廟清冊》；<br>《乾隆廟冊》《西北城關內外寺廟庵院僧尼清冊》 | 《雍正廟冊》：三聖庵，羊房胡同，大僧廟，住持妙詳，有禪房十四間、殿宇八間。<br>《乾隆廟冊》：三聖庵，羊房胡同，大僧廟，住持法登。 |

（續表）

| 編號 | 廟名 | 所在排段 | 記載資料 | 簡要情況 |
|---|---|---|---|---|
| 14 | 佑方寺 | 三排九段 | 北京市檔案館藏《北平市民政局·北平市寺廟總登記簿（第一冊）》立檔時間無，檔案號 J3-1-203，頁三十六。 | 據表中內容，佑方寺在新街口北大街七十四號。 |
| 15 | 土地廟 | 三排九段 | 據《1945 年北平寺廟調查一覽表》 | 土地廟位於新街口北大街七十號，一間殿，供有土地夫婦，爲當街廟、劉姓家廟。 |
| 16 | 萬寧寺 | 三排十一段 | 《宛署雜記》；<br>《雍正廟冊》《西城北路關內外寺廟清冊》；<br>《乾隆廟冊》《西城北路關内外庵廟寺院僧尼清冊》；<br>中國第一歷史檔案館藏《呈報官管寺廟殿宇房間數目清單》，乾隆三十五年（1770）五月二十二日，檔案號 05-0277-032。 | 《宛署雜記》：西城日中萬寧寺，乃景泰五年太監興安所建。<br>《雍正廟冊》：萬寧寺，西直門內，大僧廟，住持實照，有禪房十七間，殿宇六間。<br>《乾隆廟冊》：萬寧寺，西直門內，大僧帽，住持佛祿，係官修。<br>《呈報官管寺廟殿宇房間數目清單》：萬寧寺，坐落在西直門內，住持僧人性真。山門三間、殿宇二十間（內三間租賃與人）、禪房六間（租賃與人）。 |
| 17 | 太平庵 | 三排十一段 | 《雍正廟冊》《西城北路關內外寺廟清冊》；<br>《乾隆廟冊》《西城北路關內外庵廟寺院僧尼清冊》 | 《雍正廟冊》：太平庵，中帕兒胡同，尼僧廟，住持元慶，禪房七間、殿宇十四間。<br>《乾隆廟冊》：太平庵，中扒兒胡同，尼僧廟，住持尼僧行如。 |

**附錄二**

# 廟名索引

## （以漢語拼音爲序）


A

安養精舍
　三排二安養精舍

B

白米寺
　三排八白米寺
白雲仙院
　三排六觀音庵
包公祠
　三排五包公祠
寶公祠堂
　三排三寶公寺
寶公寺
　三排三寶公寺
寶泉庵
　三排三寶泉庵
寶泉寺
　三排三寶泉庵
寶壽寺
　三排四寶壽寺
北廣濟寺
　三排九廣濟寺
北極庵
　三排六北極庵

C

財神廟
　三排三永寧寺、三排三土地祠、三排四財神廟、三排五財神廟
朝陽庵
　三排十朝陽庵
城隍廟
　三排四城隍廟、三排九都城庵
敕修延壽院
　三排六敕修延壽院
崇壽庵
　三排十崇壽庵
崇壽寺
　三排十崇壽庵
崇興寺
　三排八關帝廟（花枝胡同）、三排十崇興寺
慈善寺
　三排六慈善寺
慈善心寺
　三排六慈善寺
慈壽寺
　三排四慈壽寺
賜福禪林
　三排八賜福禪林
賜福寺
　三排八賜福禪林
翠峰庵
　三排十一翠峰庵
翠峰寺
　三排十一翠峰庵
重興寺
　三排八關帝廟（花枝胡同）
重修三財龍王廟
　三排六龍王廟

D

大悲寺
三排五金漆庵
大悲院
三排五金漆庵
大慈九陽宫
三排八馬神廟
大德觀
三排六廣福觀
大天壽萬寧寺
三排六萬福寺
地藏庵
三排四地藏庵（交道口東大街）、三排四地藏庵（土兒胡同）、三排八地藏庵、三排十地藏庵
東觀音寺
三排十觀音寺
東藥王廟
三排二藥王廟
都城庵
三排九都城庵

E

二聖庵
三排五二聖庵
法藏寺
三排十關帝廟(北溝沿)

F

豐泰庵
三排七豐泰庵
伏魔庵
三排二伏魔庵、三排四伏魔庵、三排十一關帝廟
孚佑宫
三排六廣福觀
福安寺
三排二福安寺
福德庵
三排三福德庵、三排六福德庵、三排九土地祠（棉花胡同）
福世藥王廟
三排二藥王廟
福壽寺
三排四寶壽寺
福祥林
三排八賜福禪林

G

古刹贈福禪林
三排八賜福禪林
關帝廟
三排一彌陀庵、三排一關帝廟（東直門甕城）、三排二關帝廟（北新倉）、三排二關帝廟（瓦岔胡同口外）、三排四伏魔庵、三排四萬善庵、三排六北極庵、三排六三元庵、三排八關帝廟（花枝胡同）、三排八關帝廟（前羅圈胡同）、三排九天仙庵、三排十關帝廟(北溝沿)、三排十關帝廟（後廣平庫）、三排十一關帝廟
關老爺廟
三排四萬善庵
觀音庵
三排六觀音庵、三排八觀音庵（菠蘿倉）、三排八觀音庵（德勝門内大街）、三排十一觀音庵（北大安北）、三排十一觀音庵（北大安南）
觀音寺
三排十觀音寺
廣慈庵
三排五廣慈寺
廣慈禪林
三排五廣慈寺
廣慈寺
三排五廣慈寺
廣福觀
三排六廣福觀
廣化寺
三排七廣化寺
廣濟寺
三排九廣濟寺
廣普禪林

三排三廣音寺
廣因禪林
三排三廣音寺
廣因廟
三排三廣音寺
廣音寺
三排三廣音寺
過街廟
三排六過街廟

H

海潮庵
三排六海潮庵
海潮庵
三排十一觀音庵（北大安南）
海潮觀音庵
三排六海潮庵
海會庵
三排七海會庵
漢壽亭侯廟
三排八關帝廟（花枝胡同）
弘善寺
三排八弘善寺
弘通庵
三排五弘通庵
宏德庵
三排五弘通庵
宏德庵娘娘廟
三排五弘通庵
宏德禪林
三排五弘通庵
宏善寺
三排八弘善寺
洪承疇家廟
三排五洪承疇家廟
護國慈善寺
三排六慈善寺
護國紫竹禪林
三排八觀音庵（菠蘿倉）
華藏庵
三排四華藏庵
華嚴庵
三排二華嚴庵、三排四華藏庵
槐寶庵
三排七槐寶探海寺
槐寶探海寺
三排七槐寶探海寺
黄瓦財神廟
三排五財神廟
惠明寺
三排四慈壽寺
慧果寺
三排八慧果寺
火神廟
三排二火神廟
火祖殿
三排二火神廟

J

雞足寶刹
三排五雞足寶刹
吉祥庵
三排八吉祥庵
繼宅家廟
三排八關帝廟（前羅圈胡同）
金漆庵
三排五金漆庵
金太監寺
三排三金太監寺
金錫庵
三排五金漆庵
精忠護國廟
三排三精忠廟
精忠廟
三排三精忠廟
淨蓮寺
三排二淨蓮寺
淨修寺
三排十靜修寺
靜修寺
三排十靜修寺

K

開元寺
三排四慈壽寺
科神廟
三排四科神廟

L

老虎廟
三排十一老虎廟
靈感福德庵
三排六福德庵
靈官廟
三排八靈官廟
靈岩寺
三排十朝陽庵
隆興寺
三排八隆興寺
龍泉庵
三排九彌陀寺、三排十龍泉禪林
龍泉禪林
三排十龍泉禪林
龍泉寺
三排九彌陀寺、三排十龍泉禪林
龍王廟
三排三龍王廟、三排六龍王廟、三排六龍王廟（鼓樓東大街）、　三排九龍王廟（新街口南大街一百五十五號）、三排九龍王廟（新街口南大街一百一十八號）、三排十龍王廟（高井胡同）、三排十龍王廟（西直門内大街）、三排十龍王廟（北草廠胡同）、三排十一五道廟
龍興洛伽寺
三排九龍王廟（新街口南大街一百一十八號）
魯班祠
三排四地藏庵（土兒胡同）

M

嗎哈噶拉廟
三排九啞嘛廟
馬靈官廟
三排八靈官廟
馬神廟
三排八馬神廟
馬王廟
三排八馬神廟
彌勒庵
三排十一興福庵
彌陀庵
三排一彌陀庵
彌陀寺
三排九彌陀寺
妙清觀
三排十一清水觀
妙意精舍
三排三妙意精舍

N

娘娘廟
三排五弘通庵

P

毗盧庵
三排九毗盧寺
毗盧寺
三排九毗盧寺
普慶寺
三排九祝壽寺

Q

清水觀
三排十一清水觀

S

三寶庵
三排十一三寶庵
三官廟
三排十三官廟
三教庵
三排五三教庵
三圣庵

三排一三聖庵、三排三三聖庵、三排七三元庵、三排十一三聖庵

三聖祠

三排三土地祠、三排四三聖祠、三排四三聖神祠、三排八三聖祠

三聖神祠

三排四三聖神祠

三元庵

三排四三元庵、三排六三元庵、三排七三元庵

三元伏魔庵

三排六三元庵

三元林

三排七三元庵

三元林家廟

三排七三元庵

神龍祠

三排九龍王廟（新街口南大街一百一十八號）

守善堂

三排八觀音庵（德勝門内大街）

守善堂王宅家廟

三排八觀音庵（德勝門内大街）

雙土地廟

三排三福德庵

T

探海寺

三排七槐寶探海寺

天仙庵

三排六天仙庵、三排九天仙庵

天佑重興寺

三排八關帝廟（花枝胡同）

通明庵

三排六通明廟、三排八通明寺

通明廟

三排六通明廟

通明寺

三排六通明廟、三排八通明寺

土地祠

三排三土地祠、三排四土地祠、三排四土地廟（土兒胡同）、三排九土地廟（棉花胡同）

土地廟

三排一土地廟、三排二土地廟（北溝沿）、三排二土地廟（手帕胡同）、三排三福德庵、三排四三聖神祠、三排四土地廟（土兒胡同）、三排四土地廟（交道口南大街）、三排六過街廟、三排九土地廟（棉花胡同）、三排九土地廟（葦坑胡同）、三排十土地廟、三排十一老虎廟、三排十一土地廟（西直門南小街）

W

萬福寺

三排六萬福寺

萬靈寺

三排六萬福寺

萬寧寺

三排六萬福寺

萬善庵

三排四萬善庵

萬善關帝廟

三排八馬神廟

萬善寺

三排四萬善庵

威靈廟

三排九威靈廟

文殊院

三排九文殊院

五道廟

三排十一龍王廟、三排九五道廟（百花深處三號）、三排九五道廟（百花深處一號）

五門廟

三排九文殊院

五神庵

三排三五神庵

五聖祠

三排五五聖祠、三排八五聖祠

五聖神祠

三排十一老虎廟

五顯廟

三排二土地廟（北溝沿）

X

響鈴寺
三排九祝壽寺
小廟
三排六小廟
興福庵
三排十一興福庵
興隆庵
三排八隆興寺
興隆寺
三排八興隆庵
興善寺
三排七興善寺

Y

啞嘛廟
三排九啞嘛廟
延壽寺
三排六敕修延壽院
藥王廟
三排二藥王廟
永寧寺
三排三永寧寺
永壽庵
三排七永壽庵
圓恩寺
三排四圓恩寺
圓通寺
三排五圓通寺
雲間寺
三排五雲祥寺
雲開寺
三排五雲祥寺
雲祥寺
三排雲祥寺

Z

增福財神廟
三排五財神廟
增福禪林
三排四財神廟
增福寺
三排四財神廟
昭應寺
三排八昭應寺
真武廟
三排四真武廟、三排五真武廟、三排八通明寺、三排九真武廟、三排十一清水觀
正覺寺
三排九正覺寺
祝壽寺
三排九祝壽寺
紫竹林
三排八觀音庵（菠蘿倉）

附錄三

# 碑名索引

## （以漢語拼音爲序）

A


《安吉陞紀念塔》，民國四年（1915），京 430，三排九段龍王廟。


B


《頒慈善寺藏經敕諭碑》，明萬曆十四年（1586），三排六段慈善寺。
《板橋畫蘭》，清乾隆二年（1737），鄭燮畫並書，京 4154，三排七段廣化寺。
《板橋畫竹》，乾隆無年月，鄭燮畫並題，京 4155，三排七段廣化寺。
《寶公寺刹竿碑》，清光緒二十四年（1898），成允撰、文彬書，京 371，三排三段寶公寺。


C


《城隍廟碑》，清同治十一年（1872），劉永懷撰并書，京 190-1，三排四段城隍廟。
《城隍廟捐資題名碑》，清同治十二年（1873），京 190-2，三排四段城隍廟。
《崇興寺二井記》，明隆慶四年（1570），京 433，三排十段崇興寺。
《崇興寺題名碑》，明嘉靖三十八年（1559），京 434，三排十段崇興寺。
《重興寺天王殿碑》，明萬曆八年（1580），曾省吾撰并書，京 432，三排十段崇興寺。
《崇興寺天王殿碑》，明萬曆八年（1580），楊成撰并書，京 436，三排十段崇興寺。
《慈善寺碑》，明萬曆五年（1577），李琦撰、林潮書，京 892，三排六段慈善寺。
《翠峰庵碑》，明萬曆十九年（1591），葛曦撰，京 375，三排十一段翠峰庵。
《重修廣化寺碑》，民國三十一年（1942），三排七段廣化寺。


F


《孚佑宮山門碑》，清光緒九年（1883），李永善撰，京 507，三排六段廣福觀。
《福善寺落成紀事詩》，清同治十二年（1873），（恭親王）奕訢撰并書，京 4152，三排八段福善寺。（見《本書未撰寫廟志的寺廟名單》）


G


《廣慈庵十方院碑》，明萬曆四十五年（1617），京 576，三排五段廣慈寺。
《廣化寺碑》，明弘治十年（1497），劉機撰、周文通書、蔣琬篆額，京 4147，三排七段廣化寺。
《廣化寺敦請自如和尚住持疏》，清道光二年（1822），京 593，三排七段廣化寺。
《廣化寺碑》，清咸豐二年（1852），徐繼畬撰并書，京 505，三排七段廣化寺。
《廣化寺戒壇碑》，清光緒十六年（1890），王祖光書，京 588，三排七段廣化寺。

《廣化寺職名碑》,明萬曆二十六年(1598),三排七段廣化寺。
《廣濟寺碑》,明正德九年(1514),京358,三排九段廣濟寺。

H

《漢壽亭侯廟碑》,清康熙十九年(1680),張玉書撰并書,京454,三排八段關帝廟。
《華嚴聖會碑》,明□□九年,顧經撰,京351,三排九段正覺寺。
《惠明寺碑》,明天順四年(1460),趙昂撰、朱奎書,周庠篆額,京179,三排四段慈壽寺。

K

《開元寺碑》,明正統十年(1445),趙琬撰、范寅書、何寅篆額,京180,三排四段慈壽寺。

L

《龍王廟碑》,年月泐,京210,三排三段龍王廟。

M

《彌陀會記》,明萬曆二十七年(1599),葉向高撰、周文盛書,京589,三排七段廣化寺。
《妙清觀碑》,明景泰七年(1456),胡濙撰、任道遜書、黄采篆額,京357,三排十一段清水觀。

Q

《清規榜書》,無年月,三排四段圓恩寺。

S

《歲數碑》,元至元六年(1340),京8318,三排九段正覺寺。
《孫道玉誥封碑》,明成化元年(1465),京508,三排六段廣福觀。

T

《土地廟碑》,清光緒四年(1878年),京571,三排四段土地廟。
《通明寺碑》,清光緒五年(1879),京563,三排六段通明廟。
《通明寺碑》,清光緒七年(1881),京564,三排六段通明廟。

W

《文殊院碑》,清康熙六十一年(1722),鄭嶹撰并書,京329,三排九段文殊院。

Y

《藥王廟碑》,明萬曆四十五年(1617),京5344,三排二段藥王廟。
《圓恩寺碑》,清光緒九年(1883),劉綸襄撰并書,京573,三排四段圓恩寺。

Z

《真武廟碑》,明成化十年(1474),魏祐撰并書,京585,三排八段通明寺。

《真武廟碑》，明隆慶元年（1567），王槐撰并書，京 584，三排八段通明寺。
《正覺寺碑》，明成化四年（1468），陳鑒撰、趙輔書、曹英篆額，京 350，三排九段正覺寺。
《諸路頭陀教門都提點誠公塔銘》，元延祐二年（1315），三排七段廣化寺。

附錄四

# 碑文撰書人索引

## （以漢語拼音爲序）


C

曹英　篆額，明成化四年（1468）《正覺寺碑》，京 350，三排九段正覺寺。
陳鑑　撰，明成化四年（1468）《正覺寺碑》，京 350，三排九段正覺寺。
成允　撰，清光緒二十四年（1898）《寶公寺刹竿碑》，京 371，三排三段寶公寺。

F

范寅　書，明正統十年（1445）《開元寺碑》，京 180，三排四段慈壽寺。

G

葛曦　撰，明萬曆十九年（1591）《翠峰庵碑》，京 375，三排十一段翠峰庵。
顧經　撰，明□□九年《華嚴聖會碑》，京 351，三排九段正覺寺。

H

何寅　篆額，明正統十年（1445）《開元寺碑》，京 180，三排四段慈壽寺。
胡濙　撰，明景泰七年（1456）《妙清觀碑》，京 357，三排十一段清水觀。
黃采　篆額，明景泰七年（1456）《妙清觀碑》，京 357，三排十一段清水觀。

J

蔣琬　篆額，明弘治十年（1497）《廣化寺碑》，京 4147，三排七段廣化寺。

L

李琦　撰，明萬曆五年（1577）《慈善寺碑》，京 892，三排六段慈善寺。
李永善　撰，清光緒九年（1883）《孚佑宫山門碑》，京 507，三排六段廣福觀。
林潮　書，明萬曆五年（1577）《慈善寺碑》，京 892，三排六段慈善寺。
劉機　撰，明弘治十年（1497）《廣化寺碑》，京 4147，三排七段廣化寺。
劉綸襄　撰并書，清光緒九年（1883）《圓恩寺碑》，京 573，三排四段圓恩寺。
劉永懷　撰，清同治十一年（1872）《城隍廟碑》，京 190-1，三排四段城隍廟。

R

任道遜　書，明景泰七年（1456）《妙清觀碑》，京 357，三排十一段清水觀。

## W

王槐　撰并書，明隆慶元年（1567）《真武廟碑》，京 584，三排八段通明寺。

王祖光　書，清光緒十六年（1890）《廣化寺戒壇碑》，京 588，三排七段廣化寺。

魏祐　撰并書，明成化十年（1474）《真武廟碑》，京 585，三排八段通明寺。

文彬　書，清光緒二十四年（1898）《寶公寺刹竿碑》，京 371，三排三段寶公寺。

## X

徐繼畬　撰并書，清咸豐二年（1852）《廣化寺碑》，京 505，三排七段廣化寺。

## Y

楊成　撰并書，明萬曆八年（1580）《崇興寺天王殿碑》，京 436，三排十段崇興寺。

葉向高　撰，明萬曆二十七年（1599）《彌陀會記》，京 589，三排七段廣化寺。

奕訢　撰并書，清同治十二年（1873）《福善寺落成紀事詩》，京 4152，三排八段福善寺（見《本書未撰寫廟志的寺廟名單》）。

## Z

張玉書　撰并書，清康熙十九年（1680）《漢壽亭侯廟碑》，京 454，三排八段關帝廟。

趙昂　撰，明天順四年（1460）《惠明寺碑》，京 179，三排四段慈壽寺。

趙輔　書，明成化四年（1468）《正覺寺碑》，京 350，三排九段正覺寺。

趙琬　撰，明正統十年（1445）《開元寺碑》，京 180，三排四段慈壽寺。

曾省吾　撰并書，明萬曆八年（1580）《重興寺天王殿碑》，京 432，三排十段崇興寺。

鄭嶹　撰并書，清康熙六十一年（1722）《文殊院碑》，京 329，三排九段文殊院。

鄭燮　畫並書，清乾隆二年（1737）《板橋畫蘭》，京 4154，三排七段廣化寺。

鄭燮　畫並題，乾隆無年月《板橋畫竹》，京 4155，三排七段廣化寺。

周文盛　書，明萬曆二十七年（1599）《彌陀會記》，京 589，三排七段廣化寺。

周文通　書，明弘治十年（1497）《廣化寺碑》，京 4147，三排七段廣化寺。

朱奎　書，明天順四年（1460）《惠明寺碑》，京 179，三排四段慈壽寺。

附錄五

# 香會索引
## （按香會祭祀神靈排序）

### 財神

惠民局掃塵會（清雍正年間），三排四段財神廟

### 佛祖

倉平都佛爺會（清光緒年間），三排六段通明廟

地畝佛爺會（清光緒年間），三排六段通明廟

廣化寺念佛會（亦稱彌陀會，念阿彌陀佛，明嘉靖萬曆年間），三排七段廣化寺

華嚴勝會（明嘉靖年間），三排九段正覺寺

### 龍王

同安水會（清道光、同治年間），三排六段龍王廟（煙袋斜街）

### 普安（油漆祖師）

油漆行行會（清末民國間），三排九段祝壽寺

### 五聖（關帝、財神、藥王、龍王和土地）

五聖祠香會（清光緒宣統年間），三排八段五聖祠

### 不詳

寶公寺善會（清光緒年間），三排三段寶公寺

武清縣藥王廟香會（清道光年間），三排四段寶壽寺

什刹海獅子會（民國年間），三排六段三元庵

西什庫善會（清康熙年間），三排十段崇興寺

附錄六

# 胡同索引

## 胡同索引使用説明

本索引分兩部分，首爲《胡同名拼音檢索表》。此表將民國胡同名（1928—1947）和今胡同名（2006—2011）按拼音字母順序排列，其後所附阿拉伯數字，爲此胡同在《新舊胡同名與寺廟對照表》中的序號。其次为《新舊胡同名與寺廟對照表》。此表列出民國胡同名、今胡同名和該胡同內寺廟。其中，民國時期的胡同名稱，主要以民國時寺廟登記檔案中所記名稱爲準，沒有檔案記載的，補充自 1940 年出版的《袖珍北京分區詳圖》。"民國胡同名"一欄與"今胡同名"一欄並非一一對應，僅根據寺廟所在地的原門牌號和今門牌號之關係，將其對照説明。例如，民國時期內三區柏林寺胡同，爲今東城區柏林胡同，但因柏林寺所在門牌號原爲柏林寺胡同三號，今爲戲樓胡同一號，故將柏林寺胡同與戲樓胡同相對應。民國胡同名稱爲空者，乃因民國時期此處無胡同，或胡同無名；今胡同名爲空者，乃因調查時此胡同已經消失。

# 胡同名拼音檢索表


B

八道灣（64）、百花深處（69）、板橋胡同（14）、半壁街（76）、北草廠胡同（81）、北大安胡同（83）、北溝沿（8）（72）（74）、北溝沿胡同（9）、北官房胡同（45）、北水關（3）、北魏兒胡同（77）、北新倉（7）、北新橋東大街（11）、北新橋頭條（18）、簸籮倉（51）

C

財神廟胡同（14）、草場大坑（48）、草廠胡同（35）、翠峰庵（85）

D

大後倉（75）、大金絲胡同（46）、大經廠胡同（27）、大菊胡同（32）、大興胡同（24）、大興縣胡同（24）、德勝門內大街（42）（57）、東公街（28）（29）、東冠英胡同（74）、東四北大街（15）、東直門北大街（3）、東直門北小街（10）、東直門南大街（1）、東直門南小街（6）、東直門內大街（5）（11）、東直門橋（4）、東直門橋西南（2）

F

方磚廠胡同（41）（43）

G

高井胡同（79）、鼓樓東大街（30）（34）、鼓樓西大街（36）、觀音寺胡同（74）、冠英園（73）（75）（77）

H

弘善胡同（52）、弘善寺胡同（52）、後半壁街（82）、後鼓樓苑（34）、後廣平庫（80）、後廣平庫胡同（80）、後海南沿（45）（47）、護國寺東廊巷（68）、護國寺東巷（68）、花枝胡同（56）

J

醬房夾道（17）、醬坊胡同（17）、交道口（13）、交道口大街（16）、交道口東大街（20）（26）、交道口東大街北頭條（19）、交道口南大街（25）、金絲胡同（40）、金太監寺（18）、菊兒胡同（31）（32）

K

庫司胡同（2）

L

老虎廟（71）（82）、李廣橋（47）、李廣橋南街（50）、李廣橋西街（53）、梁家灣胡同（26）、柳巷胡同（73）、柳蔭街（50）（53）

M

棉花胡同（66）、妙清觀（84）

N

南草場（75）（77）、南鑼鼓巷（33）、南順城街（85）

Q

前半壁街（76）、前公用胡同（72）、前羅圈胡同（58）、前帽胡同（67）、前圓恩胡同（23）、邱家胡同（48）

S

三官廟胡同（78）、尚勤胡同（60）、什剎海（46）、手帕胡同（10）、壽比胡同（31）、松樹街（55）（59）

T

土兒胡同（21）

W

瓦岔胡同(6)、葦坑胡同(62)

X

西公街(29)、西章胡同(78)、西直門大街(70)(83)(85)、西直門南小街(84)(88)、西直門內大街(61)(70)、西直門橋(87)、西直門甕城(87)、香餌胡同(22)、翔鳳胡同(16)、小廠胡同(37)、小菊胡同(8)、小新開胡同(54)、小新開路(54)、小金絲套胡同(40)、辛安里(38)、辛寺胡同(38)、新街口南大街(65)、新街口西大街(61)、新太倉(12)、新太倉胡同(12)

Y

鴉兒胡同(44)、煙袋斜街(39)、羊房胡同(49)、銀錠橋胡同(42)

Z

正覺胡同(63)、正覺寺胡同(63)、中大安胡同(86)

# 新舊胡同名與寺廟對照表

| 序號 | 民國區劃 | 民國胡同名 | 今城區 | 今胡同名 | 寺　　廟 |
|---|---|---|---|---|---|
| 1 | 内三區 | | 東城區 | 東直門南大街 | 三排一三聖庵 |
| 2 | 内三區 | 庫司胡同 | 東城區 | 東直門橋西南 | 三排一彌陀庵 |
| 3 | 内三區 | 北水關 | 東城區 | 東直門北大街 | 三排一土地廟 |
| 4 | 十三區 | 東直門甕城 | 東城區 | 東直門橋 | 三排一關帝廟 |
| 5 | 内三區 | 東直門内大街 | 東城區 | 東直門内大街 | 三排二藥王廟<br>三排二火神廟 |
| 6 | 内三區 | 東直門南小街 | 東城區 | 東直門南小街 | 三排二華嚴庵<br>三排二關帝廟（瓦岔胡同口外）<br>三排二伏魔庵 |
| 7 | 内三區 | 北新倉 | 東城區 | 北新倉 | 三排二關帝廟（北新倉） |
| 8 | 内三區 | 北溝沿 | 東城區 | 小菊胡同 | 三排二土地廟（北溝沿） |
| 9 | 内三區 | | 東城區 | 北溝沿胡同 | 三排二福安寺 |
| 10 | 内三區 | 手帕胡同 | 東城區 | 東直門北小街 | 三排二安養精舍<br>三排二淨蓮寺<br>三排二土地廟（手帕胡同） |
| 11 | 内三區 | 北新橋東大街 | 東城區 | 東直門内大街 | 三排三寶公寺<br>三排三精忠廟 |
| 12 | 内三區 | 新太倉 | 東城區 | 新太倉胡同 | 三排三福德庵<br>三排三廣音寺 |
| 13 | 内三區 | | 東城區 | 交道口 | 三排三三聖庵 |
| 14 | 内三區 | 財神廟胡同 | 東城區 | 板橋胡同 | 三排三永寧寺<br>三排三土地祠 |
| 15 | 内三區 | | 東城區 | 東四北大街 | 三排三寶泉庵<br>三排三五神庵 |
| 16 | 内三區 | 翔鳳胡同 | 東城區 | 交道口大街 | 三排三龍王廟 |
| 17 | 内三區 | 醬房夾道 | 東城區 | 醬房胡同 | 三排三妙意精舍 |
| 18 | 内三區 | 金太監寺 | 東城區 | 北新橋頭條 | 三排三金太監寺 |
| 19 | 内三區 | | 東城區 | 交道口東大街北頭條 | 三排四真武廟 |
| 20 | 内三區 | 交道口東大街 | 東城區 | 交道口東大街 | 三排四伏魔庵<br>三排四地藏庵（交道口東大街）<br>三排四慈善寺 |
| 21 | 内三區 | 土兒胡同 | 東城區 | 土兒胡同 | 三排四財神廟<br>三排四土地廟（土兒胡同）<br>三排四華藏庵<br>三排四地藏庵（土兒胡同） |
| 22 | 内三區 | 香餌胡同 | 東城區 | 香餌胡同 | 三排四寶壽寺<br>三排四三聖神祠<br>三排四三元庵 |

（續表）

| 序號 | 民國區劃 | 民國胡同名 | 今城區 | 今胡同名 | 寺　　廟 |
|---|---|---|---|---|---|
| 23 | 内五區 | 前圓恩胡同 | 東城區 | 前圓恩胡同 | 三排四圓恩寺<br>三排五段廣慈寺<br>三排五段三教庵 |
| 24 | 内三區 | 大興縣胡同 | 東城區 | 大興胡同 | 三排四萬善庵<br>三排四城隍廟<br>三排四土地祠<br>三排四科神廟 |
| 25 | 内五區 | 交道口南大街 | 東城區 | 交道口南大街 | 三排四土地廟（交道口南大街） |
| 26 | 内三區 | 梁家灣胡同 | 東城區 | 交道口東大街 | 三排四三聖祠 |
| 27 | 内五區 | | 東城區 | 大經廠胡同 | 三排五段真武廟 |
| 28 | 内五區 | | 東城區 | 東公街 | 三排五段五聖祠 |
| 29 | 内五區 | 西公街 | 東城區 | 東公街 | 三排五段包公祠 |
| 30 | 内五區 | 鼓樓東大街 | 東城區 | 鼓樓東大街 | 三排五段財神廟<br>三排六段龍王廟（鼓樓東大街）<br>三排五段雲翔寺 |
| 31 | 内五區 | 壽比胡同 | 東城區 | 菊兒胡同 | 三排五段二聖庵<br>三排五段金漆庵 |
| 32 | 内五區 | 大菊胡同 | 東城區 | 菊兒胡同 | 三排五段圓通寺<br>三排五段弘通庵 |
| 33 | 内五區 | 南鑼鼓巷 | 東城區 | 南鑼鼓巷 | 三排五段洪承疇家廟 |
| 34 | 内五區 | 後鼓樓苑 | 東城區 | 鼓樓東大街 | 三排五段雞足寶刹 |
| 35 | 内五區 | 草廠胡同 | 東城區 | 草廠胡同 | 三排六段萬福寺 |
| 36 | 内五區 | 鼓樓西大街 | 西城區 | 鼓樓西大街 | 三排六段福德庵 |
| 37 | 内五區 | 小廠胡同 | 東城區 | 小廠胡同 | 三排六段北極庵 |
| 38 | 内五區 | 辛寺胡同 | 東城區 | 辛安里 | 三排六段慈善寺<br>三排六段過街樓<br>三排六段小廟 |
| 39 | 内五區 | 煙袋斜街 | 西城區 | 煙袋斜街 | 三排六段廣福觀<br>三排六段觀音庵<br>三排六段三元庵<br>三排六段龍王廟（煙袋斜街） |
| 40 | 内五區 | 小金絲套胡同 | 西城區 | 金絲胡同 | 三排六段天仙庵 |
| 41 | 内五區 | 方磚廠胡同 | 東城區 | 方磚廠胡同 | 三排六段通明廟 |
| 42 | 内五區 | 德勝門内大街 | 西城區 | 銀錠橋胡同 | 三排六段海潮庵 |
| 43 | 内五區 | 方磚廠胡同 | 東城區 | 方磚廠胡同 | 三排六段敕修延壽院 |
| 44 | 内五區 | 鴉兒胡同 | 西城區 | 鴉兒胡同 | 三排七段廣化寺<br>三排七段興善寺<br>三排七段海會庵 |
| 45 | 内五區 | 北官房胡同 | 西城區 | 後海南沿 | 三排七段三元庵<br>三排七段永壽庵 |
| 46 | 内五區 | 什刹海 | 西城區 | 大金絲胡同 | 三排七段槐寶探海寺 |
| 47 | 内五區 | 李廣橋 | 西城區 | 後海南沿 | 三排七段豐泰庵 |

（續表）

| 序號 | 民國區劃 | 民國胡同名 | 今城區 | 今胡同名 | 寺　廟 |
|---|---|---|---|---|---|
| 48 | 內五區 | 草廠大坑 | 西城區 | 邱家胡同 | 三排八段馬神廟 |
| 49 | 內五區 | 羊房胡同 | 西城區 | 羊房胡同 | 三排八段靈官廟<br>三排八段賜福禪林 |
| 50 | 內五區 | 李廣橋南街 | 西城區 | 柳蔭街 | 三排八段地藏庵<br>三排八段興隆寺 |
| 51 | 內五區 | 簸籮倉 | 西城區 | 簸籮倉 | 三排八段觀音庵（簸籮倉） |
| 52 | 內五區 | 弘善寺胡同 | 西城區 | 弘善胡同 | 三排八段弘善寺 |
| 53 | 內五區 | 李廣橋西街 | 西城區 | 柳蔭街 | 三排八段慧果寺 |
| 54 | 內五區 | 小新開路 | 西城區 | 小新開胡同 | 三排八段通明寺<br>三排八段昭應寺 |
| 55 | 內五區 | 松樹街 | 西城區 | 松樹街 | 三排八段白米寺<br>三排八段三聖祠 |
| 56 | 內五區 | 花枝胡同 | 西城區 | 花枝胡同 | 三排八段關帝廟（花枝胡同） |
| 57 | 內五區 | 德勝門內大街 | 西城區 | 德勝門內大街 | 三排八段觀音庵（德勝門內大街） |
| 58 | 內五區 | 前羅圈胡同 | 西城區 | 前羅圈胡同 | 三排八段關帝廟（前羅圈胡同）<br>三排九段天仙庵 |
| 59 | 內五區 | 松樹街 | 西城區 | 松樹街 | 三排八段五聖祠 |
| 60 | 內五區 | 尚勤胡同 | 西城區 | 尚勤胡同 | 三排八段吉祥庵 |
| 61 | 內四區 | 新街口西大街 | 西城區 | 西直門內大街 | 三排九段廣濟寺<br>三排十段龍王廟（西直門內大街） |
| 62 | 內四區 | 葦坑胡同 | 西城區 | 葦坑胡同 | 三排九段土地廟（葦坑胡同） |
| 63 | 內四區 | 正覺寺胡同 | 西城區 | 正覺胡同 | 三排九段正覺寺 |
| 64 | 內四區 | 八道灣 | 西城區 | 八道灣 | 三排九段真武廟 |
| 65 | 內四區 | 新街口南大街 | 西城區 | 新街口南大街 | 三排九段祝壽寺<br>三排九段彌陀寺<br>三排九段龍王廟（新街口南大街一百一十八號）<br>三排九段龍王廟（新街口南大街一百五十五號） |
| 66 | 內五區 | 棉花胡同 | 西城區 | 棉花胡同 | 三排九段土地廟（棉花胡同）<br>三排九段毗盧寺<br>三排九段都城庵 |
| 67 | 內四區 | 前帽胡同 | 西城區 | 前帽胡同 | 三排九段威靈廟 |
| 68 | 內四區 | 護國寺東廊巷 | 西城區 | 護國寺東巷 | 三排九段文殊院<br>三排就段啞嘛廟 |
| 69 | 內四區 | 百花深處 | 西城區 | 百花深處 | 三排九段五道廟（百花深處一號）<br>三排九段五道廟（百花深處三號） |
| 70 | 內四區 | 西直門大街 | 西城區 | 西直門內大街 | 三排十段崇壽庵 |
| 71 | 內四區 | 老虎廟 | 西城區 | 前半壁街 | 三排十段地藏庵 |
| 72 | 內四區 | 北溝沿 | 西城區 | 前公用胡同 | 三排十段關帝廟（北溝沿） |
| 73 | 內四區 | 柳巷胡同 | 西城區 | 冠英園 | 三排十段朝陽庵<br>三排十段土地廟 |

（續表）

| 序號 | 民國區劃 | 民國胡同名 | 今城區 | 今胡同名 | 寺　　廟 |
|---|---|---|---|---|---|
| 74 | 内四區 | 北溝沿觀音寺胡同 | 西城區 | 東冠英胡同 | 三排十段觀音寺 |
| 75 | 内四區 | 南草場大後倉 | 西城區 | 冠英園 | 三排十段崇興寺 |
| 76 | 内四區 | 半壁街 | 西城區 | 前半壁街 | 三排十段靜修寺<br>三排十一段龍王廟 |
| 77 | 内四區 | 南草場北魏兒胡同 | 西城區 | 冠英園 | 三排十段龍泉禪林 |
| 78 | 内四區 | 三官廟胡同 | 西城區 | 西章胡同 | 三排十段三官廟 |
| 79 | 内四區 |  | 西城區 | 高井胡同 | 三排十段龍王廟（高井胡同） |
| 80 | 内四區 | 後廣平庫 | 西城區 | 後廣平庫胡同 | 三排十段關帝廟（後廣平庫） |
| 81 | 内四區 | 北草廠胡同 | 西城區 | 北草廠胡同 | 三排十段龍王廟（北草廠胡同） |
| 82 | 内四區 | 老虎廟 | 西城區 | 後半壁街 | 三排十一段三寶庵 |
| 83 | 内四區 | 北大安胡同 | 西城區 | 西直門大街 | 三排十一段觀音庵（北大安北）<br>三排十一段觀音庵（北大安南）<br>三排十一段三聖庵 |
| 84 | 内四區 | 妙清觀 | 西城區 | 西直門南小街 | 三排十一段清水觀 |
| 85 | 内四區 | 南順城街 | 西城區 | 西直門大街 | 三排十一段翠峰庵 |
| 86 | 内四區 | 中大安胡同 | 西城區 | 中大安胡同 | 三排十一段興福庵 |
| 87 | 西郊區 | 西直門甕城 | 西城區 | 西直門橋（西北二環橋） | 三排十一段關帝廟 |
| 88 | 内四區 | 西直門南小街 | 西城區 | 西直門南小街 | 三排十一段土地廟（西直門南小街）<br>三排十一段龍王廟<br>三排十一段老虎廟 |

# 本卷主要參考文獻


## 一、碑刻拓片彙編

首都圖書館編《館藏北京金石拓片目錄》（油印本），1959。

北京圖書館金石組編《北京圖書館藏中國歷代石刻拓本匯編》，鄭州：中州古籍出版社，1990—1991。

徐自強主編《北京圖書館藏北京石刻拓片目錄》，北京：書目文獻出版社（今國家圖書館出版社），1994。

北京石刻藝術博物館編《館藏石刻目》，北京：今日中國出版社，1996。

## 二、地方史志雜纂

（明）沈榜編著《宛署雜記》，北京：北京古籍出版社，1983。

（明）張爵、（清）朱一新編《京師五城坊巷胡同集·京師坊巷志稿》，北京：北京古籍出版社，1982年。

（清）于敏中等編纂《日下舊聞考》，北京：北京古籍出版社，1981。

（清）吳長元輯《宸垣識略》，北京：北京古籍出版社，1983。

（清）周家楣、繆荃孫等編纂《光緒順天府志》，北京：北京古籍出版社，1987。

（清）震鈞《天咫偶聞》，北京：北京古籍出版社，1982。

（清）孫承澤纂《天府廣記》，北京：北京古籍出版社，1982。

（清）崇彝《道咸以來朝野雜記》，北京：北京古籍出版社，1983。

（民國）徐道齡編《北平廟宇統檢》，北平：國立北平研究院史學研究會，鉛印本，民國二十五年（1936）。

（民國）陳宗蕃編著《燕都叢考》，北京：北京古籍出版社，1991。

吳廷燮編《北京市志稿》，北京：北京燕山出版社，1998。

## 三、清代歷史檔案（含僧錄司廟冊）和民國寺廟檔案

清雍正《六城寺廟庵院僧尼清冊》，雍正六年（1728）。

清乾隆《八城寺廟庵院僧尼清冊》，乾隆二十五年（1760）以後。

中國第一歷史檔案館藏《奏爲會查粘修三官廟等處官管寺廟殿宇房間數目事》，乾隆三十五年五月二十二日，檔案號 05-0277-031。

中國第一歷史檔案館藏《呈報官管寺廟殿宇房間數目清單》，乾隆三十五年五月二十二日，檔案號：05-0277-032。

北京市檔案館藏《北平市社會局寺廟類》檔案，檔案號 J2-8 系列。

北京市檔案館藏《北平市寺廟（尼字）登記目錄》，1928 年 11 月，檔案號 J3-1-261。

北京市檔案館藏《北平市寺廟（僧字）登記目錄》，1928 年 11 月，檔案號 J3-1-260。

首都圖書館藏《北平寺廟調查一覽表》，出版者不詳，1945，手抄本。

北京市檔案館藏《北平市民政局·北平市各區寺廟總登記考察簿（1947—1948）》，檔案號 J3-1-237。

北京市檔案館藏《北平市民政局·民族事務科·本市寺廟情況查詢記錄》，1949 年 4 月，檔案號 196-1-3。

北京市檔案館藏《北平市民政局·民族事務科·本市寺廟情況查詢記錄》，1949 年 5 月，檔案號 196-1-4。

北京市檔案館藏《北平市民政局·北平市寺廟總登記簿》，1950 年，檔案號 J3-1-203。

北京市檔案館藏《北京市民政局·民族事務科·本市寺廟、僧道情況統計表》，1951 年，檔案號 196-1-11。

北京市檔案館藏《北京市民政局·民族事務科·西四區僧、尼寺廟登記表》，1952 年，檔案號 196-1-18。

北京市檔案館編《北京寺廟歷史資料》，北京：中國檔案出版社，1997。

## 四、文物志略

譚伊孝編著《北京文物勝跡大全·東城區卷》，北京：北京燕山出版社，1991。

北京市城市規劃設計院《北京舊城》，北京：北京燕山出版社，2003。

什刹海研究會、什刹海景區管理處編《什刹海志》，北京：北京出版社，2003。

原北平市政府秘書處編《舊都文物略》，北京：中國建築工業出版社，2005。

《北京西城區民間文學故事集成》，油印本。

中國民間文學集成北京卷編委會編《中國民間故事集成·北京卷》，中國 ISBN 中心，1998。

## 五、地圖

（民國）北京特別市公署編《北京街衢坊巷之概略》，北京：北京特別市公署印製發行，1938。

（民國）邵越崇編著《袖珍北京分區詳圖》，北京：北京亞洲輿地學社，1940 年初版，1942 年再版。

《清內務府藏京城全圖》，北平：故宮博物院影印版（1:2600），共 208 張，1940。

《乾隆京城全圖》，北平：日本興亞院華北聯絡部政務局調查所縮印版（1:2600），訂成 17 本，

1940。

北京市地質地形勘測處編製《舊北京一九四九年城區地圖》,1976。

岡田玉山等編繪《唐土名勝圖會》(上、下冊),北京:北京古籍出版社,1985。

徐蘋芳編著《明清北京城圖》,北京:地圖出版社,1986。

侯仁之主編《北京歷史地圖集》,北京:北京出版社,1988。

北京市古代建築研究所、北京市文物事業管理局資料中心編《加摹乾隆京城全圖》,北京:北京燕山出版社,1996。

國家文物局主編《中國文物地圖集》北京分冊(上、下),北京:科學出版社,2008。

## 六、著作

常人春《紅白喜事——舊京婚喪禮俗》,北京:北京燕山出版社,1994。

于凌波《中國近現代佛教文物志》,北京:宗教文化出版社,1995。

陳果《京華古跡尋蹤》,北京:北京燕山出版社,1996。

張淑新等《紫禁城內外——皇朝·關帝·驢窩子》,北京:中國社會出版社,1996。

楊乃濟《紫禁城行走漫筆》,北京:紫禁城出版社,2005。

馮其利《尋訪京城清王府》,北京:文化藝術出版社,2006。

劉小萌《清代北京旗人社會》,北京:中國社會科學出版社,2008。

金啟孮《金啟孮談北京的滿族》,北京:中華書局,2009。

王銘珍著,北京市西城區什刹海研究會編《什刹海的寺廟》,北京:當代中國出版社,2008。

## 七、論文

楊乃濟《乾隆〈京城全圖〉考略》,《故宮博物院院刊》1984年第3期。

徐蘋芳《論北京舊城的街道規劃及其保護》,法國遠東學院北京中心編印,2002年6月。

定宜莊《關於北京城的口述史》,發表於法國高等社會科學研究院研討會,2006年6月。

劉小萌 《清代北京旗人舍地現象研究——根據碑刻進行的考察》,《清史研究》2003年第1期。

李貴連 《清末民初寺廟財產權研究》,《近代中國法治與法學》,北京:北京大學出版社,2002。

## 八、圖片

(清)康熙《萬壽盛典初集》,四庫全書版。

《1860—1930:英國藏中國歷史照片》(上),北京:國家圖書館出版社,2008。

楊茵《尋找老北京城》,北京:中國民族攝影藝術出版社,2005。